世界紅卍字會及其慈善事業研究

李光伟 著

合肥工業大學出版社

序

　　世界红卍字会是 20 世纪中国土生土长的民间慈善组织，萌生于山东，经中央和地方政府许可和支持，短时间内发展遍布大半个中国且跨出国门，在许多重大历史事件中留下了难以磨灭的印记。虽然该组织 1953 年在《人民日报》等重要报纸上公开声明自行解散，资产全部移交人民政府，但至今在中国香港、中国台湾、东南亚以及美国、加拿大等华人聚居之地，仍有分支机构和活动。20 世纪末，经民政部门批准，台湾的红卍字会中华总会设立了天津办事处，开展救灾助学等慈善义举。

　　世界红卍字会集道院、道德社、女道德社等于一体，源于其创始主事诸公主张融合"儒、释、道、耶、回"五教，"统一学说，贯通教化"，以"内修外慈""救己度人"为宗旨，志在"唤起人类互爱互助"，进而"联合世界，拯救世界"，实现世界"大同"理想。这集中反映了当时中国社会历经半个多世纪学习西方却又饱受西方欺压，面对先进西方国家爆发荼毒生灵的第一次世界大战，起而探求救民、救国、救世的一种新思考。

　　资本主义产生以来，受资本内在动力的驱使，表现出无限的扩张性。晚清以降，国人对待西洋事物经历了"夷""洋""西""新"这样一个从否定、被迫认可到主动承认其高明并竞相追求的过程。这一过程大致以义和团运动为分界线，此后，中国总体走上"揖美追欧，旧邦新造"之路。

　　然而，民国肇兴，既未使国家强盛、民众幸福，也未摆脱列强的欺压。国人深切感受到，一方面，由于政府政策和民众观念的转变，在华基督教迅速发展,大有取代本土宗教之势,同时导致中国传统文化核心儒学日趋式微;另一方面,政局动荡,军阀混战,天灾人祸,民不聊生。更有甚者,一直被当作先生学习的西方国家,卷入重新瓜分殖民地和势力范围的第一次世界大战,给人类带来空前浩劫。面对神州大地以至世界变幻莫测、纷扰不定的局势,各种思潮纷纷涌现,探索新的救国强国、安民兴邦之道。此间,那些阅历丰富、深切了解中西社会的国人,从思想文化层面思考如何救人救世。其突出表现是短短数年间,中国出现了四大类十一个"致力于道德及精神事务的新运动、新组织"。这些组织虽"没有使用表示某种宗教的专门称谓",但它们的"大多数实践和原则,都含有孔教、佛教、道教、基督教和伊斯兰教五种宗教成份。在这五种宗教中,孔教一般占据重要地位;而在形式和仪式方面,则以佛教为主导"。①与此社会现象相一致,中国近代史上的一些精英人物开始怀疑科学万能,寻求物质背后的道德力量,甚至主张回归中学。外国在华基督教界人士,有人欣喜基督教的迅速发展,看到"中华归主"的希望;也有人虽然认识到儒学无可挽回地失去昔日尊荣,却依然主张对儒学应设法"保留其精华,使一个伟大民族在不下 3000 年时间里所尊崇的儒家学说留存于世"②。

正是在上述情势下,以儒学为宗,试图融汇中西,拯救世道人心和民生疾苦的世界红卍字会道院"感运会而产生,应时势之需要"③而创立。这样一个兴起和活动于社会变迁与转型期的道慈组织出现伊始,即引起了中外人士密切关注。然而,时至今日,因原始文献的匮乏以及世界红卍字会组织体系的复杂,相关介绍或研究无一准确全面勾勒出世界红卍字会道慈架构及其事业之全貌。李光伟即将付梓的《世界红卍字会及其慈善事业研究》一书,是目前所见该组织全面系统且富有深度的研究著作,值得庆贺。

20 世纪 90 年代,一个偶然的机会我接触并搜集了世界红卍字会道院数

---

① Gilbert Reid,"Recent Religious Movement in China",*the China Mission Year Book*,Editor-in-Chief,Rev. Frank Rawlinson,D. D.,Christian Literature Society,Shanghai,1924,pp. 59—66.

② F. C. M. Wei,"The Present Status of Confucianism",*the China Mission Year Book*,Editor-in-Chief,Rev. Frank Rawlinson,D. D.,Christian Literature Society,Shanghai,1924,pp. 67—72.

③《世界红卍字会道慈研究所讲义》第 1 册《道慈纲要大道篇》,第 12 页。

量可观的原始资料,初步翻阅后感觉应下大力气厘清这一融合中西新旧颇具时代特色的道慈组织,以期为当代社会民生提供可资借鉴的历史经验。但由于担负历史系的行政工作,不久又赶上高校扩招,终日忙于"创收"、上新专业,致使无暇对其进行专题研究。庆幸的是,李光伟读研究生时选择研究该组织及其事业,我遂将以往搜集的资料交他阅读,并谈了一些想法和需要做的事情。

李光伟是山东师范大学历史系2005级保送研究生,初跟王林教授研究中国近代灾荒史,在查阅资料过程中,对世界红卍字会发生兴趣,王林教授那时尚未涉足这一问题,于是一年后转到我名下。当时的印象为,他是同届甚至下一届研究生中最年轻的一个,虽然有着与年龄不相符的沉稳,好学深思,勤奋刻苦,定力十足,但毕竟缺少社会阅历,要全面研究世界红卍字会道院的组织体系及其事业,还是有相当难度的。因此,我最初并没有期望他能做全面深入细致的考察,认为能根据已有资料研究个大概即可。尽管不时与其探讨篇章结构和一些具体问题,支持他赴上海、南京、天津、青岛、烟台等地档案馆、图书馆查阅资料,但我对其能做好还是信心不足,多次表示差不多就可以了,其余问题以后慢慢索解,但他一边点头,一边继续穷追不舍。不到两年,他写成洋洋洒洒37万余言的论文,令包括我在内的许多教师刮目相看。论文答辩委员会和外审专家一致认为文章超出硕士学位论文的要求,达到博士论文水平。这对于一位20岁出头的青年学子来说,实属难能可贵!论文毫无悬念获得了学校和山东省优秀学位论文奖,其中的甘苦可以想见。

毕业当年,李光伟考取中国人民大学李文海教授的博士生,研究方向有所转移,但他没有觉得硕士论文已功德圆满,而是继续搜集资料,不断撰写发表研究成果。工作以后,他又在多年积累的基础上,对论文删冗取精、雕琢打磨,进行理论提升和史实考订,终于要公开出版与读者见面,实为学界幸事!

尽管作者精益求精,取得世界红卍字会及其慈善事业研究的突破性成果,但并非已穷尽这一问题的研究,还有需要进一步探索的内容。如世界红卍字会道院声称其道"亦即孔孟之道",但借扶乩形式下达指令、决策民主化、体用关系的道慈理论等，与儒学及中西文化有何关联，尚待继续深入考察。较之学界既有成果，《世界红卍字会及其慈善事业研究》所用资料最全面，但还有一些重要资料作者未能得见。如国家图书馆所藏《卍字日日新闻》，迁移新址时尚未整理开放，至今也未面世；济南道院原址——现在的山东省考古研究所办公地①以及济南市一些私人手中，还有相当数量的原始文献，希望作者日后对其发掘整理，印证现有结论或深化已有研究。

郭大松

2017 年 5 月 6 日于蓬莱阁西邻博文苑

---

① 济南道院是世界道慈"母院"，为世界红卍字会道院"祖庭"之地。该组织自行宣布解散、资产移交政府以后，院址一度为山东省博物馆所用，山东省考古研究所在 20 世纪 80 年代也进驻其中南院临街南楼部分房间。90 年代位于千佛山下的山东博物馆新址落成搬迁后，考古研究所依旧主要在南院办公。主建筑"辰光阁"和东西两侧建筑大多闲置或储藏文物资料。"母院"的世界红卍字会相关资料，直至近年始转移到再次新建的山东博物馆，尚未整理面世。这里顺便但有必要指出，位于济南市上新街南首的济南道院遗址是国务院核定批准公布的第六批全国重点文物保护单位，济南市政府为标记全国重点文物保护单位所立的黑色大理石碑上，却将其刻为"万字会旧址"，"卍"也错刻为"万"。2012 年前后，我陪同新加坡、中国香港、中国台湾等地世界红卍字会道院人士前往参观，曾向济南市委宣传部有关同志指出这一全国重点文物保护单位名称与所保护的单位真实名称不符，但未得解决。

目　　录

组织建制篇 >>>073

内部活动篇 >>>133

表 目 录

导　　言

　　世界红卍字会是民国时期与红十字会、华洋义赈会齐名的慈善救济团体。它于 20 世纪 20 年代前后萌生于山东，此后数年间推展至大半个中国，并东传日本、朝鲜，南至新加坡等地。世界红卍字会根生于道院，二者是一体的，"院主静，会主动；院为道体，会为慈用。其组织虽分为二，其实是整个的"①。道院试图融合"儒、释、道、耶、回"五教，"统一学说，贯通教化"，以"内修外慈""救己度人"为宗旨，试图"唤起人类互爱互助"，进而"联合世界，拯救世界"，实现世界"大同"理想。②

　　世界红卍字会集"道院""道德社""世界红卍字会"等于一体，其中世界红卍字会因出色的慈善业绩而声名远播。新中国成立后，世界红卍字会于 1953 年 2 月在《人民日报》公开发表声明，宣布自行解散，其从事的各项慈善事业，通过与政府协商，全部对口移交，自此退出大陆历史舞台。但这一组织在中国台湾、中国香港及海外地区如新加坡、马来西亚、美国等地继续存在，发展至今已在当地颇具影响。据称，"世界各国有华侨的地方也多数有分会"，"民政部已经正式批准台湾的红卍字会中华总会在天津设立一个办事处"。③ 台湾红卍字会中华总会于 1995 年获得天津政府部门许可，以"世界红卍字会天津办事处"名义立案。该办事处在台湾总会支持下三次举办冬赈，救济张家口震灾，并于天津大学设立奖助学金等。

---

① 《道慈问答》，第 5 页，青岛市档案馆藏：B63-1-247。

② 纪耀荣：《济南道院暨红卍字会之调查》（手抄稿本），1934 年，原文无页码，现藏山东师范大学图书馆特藏部。以下引用该调查资料径注"纪耀荣：《济南道院暨红卍字会之调查》"。

③ 李世瑜：《民间宗教研究之方法论再议——兼评路遥〈山东民间秘密教门〉》，《世界宗教研究》2001 年第 3 期。

一、学术史述评

由于世界红卍字会（道院）的广泛社会影响，民国以来的中外学者、政务人员等即已对其进行调查、记录并初步研究。较有代表性的有以下一些。

民国时期在关东厅警务局工作的末光高义在《支那の秘密结社と慈善结社》第三编"慈善结社"项下介绍华洋义赈会、道院、世界红卍字会三个组织，指出道院和日本大本教关系密切。① 末光高义误将道院和世界红卍字会看作两个慈善团体。这主要是因为：首先，世界红卍字会是道院专门对外办理慈善事业的团体，凭借出色的慈善事业赢得的社会声誉远超过道院。道院是求修者的修行场所，非求修者难以对其有清晰、准确的认识。特别是 1929 年，南京国民政府以"扶乩迷信"为由将道院查封后，道院对外更多使用"世界红卍字会"名称。其次，道院在世界红卍字会创办之前开展过多种慈善活动，即使在世界红卍字会创立后，道院的慈善活动也未停止，只是规模和影响远不及红卍字会。日本学者酒井忠夫分胚胎、初创、发展、守势四个时期梳理了道院的产生及其组织机构的沿革。② 吉冈义丰粗略述及道院的成立、沿革、组织设置、人事编制等。③ 杜景珍简略补充了 1928 年道院被查封后道院与红卍字会关系的调整。④

郭大松、曹立前探讨道院缘起、组织建制及其所反映的时代特征，并利用道院出版物对《济南道院暨红卍字会之调查》的失误予以辨析，肯定其史料价值，初次澄清道德社、女道德社、红卍字会、妇女红卍字会的创立及发展情况。⑤ 邵雍分不同政权、不同历史时期，简要介绍世界红卍字会道院的组织与活动。⑥ 陆仲伟对道院的成立、演变、建制、活动、经费等也略有叙及。⑦

台湾学者宋光宇对世界红卍字会的起源、发展、慈善活动等进行专题研究，认

① ［日］末光高义：《支那の秘密结社と慈善结社》，满洲评论社，昭和十五年（1940）第四版。
② ［日］酒井忠夫：《道院的沿革》，姚传德译，见王见川、范纯武、柯若朴主编：《民间宗教》第 3 辑，（台北）南天书局有限公司，1997 年，第 93－150 页。
③ ［日］吉冈义丰：《中国民间宗教概说》，余万居译，（台北）华宇出版社，1985 年。此书收入［日］中村元等编《中国佛教发展史》中册，（台北）天华出版事业股份有限公司，1984 年，第 818－863 页。
④ 杜景珍：《略论道院遭禁（1928）后的动向》，见王见川、范纯武、柯若朴主编：《民间宗教》第 3 辑，第 227－233 页。
⑤ 郭大松、曹立前：《源起齐鲁的道院组织及其时代特征》，《山东师大学报（社会科学版）》1994 年第 3 期；郭大松：《〈济南道院暨红卍字会之调查〉辩证》，《青岛大学师范学院学报》2005 年第 3 期。
⑥ 邵雍：《中国会道门》，上海人民出版社，1997 年，第 182－187、301－306、319－320 页。
⑦ 陆仲伟：《中国秘密社会·民国会道门》，福建人民出版社，2002 年，第 107－124 页。

为世界红卍字会起源于对抗西方基督教之需要。① 他通过探讨 1935 年世界红卍字会在江西的"赣赈工作"，认为富人、官绅借行善以赎罪，甚至相信行善可以成神成仙。② 台湾的世界红卍字会道院并非由大陆直接传入，而是经由日本"大本教"传入，抗战胜利后再由台湾爱善苑人员温碏等，与上海道院通信联系而成立。其初期活动主要由朱印川、台北前市长游弥坚等领导。宋光宇首先讨论了这一段历史，王见川稍后作了进一步分析。③

王守中简要述及道院的成立、发展、仪式活动，红卍字会在全国的分布及慈业，认为"同道院一样，因为济南道院是母院，济南红卍字会的名称也称'世界红卍字会中华总会'"④，则与事实不符。世界红卍字会中华总会在北京而非济南。⑤ 方竞、蔡传斌简要概述世界红卍字会的成立、主要赈救活动与业绩。⑥ 周秋光论述了熊希龄担任世界红卍字会中华总会会长期间对世界红卍字会发展的贡献，论及中华总会的慈善事业概况，认为它是一纯粹的慈善团体。⑦

世界红卍字会道院在各地多设分支机构，参与地方慈善救济活动较为踊跃。地方史研究亦不乏涉及此一论题的成果。世界红卍字会道院萌生于山东，在《民国山东通志》之《人团志》《救济志》中，作者利用地方志简略描述山东各地红卍字会的成立及慈善活动。⑧ 赵宝爱研究民国山东慈善救济事业时也涉及道院组织的慈善

① 参见宋光宇：《民国初年中国宗教团体的社会慈善事业——以世界红卍字会为例》，（台北）《文史哲学报》1997 年第 46 期；《从中国宗教活动的三个主要功能看 20 世纪中国与世界的宗教互动》，《世界宗教研究》2000 年第 3 期。

② 参见宋光宇：《慈善与功德：以世界红卍字会的"赣赈工作"为例》，见《宋光宇宗教文化论文集》下册，（台湾宜兰）佛光人文社会学院，2002 年；《士绅、商人与慈善——民国初年一个慈善性宗教团体"世界红卍字会"》，《辅仁历史学报》1998 年第 9 卷。

③ 宋光宇：《游弥坚与世界红卍字会台湾省分会》，《台北文献》第 122 期，1997 年 12 月；王见川：《道院、红卍字会在台湾（1930—1950）》，《台湾宗教研究通讯》2000 年第 2 期。

④ 张玉法主编：《民国山东通志》之《宗教志》，（台北）山东文献杂志社，2002 年，第 2120－2121 页。

⑤ 1922 年在世界红卍字会成立大会上通过的《世界红卍字会中华总会施行细目》第三条规定"本会设总会于首都"，后又修正为"本会依大纲第三项设于首都"，详见《道院十二年立道大会会议事录》，济南道院，1932 年，第 50 页。1922 年的首都即指北京。后人亦记载民国"十一年十月，内务部批准成立世界红卍字会中华总会。十八年、二十三年，复两次在社会局立案"，至于其详细地址，则提及"西单舍饭寺十六号"，详见吴延燮等纂《北京市志稿·民政志》，北京燕山出版社，1998 年，第 219 页。值得注意的是：世界红卍字会是道院组织构想中打算在世界范围内筹设的机构，虽经"老祖"训示地点设在济南，但由于诸种原因，其组织实体自始至终并未存在。当时有组织实体，并在道院组织系统中领导全国慈善事务的是世界红卍字会中华总会。

⑥ 方竞、蔡传斌：《民国时期的世界红卍字会及其赈济活动》，《中国社会经济史研究》2005 年第 2 期。

⑦ 周秋光：《熊希龄传》，百花文艺出版社，2006 年；周秋光、曾桂林：《中国慈善简史》，人民出版社，2006 年，第 262－263 页。

⑧ 张玉法主编：《民国山东通志》之《人团志》《救济志》，（台北）山东文献杂志社，2002 年。

事业、救济方式，以及山东女道德社的慈善活动。① 孙勇探讨近代山东社会救济事业时，对全鲁卍联处的慈善救济活动、烟台红卍字会附设恤养院的慈善救济情况有所介绍。②

李英武研究东北沦陷时期的民间宗教与结社时注意到东北各地院会，指出其完全成为日本侵略者的宣传工具，尽管局部也有些抗日活动。③ 孙江将世界红卍字会当作"亚洲主义"的实践形态，从中日关系角度论述伪满时期东北红卍字会的活动。在伪满的政治压抑下，东北的红卍字会不得不放弃政治中立的立场，成为伪满统治的附庸——教化团体。他还通过考察"一·二八"事变中红卍字会的掩埋尸体活动，揭示出在帝国主义和民族主义的对立下，红卍字会很难践行其超越敌我对立的普世主义理想。④ 贾英哲探讨了哈尔滨红卍字会的起源、发展及其慈善救济事业，肯定了哈尔滨红卍字会的历史价值。⑤

此外，张根福介绍了抗日战争初期世界红卍字会在浙江的难民救济活动。⑥ 曹礼龙对上海红卍字会的历史沿革与慈善救济活动等进行个案研究。⑦

以上主要是本书初稿之前学界对世界红卍字会（道院）之研究状况。当时学界对该组织的资料发掘相对浅层，多对其进行定性研究，粗线条描述其发展变迁，宏观概括其慈善事业，整体研究较为薄弱。这主要是资料搜集不易与整理滞后所致。有关世界红卍字会道院的资料零散难觅，特别是院会自身出版物，由于诸种原因保留下来的极少，遑论成规模的整理与编订。世界红卍字会的资料则多以档案的形式得以保存，这是因为红卍字会结束业务时将所有财产、文书、信函等全部对口移交当地政府部门，后来这批资料转存各地档案馆，较之其他类别资料的收集与利用显有不便。而缺乏坚实史料支撑的定性研究难以说明任何问题。

---

① 赵宝爱：《慈善救济事业与近代山东社会变迁》，济南出版社，2005年；《道院组织在华北地区的慈善活动述论》，《社会科学家》2007年第2期；《山东女道德社的慈善活动简论》，《中华女子学院山东分院学报》2005年第1期。

② 孙勇：《近代山东社会救济研究》，山东师范大学硕士学位论文，2005年。

③ 李英武：《东北沦陷时期的民间宗教与秘密结社》，《东北亚论坛》2002年第1期。

④ 孙江：《近代中国的"亚洲主义"话语》，《上海师范大学学报（哲学社会科学版）》2004年第3期；《救赎宗教的困境——伪满统治下的红卍字会》，《学术月刊》2013年第8期；《战场上的尸体——"一·二八事变"中红卍字会的掩埋尸体活动》，《江海学刊》2015年第2期。

⑤ 贾英哲：《哈尔滨红卍字会的历史价值考证》，《黑龙江社会科学》2007年第2期。

⑥ 张根福：《抗战初期世界红卍字会在浙江的难民救济活动述略》，《浙江师大学报》2000年第5期。

⑦ 曹礼龙：《修行与慈善——上海的世界红卍字会研究（1927—1949）》，上海师范大学硕士学位论文，2005年。

　　本书初稿成型之后，陈明华基于上海市档案馆资料，探讨了1921—1937年世界红卍字会兴起的原因、扶乩仪式制度化、跨区域慈善救济网络构建，以及其与党国政体关系等四方面内容。[①] 高鹏程梳理了世界红卍字会（侧重东南地区）的社会救助事业，并对红十字会与红卍字会予以比较研究。[②] 侯亚伟研究了天津红卍字会及其慈善事业。[③] 上述研究论著从不同角度和层面丰富、推进了学界对世界红卍字会道院的认知，但其数量和影响力尚不能与世界红卍字会道院的历史活动及其影响匹配。本书与既有研究内容之异同，读者自有鉴判。其他相关研究不在此一一列举，必要者散见于本书各篇章具体问题的学术对话。

　　世界红卍字会及其慈善事业研究仍有进一步开掘的学术空间，这也是本书所要达至的目标，具体表现在以下几个方面：

　　第一，拓展世界红卍字会（道院）萌生背景之分析的广度与深度。虽然现有研究成果较多涉及该组织的萌生背景，但或就慈善而慈善，或就宗教而宗教，或强调中西文化冲突对抗，忽视分析"一战"及战后中外社会情势引发的国内绅商与一般知识分子阶层思想观念之变动。这一变化基本与精英知识分子的思想转变同步，但参与主体更加广泛多元，思想内涵更显宏阔远大，不仅要救中国，还要救世界，实现人类大同；不仅有理论学说的构建与阐扬，更有积极的实践与行动，并对社会产生深远影响。尤其是世界红卍字会，堪称中国慈善救济史上首个跨出本土、前往异域他国开展救灾并传播道慈理念的慈善组织。

　　第二，完整考察世界红卍字会（道院）的发展变迁历程。现有研究之时间断限或为1921—1937年，或为1922—1949年，或为1927—1949年，或为1930—1950年。虽然不同研究成果对世界红卍字会（道院）早期发展史的过程和细节有不同侧重和相互补充，但更为重要的是研究时段的取舍导致某些关键内容缺失。道院的萌芽状态需追溯至1916年，世界红卍字会宣告自行解散并完成工作对口移交的时间是1954年，因此，1916年前后与1954年前后均属研究关注的重要时间节点。

　　第三，澄清世界红卍字会的道慈架构体系。学界多知晓世界红卍字会根生于道院，二者是二而一的关系，但极少涉及道慈架构体系中的其他实体组织及其性

　　① 陈明华：《民国新宗教的制度化成长——以世界红卍字会道院为重心的考察（1921—1937）》，复旦大学博士学位论文，2010年。

　　② 高鹏程：《红卍字会及其社会救助事业研究（1922—1949）》，合肥工业大学出版社，2011年；《近代红十字会与红卍字会比较研究》，合肥工业大学出版社，2015年。

　　③ 侯亚伟：《救人、救己与救世：天津红卍字会慈善事业探析》，《世界宗教文化》2012年第3期。

质、职责、发展演变等。世界红卍字会是集"道院""道德社""世界红卍字会"于一体的组织。其中,道德社有(男)道德社、女道德社等不同性质的组织;红卍字会也分为男红卍字会(即一般所指的世界红卍字会)、妇女红卍字会。虽然这些组织不如世界红卍字会影响大,但确实存在并参与社会活动。既有成果或只涉及道院的沿革,或只提及世界红卍字会的慈善救济事业,对完整的道慈架构体系的描述模糊不清。有关"道德社"问题的探讨,更属研究盲点。道德社在山东一直与院会的存在相始终,济南道德社还是世界道德社中华总社①。剖析这样一个文化组织如何统一五教学说、贯通教化,如何进行文化研究和道德宣传,具有重要学术价值。

第四,钩沉辨析世界红卍字会道院的内部活动。世界红卍字会与道院虽是二而一的关系,但二者的内部活动(扶乩、静坐)与运行机制(如经费运作)等颇为不同,学界对此或较少探讨,或存在误认。

第五,努力拼接世界红卍字会地域性与全国性临时慈善事业与永久慈善事业之图景。世界红卍字会的慈善事业是当前研究成果较为集中的领域,但由于世界红卍字会遗存的慈善救济活动资料数量颇为庞大,任一成果均无法对其慈善事业进行巨细靡遗、面面俱到的研究,故研究者结合地域熟悉程度与所掌握资料丰富程度,兼顾地域与全国,仍可对世界红卍字会的临时与永久慈善事业进行深描。

二、资料发掘与整理

(一)世界红卍字会道院出版物

该部分资料按内容、性质可分为:经典规章、立案文牍、公会记录、院会史略、道慈文献、历年坛训等六大类。

1. 经典规章。主要有:《太乙北极真经》(道院的重要经典之一,1942 年 9 月第 16 版),内分"箴""诚""铭言""首录"及十二地支等十二集,每集各分为 3 节,合为 36 节,各节皆属阐发性命双修之旨。《道旨纲要》(济南道院,1940 年),内容包括说明炁胞为万有起源之真谛、说明真灵为人所同具之重要、说明五教同归于道之原理等 5 部分。《道院各项附则、母坛专则合刊》(济南道院编印,年月不详),内容包括道院院规、院费预决算规则、布道规则、公会会议规则等 29 种规章,是了解道院组

---

① 世界道德社同世界红卍字会一样,事实上并未成立,没有组织实体。世界道德社中华总社即纪耀荣所述"世界道德男社"也即济南道德社。虽然道院一再主张在全国各地设立道德社,但由于诸种原因,就目前所知,仅天津曾有道德社(男社)组织。

织规定的资料汇编。《纂约纂纪合编》(济南道院,1939年),内容包括纂籍专则、纂方愿结保证文式、纂方流通则例、道院职纂公约、纂纪等内容,是了解道院扶乩活动的重要资料。《济南道院第一育婴堂章程》(编印年月不详)、《女道德社社纲、办事细则合刊》(济南女道德社,1935年)、《世界道慈宗职录》(天津行宗坛,1933年),展示了世界道慈宗职统系以及各级宗职的任职人员。

2. 立案文牍。主要有:《济南母院呈请立案简章》(1935年)、《济南道院立案文件汇录》(济南道院编印,年月不详),内容包括"呈省党部拟组设济南道院请发许可证文""省党部民字一二九二号指令""呈济南市政府为组设道院已由省党部核准请备案文"等文件。这些资料集中展现了济南道院在1935年积极向各级政府主管部门申请立案,得到允准,立案成功。

3. 公会记录。主要有两类:一是道院的公会议事录。道院规定:"每年春期,济南母院召集各地道院同志开大会一次,报告本届工作之经过,筹议下届工作之进展。"[①]道院公会一般于每年春季在济南母院召开,届时全国各地道院包括海外部分道院均派代表与会。因此,济南道院编印的历届《公会议事录》成为研究世界红卍字会道院历史不可或缺的文献。笔者搜集到1928—1939年的道院《公会议事录》。以上历届议事录均包含公会召开前所出的训文、各院代表姓名、会议执事人姓名、公会会议规则、开会及闭会程序、议案及表决情况等内容,特别是每届公会议事录后附记的上一年济南母院道慈各项报告,是了解济南母院发展变迁的可靠资料。

二是女道德社的公会议事录,主要有两种:《女道德社第一届公会议事录》(又名《济南母社十二周纪念大会议事录》,济南女道德社,1935年)、《济南女道德社十二周报告》(济南女道德社,1935年)。

4. 院会史略。主要有:《道院览要》(侯素爽编,1932年),内容包括道院史略、道院组织手续、道院内部统系、道院修功、五教宗旨、大道真谛等;《道院地址一览》[编印者不详,约1940年(重)编印],介绍了母院、总主院、各地红卍字会办事处以及各地道院的名称和详细地址,是了解彼时世界红卍字会道院在全国分布情况的重要资料;《历城道院购址收支报告书》(历城道院,1934年),详细开列历城道院购址收支情况;《道慈概要》(吕梁建编,龙口道院,1938年),主要介绍道院、世界红卍

①　《济南母院呈请立案简章》,1935年,第4页。

字会、女道德社、妇女红卍字会、道德社的发展演变,道院内部礼仪、组织统系、临时慈业、永久慈业等内容;《道院特刊》(创刊号,京兆慈济印刷所,1923 年 6 月 20 日),系介绍北京道院成立经过的专册,内容主要是济南道院、兆院及天津道院的训文。

5. 道慈文献。主要有:《哲报》(济南道德社 1921 年编辑刊行,从 1922 年某月起改卷,主要介绍宗教、哲学、道德、文化等内容),每年一期,1923 年正式改为旬刊,内容分为"要著""研究""译述""记载""格言""通讯"等板块;《道德月刊》[济南道德总社,1934—1937 年(重)编印],内容主要包括"书画影片""道慈要旨""研经""论说""讲演""丛载"等栏目;《鲁联卍字旬刊》(世界红卍字会全鲁各分会联合救济办事处编印发行),主要内容包括"道慈阐邃""研经""讲演""道慈纪实""文苑撷英""丛载"等栏目;《道德精华录》(南京道院统掌谢冠能编,南京道院,1927 年,6 卷;收罗各地道院坛训,共分 6 门,每门 1 卷,分别是道旨门、修坐门、慈爱门、哲学门、灵学门、文艺门);《道德精华录续编》(谢冠能编,南京道院,1933 年,8 卷;继 1927 年《道德精华录》又收罗 1928 年以后各地道院坛训重新编辑,较以前 6 门又增加 2 门:悟经门、坤范门)。以上道慈文献是了解近代中西文化冲撞融会以及道院人士思想、宗旨、意趣不可或缺的资料。

6. 历年坛训。主要分为两类:一是道院坛训,二是女道德社坛训。具体信息详见本书参考文献。

(二)有关山东各地红卍字会道院的记述资料

民国时期,一些外地旅居山东的人士及山东本地人士编写的介绍、宣传地方风俗民情的书著中也提到红卍字会道院,兹以济南、青岛、烟台为例说明。

济南部分:例如周传铭的《济南快览》(济南世界书局,1927 年);罗腾霄的《济南大观》(济南大观出版社,1934 年)。青岛部分:例如魏镜的《青岛指南》(胶东书社,1933 年);青岛特别市公署编的《青岛指南》(青岛特别市公署,1938 年);尹致中的《青岛指南》(全国市政协会青岛分会,1947 年)。烟台部分:例如刘精一的《烟台概览》(1937 年,烟台市图书馆藏);池田薰、刘云楼的《烟台大观》(鲁东日报社烟台大观编辑所,1941 年)等。

此外,还有 20 世纪 30 年代,署名纪耀荣的《济南道院暨红卍字会之调查》(手抄稿本,原文无页码,1934 年,与董德昭手抄《孔孟及宋儒的上帝观》合订为一册),原属齐鲁大学神学院,现藏山东师范大学图书馆特藏部。这份资料虽名为《济南道院暨红卍字会之调查》,但因道院创始于济南,济南道院为"世界道慈母院",集世界红卍字会、道院、道德社于一体,组织系统健全,故该材料对了解世界红卍字会道院的创始、发展历程、组织体系以及宗旨、主要活动等,均有较高史料价值。郭大松将其整理发表于《山东文献》(1993 年第 19 卷第 2 期),后来又被收入郭大松、田海林主编的《山东宗教历史与现状调研资料选》(韩国新星出版社,2004 年)。

(三)档案资料

1. 山东省档案馆藏济南红卍字会档案。山东省档案馆误将"红卍字会"写成"红十字会"。档案多为济南院会与全国各地院会有关道慈事务的来往信函。济南道院为"世界道慈母院",全国各地院会都与之互通信息。因此,通过这批来往信函,我们能探知各地院会的发展情形。同时,这些地方请求救济的信函也反映出近代山东天灾人祸接连不断,兵连祸结民不聊生的社会现实。

2. 济南市档案馆藏济南红卍字会、山东省红卍字会档案。其主要内容为:新中国成立初期,人民政府以及济南市民政局对济南红卍字会、山东省红卍字会的调查材料、处理意见;济南红卍字会、山东省红卍字会将财产、文书等转交地方政府部门的清单、报告册等。这对了解山东各地院会在新中国成立前后的情形具有重要史料价值。

3. 青岛市档案馆藏青岛红卍字会档案。该项档案共计 469 卷,起止时间为1925—1949 年。主要内容为:青岛红卍字会附设慈济院、商校、医院、各救济队的章程、组织大纲、条例、细则、概况、发展史略、大事纪要;会长、副会长、理事长、董事、会员、职员、队员名册、履历表;青岛红卍字会与中华总会、香港、朝鲜及全国各地院会、南京国民政府海军特务部、青岛市政府各机关、企业、教会、报馆、商号等部门的来往信函;董事会、委员会、讲演会会议记录及日记簿、征信录等;何素璞等人的私人信件;青岛红卍字会及慈济医院、学校、工厂工作概况,以及关于赈灾、救济数目的登记表、恤金报告、难民调查表、儿童救济册等;青岛院会及所属各单位的财物收支报告、资产负债表、出纳簿、薪资表、津贴收据等报表。①

4. 烟台市档案馆藏烟台红卍字会及其恤养院档案。这批档案有相当部分记述了烟台以及胶东院会发展变迁的历史。此外,烟台市档案馆典藏的《胶东卍报》,是研究世界红卍字会道院的重要报刊资料。世界红卍字会系统办过几份报刊:其

---

① 青岛市档案馆编:《青岛市档案馆指南》,档案出版社,1998 年。

一是济南红卍字会发行的《红卍字报》，于 1929—1930 年出版，创办人为张思伟（纬）、杨乙辰。[①] 其二是由世界红卍字会中华总会主办的《卍字日日新闻》，现典藏于中国第二历史档案馆、国家图书馆。其三是由烟台红卍字会主办的《胶东卍报》。此报的前身是褚文郁在烟台创办的《爱国报》，后来褚文郁将《爱国报》并入烟台红卍字会，将其更名为《胶东卍报》。[②] 该报为日报，除报道地方日常事务外，每期都辟有"道化世界"专栏，刊登胶东、山东及全国院会道慈推展情况，日本占领烟台后，该报停办。烟台市档案馆的藏件，时间范围为 1933—1937 年，其间有断缺。

5. 烟台市牟平区档案馆藏牟平红卍字会及其恤养院档案。这批案卷不仅记述了牟平红卍字会的历史、主要负责人、历年慈善救济报告，还汇集了关于牟平恤养院发展简史、人民政府对其进行的调查材料、处理意见以及移交情况等文件。

6. 其他档案馆藏世界红卍字会档案。中国第二历史档案馆、上海市档案馆、天津市档案馆等也藏有世界红卍字会资料，尤以前二者数量庞大。由于各家收藏单位开放和提供档案使用程度不同，本书也适当搜集使用了数量不等的档案资料，不再具体介绍。

三、篇章结构与研究进路

本书分为《兴盛衰亡篇》《组织建制篇》《内部活动篇》《慈善救济篇》四篇十一章。

《兴盛衰亡篇》包括第一、二章。第一章《萌生之因缘》，主要从三个方面展开：首先，以国人向西方学习心态之变化为基点，简短回顾了近代西学东渐的历程。其间，"一战"的爆发不仅使中国精英知识分子的思想发生深刻变化，开始反思中西文化之优长；也深深触及绅商、一般知识分子阶层的思想，引发新时期民族文化自尊心、自豪感的复归。这一转变具有新的思想史和社会史意义。其次，20 世纪 20 年代，在华基督教飞速发展给中国本土社会与文化带来巨大压力，促使中国社会出现诸多新动向。这些新动向并非个别、偶然的现象，而是突破地域界限，具有全国性的普遍意义。第三，考察 1917—1921 年天灾人祸及其相关赈救工作，分析民间慈善救济事业出现的新气象。这三个方面与世界红卍字会道院的萌生联系最密切。

[①] 《解放前济南报纸梗概》，《济南市志资料》第 2 辑，济南市志编纂委员会，1981 年，第 45 页。

[②] 有关《胶东卍报》之情形，参见李光伟：《老安少怀：烟台恤养院研究》，人民出版社，2016 年，第 25 - 28 页。

某种程度上说，世界红卍字会道院的出现是"一战"后中国社会救国、救世新探索之一。

第二章《发展与变迁》，考察世界红卍字会道院的萌生与兴盛衰亡过程，尤其是"启封"前后的发展演变与规模，以及其在新中国成立前后的救济活动、改组动议与自行解散经过。

《组织建制篇》包括第三至六章。第三章《架构与职责》，梳理道院之坛的建制、道院之院的建制、世界红卍字会的组织建制与运行机制、世界妇女红卍字会的成立与发展等内容。

第四章《成员与规制》，统计分析世界红卍字会道院成员的年龄与所属社会阶层，从"功德成仙"观念的角度论述官员、绅商与知识分子加入院会的动机，从宗旨与立场、合法立案、内部规约与外在表现、伪满时期的东北院会等方面，剖析世界红卍字会道院的自律约束机制。

第五章《道德社考辨》，对道慈架构体系中的重要组织——道德社的创立时间、宗旨、性质、建制与职能、发展变迁等进行考证辨析。

第六章《女道德社考释》，对道慈架构体系中的另一重要组织——女道德社的创立时间、宗旨、性质、建制与职能、修行程序与规则、发展状况，以及成员的年龄、家世、思想观念等予以考辨澄清。

《内部活动篇》包括第七至九章。第七章《扶乩辨正》，从扶乩的劝善教化功能切入，通过解析道院坛训的内容与旨趣，以及道院内部人士与外人谈论扶乩之信函，揭示道院之扶乩既非当时新派激进人士所指斥的"迷信"，又非与秘密教门之扶乩相类。道院的扶乩是对中国传统社会中扶乩之劝善教化功能的继承和延续，从这一角度立论，不仅有利于探究道院之扶乩在当时的合理性和蕴含的积极社会意义，亦能深化对彼时传统文化的发展变迁脉络及社会上一般之扶乩活动的认知。

第八章《静坐探析》，钩沉解读道院的静坐资料，厘清静坐的来源与方式，从强身健体与文化认同两个方面论述静坐之功能，借此亦可进一步探知道院之"道"与儒家思想文化的密切关系。

第九章《经费运作》，考察道院的日常经费与建筑经费、世界红卍字会的筹资方式，及其编印征信录等财务收支公开报告之情况。

《慈善救济篇》包括第十、十一章。第十章《临时慈善事业》，基于档案资料与红卍字会救济报告，以山东各地红卍字会为中心，点面结合，呈现世界红卍字会灾荒赈济、战事救济、冬/春赈、火灾救济、匪患救济、施茶、以工代赈，以及跨省与跨国的域外救济,并结合赈救事例说明其赈济程序与措施。

第十一章《永久慈善事业》,考察山东与其他各地红卍字会开办的诸如卍字学校、平民工厂、慈善医疗、施棺所、惜字处、因利局、平粜局、育婴堂、残废院、恤嫠局、恤产局、恤养院等 10 余类永久慈善事业的运营情况。

《余论》包括三个方面:一是分析世界红卍字会道院衰微之内因与外因;二是评鉴世界红卍字会道院不同阶段、层次历史活动的优劣得失;三是基于明清以来中国慈善事业发展变迁,结合中国社会与慈善事业现状,期许新时期中国慈善事业能够抓住机遇,迎接挑战,健康发展,为中国与世界做出新贡献。

▶ 兴盛衰亡篇

萌生之因缘

世界红卍字会道院的出现与 20 世纪上半叶新旧社会转型、世界形势新变化紧密相关,是近代中西文化冲撞融会的结果,也是近代中国社会新陈代谢的必然产物。它与 20 世纪前期国内出现的诸多救国、救世新探索相伴生,鲜明地体现了在近代中国,面对西方文化的进逼,国人是怎样坚守本土文化,并积极利用民族的本位文化回应、变相抵御西方文化,在开放融合的基础上兼收西方文化之长,努力创造一种新文化秩序和社会秩序的历程,深深打上时代的烙印。

一、从西学东渐到中国传统文化复归

鸦片战争前后,传统中国人对西方的认识模糊朦胧,对西学更无统一、特定之所指。虽然中西文化交流在明末清初就已初露端倪,并在上层官僚、知识分子之间产生一定影响,“西学”的名称也开始出现,但中西文化交汇的萌芽很快被“中西礼仪”之冲突打断,闭关锁国的天朝上国一直持续到清中后期始有松动。鸦片战争后,古老中国的大门被打开,在不平等条约体系的束缚下逐步沦为半殖民地半封建社会。历经西方列强“船坚炮利”的切肤之痛后,以林则徐、魏源为代表的先进中国人开始睁眼看世界,有了向西方学习的思想萌动。与此同时,徐继畬、梁廷枏等人关注世界地理,其视野在地域上初步超越“华夏中心”观。魏源首先提出“师夷长技以制夷",固然有划时代的意义,但也有不足和缺陷。首先,从其对西学的认识看,尚不见"西学"的称呼,只有"夷"的蔑称,可见此时即便先进的国人也将"西学"看作"夷学",仍然深受"天朝上国"妄自尊大心态的影响。其次,学习西方的内容和目标局限于"长技""制夷",只学习西方军事器物之术,难以收到预期效果。先进国人尚且如此,一般人士的心态可想而知。蒋廷黻指出:"可惜道光、咸丰年间的人没有领受军事失败的教训,战后与战前完全一样,麻木不仁,妄自尊大。直到咸丰末年,英、法联军攻进了北京,然后有少数人觉悟了,知道非学西洋不可。所以我们说,中华民族丧失了二十年的宝贵光阴。"[①]

　　如果说第一次鸦片战争尚不足以震醒国人的话,第二次鸦片战争至戊戌变法期间的社会现实促使更多国人觉醒,开始正视西方先进文化,对西方的偏见也有所改观。这固然是慑于条约禁止称西方为"夷",但也有国人自觉主动正视西学之因素。1861 年,冯桂芬在《校邠庐抗议》中撰有一篇《采西学议》;郑观应的《盛世危言》也有《西学》篇。尽管此时"西学"正式指称西方文化,较第一次鸦片战争时国人对"西学"的看法有了较大进步与改变,但仍有些许轻蔑之意。熊月之指出:"因为西与中为相对之词,'中'不但指中国,且有中心、中央之义,这与当时称外文为方言,称外语学校为同文馆、广方言馆,出于同一心理。"[②]然而,对西方文化称呼的变化足以体现时人思想的进步与社会变化。在诸多试图协调中西文化关系的探索中,冯桂芬率先提出"以中国伦常名教为原本,辅以诸国富强之术",这为后来张之洞"中体西用论"张本。但"中体西用"不符合不同文化交流嬗变的总体发展趋向,先进国人在向西方学习的道路上继续迈进。进入 20 世纪,当国人突破器物的狭隘层面,更多关注西方的制度、理念以及人文社会科学等方面时,"西学"被一个化解中西文化认同危机的新名词——"新学"代替。"新学"也更普遍地用以指称西方文化。

　　近代国人认识西方文化的历程曲折坎坷,他们之所以对西方文化有着深刻理性认识,固然源于对近代中国多灾多难国情的感触,但当其情感战胜理智,迷失于文化探索之时,也是因为国运多舛而急剧变化使其来不及仔细体味、消化、辨别西方文化。特别是"庚子事变"之后,上至清政府主动自上而下掀起急速、全面的新政改革,想在一夜之间实现中国的全面更新;次至精英知识分子、绅商等,尤其是前者

---

①　蒋廷黻:《中国近代史大纲》,东方出版社,1996 年,第 16 页。
②　熊月之:《西学东渐与晚清社会》,上海人民出版社,1994 年,第 729 页。

更急速图新,争先恐后学习西方以改造现实社会。中华民国成立初期,在制定国歌时,歌词中即有:"亚东开发中华早,揖美追欧,旧邦新造。"①民国初年社会主流所效法的对象仍然是欧美国家。当这种向西方学习的热情被急剧变化而又复杂的社会情境逼迫时,其主旨和方向难免流于迷乱。一股以"西方文化"为唯一救世灵药的新"崇拜"思潮——"全盘西化论"萌生。正如罗志田所言:"19、20世纪之交兴起尊西崇新的大趋势,也可称为新的崇拜。其最主要的特点,即是西方文化优越观在中国士人心目中的确立,以及与此直接相关的中国文化传统的崩散。"②笔者无意评断"全盘西化"的优劣得失,而意在探讨国人在新一轮救国模式探索下的转变,及其蕴含的思想史、社会史意义。

1914—1918年,帝国主义两大集团——同盟国与协约国为瓜分世界、争夺殖民地和霸权,爆发了首次世界规模的战争——第一次世界大战。这场人类浩劫持续时间长,波及范围广,给交战国家带来深重灾难。第一次世界大战是近代以来未以中国为战场,却给中国社会带来深远影响的战争之一。这是因为:

首先,惨烈的战争使欧洲各交战国血流成河、生灵涂炭,这在世界近代史上是第一次。第一次工业革命率先在英国发生后,欧洲多数国家搭上工业革命的快车,纷纷完成工业化,变成世界上先进的工业国,欧洲由此成为世界的中心。"大战爆发前夕那种与之相对照的却同样普遍的西方式的无限乐观与自信,不管欧洲人或非欧洲人,都把欧洲之为主宰视为当然。所以有这种预设是不难了解的,在世界所有的伟大文明中,只有现代西方创造了一种持续的技术变迁、经济发展,而且前进速度与日俱增。自启蒙以来,西方人一直在稳步向前,他们因而也以同样的目光投向20世纪,将他们过去的进展投射向无限的未来。"③但"一战"使欧洲文明国家呈现破败、颓旧之象,这不仅使欧洲民众心理上不可接受,也给中国民众带来心灵上的震撼。

其次,在西学东渐潮流中,众多国人将向西方学习视为唯一正途,认为只有向西方学习,中国才能实现独立、富强。"所谓西学,本是既可视为整体又不可视为整体的区域文化实体。可是19世纪末20世纪初的中国士人多是把西方视为一个整体,那时所有西来的'主义',基本上都被看做这个整体的一部分,而且都是这个特

① 陈旭麓:《近代中国社会的新陈代谢》,上海人民出版社,1992年,第312页。
② 罗志田:《传教士与近代中西文化竞争》,《历史研究》1996年第6期。
③ [美]艾恺:《世界范围内的反现代化思潮——论文化守成主义》,贵州人民出版社,1991年,第88页。

定的更新更美好的整体的一部分。直到第一次世界大战，西人自己打起来了，提供美好未来希望的蓝本自身出现大问题。"①"一战"使西方国家的美好形象在一直以向西方学习为己任的国人心目中坍塌，近代中国"西学东渐"历程又出现一大转折。民国时期担任中华基督教青年会全国协会总干事的梁小初在"一战"后所说的一段话，颇能表明这层意思："自1914年至1918年，亘续四年之欧洲大战，对于中国青年心理上发生重大之影响。盖中国对于欧西文化，始而拒绝反对，继而接受欣赏，自欧战发生，一般人士对之又复发生怀疑矣。"②

　　"一战"带给中国思想文化界极大震撼与深刻思考。部分社会精英反思以往救国模式，他们敏锐地察觉到西方文化的缺陷与不足，西方模式有好有坏，有不适合中国者。他们注重西方文化优点的同时，也留意中国传统文化特别是儒家文化之长处，逐渐向传统文化复归，"东方文明救世论"在中国思想界显露头角。③"文化怪杰"辜鸿铭在战后认为，随着文明的进步，人们会发现"在征服和控制人类情欲方面，还有一种比物质力更加强大和更加有效的力量名之曰道德力"。他还表示："我的确相信，欧洲人民于这场大战之后，将在中国这儿，找到解决战后文明难题的钥匙。"④他在日本东京演讲时说："因为常常批评西洋文明，所以有人说我是个攘夷论者，其实，我既不是攘夷论者，也不是那种排外思想家。我是希望东西方的长处结合在一起，从而消除东西界限，并以此作为今后最大的奋斗目标的人。"⑤这道出了他在战后力求融会中西文化之长，消除中西文化歧见的目标和心态。严复认为，西方"三百年之进化，只做到'利己杀人，寡廉鲜耻'八个字"。他指出："回观孔孟之道，真量同天地，泽被寰区。此不独吾言为然，即泰西有思想人亦渐觉其为如此矣。"⑥梁启超虽仍承认科学的价值和功用，但反对科学万能："一百年物质的进步，

---

① 罗志田：《西方的分裂：国际风云与五四前后中国思想的演变》，《中国社会科学》1999年第3期。

② 梁小初：《中国基督教青年会五十年简史》，转引自左芙蓉：《社会福音·社会服务与社会改造——北京基督教青年会历史研究（1906—1949）》，宗教文化出版社，2005年，第173页。

③ 艾恺认为，包括中国在内的整个亚洲在"一战"后之所以出现反现代化思潮，主要是受西方东方主义者的鼓动和支持："许多亚洲的批评者只有经过一些西方的东方主义者的鼓动之后，才对他们自己和自己的观点产生足够的信心。"（《世界范围内的反现代化思潮——论文化守成主义》，第87页）诚然，中国的"文化保守主义者"如梁漱溟、梁启超、张君劢、梅光迪等人都受西方人本哲学、新人文主义思潮影响，但这并非促使他们成为"文化保守主义者"的主因。其主因在于"一战"激起中国近代民族主义高涨，中国思想精英面对国内外局势变化而进行自觉主动的思考与探索。

④ 辜鸿铭：《中国人的精神》，黄兴涛、宋小庆译，海南出版社，1996年，第20、27页。

⑤ 辜鸿铭：《东西文明异同论》，《辜鸿铭文集》下册，黄兴涛等译，海南出版社，1996年，第303页。

⑥ 严复：《与熊纯如书·七十五》，王栻主编：《严复集》第3册，中华书局，1986年，第692页。

比从前三千年所得还加几倍,我们人类不惟没有得着幸福,倒反带来许多灾难!好像沙漠中失路的旅人,远远望见个大黑影,拼命往前赶,以为可以靠他向导,那知赶上几程,影子却不见了,因此无限凄惶失望。影子是谁,就是这位'科学先生'。欧洲人做了一场科学万能的大梦,到如今却叫起科学破产来,这便是最近思潮变迁一个大关键了。"[①]学界对"一战"后中国精英思想的变动做过不少探讨,[②]但甚少涉及普通社会阶层反思战争、思考中西文化关系的心态与观感。其实,在当时只要智识稍通,关心国家、民族前途命运的人都会密切关注一战及战后局势。

中国佛教界出现新的组织——"佛化新青年会",以期在世界范围内普及佛法,消弭战争杀戮。该组织反思现代战争之惨烈:"自人虫有历史以来,无如所谓二十世纪之惨痛者也。计欧战一役,列国壮丁,死者一千万,伤者二千五百万,老弱失业、饿冻残废者二千万。(此统计据精确调查)俄国杀戮饥饿死者二三千万。中国大战十余年,死伤失业无数万,盖中国人命至贱并统计之数亦不可得",指出佛法挽救人类世界的重要性,呼吁"人类欲救大劫闭杀机,非佛化不行"。[③] 近代提倡"人间佛教改革"的太虚也因"一战"爆发以及国内军阀混战,放弃社会活动,在普陀山潜心研究佛典及中西哲学著作。1918 年,太虚与章太炎、蒋作宾、陈元白、张季直等人在上海成立觉社,宣传佛教思想以救世,他在《觉社丛书出版宣言》中说:"当此事变繁剧,思潮复杂之世……惟宏佛法,顺佛心",希望用佛教思想救国。[④] 由弘一作词、丰子恺作画创作的《护生画集》之初衷即在于告诫人们停止杀戮、珍爱生命,维护社会和平安定。而这一动机也源于对战争的反思和宗教界人士的道德情怀。据作序者称(1929 年第一集出版):"那时正当第一次世界大战终了之后,原是希望借此感召和平,挽回劫运。"[⑤]

道教界也在反思如何消弭战争、维护和平。陈撄宁说:"尝推究杀劫之起源,实由于人心好斗;而人心所以好斗者,则由于戾气之所缠。宇宙间乖戾之气,深入人

① 陈崧编:《五四前后东西文化问题论战文选》,中国社会科学出版社,1985 年,第 346 页。梁启超在这段话后自注:"读者切勿误会因此菲薄科学,我绝不承认科学破产,不过也不承认科学万能罢了。"

② 主要有郑师渠《欧战后中国社会文化思潮的变动》,《近代史研究》1997 年第 3 期;罗志田《西方的分裂:国际风云与五四前后中国思想的演变》,《中国社会科学》1999 年第 3 期;卫金桂《欧战与中国社会文化思潮变动研究》,香港拓文出版社,2003 年;郑大华《一战与战后(1918—1927)中国文化思潮的变动》,《淮阴师范学院学报(哲学社会科学版)》2004 年第 4 期。

③ 王见川:《张宗载、宁达蕴与民国时期的"佛化新青年会"》,《圆光佛学学报》1999 年第 3 期。

④ 参见牟钟鉴、张践:《中国宗教通史》下册,社会科学文献出版社,2000 年,第 1046 页。

⑤ 游子安:《善与人同——明清以来的慈善与教化》,中华书局,2005 年,第 70 页。

心,麻醉众生,如服狂药,狠毒贪嗔,理智全失。此种现象,试问有何法使之复归于平静乎? 余认为欲消弭杀劫,需正人心,欲正人心,需平戾气,则孔门中'致中和,天地位,万物育'之大经大法,不可不注意也。"①值得注意的是,他将纠正人心看作遏制战争的法门,而纠正人心要借助中国传统儒家之中正和平、民胞物与的思想基质。由此也可以看出,他对中国传统文化特别是儒家文化的态度。

万国道德会缘起及其初创时期的活动也是普通知识分子对"一战"及中西文化关系反思的结果。②"一战"爆发后,万国道德会发起人江希张著《息战》一书,阐发消弭战争,维护人类和平的主张,书后附有组织万国道德会章程。可见,"一战"爆发后,万国道德会的组建已提上日程。《息战》刊出后引起社会轰动,甚至出家僧人也为之动容,谓:"余久厌红尘,从师削发,每闻时事,汗泪交下,欲挽救而不得,欲袖手而不忍,徘徊禅室,束手无策。忽于友人处得见江神童希张所著《息战》书,反复披阅,喜极而狂,以为诚五教之精蕴,救世之宝典也。"③《息战》的主要内容在于融合"儒、释、道、耶、回"五大宗教精义,找出其相通之处,以此挽救人心道德,维护社会安定进而谋求世界和平。该书阐发五教精义,力求泯灭宗教间的门户之争,表明江希张已在试图调和中西宗教文化关系。江希张在书中还阐述对宗教和科学关系的看法:"宗教、科学,固随时而转移者也。前者宗教盛而流弊滋甚,故以科学救之。今者科学盛而流弊亦甚,故以宗教救之。且宗教果能证实,即为科学之母,科学苟能深造,亦为宗教之助,合则双美,离则两伤。"④

万国道德会的发起人认识到现代国际大战给世界带来的巨大危害,指出:"现代之战,则须举倾国之人,竭全民之力,尽其所固有、所生产、所制造,以为供应,坏庐舍以为堡垒,化玉帛以为干戈,舰艇枪炮之不足,继之以毒菌毒气,是以争地以战,杀人盈野,争城以战,杀人盈城。所谓率土地而食人肉,必致一发不可收拾,使全人类同归于尽而后已。"⑤继《息战》后,江希张又用白话注解《礼记·礼运》《道德经》等。《礼记·礼运》集中反映了中国传统的大同理想;《道德经》是中国道德哲学的滥觞,特别是其"既以为人己愈有,既以予人己愈多。天之道,利而弗害。圣人之道,为而不争"之说,有利于消弭争战杀伐。江希张著《道德经白话解说》的宗旨为:

---

① 吴亚魁:《生命的追求——陈撄宁与近现代中国道教》,上海辞书出版社,2005年,第150-151页。

② 参见郭大松、李光伟:《救世与救心——万国道德会缘起初探》,《山东师范大学学报》2007年第5期。

③ 江希张:《息战》,万国道德会,1918年重刊,第59页。

④ 江希张:《息战》,第53页。

⑤ 《万国道德会宣言》,万国道德会编:《会员须知》,1942年再版,第11-12页。

"昌明道德,消弭战杀,挽回世运,救正人心。"①《礼记》《道德经》分别是中国传统文化之儒家和道家的经典,在当时的历史条件下重新挖掘、阐释其价值和意蕴,具有新的时代意义。

江希张在开掘、普及传统文化的同时,也肯定世界发展及西方文化先进之处,批评其不足和缺陷,并非绝对排斥西方文化。他在《道德经白话解说》的自序中首先肯定进化趋势和西方科学之先进:

> 小子幸生世界进化、器学发明的时代,水有轮船,陆有火车,腾空有飞机,沉水有潜艇,真是五洲如一家,万国如一室,况且使的用的,看的听的,一切的机器,没有不便利不精美的。有多样幸会,有多样快乐,我饮水思源,不能不钦佩感激发明器学的先哲。

同时,他又批评西方之不足,指出道德对于社会安定的重要性:

> 虽然发明器学的先哲是福国利民的美意,并没有害人的恶心。不料想有惨毒不仁的人,窃取器学的功用,造成毒枪毒炮,杀戮天下同胞。一切大器学家虽有妙手灵心,不但无可如何,还为他利用,助他制造凶器。这一切精美机器,不但不能抵制枪炮,并给他运兵载饷,传达消息。照这样看来,是幸福反成祸殃,进化反成了进毒,进化到极点,便将同胞都进到枪林弹雨里去了。呵呵,这幸福还享得呀? 这进化还进得呀? 窃知发明物质文明的先哲,灵魂有知,不惟痛恨制造枪炮的人,自己也必然后悔。盖圣人教育天下人,必先教人有道德的知识,然后教人有技能的知识,则技能可以助道德,道德借技能而益彰。道德彰,则天下自然太平。不教人以道德,先教人以技能,则技能助人情欲而道德坏。道德坏,天下自然就乱。这是近数百年来天下变乱的大病源。②

万国道德会的出现还表明国人试图寻找一种维持和谐世界关系的方式。这从万国道德会的命名上可以看出:

> 万国两字,是世界的说法。道德是什么呢? 无论在各学说、各团体都有这道德的基本条件。现在的实际上个人与个人之间,是有道德的标准,国家与国家之间,则没有道德的标准。如杀人、偷盗,这都是被人视为不道德的行为。

---

① 江希张:《道德经白话解说》上卷,1920 年,第 6 页。
② 江希张:《道德经白话解说》上卷,第 1 页。

最奇怪的,但是国与国之间,以杀敌人越多的,越是英雄,是什么道理?岂不是个人与个人之间,是一种道德,国家与国家之间,另是一种道德?我们大家的责任,是把个人的基本道德条件,推广到世界上去,使国家与国家之间,实行这万国一致的基本道德条件,这就是万国道德会的顾名思义。①

再次,道院萌生之初就非常关注社会现实和中西文化关系。一位道名为"素澂"的人撰文指出19世纪之学说发展至20世纪,已发生明显变化。这种变化主要表现在人们开始反思物质功利主义,思求东方文化之优点,而这与中国传统道德文化很接近:"二十世纪之学说已与十九世纪者完全不同。考其最近趋势,彼方明达之士深悟物质功利主义已趋末路,而注意于东方文化。故其学说之流转已与吾国道德原理相接近。"②素澂并非否定西方文化,而意在侧重"一战"前后所流行之学说发生的变化,以及这种变化对东方文化尤其是对中国传统文化的重视:"欧洲学说所以可贵者,以其日在演进之中,绝不故步自封也。然虽日日演进,而其学说思想之转变,则以二十世纪初年欧战一役,为其重要原因。盖欧战之结成,实受当时学说专鹜功利不顾一切之影响。经战后之痛苦与教训,而知强权终未能推翻公理。明哲之士幡然醒悟,研求东方文化,思以道德仁义培养人心之法,免救物质功利之偏蔽。"这一看法和当时中国思想精英回归中国传统文化的心路殊途同归。他将20世纪学说的变化概括为以下三个方面:

其一,"由竞争进化论之转而为创新进化论"。素澂认为,竞争进化论的不足之处在于将人类和动物混同:"以为无论人类与下等动物,为适应环境而生存,必须从事于不断之斗争,以保持其生命。此其谬误,系以人类与无情动物等量齐观,不知人类生存,不仅在于肉体一方面,而尚有其他灵魂意志之各方面……所谓进化论者,实乃一种绝灭论。"何谓"创新进化论"?素澂认同西方哲学家柏格森等人的观点:"柏格森等深知其(按:竞争进化论)谬,力求矫正,而知世界上万事万物,必以有所新生有所创造者,为确实之进化,而尤以全体共同进化者,方为永久之进化,此创新进化论、全体进化论之能推翻达氏继之而起者,实有正当之理由也。"

素澂反对的竞争进化论实际上是由严复翻译的《天演论》。由于竞争进化论具

---

① 《本会名义的解释》,万国道德会编:《会员须知》,第34－35页。

② 素澂:《新学说与旧道德之接近点》,《道德月刊》第1卷第6期,1934年8月25日再版。此节未注明出处的引文皆出自该文。济南道院(母院)在初创之时曾以"素、圆、惟、灵"四字作为修方道名之排名顺序。"素澂"以"素"字开头,说明他在道院初创之时就加入,并居于较高地位。

有主张社会变革与发展进步的积极作用,因此,它对中国思想界一度产生积极而持久的影响,成为清末维新、革命志士救亡图存的思想武器和主流社会思潮。但到20世纪初年,尤其是"一战"后,该学说受到东西方人士的一致批判和反思。竞争进化论将达尔文生物进化论引入人类社会发展的理论学说中,其主要特征是强调"弱肉强食""优胜劣败"。它不仅为帝国主义推行强权政治,侵略弱小民族提供理论依据,亦是"一战"爆发的重要原因。素澂对进化论的看法与当时中国思想精英批判竞争进化论的基调一致。

其二,"由个人独立自由说进而为社会互助说"。素澂指出提倡个人独立自由者关于"宇宙社会,由个人积合而成,个人健全,无异于宇宙社会之健全"说法的缺陷,认为个人独立自由之说发展到极致,难免对他人和社会产生不利影响:"个人独立,推极其量,必不顾及他人之独立;个人自由,推极其量,不免妨害他人之自由。"个人的独立自由固然重要,但个人是社会的一分子,脱离社会整体盲目追求个人独立自由不免陷于偏执,结果也适得其反。素澂赞赏社会互助说:"互助论一兴,而前此之个人独立个人自由说,遂寂然无声也。"

互助论是由俄国无政府主义者克鲁泡特金于1902年在其著作《互助论》中提出的。20世纪初年,中国无政府主义者在介绍克鲁泡特金的无政府主义学说时提及其互助论思想,但那时未得到人们普遍关注。"一战"后人们在反思战争时始较多关注互助论。梁漱溟甚至将克鲁泡特金互助论的提出作为西方文化发生变迁、中国文化将出现复兴并成为世界文化的证明,认为中国文化讲的就是互助而不是竞争。互助论在中国思想界受到普遍欢迎。[①] 素澂对互助论的认同也契合了战后中国思想界对互助论的一般看法。

其三,"由惟物请进而为中立一元论"。"惟物论"即"唯物论",但这里的唯物论并非特指辩证唯物论。唯物论最早在西方哲学界提出后,观点与学说纷呈,多强调物质的唯一存在性,忽视精神和意志的能动作用,具有片面性,属机械唯物论。直到马克思辩证唯物论出现,唯物论才变得更加科学和圆融。素澂反对的唯物论正是曾在西方流行后传入中国的机械唯物论,他认识到机械唯物论片面注重物质而忽视精神、意志因素的缺陷,指出:"惟物论即是机械论,以整个宇宙为一大机器,人类及各种物品为一小机械,世界种种事物,皆在此机器力支配之下,不得不然,而人

---

① 参见郑大华:《一战与战后(1918—1927)中国文化思潮的变动》,《淮阴师范学院学报(哲学社会科学版)》2004年第4期。

类之前途、社会之变动,尤以经济为主因。经济一解决,则各种之政治文化,亦因之以解决……一切真知识皆得实验,必须以眼耳等所触者为实在,是眼耳所不及者,皆将付之不承认其理本自难通,而其扩充眼耳之效用者,惟恃科学为利器。"他还反对"眼见为实"的说法,认为只靠实验和科学不能全面、客观地认识事物。

"中立一元论"是由近代西方哲学家罗素提出的。素澂认同"世间直接觉到之事,半属于物半属于心,此为万有之基本。由此基本之原料,而构成世间之形形色色。罗素此说,殆为精神物质两方面之调和者,故称为中立一元"。他还关注文化、精神在社会发展中的作用:"欧洲旧说,社会发展,惟以经济为本,而近经多数之研究,则以文化为社会学之重心。凡将朴陋之生活环境,变为文明社会,皆是文化转移之力,一切经济政治,胥为文化所包括。综以上所说,皆是由物质主义渐变为精神主义之见端也。"这并非表明他由"中立一元论"陷入唯心论。彼时东西方思想界的主流是反思片面注重物质、科学、实验的缺陷和不足,开始重视精神、意志、道德以及文化对社会发展的作用,以此进行学说上的补救。东方文化尤其是中国传统文化注重道德、精神的特点得到东西方思想界的认同,"东方文明救世论"的出现以及泰戈尔、罗素等人来华赞扬中国文化即明证。

加入道院的以素澂为代表的知识分子、绅商等,既没有思想精英高居庙堂之学的博雅,也不能浸淫于西方人文社会科学理论。或许道院人士无力从学理上深入批判进化论、机械唯物论的缺陷,也道不出互助论之本质性优点,但他们有丰富的社会阅历,并受西方思潮之影响,因此,他们的观察和反思与思想精英之看法有更多相合之处。

道院人士还积极探求处理中西文化关系的结合点,拯救时弊:

> 世乱纷纭,国祚倾覆,忧世者讲求维新,以补时艰,于是自由平权之说盛行于世。独惜世人不察,仅袭其皮毛,昧其真义,矫枉过正、变本加厉。滚滚名公,以礼义为束缚;莘莘学子,以放浪为开化,毁谤圣贤,弁髦道德,党同伐异、弱肉强食、尔攘我夺、此兴彼仆,以致兵燹遍地、杀伤盈野。老弱转乎沟壑,壮者而之四方,此所谓参著误用而成毒剂,又何以安民生平世乱哉?①

这说明:其一,道院发起者指出忧世者学习西方自由平等之说的必要性,但批评人们不能明晓自由平等之真谛,只学习肤浅皮毛,易引发社会混乱。其二,从"仅袭其

---

① 《栖霞道院坛训》,栖霞道院,1929年,第1页。

皮毛,昧其真义""参著误用而成毒剂"等字句上可以看出,道院发起人也在一定程度上肯定自由平等之说,并不完全排拒西方文化。这表明道院发起人在寻找中西文化的良性汇接点,即如何既能更好地向西方学习,又能挽救人心、道德,教化民众,维护现实社会安定。在如何处理中西文化关系问题上,道院有着清醒的认识:"目前我国民族,已蒙进化迟滞之讥。然须知中西文化,各有专长。科学虽我国所短,道学实我国所长。道院之目的,意在一面取人之长,补我之短;一面发扬我国之长,促进民族精神之发展。"①

彼时新兴社团的成立宗旨进一步凸显了知识分子反思中外局势变动所蕴含的思想史、社会史意义。万国道德会以"改建社会,缔造大同,促世界进化,谋人群幸福,实行利民生、启民智、敦民德之计划"②为宗旨,主张"本老安少怀天下为公的主义,去平民族、同人类、一社会、公生业,融合宗教科哲,统一东西文化,解脱各派各主义的门争惨祸,使全世界全人类,无国界种别"③。世界红卍字会道院也以"内修外慈""救己度人"为宗旨,意在"唤起人类互爱互助",进而"联合世界,拯救世界",实现世界"大同"理想。④ 万国道德会的发起和道院的萌生,紧扣"一战"后社会呼吁道德秩序及实现人类大同的时代脉搏。

大同观念在中国由来已久,传统意义上的大同理想只是针对中国一隅而言。近代意义上的大同观念是中西文化冲撞融会的结果,但其被国人普遍接受,冲出国门,走向世界,得益于"一战"及战后出现的国际契机。近代以来,不仅中西战事中国一败再败,在中西文化竞争中,中国传统文化也不是西方文化的对手,国人的民族自尊心与传统文化的优越感落到谷底。"一战"给西方带来巨大灾难,国人对战争的反思一方面表现在打破以往对西方固有的美好观念,另一方面表现在长期低落的民族自尊心和传统文化优越感得以回升。此次国人民族自尊心和传统文化优越感的回升不是蒙昧盲目的,而是清醒理智的,即在批判西方文化缺陷的同时肯定其先进的一面,试图将其长处与中国传统文化之优点对接起来。人们应对现实的努力探索开始突破国家、民族的局限,探索的目的也不仅仅在于挽救本民族的危亡,而是凸显拯救世界、拯救全人类的远大旨归。

① 《道院说明书》,青岛市档案馆藏:B63-1-404。
② 《宗旨的解释》,万国道德会编:《会员须知》,第36页。
③ 《宗旨的解释》,万国道德会编:《会员须知》,第38页。
④ 纪耀荣:《济南道院暨红卍字会之调查》。

梅光迪于1917年说:"我们今天所要的是世界性观念,能够不仅与任一时代的精神相合,而且与一切时代的精神相合。我们必须了解,拥有通过时间考验的一切真善美的东西,然后才能应付当前和未来的生活。"①中国思想精英已在探求新时期中西文化汇接点。他们通过对中西文化的比较,对现实社会问题的观察,对世界文化发展趋势的预测,指出中国传统文化的恒久价值不仅是民族的,也是世界的,要保守、继承、发扬这些恒久价值,使之成为世界的普遍经验。与此同时,他们的这种探求与转变不是孤立的,思想精英之外的人士也认识到正确处理中西文化关系、探求道德秩序的必要性。他们这种"文化保守主义"的共性都主张积极开掘中国传统文化,但绝非一味守旧传统,正如美国学者艾恺指出:"民初的反现代化思想,其不但不保守,进取的精神反而很明显。"②中国思想精英与普通知识分子等的探索与努力殊途同归。这种自觉主动融入世界的意识与行动表明:中国已不再是中国的中国、亚洲的中国,而成为世界的中国。

二、在华基督教发展与中国社会新动向

近代基督教在中国的传布历史大致可以分为两个阶段,第一阶段是从鸦片战争到义和团运动期间,这一时期,对基督教的排斥与抵制是主流。第二阶段是义和团运动之后,中国社会对基督教的认识大有改观,中西宗教文化和平交往成为这一时期的主流,在华基督教事业进入飞速发展时期。

鸦片战争后,基督教在不平等条约的保护下进入中国,加上中西文化冲突、官绅受传统守旧观念束缚等因素,其在中国初期传教工作步履维艰。能够睁眼看世界的开明人士,虽然认识到释迦牟尼、穆罕默德、耶稣与孔子、老子一样,"奉天道以立教","其教不同,至于清心寡欲、端身淑世,忠信好善而不杀,则一矣"③,认为耶稣教目的是要"训俗劝善""原无所谓非""其用意亦无恶于天下",但西方人"必欲传其教于中土,则亦未免多事"④。这说明:鸦片战争时期的中国近代开明之士,虽然在某种意义上承认基督教与中国儒道并无本质区别和优劣,但从观念和感情上还不能接受其在中国传布。尽管在日后的布道过程中,传教士逐渐认识到"孔子加耶

① 参见乐黛云:《昌明国粹,融化新知——汤用彤与〈学衡〉杂志》,见汤一介主编:《国故新知——中国传统文化的再诠释》,北京大学出版社,1993年,第31页。

② [美]艾恺:《世界范围内的反现代化思潮——论文化守成主义》,《前言》第4页。

③ 姚莹:《中复堂全集·康輶纪行》卷七,道光年间刻本,第22-23页。

④ 徐继畬:《瀛寰志略》卷三,第40-41页;卷六,第39页,道光庚戌年红杏山房刻本。

稣"策略对传教工作顺利开展的必要性并付诸行动,但官绅还是发动民众对其进行顽强的抵抗。据统计,自鸦片战争后至义和团运动期间,全国发生的大小教案共计400余起。① 具体到山东地区,单就1895—1900年,反教事件就达89次之多。② 诚然,在中国官、绅、民抵抗基督教的活动中,也有个别官绅对基督教有着客观认识。如19世纪80年代,李提摩太在山西与一位颇有名气的儒家学者谈及宗教问题,后者说:"在我看来,外在形式和符号本身并没有什么价值。我看重的是它们表达的意义,对它们内涵的真理深怀敬意。"③同时期的左宗棠在宗教问题上也认为,"既然传教士引导人们向善,中国政府就不应该反对,因为政府做的是同样的事情",并指出,"儒教与基督教之间并没有冲突"。④ 但这些只是个别现象,并非彼时主流。

随着清末新政改革和民国建立后政府对外政策的变化,中西宗教文化和平交流的趋势日渐明显,至"一战"结束后,更凸现为时代潮流。以往反洋教斗争的幕后策划者——官绅,此时也有不少加入基督教。20世纪20年代,在华传教士指出:"中国各界对基督教的态度逐渐好转,到1911年以后则大有改变,1912年广东省官员中基督徒竟占65%。"⑤山东作为孔孟之乡,传统积淀尤为深厚,分析山东官、绅、民对基督教态度的转变更具代表性。

首先,官绅态度显著转变。1904年,山东青州召开基督宗教大会,李提摩太回忆:"巡抚周馥从济南派出了前山东学政——那人是孔子的七十三世孙、一位知府和另外三位官员作为他的代表。超过三十位政府官员身着官服出席会议,其中包括满洲驻军的一位辎粗将军。"⑥大会闭幕后,周馥在济南接见了李提摩太,并邀请省里的高级官员参加,欢迎新教传教士的到来,宴会中间谈的一个主要话题就是宗教。⑦ 20世纪20年代中期,中国官方已经明确表示支持基督教本土化。据山东的英国浸礼会记载:"在另一个城市,地方行政官员参加了公众给予帐篷布道团的欢

① 顾长声:《传教士与近代中国》,上海人民出版社,2004年,第130页。

② 张玉法:《中国现代化的区域研究——山东省》上册,(台北)中央研究院近代史研究所,1981年,第228页。

③ [英]李提摩太:《亲历晚清四十五年——李提摩太在华回忆录》,李宪堂、侯林莉译,天津人民出版社,2005年,第144页。

④ [英]李提摩太:《亲历晚清四十五年——李提摩太在华回忆录》,第145页。

⑤ 乐灵生(Frank Rawlinson):《近二十年来中国基督教运动的改革与进步(1900—1920)》,中华续行委办会调查特会编:《1901—1920年中国基督教调查资料》上卷,蔡咏春等译,中国社会科学出版社,2007年,第125页。

⑥ [英]李提摩太:《亲历晚清四十五年——李提摩太在华回忆录》,第308页。

⑦ [英]李提摩太:《亲历晚清四十五年——李提摩太在华回忆录》,第309页。

迎行列。这位官员在向大会发表演讲时说,他已高兴地注意到他们的旗子上绣有'中国基督教会'的字样。他说,'这是非常正确的,它不是一个外国宗教。它属于中国,正如它属于其他任何一个国家一样'。他指出中国新宪法的第 5 条已经规定宗教信仰自由,他坚信许多人会来聆听帐篷中传送的先知预言。"①

其次,民众观念大有改观。清末在济南传教的美国北长老会多德牧师的妻子多德夫人(Mrs. A. B. Dodd)的记载,颇能反映出济南民众对西方教育及宗教的态度转变:清末新政之前,"人们对外国人及外国人开办学校的明显的冷漠甚至敌视态度,阻碍了学校工作的开展,即使传教士在财政上提供帮助,大部分人还是不进学校。那时候只能劝导很少的男孩上学,女孩就更是少得可怜。"新政推行后,"这里大约有 20 所学校,而且人们日益要求得到更好的学校教育,要求有更好的教师和教科书。济南现有 7 个教会,各处乡村约有 200 个基督徒家庭"。② 世界红卍字会道院的发起地济南,在近代是一个保守的城市,开埠通商后,虽然整体较以前进步较大,但仍无法与沿海、沿江通商口岸及个别内陆省会城市相比肩。就是在这种情况下,在清末民初的济南,民教关系的显著变化已经彰显了时代潮流。当时在济南已经工作近 20 年的美国医生传教士、后来担任齐鲁大学医学院院长的聂会东,在 1910 年介绍济南情况时说:

> 义和拳乱以前,济南是清帝国最保守的城市之一,明显厌恶任何外国事物。除极少数例外,外国人和中国官员之间没有交往,而人民则保持着激烈的敌对态度。然而,自义和拳起事期间袁世凯大人出任东抚治理山东以来,通过有效的管理把济南和山东从混乱中解救出来,官员和人民对外国人和外国事物的态度,都发生了令人愉快的变化。现在该城官员同他们的海外来客之间,存在着一种友好的感情,袁之后的几位继任巡抚,经常在正式宴会和一般接见时招待外国人,任何同他们打交道的外国人,都很容易接近这几位巡抚。统治者态度的变化,在百姓身上也反映出来,数年前那种普遍的辱骂性言词,现在几乎听不到了。③

---

① 郭大松、田海林主编:《山东宗教历史与现状调研资料选》下册,(韩国)新星出版社,2004 年,第 294 页。

② Shantung, *The Sacred Province of China in Some of Its Aspect*, Compiled and Edited by Robert Conventry Forsyth, Shanghai Christian Literature Society, 1912, pp. 190.

③ Shantung, *The Sacred Province of China in Some of Its Aspect*, Compiled and Edited by Robert Conventry Forsyth, Shanghai Christian Literature Society, 1912, pp. 335.

　　与中西宗教文化和平交流，民教关系和谐相处相伴而来的是基督教在华事业的飞速发展。义和团运动之后的 20 年间，在华基督教发展迅速，据统计，"天主教徒和耶稣教徒合在一起计算，平均每 200 人中有基督徒一人。全国面积中有 3/4 被基督教会认为责任地，七省全部为责任地。近 20 年内设立的宣教师驻在地等于以前 93 年的总数"①。1907 年之后，"传教士团体由 3 445 人增加到 6 250 人，受餐信徒人数由 18 万人增加到 366 000 人；传教士约增长 103％，受餐信徒约增长 105％"②。从山东基督徒数量的增长尤可清晰地看出这一点。据 1898 年山东传教大会统计，当年山东 15 个新教差会，共有教徒 13 364 人。到 1911 年，山东新教教徒则有 21 947 人。1920 年，山东信徒人数达 41 821 人，居全国第 2 位，仅次于广东。20 年间，教徒数目翻了两番。③ 这 20 年间，在华基督教事业的改革和进步主要表现在教会地位的改变与进步、教会范围的增长、宣教会的增加、教会人才的增长、中国教会领袖的增长、教牧人员的增长、信徒人数的增加、自传、自治、自养以及教会的医药、赈灾、教育事业等诸多方面。可见，不管是外国传教士、差会总堂的增加，还是中国本土基督教事业的繁兴，都说明这一时期在华基督教传播迅猛，以至于在 20 世纪 20 年代，来华传教士乐观地认为"中华归主"的时机即将到来。

　　面对来华基督教的快速发展，中国社会并非无动于衷，也在想方设法对既成局面做出回应与变相抵御，采取在和谐相处中学习、借鉴基督教之长处，以实现赶超基督教的目标。

　　陈撄宁已察觉来华基督教发展所带来的挑战，并构思抵御之策，此即"道教文化救国论""仙道救国论"的提出。他说：

　　　　吾人今日谈及道教，必须远溯黄老，兼综百家，确认道教为中华民族精神之所寄托，切不可妄自菲薄，毁我珠玉，而夸人瓦砾。须知信仰道教，即所以保身；弘扬道教，即所以救国。勿抱消极态度以苟活，宜用积极手段以图存，庶几民族尚有复兴之望。武力侵略，不过裂人土地，毁人肉体，其害浅；文化宗教侵略，直可以夺人思想，却人灵魂，其害深。武力侵略我者，我尚能用武力对付

---

　　① 乐灵生（Frank Rawlinson）：《近二十年来中国基督教运动的改革与进步（1900—1920）》，中华续行委办会调查特委会编：《1901—1920 年中国基督教调查资料》上卷，第 126 页。

　　② 乐灵生（Frank Rawlinson）：《近二十年来中国基督教运动的改革与进步（1900—1920）》，中华续行委办会调查特委会编：《1901—1920 年中国基督教调查资料》上卷，第 130 页。

　　③ 参见陶飞亚、刘天路：《基督教会与近代山东社会》，山东大学出版社，1994 年，第 122 - 123 页。

之；文化宗教侵略我者，则我之武力无所施其技矣。若不利用本国固有之文化宗教以相抵抗，将见数千年传统之思想，一朝丧失根基，四百兆民族之中心，终至失其信仰，祸患岂可胜言哉。①

陈撄宁从民族情感出发，认识到要用中国传统文化尤其是道教来抵御外来文化宗教入侵的必要性，但他没有陷于民族感情的偏激情绪，依然客观、公正地看待其他各宗教之教义、教理。他从道家、道教之最高理论范畴——道，进行体认，反观各大宗教，认为世界各大宗教都离不开"道"，都是"道"的一部分："'道'这样东西，是其大无外，其小无内，没有界限的。儒释道三教，不过是道中的一部分；耶稣、天主、回教，也是道中间的一部分；宇宙万物以及我们人类，也不过是道中间的一部分。"②陈撄宁的话并非一时有感而发，而是立足于长期的宗教体验和人生阅历所产生的认识。他在 20 世纪 40 年代中后期说："道儒释耶回五教之宗旨，无非劝人为善，诫人作恶，务使天下亿兆生灵咸涵育于慈风惠泽之中，彼此皆能互助合作，而不相侵害，然后人类社会方得维持，国家治安，庶几长保，此宗教精神所以伟大也。"③陈撄宁已认识到破除宗教畛域，平心而论宗教精神的重要性。陈撄宁等人既能敏锐觉察外来宗教文化对中国宗教文化带来的冲击和压力，又能清醒、理智地看待各宗教间的相同、相通之处，并积极谋求和平的抵御方式以做回应，这不能不说是中国宗教发生的一个新变化。

考察佛教、道教在"施为范式"上的新变化，亦能看出其对来华基督教的借鉴和应对。陈坚认为，在中国古代宗教格局中，自从佛教在中国站稳脚跟后，"佛教范式"便成为各宗教仿效的榜样；鸦片战争后，由于西方基督教的传入和受"西方中心主义"的影响，"佛教范式"被边缘化，"基督教范式"取而代之成为各宗教仿效的榜样。④

20 世纪 20 年代是中国佛教新运动的黄金年代。⑤ 当时不仅有各式佛教刊物出版，还有不少地方性乃至全国性的佛学团体和组织相继成立。它们宣扬、推动佛教革新，希图以此"佛化世界"，拯救人类免于"浩劫"。"佛化新青年会"就是这一时

① 陈撄宁：《道教与养生》，华文出版社，1989 年，第 8 页。

② 洪建林编：《仙学解秘——道家养生秘库》，大连出版社，1991 年，第 60 页。

③ 陈撄宁：《复兴道教计划书》，转引自吴亚魁：《生命的追求——陈撄宁与近现代中国道教》，第 228 页。

④ 陈坚：《从榜样到边缘——"佛教范式"在中国宗教中的地位变迁》，《世界宗教研究》2005 年第 1 期。

⑤ 葛兆光：《十年海潮音——20 年代中国佛教新运动的内在理路和外在走向》，见《葛兆光自选集》，广西师范大学出版社，1997 年，第 158 页。

期出现的颇为重要的新宗教组织。^① 该团体尽管前后在人事、组织机构等方面有所变动，但救人、救世的理念，积极面对现世的入世精神一直贯穿始终，透射出与传统佛教组织大不相同的新气息。这种新气息无疑受在华基督教，尤其是基督教青年会的影响。"佛化新青年会"吸收中外会员，其名称就是受中外各界团员之要求，参酌"基督教青年会"之意而取的。^② 几乎在同时，太虚倡导开展"人生佛教"改革运动，其改革方向也受基督教启发。太虚明确指出：

> 基督教同佛教，在宗教立场上，是相同的。就是我二三十年来，所有改进佛教的努力，一部分也是由于基督教传入中国的启发。因为、基督教对于中国近代文化事业，社会公益，信仰精神，都有很大的影响。而中国的佛教，虽历史很久，普及人心，并且有高深的教理；但是在近来，对于国家社会，竟没有何种优长的贡献。因此、觉得有借镜于基督教而改进佛教的必要。更因此推想到现在中国一般社会，亦需要基督教的精神来改进。^③

太虚认为，一般社会也应该借鉴基督教精神的优长。从事工商业小有成就的曹伯权在比较佛教和基督教之后虽然更偏重佛教，但同时也指出佛教须学习基督教，广泛举办教育、慈善、公益事业，发挥对社会的积极功能。^④

基督教的上述影响至今依然存在。当代台湾的"佛教慈济功德会"即一显例。这从其会刊《慈济》创立初期的"社论"中可以明显看出："今天，佛教不但不该忌谈世务，同时反而必须多谈世务……'以出世的精神入世'，是'天人相接的体现'。天主教、基督教办许多医院、孤儿院、养老院，甚至于学校，他们的教义亦是在求'理想中的天堂'，但做了这些事业，何尝为玛利亚或耶稣所呵责——斥其涉世太深呢？"^⑤

宗教具有道德劝善、济世救人的宗旨与功能，但道教在这方面与其他宗教特别是基督教相比差距明显。陈撄宁认识到："宗教家原以济世度人为宗旨。所以耶稣教、天主教最热心于办医院、开学校一类的工作。彼教人才甚多，凡医药学校中，院

---

① 王见川：《张宗载、宁达蕴与民国时期的"佛化新青年会"》，《圆光佛学学报》1999年第3期。

② 王见川：《张宗载、宁达蕴与民国时期的"佛化新青年会"》，《圆光佛学学报》1999年第3期。

③ 太虚：《中国需耶教与欧美需佛教——二十七年六月在华西大学讲》，黄夏年编：《太虚集》，中国社会科学出版社，1995年，第437页。

④ 曹伯权：《舍耶从佛说》，《自我介绍》，香港圣朴自费翻印本，第38页，转引自邓子美：《传统佛教与中国近代化》，华东师范大学出版社，1994年，第154页。

⑤ 王见川：《透视故事的背后：略论"佛教慈济功德会"的早期情况（1966—1971）》，《圆光佛学学报》1999年第4期。

长校长、医师教师以及其余职业人等皆由本教信徒担任,故能诸事顺手,上下齐心。"①民国道教,特别是上海道教也有种种善举,但由于自身力量的限制,规模、影响远不及在华基督教,甚至佛教的善行。陈撄宁的上述言论说明其已看到基督教在慈善救济事业方面的突出成效及其原因。联系近代道教走向衰落的现实,不难发现其言外之意:既有鼓励道教徒效仿基督教大力从事慈善救济事业的期望,也有感叹道教衰落、心有余而力不足的无奈与苦衷。

万国道德会发起人江希张肯定基督教教义简单易学,突出其救世功效,并从基督教传入中国伊始,由于中西文化冲突等原因对基督教所产生的误解说起,力图澄清基督教文化与中国传统文化,特别是孔孟之儒家文化并无根本冲突。他指出:

> (基督教)所立之法,易知易从,虽愚夫愚妇,亦能从事不倦,斋戒沐浴,可祀上帝,于救世最有力焉。顾基教东渐,风易俗殊,初入中土,译其书者,多词不善达其意,致庸愚无识,疑其教有背弃祖宗,灭绝鬼神,而教祸遂从此起矣。不知基督立教,专以敬事上帝,为独一无二法门,天上地下,惟帝独尊,祖宗鬼神不敢与之分庭抗礼,故致敬于帝为独优,并非背弃祖宗,灭绝鬼神也。且其凡事必祷,凡地必祷,直与孔子"知我其天""祷久"之意如出一辙,又何事猜疑为耶?②

这为他进一步探求不同宗教文化间的共通之处奠定了基调。在《基督教圣经择要发微序》中,江希张已忽略五大宗教间的形式之谓,更注重探求其共有的精神和价值,慨然高呼:

> 大哉耶稣,至矣耶稣!固与我孔子同为上帝之代表,而救天下万世生民于无量无边者也。是知耶稣之心即孔子之心,耶稣之教亦即孔子之教。且不惟即孔子之心,孔子之教,更即老子、释迦、穆罕之心,老子、释迦、穆罕之教,固无所谓异也。所异者不过其形式耳,精神固大同也。③

江希张还力求将信教与不信教人士团结于拯救世道人心,消除灾劫,实现世界和平与大同的旗帜之下。对于已经信奉基督教的人士,他认为:"当于精神上求基

---

① 吴亚魁:《生命的追求——陈撄宁与近现代中国道教》,上海辞书出版社,2005 年,第 337 页。

② 江希张:《息战》,第 41 页。

③ 江希张:《基督教圣经择要发微序》,万国道德会筹备处编:《万国道德会志》第 1 卷第 1 号,1922 年 2 月 2 日。

督教,以推基督之大爱心,施于儒、道、佛、回。各教教徒携手同行,互相印证、互相提携,以达到上帝即爱之目的,而勿沾沾拘拘、固执成见,遇有敬别神祀祖先者,即深恶而痛绝之,不与接洽。"对于非基督教徒,"亦当于精神上论基督教,学其重公义、轻私利,爱人如己、视敌如友,崇之、重之、爱之、慕之,引为契援,同盟救世,以达吾孔子大同无分别之伟愿,勿再以异端邪教目之,而永消弭庚子拳匪之祸于无形也"。① 在华传教士李佳白(Gilbert Reid)曾加入万国道德会,②对其情形十分熟悉。他根据亲身见闻和经历指出,万国道德会的"道德运动在很大程度上具有折衷性,承认所有宗教导师的普遍作用。目前的领导人是一名基督教学校的学生,而且作为一名接受基督教教义者,加入了美以美会","它现已成功地传遍了整个中国"。③

世界红卍字会道院也受在华基督教迅猛发展的影响,不仅表现在其出色的慈善救济事业上,也体现于其极具时代特色的文化观念上。道院虽然以"至圣先天老祖"为至高尊崇,但还崇奉"儒、释、道、耶、回"五大宗教创始人。"五教同源"、不同宗教间的平等相处是其显著特征之一。据记载,耶稣在安庆道院临坛训示:"教本一家,何分中外,设教纲纪,不过统宗一善而已。"④道院人士借助耶稣之口说出如此之话,尤可看出他们对中西宗教和谐关系的看法。当时加入道院的李佳白(获赐道名"慧白")也指出:"由于大多数道院的追随者都是孔教、道教和佛教信徒,因而这三教最受重视,并给予最明智的阐释。不过,对基督教和伊斯兰教并无偏见。"⑤中国传统社会不乏慈善组织,但像道院专门成立世界红卍字会,从事如此大规模、广地域的慈善救济活动前所未有,这明显受在华基督教慈善救济活动的影响。世界红卍字会分为男子红卍字会(即一般指称的世界红卍字会)和妇女红卍字会,固然受中国传统文化"男女有别"观念的影响,但也有模仿借鉴基督教男、女青年会的成分。此外,世界红卍字会吸收会员的规定也受基督教青年会的影响。世界红卍字会创办之前,道院除研究道德、文化、宗教、哲学外,已从事慈善救济活动,后来创办世界红卍字会专办慈善救济,说明道院不仅在模仿效法基督教,而是试图"会通

① 江希张:《基督教圣经择要发微序》,万国道德会筹备处编:《万国道德会志》第1卷第1号,1922年2月2日。

② "衍圣公"孔德成为万国道德会会长,康有为、李佳白为副会长。《万国道德会之沿革与工作事业摘要》,万国道德会编:《会员须知》,第4页。

③ 郭大松、田海林主编:《山东宗教历史与现状调研资料选》下册,第306页。

④ 龚天民:《中国民间宗教信仰与基佛问题》,(台北)校园书房出版社,1992年,第51页。

⑤ 郭大松、田海林主编:《山东宗教历史与现状调研资料选》下册,第308页。

以求超胜"。

全球圣教大同会、世界宗教大同会的萌生与主旨也受来华基督教之影响。全球圣教大同会（The World's Association for Unity in the Holy Religion）于云南发起，"创立者叫王嘉树，他一直不断去北京宣传他的教义，寻求在北京设立分会。他了解儒、佛、道、基督、伊斯兰五教经典，很显然是一位诚挚的追求真理之人。"①可见，王嘉树创立全球圣教大同会正是其主张宗教文化融合的外在表现，他已经在为探寻新形势下救世之路而积极奔走。

世界宗教大同会（The Universal Association for the Unity of Religion），据李佳白所言，"是最著名的重视宗教类组织。该会是由早经同基督教有联系的唐焕章在四川组建的"②。从这则材料中尚看不出它创立的具体时间。笔者在唐焕章所著《息战书后》中找到有价值的线索。此书是唐焕章受江希张所著《息战》之影响，并有感于国内外局势而作。时人罗金锐在为此书所作的序中说："唐公焕章，西蜀人也，乙卯之春，特受圣灵指示，亲奉上帝之命，以发明真道，普救世界为己任。"③世界宗教大同会正式创立于 1915 年（农历乙卯年）春。④ 如何看待其崇奉的"上帝"呢？在中国元典中有"上帝""帝"等名称，早期来华传教士也援引中国经典诠释基督教的"上帝"，以此减少在华传教阻力。但世界宗教大同会崇奉的"上帝"很少受传统文化典籍中固有称谓的影响，而更多地模仿借鉴基督教之"上帝"。这是因为：首先，根据李佳白的记载，唐焕章在创教之前就与基督教有密切联系。其次，从罗金锐序言中提到的"圣灵""上帝"，也可以看出该组织受基督教影响较大。与基督教教义之"上帝"不同的是：世界宗教大同会崇奉之"上帝"不但全知全能，而且在某

---

① 郭大松、田海林主编：《山东宗教历史与现状调研资料选》下册，第 309 页。
② 郭大松、田海林主编：《山东宗教历史与现状调研资料选》下册，第 309 页。
③ 罗金锐：《息战书后序》，唐焕章：《息战书后》，1921 年，第 1 页。
④ 世界宗教大同会又名"世界六圣宗教大同会"，参见王治心：《中国宗教思想史大纲》，东方出版社，1996 年，第 231—232 页。近乎相同的论述还见邵雍《中国会道门》，上海人民出版社，1997 年，第 190 页。王治心认为，民国前期兴盛于全国的悟善社，即唐焕章于 1915 年在四川创办的"世界六圣宗教大同会"。邵雍参考并认同王治心的这一说法，认为：悟善社于 1915 年创立后发展至北平、山东、甘肃等地；1919 年 7 月悟善社在北京成立。但客观事实是：悟善社最早于 1919 年在北京正式成立，之前未有"悟善社"名称。因此，这种叙述前后矛盾。吉冈义丰质疑王治心的观点："悟善社在民国八年成立于北京，这是可以确定的，那么，王氏所言，民国四年唐焕章在四川设立，这一点就很奇怪了。"此外，他还参考酒井忠夫的《近代支那宗教结社之研究》，认为"王治心氏，似乎把某些资料运用错了"，详见［日］吉冈义丰：《中国民间宗教概说》，余万居译，（台北）华宇出版社，1985 年，第 195 页。笔者认为，唐焕章创办的世界宗教大同会与 1919 年在北京成立的悟善社没有密切的渊源关系，它们是两个不同的组织。

些方面渗透出神秘色彩,唐焕章自称是凌驾于六大宗教之上的第七大宗教教主。李佳白的记录亦可佐证:"当其在北京建立了一所分会之后,该会的信条受到无以复加的批评。不久,它便因分发数千本小册子而名声大噪,这些小册子宣扬是年十一月有大灾降临,极像基督教关于世界末日的预言。"①民国前期,在科学、民主日趋流行之际,世界宗教大同会带有神秘性的宗旨、预言无疑广受批评。

为进一步明确世界宗教大同会的出现与在华基督教迅猛发展以及国内外局势的密切关系,以下根据《息战书后》分析唐焕章的思想主张。

《息战书后》是继江希张《息战》之后又一本国人观感国内外社会变动而撰著的小册子。该书主要受《息战》之影响,对科学、宗教两大主题阐述看法。通过此书,我们可进一步了解唐焕章及世界宗教大同会主张的利弊得失。唐焕章在书中根据自己对"上帝"的体认,指出所谓的科学"五大谬妄"。

"谬妄"之一,科学不承认有上帝,只承认有自然法。唐焕章对此反驳说:"自然法为谁所定,为上帝所定。上帝有权定之,即有权改之,人则无权,仅能在自然法之下,发明科学,不能在自然法之外,发明科学。所以用科学根据之自然法解决宗教,必至不能解决,不能解决,则欲取一切宗教而推翻之。夫宗教超乎自然法之上,不受自然法拘束,科学囿于自然法之中,必受自然法拘束,科学岂有推翻宗教之权力耶?"②他从宗教的立场否认自然规律的客观性,必然导致其反驳无力。

"谬妄"之二,科学万能。科学万能是近代以来流布较广,"一战"前后遭到批判的言论之一。唐焕章批判"科学万能",固然找对了批判的方向,但其批判的武器却十分落后。他推出"全能上帝"反驳"科学万能",没有从学理层面予以剖析。"万能者,无一不能之义也。惟全能上帝,而后无一不能,区区科学,岂无一不能者耶?"③从而又陷入盲目的宗教崇拜之中。

"谬妄"之三,人以猿猴为祖,不以上帝为祖。④ 唐焕章反驳科学证明的"人以猿猴为祖",反驳的依据不甚高明,重回到欧洲中世纪基督教所持"上帝造人说"的陈旧套路。

"谬妄"之四,人群进化之理,弱肉强食。唐焕章以"上帝创世说"予以反驳:"天

① 郭大松、田海林主编:《山东宗教历史与现状调研资料选》下册,第 309 页。

② 唐焕章:《息战书后》,第 14 页。

③ 唐焕章:《息战书后》,第 17 页。

④ 唐焕章:《息战书后》,第 19 页。

地人物,为上帝所结之果,以逆返言,上帝为天地人物所结之果。顺生之时,上帝为始,而天地人物为终,逆返之时,天地人物为始,而上帝为终。达尔文辈察得大化归真实迹一小部分,惜乎未得正确解释,误认为弱肉强食,指为天演公例如此。"[1]可见,他依然没有找出批判进化论不足的合理依据。

"谬妄"之五,以科学代替宗教。唐焕章认为:"科学与宗教截然不同、完全相隔,焉能取而代之,且凡曰代之云者,必其代之之物,胜于所代之物而后可。"[2]他的反驳没有从科学与宗教的内涵、外延、功用及对立统一之关系入手,而只是简单地认为科学和宗教截然不同,宗教地位居于科学之上。唐焕章对宗教和科学关系的认识,远不如前述江希张指出的"宗教果能证实,即为科学之母,科学苟能深造,亦为宗教之助,合则双美,离则两伤"高明。

唐焕章还提出"六教同源"的立论。"六教同源"与道院主张的"五教同源"基本相同,只不过唐焕章将基督教与犹太教看作两个不同的教派,故有六教之说。"六教表面,虽有不同,而其里面则一。六教为谁,第一基督教,第二犹太教,第三儒教,第四回教,第五佛教,第六道教。"[3]唐焕章认为,不同宗教只是形式上的差别,其精神实质则一。他将基督教、犹太教排在其他四大宗教之前,也表明其受基督教影响尤深。这是世界宗教大同会与道院不同之处。唐焕章还试图破除宗教畛域,寻求普世道德:

> 今之宗教复活,不是旧有形式复活,乃是旧有实际复活。所以耶稣真道不在基督教之福音堂,摩西真道不在犹太教之礼拜堂,孔仲尼真道不在儒教之孔教会,慕罕默德真道不在回教之清真寺,释迦牟尼真道不在佛教之各大寺院,老聃真道不在道教之各大庵观。此道安在?在于草野而寄托于普世人人身中,由传道人授之以法,自有之而自得之,只问其人之信德如何,不问其人属于基督教、犹太教或儒教、回教、佛教、道教。六大宗教耕种于先,至此日而后完全收获。[4]

受来华基督教及"一战"后中国社会新形势的影响,唐焕章也积极调和宗教文化关系,反对科学弊端。他对科学和宗教关系的认识带有偏见和局限,其"上帝"

---

[1] 唐焕章:《息战书后》,第 21 页。
[2] 唐焕章:《息战书后》,第 23 页。
[3] 唐焕章:《息战书后》,第 26 页。
[4] 唐焕章:《息战书后》,第 27 页。

观,除受基督教影响,还吸收中国神秘文化的因素,透着神秘主义气息。正如李佳白所言:"世界宗教大同会好的方面是专注于寻求真理和美德;不良的方面则是缺乏开明意识。"①

通过对上述社团组织的考察,笔者认为:首先,来华基督教发展的迅猛势头已深刻影响到中国各社会阶层,也深深触及中国文化,为新兴社团的勃兴提供催化剂。这些新兴团体注重中国传统文化的同时,多少吸收基督教文化的因素。在华传教士对这些社团观察后说:"他们的方式、教义和精神世界都取自儒、释、道三教,现在又常常包括一些基督教的内容。"②

其次,国人开始正视来华基督教迅猛发展带来的压力,他们开掘传统文化尤其是儒家心性道德与中正和平之说,提倡宗教文化融合,从而做出主动回应与变相抵御。吉冈义丰说:"中国人对于自己固有的文化和思想,向有很大的自负,可是并不排外。因为他们相信,只要一种文化是最为优越的,那么,其余任何文化都必然包容于其中。近代,何止三教,甚至还有标榜五教(儒、道、佛、耶、回)调和思想的宗教运动出现……总而言之,既然中国人的基本思想在于冀求和平与大同,那么这一切的趋势都可视为极其自然的演变。"③

最后,中国社会的新动向已突破地域界限,在全国范围内酝酿、萌发。万国道德会、道院在济南萌生后,很快发展到其他地区。远离沿海开放口岸的四川、云南也出现了融合宗教文化,凸现救世主旨的新团体,并有向外围发展的趋势。这从侧面折射出来华基督教几乎遍布中国各个角落,中国社会的新动向也具有普遍意义。世界宗教大同会是个例现象,其对宗教的看法尤其是对虚无而又万能的"上帝"之推崇,陷入宗教神秘主义漩涡,是中国传统文化在基督教文化影响下发生的变异,违背了时代潮流。

三、天灾人祸与慈善事业新气象

中华民国初年,政局混乱、社会动荡加剧天灾人祸的频率与严重程度。现考察1917—1921年国内天灾人祸的状况。

---

① 郭大松、田海林主编:《山东宗教历史与现状调研资料选》下册,第309页。
② 何乐益(Lewis Hodous,D. D.):《基督教以外的中国宗教》,中华续行委办会调查特委会编:《1901—1920年中国基督教调查资料》上卷,第112页。
③ [日]吉冈义丰:《中国民间宗教概说》,第15页。

这一时期自然灾害的种类、被灾地区整理如表1-1：

表1-1 1917—1921年自然灾害统计简表

年份	水	旱	地 震	冰 雹	蝗	疾 疫
1917	鄂、赣、鲁、奉、黔、湘、京、直、豫、川、闽、晋、桂	鄂、苏、鲁、奉	台、皖、滇、吉、新	苏	苏、浙	
1918	粤、黔、滇、湘、赣、鲁、豫、闽、奉、直、川、鄂、浙	川	台、粤、吉、藏、黑、皖、新、川、浙、苏			苏
1919	苏、粤、浙、川、皖、赣、鄂、豫、直、陕、湘、闽	滇、川	黑、川、台、新、甘	川、豫、陕	豫	
1920	浙、赣、鄂、湘、闽、粤、桂、台	直、鲁、豫、晋、陕、苏、川	陕、甘	陕、豫、晋	直、豫、苏、黔	豫、苏、赣、湘、闽、粤、黔、奉、吉、新
1921	苏、浙、皖、鄂、鲁、豫、直、陕、赣、川、黔、港、冀、晋	皖、赣、陕、川、黔、鄂、湘	甘	豫、陕、甘、川、黔、鄂、直	赣、鄂、黔	直、鲁、滇、粤、黑

资料来源：据李文海、林敦奎、周源、宫明：《近代中国灾荒纪年》（湖南教育出版社，1990年，第856-886页），李文海、林敦奎、程歗、宫明：《近代中国灾荒纪年续编》（湖南教育出版社，1993年，第1-53页），邓云特：《中国救荒史》（生活·读书·新知三联书店，1961年，第31页）整理而成。表中所列地区，除直隶、奉天，均采用现代行政区划之简称。

全国大部分地区在这几年无年不灾，有的地方甚至一年数灾并发，水灾、旱灾发生频率高且被灾范围广、破坏性大。其中，1917年京直大水灾、1920年华北五省大旱灾、1921年鲁豫等地大水灾，使华北遭受沉重打击。[①]

1917年夏秋之交，直隶连降大雨，永定河、南北大运河、潮白河等河堤被冲溃，洪水泛滥，造成"五十年来所未有"[②]之奇灾。"京直被灾一百余县，灾区一万七千六百四十六村，灾民达五百六十一万一千七百五十九名口，尚有大名、无（抚）宁、长

---

① 19、20世纪之交，国内不少地区遭遇旱灾，北方各省灾情最重（参见李文海、周源：《灾荒与饥馑（1840—1919）》，高等教育出版社，1991年，第201页）。从民国前期灾荒发生频率和被灾范围看，华北依然是重灾区。

② 周秋光：《熊希龄与慈善教育事业》，湖南教育出版社，1991年，第40页。

垣未据造报,未经列计在内。"①这一年,山东、山西水灾也较重。"冀、鲁、晋水,冀为最重。全国受灾达一万方里,灾民六百三十五万人,冀省被灾县份共一百零三县。"②

1920年华北五省大旱灾更是一场席卷北方大地的浩劫。李文海等将其列为"中国近代十大灾荒"之一。是年,黄河流域亢旱,直隶、山东、河南、山西、陕西、山西发生"四十年未有之奇荒",是近代北方继"丁戊奇荒"之后又一大荒之年。③这场大旱使370余县受灾,50万人死亡,3 000万灾民嗷嗷待哺。④除大旱灾,浙、赣、鄂、湘、闽等省还发生严重水灾,水旱并发,灾情极重,中国红十字会指出:"直鲁豫晋陕湘闽浙八省,水旱奇荒,灾区之广,为从来所未有。"⑤

1921年夏,直隶、山东、河南、安徽、陕西以及江浙等八省又发生严重水灾。江浙皖水灾义赈会启事说:"今秋江浙皖三省,风水为灾,沿江沿海百余县尽成泽国,遍地哀鸿,嗷嗷待哺,其灾情之重,较诸上年各省旱荒,相去不远。"被水各省中,北方以河南省灾区最广,计64县,以山东河决情形最重。南方以江苏省被灾县最多,共58县。⑥此次灾区达2.7万方里(方里,即一里见方的面积),鲁、豫、晋被灾148县,灾民980余万人。⑦大旱之后复大涝,中华大地尤其是华北陷入陆沉板荡之境。

伴随连续不断自然灾害而来的是军阀派系的争战。20世纪20年代是国内军阀的分化期,内战此起彼伏。1916年袁世凯死后,大小军阀群龙无首,军阀混战拉开帷幕。据统计,到1920年,5年之间战区所及共有32个省区,平均每年达6.5个省。⑧1920年7月爆发的直奉皖战争是此时期发生最大规模的军阀混战之一。燃起于华北的战火使饱受大旱灾之苦的民众又承受兵燹之害。据报道:"此次近畿大战······若出城数里或数十里,所有各村农民,则困苦不堪言状,其在京南者,适在火线之中,房屋早化灰烬,流离失所,无家可归。其不在战线范围以内者,如京城四周各乡镇,亦备受

①　李文海、林敦奎、周源、宫明:《近代中国灾荒纪年》,第867页。
②　邓云特:《中国救荒史》,第31页。
③　李文海、林敦奎、程歈、宫明:《近代中国灾荒纪年续编》,第1页;李文海、程歈、刘仰东、夏明方:《中国近代十大灾荒》,上海人民出版社,1994年,第136页。
④　关于1920年华北五省大旱的受灾人数,邓云特《中国救荒史》(第31页)认为是2 000万;李文海、程歈、刘仰东、夏明方《中国近代十大灾荒》(第139页)认为是3 000万左右。兹采后说。
⑤　中国红十字会总会编:《中国红十字会历史资料选编(1904—1949)》,南京大学出版社,1993年,第474页。
⑥　参见李文海、林敦奎、程歈、宫明:《近代中国灾荒纪年续编》,第30页。
⑦　邓云特:《中国救荒史》,第31页。
⑧　王寅生:《兵差与农民》(1932年),陈翰笙、薛暮桥、冯和法编:《解放前的中国农村》第二辑,中国展望出版社,1987年,第367页。

败兵之蹂躏,虽居室未遭焚烧,而牛羊杂物,则皆化为乌有。本年午季,本属欠收,高粱玉蜀黍之在田者,则已践踏殆尽。哀此穷民,将有绝食之患。"①这次战争虽然以北京一带为主战场,但也波及周边地区,其中山东受影响较明显。"东省德县、陵县、平原、恩县、禹城诸县,遽因直奉之争,横罹蹂躏之惨,微论战线以内,几尽焦土,即兵车所致(至),亦鸡犬一空,延袤数百里,村舍荡然,流离载道,救死扶伤,号呼相闻。天灾未已,人祸复乘,军阀之锡?"②两军交战之际,土匪趁火打劫,溃军游勇也与土匪勾结,扰害地方。"溃兵加入匪阵,匪徒又皆利器,势焰大张。"河南洛阳"抢掠之案,每日不下数十起,或百余起"③。嵩县"三十六里,被匪抢掠者计二十三里,被烧者约计一百数十村,焚房约计三千数百间,伤人无算"。灾荒、战争、匪患交乘,生灵涂炭。正如豫西旅京救济会在《豫西灾情报告书》中一针见血地指出:"人民不死于荒,即死于匪;不死于匪,亦死于兵差矣。"④这当是彼时社会之真实写照。

　　1917年京直大水灾发生后,熊希龄呼吁北京开展救灾。其后,总统冯国璋任命熊希龄督办京畿一带河工善后事宜,并拨款30万元用作急赈。区区赈款不足以解燃眉之急,熊希龄借助媒体向全国发出请求协助赈济的通电,动员国民慷慨解囊,"恫瘝在抱,胞与为怀,本其已饥已溺之心,为披发缨冠之救","慨予捐输,并广为劝募,庶几众擎易举,集腋成裘,则沟洫遗黎,咸拜生死肉骨之赐也"。此次劝捐取得显著效果,总计捐得棉衣裤148 601件,皮单夹衣裤82 400件(价值20余万元),现洋92.99万余元,另有中钞与公债等30余万元。此外,开滦与井陉两公司捐助赈煤3 400吨。⑤ 为统一放赈和解决放赈难题,熊希龄约集中外慈善组织,派代表前往北京共商赈济办法。到会的团体有:天津水灾义赈会、天津警察厅、顺直助赈局、天津助赈局、北京警察厅、中国红十字会、上海红十字会、中国青年会、北京青年会、天津青年会、中华圣公会、中国济生会、顺直省议会等机构。会上,熊希龄决定以与会各团体为基础,成立统一的联合办赈机构,定名为"京畿水灾筹赈联合会"。从上述救济团体看:其一,基督教性质的团体占较大比重且参与同一次慈善救济活动,在当时比较少见。其二,这次赈济活动广泛动员,整合民间救济力量,中外民间慈善团体合作办赈所起的作用已远超政府。其三,成立区域性联合办赈机构"京畿水灾筹赈

　① 李文海、林敦奎、程歗、宫明:《近代中国灾荒纪年续编》,第7页。

　② 李文海、林敦奎、程歗、宫明:《近代中国灾荒纪年续编》,第10页。

　③ 《救灾周刊》1921年3月13日,第18期,第6页。

　④ 《救灾周刊》1920年12月12日,第8期,第16-17页。

　⑤ 参见周秋光:《熊希龄与慈善教育事业》,第42、43页。

联合会"。以上三点是这时期慈善事业新气象出现的前兆。

1920 年华北五省大旱灾的灾区范围、破坏程度等均超过 1917 年京直水灾。更为严重的是,几乎在同一时间、同一区域爆发了直皖战争,进一步加重灾害的破坏性与持久度。单靠政府或分散的民间慈善组织的力量已无济于事。虽然直皖战争结束后,由直、奉军阀控制的北京政府责令内务部、交通部、外交部分别成立临时赈灾委员会,并筹垫款项赈救,但赈款对于辽阔灾区、众多灾民而言只是杯水车薪。尽管北京政府一再以"大总统"的名义发号施令,督饬地方政府救灾安民,但军阀各自为政,号令无法贯彻执行。赈灾恤民的责任再次落在民间慈善组织的身上。"政府既无望矣,吾不得不希望商民之努力!"[①]一时间,众多民间救济组织成立。北京率先成立各种民间救济团体,见表 1-2。

表 1-2 1920 年旅京人士成立救济华北五省大旱灾之民间团体统计表

机构名称	成立时间	发起人	地 点
北五省旱灾救济会	9 月 11 日	赵尔巽、汪大燮、熊希龄	金鱼胡同 9 号
华北赈灾会	9 月上旬	梁士诒、艾德敷、张福荫、张述先	六部口新平路 2 号
北方急赈协会	9 月上旬	曹汝霖、施肇基、虞洽卿、田文烈等人	东安门大街陇海铁路公所
顺直旱灾救济会	9 月 12 日	王懋轩等	化石桥河道研究会
佛教筹赈会	9 月 12 日	庄蕴宽等	象房桥观音会
河南旱灾救济会	9 月 12 日	吴笈孙等	智桥嵩云草堂
山东旱灾救济会	9 月 17 日	潘馨航等	
山西筹赈会	9 月 23 日	贾书庆等	
华北赈灾委员会	9 月 15 日	北京高等师范附属中学教师及学生	北京高等师范附属中学
北京大学赈灾会	9 月 23 日	北京大学教职员	北京大学
农学济灾会	10 月初		

资料来源:据蔡勤禹《民间组织与灾荒救治——民国华洋义赈会研究》,商务印书馆,2004 年,第 61-62 页;宋光宇《从中国宗教活动的三个主要功能看 20 世纪中国与世界的宗教互动》,《世界宗教研究》2000 年第 3 期整理。

---

① 杨端六:《饥馑之根本救济法》,《东方杂志》第 17 卷第 19 号,1920 年 10 月 10 日。

华北五省大旱灾发生后，一月之内，北京就出现如此多的民间救济团体。发起人员主要是前清官员、北京政府官员、士绅、商人、新式知识分子等五类，前四类占较大比重。

与此同时，上海、天津、济南等地的民间救济团体也陆续筹设。特别是上海出现了慈善事业的新气象——民间救济社团始由临时性设置变为永久性组织。1920年9月，唐绍仪、施则敬、陆费逵等人邀集驻沪中外绅商、传教士等再度重组上海华洋义赈会，公推王一亭为临时主席，朱葆三、西人郭斐蔚为干事长，剖作蓝底白十字旗为会旗，从此该会"由临时机关进而为永久之慈善社团"①。中国近代史上曾出现不少民间慈善救济社团，但多属针对临时赈济而设，赈济结束后随之解散。上海华洋义赈会成立之初即确定由临时机关变为永久慈善社团，这正是中国慈善事业新气象之一。

像以往灾荒救济一样，在华外国人特别是传教士也投入救济活动，天津的各国领事还发起组织万国赈灾会。众多中外民间救灾团体虽然弥补了政府救济的不足，但自发的民间力量，如果没有统一领导与指挥，势必影响救济效能。中外双方认识到将各地救灾团体联合起来共同施赈的必要性。1921年11月16日，中国华洋义赈救灾总会（简称华洋义赈会）正式成立，1928年在各地有15处分会，②建立起一个跨地域的永久性民间救济组织。这是慈善事业新气象之二。明清以来，中国各地存有大量善会善堂，但有的官方色彩较重，多属地方组织，跨地域联系与交往不多，更无全国领导机构。善会善堂的分布极不均衡，"主要设置于长江下游地区和珠江下游地区，即江苏省、浙江省和广东省。而河北省和山东省的善会善堂在清末也是为数寥寥"③。华洋义赈会及各地分会的组建，突破了善会善堂分布不均的局限。

慈善事业新气象之三：众多在华基督教团体及外国人广泛参与救济活动，并与中国人士共同发起成立永久性民间救济组织。在华传教士参与中国大规模灾荒救济，此前已广泛存在，他们认为赈救灾民是传教布道的大好时机。以李提摩太为例，光绪年间，在山东遭受"丁戊奇荒"时，他"给英国浸礼会传教士协会写了一封信，请求他们关注山东遭受的严重灾荒，并指出上帝给了英国教会一个千载难逢的

---

① 《上海华洋义赈会史略》，转引自蔡勤禹：《民间组织与灾荒救治——民国华洋义赈会研究》，第63页。
② 蔡勤禹：《民间组织与灾荒救治——民国华洋义赈会研究》，第92页。
③ ［日］夫马进：《中国善会善堂史研究》，伍跃、杨文信、张学锋译，商务印书馆，2005年，第162页。

机会,向中国人表明真正的基督教意味着什么:无论对这个民族整体还是对任何人来说,都是上帝的福音","中国人也许不接受写在纸面上的基督教的真理,但当他们陷于困境时对他们提供的帮助,却会成为我们宗教之动机的不容反驳的证据"。① 20世纪以后,每当中国有地区发生灾荒,传教士都前往赈济,但多是传教士的个人行为,基督教性质团体参与救灾活动的尚不多。当华北五省大旱灾发生后,不仅有更多的传教士和在华商人、领事等参与救济活动,②他们还与中国人士共同组建"上海华洋义赈会",直至"中国华洋义赈救灾总会"出现。

慈善事业新气象之四:一批退职官员、绅商,特别是社会转型期的北方绅商等,广泛参与慈善救济活动,发挥了巨大作用。

首先,北方绅商广泛参与救济。由于中国特殊的政治体制和沿传既久的文化教育传统,士绅一直是地方社会的重要力量。清末民初社会转型期间,尽管士绅发生诸多分化,但其依然在地方发挥重要作用。③ 特别是由于近代工商经济发展和时势变迁,中国社会出现了一个介乎传统与现代之间的过渡阶层——绅商。他们既有一定的经济基础,又有广泛的社会关系网络,再加上长期的中西商贸往来,思想认识发生显著变化。他们关注地方事务,热心慈善公益事业,已经成为社会发展进步的中坚力量。

因地域经济、文化的差异,近代南方绅商表现异常活跃,最有名者当属张謇、经元善等人,④但北方绅商并非缄默无闻。近代山东由于地缘以及文化因由,未出现著名商人群体,但这并不意味着山东人不适合于经商或缺乏经商理念。山东面积

---

① [英]李提摩太:《亲历晚清四十五年——李提摩太在华回忆录》,第104-105页。
② 当时至少有12个国家的600余名外国人参与这次赈济活动,详见蔡勤禹:《民间组织与灾荒救治——民国华洋义赈会研究》,第64页。
③ 有关在近代社会转型期士绅与地方权威的互动关系,大致有以下两种不同观点。如杜赞奇认为:在20世纪初中国现代国家建构的过程中,地方社会面对的一个难题是旧权威没落而新权威仍未形成。随着士绅阶层因科举废除而式微,他们作为国家与社会间的桥梁所体现的传统权威也随之消失,但久久未能有新式力量使之成为地方社会的合法领袖([美]杜赞奇:《文化、权力与国家:1900—1942年的华北农村》,王福明译,江苏人民出版社,2003年)。与之相反,有学者认为:中国政体由皇朝体制转变为现代国家体制时,士绅并未丧失权力。他们借着投身于始自晚清的各种新经济、政治、社会和文化活动进行着绅商的自我融合,进而维持甚至扩展自己的势力[Chuzo Ichiko,"The Role of the Gentry:An Hypothesis",*China in Revolution:The First Phose*,1900—1913(New Haven,1968),pp. 289-299. 转引自叶汉明:《20世纪初山东地方绅商层的形成:潍县的例子》,见叶显恩、卞恩才主编:《中国传统社会经济与现代化》,广东人民出版社,2001年,第236页]。笔者采用后说。
④ 参见李文海、朱浒:《义和团运动时期江南绅商对战争难民的社会救助》《清史研究》2004年第2期;朱浒:《江南人在华北——从晚清义赈的兴起看地方史路径的空间局限》,《近代史研究》2005年第5期。

广阔,东西部地理和社会经济结构差异较大,同为山东人,其经济行为和文化观念也存有很大差别,甚至截然不同。即使同为山东东部沿海地区,其民风、民俗等文化观念和经济行为也大不相同。时人在一篇题为《山东沿海俗尚》的文章中对此做了对比说明:

> 山东即墨以南,民贫俗俭,仅以茅舍蔽风雨,未见有广厦大屋如南方者。其人诚实不欺,服官吏之役,虽劳不怨。惟恋家乡心切,以耕渔畜牧为业,罕有出外经商者。其北则民风狡猾,海阳尤甚,然长于经商,故商于京、津、旅、大者颇多。[①]

即墨以北即山东东北部的胶东一带素有经商风尚。鲁商虽旅居异乡,但其社会地位和社会能力足以对家乡及周边地区产生影响。19 世纪末 20 世纪初,北方并未落后南方,也出现由传统向现代转化的绅商阶层。他们善用新旧社会文化资源,以更新其政治、经济力量,建立起操控地方社会的新方式,具备灵活的生存策略和很强的韧力。[②]

1920 年华北五省大旱灾发生后,北方绅商行动尤为积极,如山东掖县绅商孙德璋(字明诚)较具代表性。他长年经商于大连,积资颇厚,乐善好施,被华洋义赈会聘为干事部部长,对社会公益慈善事业十分热心。康有为游大连时曾与孙德璋会面,赞誉他"居孟子之亚",并赠送题有"急公好义"的匾额。华北五省大旱灾时,孙德璋携带巨款前往赈救。[③] 这一时期,山东烟台"胶东赈灾公会"的出现也颇能说明北方绅商救灾的新趋向。据时人记载:

> 胶东赈灾公会之设立,原系前办理直鲁豫大灾荒之筹赈协会递嬗而成者。因当地绅商,对于恤灾救邻之事业,素具热心。历次办理赈务,均卓有成效。后又发现沪浙风灾、甘肃地震等变。时国人伤亡损失者,受创至巨。直豫苏浙水灾连绵,而尤以山东黄河决口,利津沾化一带二十余县,灾情綦重。西府前次才被旱荒,元气尚未恢复又益以水灾,人民所受苦况,有并家室都全行漂没者,其惨状直有令人不忍卒闻。当地政绅商学各界,旋即接收胶东筹赈协会之

① 徐珂编撰:《清稗类钞》第 5 册,中华书局,1984 年,第 2200 - 2201 页。下文掖县孙德璋的例子也印证了这一点。

② 叶汉明:《20 世纪初山东地方绅商层的形成:潍县的例子》,见叶显恩、卞恩才主编:《中国传统社会经济与现代化》,第 236 - 251 页。

③ 民国《四续掖县志》卷四,1935 年,第 68 页。

存余款项,改组设立斯会。其办赈情形,以施本省灾区为主,外省之灾情较重者为辅……会中办事人员,以澹台玉田、吴敬之、于子明、倪显廷诸君为最有毅力。①

据此可知,第一,胶东赈灾公会的雏形为赈救华北五省大旱灾的胶东筹赈协会,后者曾陆续赈济上海、浙江风灾,甘肃大地震。1921 年,直、鲁、豫、苏、浙等八省水灾救济中依然活跃着胶东筹赈协会的身影。正是连年不断灾荒的打击,尤其是华北连续几次大灾裣促使胶东赈灾公会最终成立。

第二,从胶东筹赈协会到胶东赈灾公会,烟台绅商澹台玉田、吴敬之、于子明等人发挥了重要作用。近代烟台因商而兴,商贸繁盛,孕育出一个思想开放、极具活力的商人阶层。为同官方打交道、维护自身利益,烟台商人组织烟台商务会。第一次世界大战期间,烟台商业进一步发展,商人纷纷成立同行业行会。1920 年,烟台商务会改称烟台总商会,广泛参与警务、司法和其他市政工作。② 以澹台玉田为首的新式商人平素热心公益事业,主张兴办烟台公园、贫民工厂及公立医院等。③ 这批新兴商人,"迭经变乱,创巨痛深,故能激发天性,知厚藏不如多施,救人即以度己。五六年来,救灾拯患,出资数十万"④。

第三,从胶东筹赈协会到胶东赈灾公会的成立,说明该组织由临时性组织向永久性组织转变。特别是其"以施本省灾区为主,外省之灾情较重者为辅"的办赈宗旨,更显示出烟台绅商活动已突破地域限制。

其次,一批退职官员在这一时期的赈灾中表现积极。1920 年华北五省大旱灾发生后,不到一个月时间,这批人纷纷组织成立救济团体,积极赈恤灾民。以熊希龄为例,他直接领导 1917 年京直大水灾赈济,并参与华北五省大旱灾的救济活动。熊希龄退出政坛后,对现实政治一度失意。他之所以积极从事慈善赈救事业,除对灾民的同情心外,还存有一种"赎罪"的观念:把救灾恤民当作为自己过去的若干政治过失进行"赎罪"的手段。1917—1921 年发生的自然灾害以及军阀混战,对社会秩序造成极大破坏,心怀"赎罪"赈灾观念的熊希龄自然于此期间及以后的慈救活动中积极踊跃。这种"赎罪"观念以及赈救活动,使他内疚、空寂的心灵变得安适而

① 郑千里:《烟台要览》下册,烟台要览编纂局,1923 年,《慈善篇》第 3 页。
② 王守中、郭大松:《近代山东城市变迁史》,山东教育出版社,2001 年,第 506 - 507 页。
③ 郑千里:《烟台要览》下册,《慈善篇》。
④ 素爽:《烟台恤养院参观记》,《道德月刊》第 1 卷第 3 期,1934 年 6 月 25 日再版。

充实。在 20 世纪 30 年代的一次演讲中,他说:"希龄服务社会,有十五六年了。从前过的是政界生活,和老百姓隔膜太远,就不知道怎么叫作民间疾苦。自从民国五六年办理一回水灾,亲自下去查勘,这才知道农村生活的状况,和我们政治界从前的错误与罪恶,就把政治看得淡了,毅然决然把它搁开,实力为社会服务。"①

从晚清到民国已脱离以往中国改朝换代的旧轨道,进入一个从传统社会向现代社会转变并融入世界现代化进程的全新转型时期。社会转型"是一种社会质变过程……作为一种社会质变,社会转型可以用革命的手段来实现,但更多地体现为量变的积聚过程,因此,很大程度上是依靠不断的调整和改革来加以完成"②。大凡转型时代,社会无不在阵痛中逐步发展。清末民国时期除具备一般意义上的社会转型特点之外,还有着自身的特殊性,即中国是一个半殖民地半封建社会,救亡与启蒙、独立与富强依然是时代的主旋律。有识之士继续进行救国救民之路的探索。中国以后发展的方向以及直至今天仍在讨论的一些问题,无不发源于这一时期。"长期以来,人们回顾这段历史,过多地强调了革命的失利、国家的处境一天比一天坏,对这段历史在近代中国大转型中的积极作用却注意得不够。"③近代国人"谋求自救自存,殆至发言盈廷,莫衷一是,正所谓百家争鸣,医方乱投,亦显示救亡之情势紧迫,彷徨莫知所措"④。一时间,各种思潮与学说横陈杂处,展现出社会发展的连贯性、多样性。尽管它们对社会发展的影响和实际效果不同,但我们讨论20 世纪 20 年代前后中国社会相关问题时,不得不省思社会转型之际出现的纷繁复杂的社会思潮。某种程度上说,世界红卍字会道院的萌生也是国人探求救国、救世之路的表现之一。唯其如此,我们才能更好把握其萌生的时代背景及其发展的历史脉象。

---

① 参见周秋光:《熊希龄与慈善教育事业》,第 41、203 - 204 页。

② 马敏:《有关中国近代社会转型的几点思考》,《天津社会科学》1997 年第 4 期。

③ 吴雁南等主编:《中国近代社会思潮(1840—1949)》第二卷,湖南教育出版社,1998 年,第 1 页。

④ 王尔敏:《近代文化生态及其变迁》,百花洲文艺出版社,2002 年,第 291 页。

发展与变迁

由于世界红卍字会集道院、道德社于一体,早期的调查资料及后来的回忆文章对道德社与女道德社之间的区别描述得并不清楚,而世界红卍字会又是道院"表现于外面的名辞"[①],即道院的一切活动均以世界红卍字会的名义进行,因此在提到道院组织时,往往以世界红卍字会指称,只是在解释其组织体系时才提到道院。

一、在滨县萌生

关于世界红卍字会道院的萌生,学界众说纷纭。即使是道院的实际参与者,及其亲朋好友、子嗣,或耳闻目见的当时人,他们的回忆性记录也多存有失真、舛误之处。有人认为:"道院和世界红卍字会 1922 年创始于山东滨县,后来移到济南"[②]。有人说,道院、世界红卍字会:"原由鲁北滨县三十六友创设,始建于滨县,后迁济南。辛亥后入道者日多"[③]。有人回忆:"道院和红卍字会这两个组织是 1916 年 1

① 纪耀荣:《济南道院暨红卍字会之调查》。
② 李世瑜:《民间宗教研究之方法论再议——兼评路遥〈山东民间秘密教门〉》,《世界宗教研究》2001 年第 3 期。
③ 安邦瀛:《所知烟台红卍字会的一些情况》,烟台市政协文史资料研究委员会编:《烟台文史资料》第 9 辑,1988 年,第 131 页。

月 1 日在北京建立的。创办人是熊希龄,徐(许)德辉等人。"①还有人说:"世界红卍字会创立于天津,华北各大城市设立分会。虽然自称是世界红卍字会,但国外并无此组织。道院创立于山东滨州,后迁移济南"②。更有人说,世界红卍字会:"清朝末年首创于山东济南府,后来传至全国各地。"③"红卍字会在清光绪末年发源于山东滨县,后迁济南,并创建道院"④。类似的说法不一而足。

道院虽不在滨县创立,但如果说道院与滨县毫无关系,亦非事实。1916—1917年,一位名叫刘福缘的营长率部驻防鲁北滨县,公务闲暇,常与滨县县长吴福永及一班军政幕僚洪解空、周吉中等人,相率至县署内不知何时设立的"大仙祠设坛请乩"。当时,"各省县署内均有大仙祠",并且在仙祠内"设坛请乩"乃十分"寻常"之事。请乩之人备好"香花酒果,竭诚将事"仙圣贤佛,临坛各仙圣贤佛与请乩诸人以师徒论。请乩时,师徒"晤对,若师生之亲敬",请乩弟子"有事辄叩问",临坛仙、佛则"问无不答"⑤。所谓"请乩",即求神降示的一种古老迷信形式。一般由二人扶一丁字形木架置于沙盘之上。待神灵降临时,即可在沙盘上"写出"旨意,预决疑难,昭示吉凶祸福,或指示为人处世之道。滨县以及后来各地道院请乩得到的神灵旨意,称为"坛训"。当时滨县请乩所得"坛训","多半是注重立身处世的道理"。经常临坛的仙佛主要有:白眉佛、眉陀尊者、复圣颜子、孚圣、济佛、慧圣、文中子等。⑥其中,临坛最多的当属"尚仙"即后来道院中的"尚真人"。这时,滨县还未成立道院,但已通过"尚真人"传的乩语,产生道院后来奉为至高无上之神——太乙老人即至圣先天老祖,并通过老祖临坛训示,接受老祖赐给的真像,作为至高无上之神加以供奉。更为重要的是,这批人已经接受"老祖"指示的修炼打坐方法,⑦而研究者多未措意这一重要环节。

① 张泰求:《济宁道院和红卍字会概况》,济宁市市中区政协文史资料研究委员会编:《文史资料》第 1 辑,1985 年,第 126 页。

② 王中廷、李子琇等供稿,高默之整理:《潍县红卍字会与道院简介》,潍坊市政协文史资料研究委员会编:《潍坊文史资料选辑》第 5 辑,1989 年,第 239 页。

③ 张玉洁:《世界红卍字会通辽分会的情况》,通辽市政协文史资料研究委员会编:《通辽市文史》第 1 辑,1986 年,第 272 页。

④ 魏绍武:《兰州红卍字会》,甘肃省政协文史资料研究委员会编:《甘肃文史资料选辑》第 13 辑,1982 年,第 27 页。

⑤ 吕梁建编:《道慈概要》卷上,龙口道院,1938 年,第 31 页。

⑥ 纪耀荣:《济南道院暨红卍字会之调查》。

⑦ 吕梁建编:《道慈概要》卷上,第 31 - 32 页。具体情况可参见第八章《静坐探析》。

二、在济南创立及初步发展

1918 年初,刘福缘、周吉中等人因公陆续调回济南。起初,因环境条件的变化,不像在滨县有固定的地点请乩,只是有时在旧城按察司街南头相聚刘福缘的家中设坛请乩。此后二三年内,滨县同僚相继聚集济南,也有一些济南人开始信奉请乩。虽然相聚请乩的人日渐增多,但一直没有正式成立组织,直至"回教徒"唐默渊、基督徒丁真初加入,成立要统一五大宗教(儒、释、道、耶、回)的道院,才有了形式和实际性的意义。于是,萌生中的道院乃以老祖的名义晓谕众弟子准备领受真经,真经全称为"太乙北极真经"。

传授真经之前,老祖出示自己的全称为"青玄宫一玄真宗三元始纪太乙老祖",并昭示"功则"(道院成立之后的"坐则",即静坐练功的方法和规矩),告谕拟传授真经十二卷,于庚申(1920)年十月上旬开授,要求众弟子做好所有应备、应做事项。同时,老祖又邀其他仙圣代其传授"坛则"。一切就绪之后,老祖于是年十月上旬如期开始传授真经,计三个多月传授完毕。当然,所有这一切,都是人们通过设坛请乩得到的。需指出的是,我们今天当然不会相信两个人扶着一个丁字架会在沙盘上凭空写出什么内容,道院所谓的"老祖"及各神圣仙佛的训示、真经之类,有人事先拟就。这个人究竟是谁呢?经过道院严格审查刊印的《道慈概要》透露了一点信息。在道院萌生过程中,有个关键人物杜秉寅[①],字宾谷,道名默靖,死后成为真人,为道院人士供奉。当时所有准备领受真经参加道院的人,均须通过一定方式静坐修行,唯独默靖由老祖晓谕所有准备参加修行的人,说他"为在坛诸子之领",不用参加任何方式的静坐修行,待传授完真经之后,其如何作为"另有训示"。[②] 这个人死得比较早,后来也未见老祖对其有何重要训示。联系老祖于道院组建之初又传授一部《太乙正经午集》,并训示建立、健全女道德社、红卍字会等道院整个组织体系之后,便因各地道院请乩所得训文多有歧义,一再谕令"停沙"(即停止设坛扶乩),要求所有行动听从宗坛统一号令,以及道院在默靖死后奉其为"世界道慈代统监"这一时人去世后宗坛最高职位等事实,不能不使人认为:默靖或者说是以他为首的几个人,即道院组织及其理论的创始者。

---

① 吉冈义丰将此人姓名写作"杜乘宙",实误。从字形上看"杜乘宙"和"杜秉寅"十分相近,这或许是吉冈义丰对中文的误认,也可能是译者对日文的误译。参见[日]吉冈义丰:《中国民间宗教概说》,第 229 页。

② 吕梁建编:《道慈概要》卷上,第 33－35 页。

传授真经之后,道院的成立进入启动程序。首先是确定内部体制坛、院分离的原则。坛是请乩、传经的场所,院乃传道、静坐修行的地方。道院后来追认滨县请乩处为宗坛,定济南刘福缘家为母坛(后道院发展,各地多设乩坛,此称第一母坛)。杜默靖家为传道修行的道院,因地方狭窄,"虑其不足以资展布",遂租赁上新街房屋作为院址,定名为"济南道院",此即后来道院之母院所在地。此为辛酉即1921年二月九日事,道院中人称为"开院日"[①],此为济南道院之创设。

继而沟通外部关系,寻求政府之承认和保护,"道院既创设于济南,为推行计,自当取得政府之维护,乃人事所必经之过程"。考虑到当时形势"不无障阻,乃易为先以真经取得版权为前提"。1921年秋,济南道院派杨圆诚(系道名)携带《太乙北极真经》二部入京,具呈北京政府内务部立案;由杜秉寅领名,济南道院五院职方联名具署,"时历月余",经多方努力,于9月22日获内务部批准,确认《太乙北极真经》版权归济南道院所有。1922年1月,济南道院拟定院章十二条:

第一条,本院以提倡道德,实行慈善为宗旨,定名曰道院。

第二条,本院道旨重在习静、参悟《太乙北极真经》,与专研道教者有别。

第三条,凡诚心向道者,皆得入院进修,无种族、宗教之区分,但以不涉政治、不联党派为要。

第四条,本院创设于济南,以次推广及于各地。

第五条,真经版权奉内务部批准,属于济南道院。凡入院修道者,得领受之。

第六条,凡修道者均有推行道务及尊重道范之责。

第七条,本院设院掌、院监及庶务、文会,分任一切道务。

第八条,本院经费概不劝募,得以经价余款及寄附金充之。

第九条,本院收支各种慈善款项,应随时分别公布,以昭信用。

第十条,本院道务遇有重要关系时,得由在道人会议公决。

第十一条,本章如有未尽事宜,得随时公议修改之。

第十二条,本章自奉部批准之日实行。

济南道院将院章"呈部立案",经由时任总统徐世昌之弟徐世光(道名素一,天津道院统掌)从中积极沟通运作,最终获内务部批准,并"通行各省,同时并呈奉山

---

① 吕梁建编:《道慈概要》卷上,第37页。

东省长公署备案,登报公布"。① 道院成为政府许可的公开合法组织。

经过一番紧锣密鼓的筹备之后,道院于壬戌立春日即 1922 年 2 月 4 日正式成立。同一天,道院命人在济南图书馆"恭摄老祖空中现影"②,所得照片即后来各道院供奉的"老祖圣像"。据说,"老祖为主宰天地人物之祖炁,无名无始,无体无方,焉得有像? 其所以空中现影者,所谓随诸众生现身,为修身洁竭诚供养之资耳。故此次显相,与道院正式成立,合之初次授经,为道院三大纪念,同于立春日行之。所以示道基巩固,如春日之生生不已也"。③ 可见,道院的三大纪念日均为壬戌年立春日,即 1922 年 2 月 4 日,其他说法不足为据。道院正式成立后,先在天津、北京、济宁三地,后又陆续在黄河南北、长江流域各省、县,以及东三省、热、察、绥等地设立道院,并于 1924 年东传日本,建立神户道院。④

也正是在济南,道院人士鉴于国内外社会形势,萌发了创办大型慈善救济机构——世界红卍字会的构想,并迅即付诸实践。道院之所以创办世界红卍字会作为专门进行慈善救济的机构,大致有以下几个方面的原因。

首先是 20 世纪初年的国际、国内情势使然。

国际方面,"一战"的爆发对世界影响至深且巨。世界红卍字会牟平分会在追述世界红卍字会创办原因时指出:"鉴于第一次世界大战以后,凡是遭遇战事各地的人民,生命财产的损失不堪言状,就是遗留下来的无辜群众,或者死亡载道,或者颠沛流离,惨酷情形尤为目不忍睹。战争的结果显然暴露是残害、创伤和悲痛的一个恶剧。凡是爱好和平的人没有一个不反对的。"⑤

国内方面,20 世纪上半叶的中国外有帝国主义压迫,内有军阀混战、土匪横行、天灾不断,民众处于水深火热之中,慈善救济组织的产生不仅成为可能而且十分必要。道院成立后随即推向全国,首先开展文化研究、道德宣传等活动,同时还兼办慈善救济事务。面对多灾多难的社会现实,道院人士认识到小规模的慈善救济收效甚微,决定专门成立慈善救济组织,进行大规模慈善救济活动,于是便有世界红卍字会之设。"欲拯救世界,舍慈业外,实无更善之策。独是世界之广,人类之众,岂少数人所能普济? 是必群策群力,同具恺恻之怀,共发救世之愿,图举大慈,

---

① 《世界红卍字会道慈研究所讲义》第 1 册《道慈纲要大道篇》,第 146 - 148 页。
② 即所谓灵魂摄影,俗称"圆光",用照相机对着空中拍照。
③ 《世界红卍字会道慈研究所讲义》第 1 册《道慈纲要大道篇》,第 149 页。
④ 吕梁建编:《道慈概要》卷上,第 38 页。
⑤ 《牟平红卍字分会暨附设恤养院概况说明书》(1951 年 8 月 16 日),烟台市牟平区档案馆藏:23 - 1 - 1。

方克速效。此道院所以有红卍字会之设也。"①这个专门办理慈善事务的机构之所以取名世界红卍字会,是因为:"世界二字,即以全世界之各个社会为对体,首揭其无人、无我、无界、无域、无一切歧视之真实意态也。红卍字云者,红色取其如赤子之心,红如皎日,具有光华灿烂之景象是也;卍字则取其四围上下无不普遍、无不圆通,形成为天下大同之鹄的是也;会为一般表示以同情扶助其事业之群众集合体,与其他之共同相结合之团体组织对外公开之意义无有差别。"②

其次,道院创办世界红卍字会深受国际红十字会之影响。红十字会对中国社会产生影响,最早是在甲午中日战争期间及其以后,朝野人士不断有人提议在中国设立红十字会。19世纪末,驻俄公使的杨儒积极主张在中国设立红十字会,甚至想到中国可以援引土耳其等国先例,以中国文教不同,改红十字标记为卍字标记,以示区别,③但当时并未实行。受国际红十字会影响,道院人士产生创建一个业务范围更广的慈善救济组织的构想,期望它能够走出中国、走向世界,承担更多的责任和使命。从世界红卍字会成立十周年后的纪念宣言中可以看出这层意思:"百余年前欧洲各国在瑞士日内瓦产生之万国红十字会(中国亦于前清光绪二十年加入),其丰功伟绩世界各国之人群拜受其赐者多矣。吾人谈论及此,惟有竭诚表示十分敬意,卍会何敢与之相颉颃,不过十字会起源于战时之救护,故各国十字会之组织大半隶属于海陆军之范围,其工作颇注意于战事之救济,与卍会之平时与非平时发生之天灾人祸及其意外者,皆负救济安全之责微有异同;又以十字会发生于西欧,推行及于中国,卍会欲以力求世界和平安乐之真幸福为目的奋勉从事,期将普及于东西各国,为世界人类结一大善缘,此卍会同人之所矢愿也。"④

再次,道院创立世界红卍字会受基督教会与基督教青年会关系的启示,主要表现在以下三方面。

第一,道院与世界红卍字会的关系模仿、借鉴基督教会与基督教青年会之关系。基督教青年会虽然是基督教性质的团体,但它不同于基督教会,二者的区别在于:"教会主要是传福音,进行宗教活动,满足信徒的宗教生活,而男女青年会则是本基督精神,为社会服务,做荣神益人的工作。"⑤同时,基督教会与基督教青年会

---

① 吕梁建编:《道慈概要》卷上,第58页。
② 《世界红卍字会宣言》(1931年),青岛市档案馆藏:B63-1-16-1。
③ 参见张建俅:《中国红十字会初期发展之研究》,中华书局,2007年,第15页。
④ 《世界红卍字会宣言》(1931年),青岛市档案馆藏:B63-1-16-1。
⑤ 陈秀萍编著:《沉浮录——中国青运与基督教男女青年会》,同济大学出版社,1989年,第10页。

又有密切联系,《青年会第一次干事会报告书》指出:"青年会非教会之替代,亦非与教会竞争,惟为教会作公仆而已,其行政立法之权,均操之于教友。"基督教青年会全国协会也规定:"青年会为教会之产物,故应为教会事业之一部分,凡经当地教会之请求,始得开办青年会。"①与之类似,道院是静习修行的场所,世界红卍字会源起于道院,是道院专门开展慈善活动的组织;先成立道院,后设世界红卍字会。

第二,世界红卍字会内部分为世界红卍字会(由男子组成)和世界妇女红卍字会,明显受基督教男女青年会的组织运营模式影响。

第三,吸收会员方面,世界红卍字会也深受基督教青年会的影响。早在世界红卍字会的发起大会上,在讨论红卍字会的章程时,美国传教士李佳白主张:"卍字会成立之后,入会会员资格之规定应须广泛,不可限于道院修方,庶可易于发展。"但郑婴芝表达不同意见,并以基督教青年会为例,指出:"耶教青年会之设立,范围广大,入会虽无限制,但职员则非耶教徒不能充任,选举权之规定非耶教徒亦不能享有,防微杜渐,用意至为深远。其组织如此严密,是以能有今日之发达。卍会章程规定若过于广泛,将来流弊甚多。非修方亦可希冀被选会职,破坏会纲,未来纠纷将不可究诘。"经过反复讨论,大会最终规定"非修方不能入会"②。中国红十字会直到1934年在上海召开第一次全国会员代表大会时,才决定增设妇女部。③ 世界红卍字会初创时设立男会和女会的计划,主要受在华基督教男、女青年会的影响。

1922年9月,世界红卍字会筹备会在济南大明湖皖江公所召开,会议进行了三天,通过了《世界红卍字会大纲》《世界红卍字会中华总会施行细目》及一系列其他文件和应办之事日程。后经北京政府内务部审批、备案,世界红卍字会中华总会于1923年④初在北京正式成立。道院和世界红卍字会是二而一的组织,二者之间道院既萌生于前,又统摄于后,"名虽不同,实则一体。盖院为体,会为用,院为静,会为动,一体一用,一动一静,体用兼备,动静互根,一而二,二而一者也"⑤。世界红卍字会中华总会成立后,随即在全国各地设立分会、支会,逐渐构建起遍布全国

① 左芙蓉:《社会福音·社会服务与社会改造——北京基督教青年会历史研究(1906—1949)》,第77页。

② 《郑婴芝先生讲演录:红卍字会缘起》,上海市档案馆藏:Q120-4-1。

③ 张建俅:《中国红十字会初期发展之研究》,第133页。

④ 道院暨世界红卍字会内部人员将世界红卍字会中华总会的成立时间定在壬戌(1922)年第二个立春日寅时(十二月二十日,公历1923年2月5日)。

⑤ 吕梁建编:《道慈概要》卷上,第58页。

且远及海外的慈善救济网络。这种慈善救济网络的形成对世界红卍字会慈善事业产生相互促进的两方面作用:其一,各地红卍字分会的设立与慈善救济网络点的日益密集,可以使本地人更加主动、方便、及时、高效地赈救本地之灾。诚如世界红卍字会所指出的,"倘彼地有灾,而欲以此地卍会救济,不特辗转需时,必难应机,往返奔驰,多糜慈款,而人地生疏,亦有办理不善之虑","如能于该地设有卍会,则以本地之人,救济本地之灾,自必格外努力。无论若何艰苦,亦必乐此不疲,更无前述之种种不便。一文可抵十文之用,一日可办十日之事。其功效诚有出于寻常万万者"。其二,世界红卍字会在各地慈善救济网络的搭建与形成,可以最大限度地整合、调配分散的救济资源,积少成多,"聚沙成塔",实现"一方有难,八方支援",对重大灾害进行定点集中赈救。各地红卍字会"互相援助,可收指臂之效,使慈业范围更形扩大"。[①]

三、查封之顿挫

世界红卍字会道院成立后虽然发展迅速,短短几年就遍布大半个中国,但这种快速发展的势头很快被遏制,1928 年遭受创立以来最严重的一次打击。

南京国民政府的建立完成中国形式上的初步统一,中国逐渐走上现代化道路的正轨,同时也加强对政治、思想文化领域的控制。道院这次被查封,本身未做任何违法之事,而是受悟善社的牵连。这次事件的直接起因是上海的悟善社乩坛,通过扶乩写出一篇批评三民主义的乩文,刊登于《灵学杂志》,被人告发。1928 年 10 月 21 日,南京国民政府通令全国,查封悟善社、同善社和道院:"悟善社、同善社及道院等迷信机关,设坛开乩,宣传迷信,不但谣言惑众,且于进化之理不合,亟应严行查禁,以免淆惑听闻。合行令仰各省市政府将悟善社、同善社等机关,即日关闭,并妥善处理其财产,作为慈善公益之用,并将办理情形,随时具报"[②]。道院遭禁,主要是因为它与悟善社、同善社一样,都有设坛扶乩的活动。1929 年 10 月 31 日,济南道院被地方公安局查封。[③]

道院被查封后,世界红卍字会中华总会两次发动各地分会会长赴南京抗议,但

---

① 香港红卍字会编:《院会缘起概略》,德昌印刷公司,1960 年,第 10 - 11 页。

② 参见宋光宇:《民国初年中国宗教团体的社会慈善事业——以世界红卍字会为例》,(台北)《文史哲学报》1997 年第 46 期。

③ 《奉令查封济南道院报告》(10 月 31 日),《济南市社会局十八年度工作报告》,《杂录》第 3 页。

国民政府只认可世界红卍字会从事慈善救济事业,不允许道院进行宗教宣传。1928年11月,世界红卍字会中华总会在国民政府内政部重行立案。根据国民政府内政部批,民字第十六号:"原具呈人世界红卍字会中华总会代表熊希龄等呈一件,呈为准予继续立案,恳再通令各省县一体保护以资救济而利进行由。呈悉,已函请各省政府暨令行各省民政厅转饬所属一体保护。"①此后,道院对外均以"世界红卍字会"的名义活动,"道院"变为对内的称呼,也不能在内政部办理登记。道院被查封既有偶然因素,也有必然因素。偶然因素是悟善社的乩文批评三民主义,违背现实政治而引发牵连。至于必然因素,则需考察民国初期的政教关系及当时思想文化界之主流思潮。

首先,分析民国初年之政教关系。尽管中华民国成立后宣布"人民有信教之自由",但民国初期政教关系一度紧张。佛教在民国初年遭受打击。清末兴起的"庙产兴学"之风一直延续到民国。虽然"庙产兴学"对发展近代教育有所裨益,但也不无弊端,如豪强趁机侵夺庙产,中饱私囊。1912年成立不久的"中华佛教总会"会长敬安,前往北京劝谏政府停止"庙产兴学"运动,遭到内务部礼俗司司长杜关的拒绝与辱骂,不久气绝身亡。②直到1914年,章嘉呼图克图五世以中华佛教总会名誉会长的身份,呈请通令尊重国民宗教信仰和保护庙产,并历陈攘夺庙产之问题:各省"纷纷攘夺庙产,假以团体名义,毁像逐僧者有之,苛派捐项者有之,勒令还俗者有之,甚至各乡董率领团勇,强行威逼,稍有违抗,即行禀报该管官厅,严行拘捕各僧道……以此毙命者,均已征诸事实,而各省僧徒流离失所,相丐于道者亦实繁有徒"③。袁世凯这才依准,令全国尊重信教自由,严禁攘夺庙产。随着袁世凯称帝野心的暴露,宗教界人士明确表示反对时,没收庙产运动随即又来。

道教特别是天师道在民国初期的发展也较曲折。民国建立,帝制取消,国家政权不再依靠神权,道教失去帝制时代的政治荫庇。1912年,江西都督府在破除迷信运动中取消南方正一道"张天师"的封号及封地。后来正一道虽受北洋军阀的短暂支持,但没落的趋势不可逆转。1927年,国共合作的江西省党部三次派员前往江西龙虎山上清宫,将其作为封建迷信处理,烧毁神像,没收田租册、印信、宝剑等

① 《国民政府内政部对中华总会呈请继续立案的批文》,山东省档案馆藏:J162-01-15。
② 牟钟鉴、张践:《中国民国宗教史》,人民出版社,1994年,第25-26页。
③ 《中华佛教总会呈国务院请通令保护佛教财产原文》,《政府公报》1914年1月19日,第611号。

物，"天师"张恩溥也被民众押往南昌，监禁于江西省农民协会。[①]

国民政府北伐时，有人提出要"打倒宗教"[②]，北伐战争也为实现这一口号提供了现实可操作性，借着政治、军事强势，打倒宗教、破除迷信成为当时的流行语。1928年，江苏省党部率先发起"破除迷信"运动，随后全国大部分地区纷纷响应，传统宗教如佛教、道教首当其冲，民间信仰几乎遭遇灭顶之灾。研究者多被这场运动的表面"积极意义"所吸引，并未深入挖掘运动背后的政治目的和消极影响。日本学者三谷孝指出："运动的发动者着意排除的是两大势力，一是阻碍他们与农民接触、给他们与农民进行沟通造成困难的势力，二是党内的对立势力。"他认为："这些以教员和学生为核心的地方党员，以受西欧式的'新教育'而培养起来的自己信奉的价值为唯一的标准，通过将与此抵触的民间既存的仪式、习惯和'迷信'一律予以否定的激进的行动，无意中把普通的农民变成了他们自己的最大仇敌。"因此，这场运动"最后以失败告终"。[③] 民国初期政教关系的紧张局面既受新旧鼎革、社会转型的影响，也是北伐军兴以来革命激进主义、民族主义日趋占主流的结果，其间还夹杂政治派系之争。

其次，民国初期思想文化界之激进势头高涨。民国肇造，国体由君主专制变为民主共和，传统宗教受到严重冲击，儒学赖以生存的政治根基发生动摇，昔日庙堂之学的尊贵不复存在，民主、科学成为时代主流。1916年发起的"新文化运动"将矛头对准传统孔孟之学与儒家伦理道德，掀起打倒"孔家店"的思想狂飙。佛教、道教、基督教以及民间信仰风俗均在被反对之列。道教作为中国土生土长的宗教，从一开始就扎根于基层民众，传统民间信仰、风俗无一不与道教有着千丝万缕的联系。新文化运动中，道教受到猛烈攻击，关圣帝君、吕祖等道教神明被视为愚民之神。胡适反对道教最为激烈，他批判道教经典之集大成者——《道藏》是"一套从头到尾，认真作假的伪书"，"其中充满了惊人的迷信，极少学术价值"。[④] 这一时期，也有不少人士主张维护传统宗教，妥善处理民间信仰风俗等问题。宋光宇认为，这

---

① 牟钟鉴、张践：《中国民国宗教史》，第54-55页。

② 宋光宇：《民国初年中国宗教团体的社会慈善事业——以世界红卍字会为例》，(台北)《文史哲学报》1997年第46期。

③ [日]三谷孝：《秘密结社与中国革命》，李恩民监译，中国社会科学出版社，2002年，第192-193、206-207页。

④ 参见牟钟鉴、张践：《中国民国宗教史》，第55页。

一时期反宗教的力量与主张维护宗教特别是中国传统宗教的力量还能维持表面上的平衡。① 其实,反对宗教的力量处于主动、猛烈进攻态势,并占上风。

四、启封后之发展

启封与查封相对,指的是道院重新立案,获得合法性。关于道院被查封和启封问题,有研究者认为在南京国民政府时期,道院没有获得国民政府的承认。② 这显然不准确。也有加入道院的人后来回忆说:"济南道院在陈调元主鲁时曾被查封过,过了几个月也就启封了。这个查封也是个地方事件,不是出自国民政府的命令。"③这种说法亦不准确。首先,虽然查封济南道院的命令不是直接出自南京国民政府,但查封同善社、悟善社以及道院的命令确实由南京国民政府发布。其次,济南道院被查封后并非经过短短几个月就启封,而是被查封数年之久。回忆者之所以认为济南道院被查封时间很短,主要是因为济南道院被查封之初一度停止活动,如一年一度的道院公会例行在济南召开,但1930年第九届公会在天津日租界召开。其后形势渐缓,1930年之后的道院历年公会均在济南召开,但都在内部举行,对外借世界红卍字会的名义。济南道院在被查封不到一年的时间里又开始活动的现象,难免给时人造成启封的误解。济南道院于1935年正式启封,是在当时政治形势缓和,国内出现"本位文化建设""新生活运动"等背景下实现的。

随着南京国民政府的日渐稳固以及现实社会发展的需要,改革与建设成为20世纪30年代的主旋律。宗教也不再像以前被肆意破坏,而是得到政府保护。1931年春,浙江奉化县因尼僧重塑50尊佛、菩萨像为党部干涉,经浙江省政府呈请南京国民政府解决。南京国民政府根据约法,通令各省嗣后各级党部对于各宗教仪式概不准干涉。又因蒙、藏院呈请保护佛教,南京国民政府又有根据约法保护佛店、寺观之命令。④ 在国民政府的支持下,又有复兴社、中国文化学会、中国文化建设学会等文化团体成立,它们研究传统文化,主张中国本位文化之复兴,重塑国人的"忠孝仁爱信义和平"之道德,以满足社会需要。1934年,南京国民政府又开展民

---

① 宋光宇:《民国初年中国宗教团体的社会慈善事业——以世界红卍字会为例》,(台北)《文史哲学报》1997年第46期。

② 曹礼龙:《修行与慈善:上海的世界红卍字会研究(1927—1949)》,上海师范大学硕士学位论文,2005年,第18页。

③ 初中池口述:《我所知道的济南道院》,山东省政协文史资料研究委员会编:《文史资料选辑》第19辑,山东人民出版社,1986年,第212页。

④ 周村卍会:《根据约法信教自由请恢复道院案》,《道院第十一届公会议事录》,济南道院,1931年,第12页。

国年间规模最大、持续时间最长的社会改良运动，①其主要目的在于"涤除我国民不合时代不适环境之习性，使趋向于适合时代与环境之生活"，同时又保存中国文化之固有特性，重塑社会需要的道德模式，"我中华民族本为'重礼义''明廉耻'之民族，而'礼义廉耻'之于今日之建国，则尤为迫切而不可须臾缓也"。② 在华外国教会也看到新生活运动是立足于传统与现代之间的社会改良建设模式："以四大美德为立国的基础，同时还吸收了构成现代国家的必要成分。"③ 这些相对缓和的社会氛围为道院重新立案创造了良好条件。道院也认为自身主旨与国民政府的施政方向一致，积极努力实现再次合法立案。

1935 年 5 月 23 日，济南道院联合山东各地道院代表 36 人，具名向省党部提出立案申请：

> 为依据文化团体组织大纲设立道院呈请核准转呈立案事。窃以民族之精神系于文化，而文化之发展在于研求。○○等历年以来本增进学术之心，集合同人于济南组设文化团体，名曰道院，研究各教精义，贯通科哲原理，以修身明道为克己之工夫，济人利物为普度之志愿，所有事业宗旨备载于院章十四条内，遵守三民主义之范围，毫无政治种族之关系，兹遵照人民团体组织方案，缮备院章二份，联名具呈，恳请察核，准予转呈立案。伏候批示。祗遵，谨呈山东省党部。④

6 月 12 日，省党部发布民字第 1292 号指令，同意济南道院立案："呈暨附件均悉，经予审查并经派员视察，尚无不合，应即准予组织并发给许可证。"6 月 25 日，济南市政府也准予济南道院立案："呈件均悉，准予备案。"⑤7 月，国民党中央执行委员会准许道院以文化团体立案，但只能从事公益慈善事业，不得有"设坛、扶乩、求方治病等迷信活动"。⑥ 从此，"道院为合法成立之团体"⑦。被查封近 7 年之久

---

① 朱汉国主编：《中国社会通史·民国卷》，山西教育出版社，1996 年，第 669 页。

② 《新生活运动纲要》，萧继宗主编《革命文献》第 68 辑《新生活运动史料》，（台北）中央文物供应社，1975 年，第 1 页。

③ 《新生活运动纲要》，萧继宗主编《革命文献》第 68 辑《新生活运动史料》，第 107 页。

④ 《济南道院立案文件汇录》，第 1 页。新拟定的道院院章为十四条，较 1922 年道院初创时拟定十二条院章，内容有所变化。

⑤ 《济南道院立案文件汇录》，第 2－3、5 页。

⑥ 《国民党中央执行委员会训练部与山东、青岛、河南等省市党部呈请解释道院组织情况之来往文书》，中国第二历史档案馆藏：722－2067，转引自赵宝爱：《慈善救济事业与近代山东社会变迁》，济南出版社，2005 年，第 190 页。

⑦ 《素璞何统掌荣哀录》，《行状》第 3 页。

的道院启封,又合法公开活动。1936 年,道院南下新加坡等地传道,设立新加坡道院。①

当时共成立多少道院,有多少成员等问题,恐已无从得出精准数字。纪耀荣 1934 年调查报告中指出道院在国内共有 230 多处。② 1937 年 7 月,四川万县道院提及:"东西各国,交慕成风,院会之立,所在多有。而吾国各地院会,迄今殆至八百余所。风化之速,可谓甚盛。"③在全面抗战爆发前,全国有 800 余所道院似乎言过其实。吉冈义丰统计,1940 年前后,中国内地及香港约有道院 263 所:山东 79 所,河北 38 所,江苏 35 所,安徽 31 所,奉天 19 所,河南 12 所,吉林 8 所,热河 7 所,绥远 6 所,山西 5 所,湖北 4 所,浙江 3 所,陕西 3 所,福建 2 所,宁夏 2 所,黑龙江 2 所,关东州 2 所,江西 1 所,四川 1 所,贵州 1 所,香港 1 所,察哈尔 1 所。④ 但他未指明所根据材料和年代。宋光宇根据台湾红卍字会刊印的《道慈纲要大道篇》统计:1922—1931 年底,道院在 19 省共设立 238 处;又根据 1937—1940 年的《母院议事录》,统计 1936 年、1938 年、1939 年道院数目分别为:413 处、425 处、436 处(其中 1937 年因全面抗战爆发,资料暂缺)。他指出吉冈义丰的统计失误在于把 1931 年或者再晚一两年的材料误当 1940 年的材料使用。⑤

据 1928—1939 年每年一届的《公会议事录》以及 1940 年济南道院的统计报告,将道院历年推展数目做一统计(见表 2-1)。

表 2-1 1927—1939 年道院数目统计表

年份	新增道院	历年累计	备　　　注
1927	26	185	
1928	16	201	该年道院被查封,公会似未举行。此处新增道院数系笔者根据 1927 年、1929 年推算
1929	18	219	
1930	15	234	

---

① 梁建:《新加坡设立红卍会》,《胶东卍报》1936 年 10 月 22 日。

② 纪耀荣:《济南道院暨红卍字会之调查》。

③ 《万院道训汇编》,万县道院,1937 年(由华盛公司代印),第 1 页。

④ [日]吉冈义丰:《中国民间宗教概说》,第 245-248 页。

⑤ 宋光宇:《民国初年中国宗教团体的社会慈善事业——以世界红卍字会为例》,(台北)《文史哲学报》1997 年第 46 期。

（续表）

年份	新增道院	历年累计	备　　注
1931	7	236	该年统计的是 1—10 月的情况,与上年报告相差 5 院,系之前核算笔误
1931	5	242	该年统计的是 11、12 月的情况,但不知何故,增加 5 院后总数仍多出 1 院
1932	34	276	
1933	23	299	新增 23 院中包括 7 处寄修所
1934	49	348	
1935	33	381	
1936	32	413	
1937	0	0	该年因全面抗战爆发,道院发展受到干扰,未新设道院
1938	12	425	
1939	11	436	《民国二十八年母院道慈各项报告》,青岛市档案馆藏:B63 - 1 - 217

　　公会是道院召开的较为重要的会议,每年召开一次,全国各地道院大都齐集济南母院,商讨院会发展事宜。此外,地方新设道院均在济南母院登记、核准,领取成立道院的相关必需品。因此,道院历届公会议事录与济南母院所公布的统计数字在解释道院推展数目上具有毋庸置疑的说服力,这也是判断其他统计数字可靠性的主要依据。表 2－1 中 1936 年、1938 年、1939 年的统计与宋光宇的记述一致。1940 年前后,济南母院统掌何素璞的说法也可佐证,"济南道院,创始于民国十年辛酉二月初九日,迄今十八年。推设国内外四百数十处,其根源则皆出自济南。故名济南道院为母院"①。

　　比照表 2－1,1934 年纪耀荣所说的道院数目大致是 1931 年的情况。四川万县道院说当时道院在全国设立 800 余所,显然言过其实。吉冈义丰说,1940 年前后道院约有 263 所,也不准确。宋光宇指出吉冈义丰的错误,对道院 1939 年的情况做了准确说明。宋光宇的统计与笔者统计略有出入之处在 1931 年底。他统计为 238 所,笔者统计为 242 所,相差 4 所。根据表 2－1 所示,道院自身统计也存在

---

① 《济南母院新殿告成之经过报告》,山东省档案馆藏:J162－01－15。

些许不一致,1931 年道院推展数目稍显混乱:首先,道院在整理 1931 年统计数目时发现 1930 年的核算有误,多统计 5 院。其次,按照 1931 年 10 月份的统计数字,同年 11 月、12 月新增 5 院,应统计为 241 所,但写为 242 所,多出 1 所,不知何故。

据《道院地址一览》统计,各地道院分布数目如表 2-2:

表 2-2 《道院地址一览》所见道院之分布表

省区	道院	寄修所	待恢复道院	合计	省区	道院	寄修所	待恢复道院	合计
山东	89	9	19	117	滨江	7			7
河北	48		12	60	龙江	5			5
安徽	46		6	52	三江	4			4
江苏	46		7	53	热河	6			6
河南	16		4	20	宁夏	4			4
山西	13		4	17	察哈尔	5			5
陕西	10			10	绥远	7			7
湖北	8			8	贵州	2			2
湖南	1			1	广西	1			1
浙江	7			7	奉天	29			29
福建	3			3	关东州	3			3
江西	3			3	兴安	2			2
四川	2			2	间岛	1			1
甘肃	5			5	香港	1			1
锦州市	10			10	朝鲜	1			1
安东	10			10	新加坡	1			1
吉林	11			11	合计	407	9	52	468

据表 2-2,道院尚在活动的有 407 处,寄修所 9 处,尚待恢复之道院 52 处,总计 468 处,即使除去 9 处寄修所,历年开设道院共计 459 处。联系前面济南母院统计 1939 年道院总数为 436 处(不含寄修所),较 459 处少 23 处;根据前文四川万县道院所述时间为 1937 年,[①] 故《道院地址一览》的刊行不早于 1940 年。又因在这则

---

① 《万院道训汇编》,第 1 页。

材料中出现"滨江省""龙江省""三江省"字样,而这三个省名均属"伪满洲国"时期。综上判断,《道院地址一览》的刊行时间约在1940—1945年,即这一时期,道院在中国内地以及中国香港、朝鲜、新加坡等地约计开设468处(含寄修所)。

1923年,世界红卍字会赈济日本大地震,翌年在日本成立神户道院。1929年,大阪道院、东京总院分别成立。纪耀荣1934年的调查报告认为日本道院达200余处。① 据加入道院的初中池回忆,至1930年2月,道院在日本已成立440余处。他认为,道院在日本发展迅速的主要原因是:日本兴盛的大本教和人类爱善会的关系,与中国道院和世界红卍字会的关系相似,只把有大本教与爱善会的地方挂上某地道院红卍字会的牌子即可。② 二人均提及20世纪30年代道院在日本的推展数目,但相差悬殊。道院之所以在日本得以推设,除慈善救济事业的影响外,与日本新兴之大本教的密切交往是重要原因。大本教的爱善会不仅与道院的世界红卍字会签订合作协议,而且大本教和道院在很多方面达成共识。大本教教主出口王仁三郎对其教众说:"不问何国,凡是道院红卍会所在地,即是大本、爱善会的所在地,差别只是名称不同,但实质是相同的。所以,汝等要悟到日中结合的神意,开启世界和平的大本。"③联系大本教在日本的迅速发展,以及道院与日本大本教的密切关系,可以明确,道院在日本也发展迅速且为数不少。

当时有多少人加入道院?这是一个应该回答但又十分难以准确回答的问题。吉冈义丰曾言:"道院修方的人数约有多少?诚然是个莫衷一是的问题。因为有人估计其约为三十万,另有人则号称达五、六百万人,如此庞大的差距,委实有稍嫌离谱之虞。然则其正确的数字,若欲估计起来,确会教人束手无策。"④纪耀荣1934年的调查报告认为国内约有6万多人加入道院。⑤ 陆仲伟指出,1940年全国共设道院分院400多处,每个分院都附设红卍字分会,信徒达300万人之众,⑥但未说明数据来源,其认为1940年道院有400多处,与前文统计基本相合。至于道院修方总数是否为300万,目前尚无可靠资料证实。

① 纪耀荣:《济南道院暨红卍字会之调查》。
② 初中池口述:《我所知道的济南道院》,山东省政协文史资料研究委员会编:《文史资料选辑》第19辑,第203页。
③ 陆仲伟:《中国秘密社会·民国会道门》,福建人民出版社,2002年,第124页。
④ [日]吉冈义丰:《中国民间宗教概说》,第244页。
⑤ 纪耀荣:《济南道院暨红卍字会之调查》。
⑥ 陆仲伟:《中国秘密社会·民国会道门》,第110页。

以下据 1928—1940 年的道院公会议事录,将各地道院历年请领"副经"即《太乙北极真经》的人数做一统计。济南母院规定:地方道院成立时,要向母院请领新成立道院所需之经典、神圣仙佛牌位等物品,新加入道院的"修方"所诵之"副经"也要到济南母院请领。因此,各地道院请领"副经"的数目,即各地道院之"修方"人数(见表 2-3)。但这个数字不包括寄修、习坐、寄坐的人数。因为求修者在经"修方"介绍正式加入道院之前,还要经过数个步骤,最重要的步骤为求修者"每日到道院内听经、打坐,共有十张庚表,可将每日打坐的时间填入。填完后,交于坐掌审查;经考察合格后,则准予领经,并由老祖判示道名。有道名后,就成为道院的人,称为修方"[①]。"庚"是道院内部的时间单位,一庚为 10 天,十庚即 100 天,3 个多月时间。求修者在经介绍加入道院后,还要经过 100 天的时间听经、打坐,经审查合格后方允准领经,赐予道名,成为道院正式"修方"。

表 2-3　1927—1939 年道院请领"副经"数目统计表

年份	各道院新请领"副经"数	历年累计	济南母院新请领"副经"数	历年累计	备　注
1927	4 692	48 558	171	1 677	
1928	3 084	51 642	134	1 811	据前后数据推算
1929	2 830	54 472	64	1 875	
1930	2 600	57 072	35	1 910	
1931	2 798	59 870	73	1 983	10 个月计
1931	1 020	60 890	8	1 991	2 个月计
1932	7 018	67 908	220	2 211	
1933	7 130	75 038	174	2 385	
1934	5 850	80 888	105	2 490	
1935	10 000	90 888	149	2 639	
1936	7 950	98 838	81	2 720	
1937	2 272	101 110	48	2 768	
1938	5 830	106 940	465	3 233	
1939	8 037	114 977	170	3 403	

[①]　纪耀荣:《济南道院暨红卍字会之调查》。

至 1939 年,济南母院请领"副经"的数目总计有 3 403 部,即当时约 3 403 人成为济南道院的"修方"。其他各地道院向济南母院请领"副经"计有 114 977 部,即其他各地约 114 977 人加入道院。综合这两项统计,至 1939 年,道院"修方"约有 118 380 人。这其中也包含已经故去或曾加入后又脱离道院的人。

再将以上统计数字与 1934 年纪耀荣调查报告中有关道院"修方"统计数字相互印证,考察二者统计的准确性与可靠程度。纪耀荣 1934 年调查报告中所说的道院数目大致是 1931 年的情况。他统计约有 6 万人加入道院,是否也为 1931 年左右的情况呢? 据表 2-3 统计,1931 年有 1 991 人加入济南道院,其他各地道院约有"修方"60 890 人,总计 1931 年国内道院"修方"有 62 881 人左右。这正与纪耀荣所说的 6 万多人相吻合。因此,纪耀荣 1934 年调查报告中关于道院"修方"数字的说法反映的正是 1931 年的情形。以上只是针对道院正式"修方"的大致统计,未包括欲加入道院,尚处于"寄修""习坐""寄坐"阶段的人在内。如果计入这部分人,至 1939 年,道院在国内的追随者应当有十三四万人。1935 年,全国女道德社成员计有 18 161 人。① 据此推算,道院组织在 20 世纪 30 年代末拥有约 20 万信众。其他关于加入道院人数多达几百万的说法,均无可靠资料支持,不足为据。

道院在成立 20 多年的时间里,先后在国内外建立 400 余处,拥有数十万追随者。其推设、发展速度之快,展布范围之广实属少见。正如吉冈义丰所说,道院"会员数亦多至无法胜数。若以宗教势力圈的广狭而论,该宗教可谓为中国史上规模最大的皇皇巨教了"②。

五、改组与解散

新中国成立前后,世界红卐字会积极适应新的政治、社会形势变化。

各地红卐字会多参与解放战争时期的战地救护。1949 年 5 月,解放上海的战役打响,上海红卐字会组织救济队实施战地救护。5 月 7 日,由 40 多名队员和 10 多名夫役组成的救济队正式成立,19 日,正式投入救护工作。自 5 月 19 日起至 10 月 13 日止,该救济队共救护、医治兵民 462 人,掩埋尸体 208 具,掩埋马尸 90 头,

---

① 《全国女道德社求修人数统计表》,《济南女道德社十二周报告》,济南女道德社,1935 年。
② [日]吉冈义丰:《中国民间宗教概说》,第 226 页。

并为 20 763 人注射防疫针。① 当时,陈毅领导的上海市共产党军管会对红卍字会十分看重并积极利用。1949 年 5 月 31 日,上海市军管会在发出的卫字第一号布告中提及"蒋匪反动派为坚持其反民族反人民的罪恶战争,在抗拒人民解放军战斗中之遗尸除本会业已组织人力,处理掩埋工作外,并希本市普善山庄、红卍字会等慈善机关积极协助掩埋工作之进行"②。

山东省红卍字会和济南红卍字会也参与各种救援活动。1948 年秋,济南解放战争进行时,山东省红卍字会会长辛铸九(道名"志新",也是济南红卍字会的负责人之一)在炮声硝烟中积极动员红卍字会会员救治受伤兵民并掩埋尸体,解放后受到人民政府嘉奖。③ 战争结束后,由济南市原副市长许衍梁出面,会同济南红卍字会会长郑婴芝(此系道名,原名郑慈)以红卍字会名义清扫战场。④

新中国成立后,中央人民政府内务部针对慈善团体的登记,规定:凡属全国性社团应向中央内务部办理登记,其所属之各地分会应根据内务部准许登记原案,分别向各地城市民政部门呈请备案。凡属地方性之社团应在各该地城市民政局呈请登记。对于曾接受外援之慈善救济文化宗教团体机关,另有处理办法,不在此项规定之内。⑤ 世界红卍字会是国人创建的全国性慈善团体,并非接受外援及国民政府之补助,完全是自足自立的民间慈善团体。鉴于此,1950 年,世界红卍字会中华总会遵照以上登记条例,向人民政府内务部呈请登记。人民政府因世界红卍字会组织体系庞大等原因,通令各地政府部门了解当地分会情况后上报。中国人民救济总会致函济南市民政局:

> 本会现正着手调整全国性救济福利社团,查世界红卍字会中华总会于各大城市均设有分会,为利于进行合理调查,本会须更多掌握各地红卍字分会之情况,请贵局就下列三点多量提供资料,并尽速寄交北京锡拉胡同八号本会为荷。
>
> 一、该分会之各种情况,特别是业务情况及其在当地人民中之影响。

---

① 《世界红卍字会上海市分会临时救济队本年度工作报告》,上海市档案馆藏:Q120-03-00053。
② 上海市档案馆编:《上海解放续编》,上海三联书店,1999 年,第 371 页。
③ 章丘县政协:《开明士绅辛铸九》,济南市政协文史资料委员会编:《济南文史资料选辑》第 6 辑,1985 年,第 229-230 页;又见辛月真:《开明士绅辛铸九》,章丘市政协文史资料研究委员会编:《章丘文史资料集粹》第 16 辑(上册),2002 年,第 181 页。文中误将"红卍字会"写作"红十字会"。
④ 严薇青:《济南掌故》,济南出版社,2001 年,第 41-42 页。
⑤ 《登记与备案问题注意事项》,青岛市档案馆藏:B63-1-440。

二、该分会之政治面貌。

三、贵局对该分会具体处理意见（主项）。①

经过对各地有关部门的反映汇总，1951年4月，政府主管部门负责人在与世界红卍字会中华总会负责人商洽时做出初步口头决定："现经各方面调查了解，你会无反动嫌疑，确系友人，政府应当扶植。从前虽有些迷信和感化的偏差，但在当时社会情况下也不算罪过。不过救济事业应由政府总其大成，所有私立各社团则由各地政府及救济机关来直接领导，不能照其本身以前直的系统自作领导。如你会所设总分会，只可就所在地冠以地名。"②世界红卍字会作为民间慈善团体，应由人民政府统一领导。以上只是政府对世界红卍字会做出初步的性质判断和相关决定，但在是否允许其立案以及究竟如何具体处理等方面并未给予明确答复。世界红卍字会中华总会此时乐观地认为："依照政府上项口头初步指示的，亦不过仅仅说明了本会今后会对会关系存在仍可照旧联系，而事实上并无明文指出要本会由全国性改为地方性。"③

不久，事情发生微妙变化，形势似乎对世界红卍字会的登记立案越来越不利。1951年5月26日，世界红卍字会中华总会致信青岛红卍字会：

> 据闻"最近会议各地出席代表报告对于所在地各卍分会，大致以为有些会所办慈业尚有好的，但至今仍有开坛、供神、诵经等行动；还有些会并没有什么慈业，只有供神，因此批评不一，致未能作确切的决定，尚待各代表回到各地切实了解后再行研究"。据此情况，总会登记之所以迟迟，乃受以前道院遗迹的影响。总会早见及此，自解放后，经过学习，遵照政府政策，对于道院的一切陆续加以肃清，并迭次通函各会请其注意纠正。兹再作进一步的检讨，认为此时各地卍会应切注者：(1)坛务想各地已经停止，如尚有不明政策，仍然举行者，应绝对立即停止。(2)对于道院有关各事，如诵经咒及供神等，亦应速行取消。(3)各会已办有慈业者应积极加以扩展，未有慈业者亦应量力举办，否则空有会名即不能存在。总之，今后必须随着新社会的发展改造前进，为人民服务，尤希望能依照上次总会号召的五项共同目标切实推行。拟请贵会对于以上要

---

① 《中国人民救济总会为了解各地红卍字分会情况由》(1950年8月19日)，济南市档案馆藏：70-1-55。

② 《登记与备案问题注意事项》，青岛市档案馆藏：B63-1-440。

③ 《登记与备案问题注意事项》，青岛市档案馆藏：B63-1-440。

旨迅即转知所属各会特别自我检讨,以免贻误大局。是所至盼。①

从该信函可以看出:第一,由于世界红卍字会与道院的关系,以及道院的"静坐""诵经""供神""扶乩"等活动,已影响、滞碍了世界红卍字会在新中国成立初期的重新登记立案工作。第二,世界红卍字会中华总会为顺利实现登记立案,一再强调停止"扶乩""诵经""供神"等活动,号召各地红卍字会全力发展慈善救济事业。第三,中华总会为世界红卍字会的登记立案工作,及该组织与社会形势转型的契合方面做出长远、切实而非权宜、矫作的努力,这封"迅即转知所属各会特别自我检讨,以免贻误大局"的信函,即其真实心迹的表露。

在进一步认清社会形势及自身尚存问题后,世界红卍字会中华总会及各地分会加快自我改革以适应现实的步伐。他们已经认识到政府对其进行处理的趋向,尤其是在将全国性组织改为地方性组织,以及自身的统系问题等方面。为此,世界红卍字会中华总会通知各地红卍字会改变现有名称、组织统系及宗旨,以符合政策规定。

首先,在名称方面,原来各地红卍字会的名称大都冠以"世界"字样,如青岛红卍字会的全称为"世界红卍字会青岛分会"。此时按照政府要求,总会及各地分会名称均应冠以所在地名,即"○○红卍字会"。同时,不再称自己为"慈善团体",而改为"救济福利"团体。②

其次,在统系方面,原本世界红卍字会中华总会是国内各地红卍字会的最高领导机构,此时世界红卍字会中华总会呈请人民政府内务部,拟将中华总会改为地方性组织,与北京红卍字会合并,更名为"北京红卍字会"③,不再是各地红卍字会的最高机关。各地红卍字会直接受人民政府和人民救济总会领导,"现在救济福利事业应由政府直接领导,各地设有救济分会者由救济分会领导,尚未组设者由各级政府民政机关领导",总会和分会之间"只可作一种横的联系,不能再存在像以前直的统系"。④

第三,世界红卍字会的宗旨此时也改为:"本会遵照政府领导,以办理救济福利

---

① 《世界红卍字会青岛分会收中华总会函为转知各会特别自我检讨以免贻误》(1951年6月3日),青岛市档案馆藏:B63-1-440。"五项共同目标"详见后文。

② 《今后各地分支会应注意事项》(1951年6月26日),青岛市档案馆藏:B63-1-440。

③ 《呈中央人民政府内务部文稿》(1951年6月25日),青岛市档案馆藏:B63-1-440。

④ 《世界红卍字会中华总会致青岛红卍字会函》(1951年6月25日),青岛市档案馆藏:B63-1-440。

事业为宗旨。"①

可见,世界红卍字会中华总会为能够重新完成立案,在名称、组织统系、宗旨等方面做出实质性转变。

世界红卍字会中华总会还主动采取一系列适应现实政治环境的措施,以推动、加快立案工作的开展。1951年初,中华总会初步拟定《世界红卍字会中华总会革新宣言》,号召各地分支会一致向以下共同目标迈进:

（一）我们总分各会一致拥护中央人民政府对内、对外的一切政策,发扬爱国主义和国际主义的精神。(二)我会工作应以社会福利为主要,尤须对工农群众加以注意,关于救济亦以生产自救为注重,以往消极的赈救方法应予以纠正。(三)总分各会会员应加强学习,提高政治觉悟,使思想上和工作同时得到正确路线,所有中立超然的观点应一律肃清。(四)总分各会应在中国人民救济总会及各地救济分会领导下,切实推进业务,一面与各人民团体随时联系,以资观摩,求得逐步的进展。②

这份宣言书也是世界红卍字会中华总会致青岛红卍字会的函。中华总会的计划是:先将此初拟宣言致函各地红卍字会征求意见,如有修改意见即迅速复函中华总会,最后再由中华总会将此宣言分呈人民政府内务部及救济总会,得到认可后再发表。当各地分会向中华总会函复意见后,中华总会研议认为"此时发表宣言似无甚必要,不如改为对内整进会务,由总(会)号召各地分支会一致向共同目标迈进",遂更改上述初拟宣言,将其作为整进会务之目标:

一、我们总分各会一致拥护中央人民政府对内、对外的一切政策,尤其是抗美援朝运动,要认为目前重要的任务,更应接受各地领导机关的指示,发扬爱国主义和国际主义的精神,争取世界和平。

二、我们总分各会会员及从事工作人员,今后应站在人民的立场加强学习,提高政治觉悟,使思想上和工作同时得到正确路线。过去超政治观点的偏差应一律肃清。

三、我们总分各会工作应遵照董副总理所指示"新中国人民救济福利事业的纲要",一致向努力生产、自救助人的途径推进,已往消极和单纯的救济方法

---

① 《今后各地分支会应注意事项》(1951年6月26日),青岛市档案馆藏:B63-1-440。

② 《世界红卍字会中华总会革新宣言》(1951年2月23日),青岛市档案馆藏:B63-1-440。

应予以纠正。

四、我们总分各会今后对于业务的整进和人事的组织,应力求精简,对于会员更应争取工农大众参加,团结新旧会员以充实力量。

五、我们总分各会应在中国人民救济总会及各地救济分会领导下,切实推进业务,一面与有关各人民团体随时联系,俾得完成为人民服务的责任。①

将以上初拟宣言与更改后宣言对比,可以看出后者更详细具体,重点突出,表现在:其一,明确提出支援抗美援朝战争,将其作为工作重点。其二,提出要站在人民的立场上加强学习,提高政治思想觉悟,肃清以往超政治观点的偏差,更为重要的是自觉把"为人民服务"作为工作职责。世界红卍字会一贯宣称超越阶级、国家、民族、政治等,此时做出根本性调整,突出爱国主义,维护民族利益。其三,更改后的宣言新增加了在会员的人事组织方面要积极吸收工农大众的内容。

以下分析这两则宣言的可信度,看它是表面上虚假的应时之举还是主观上切实的整顿与改进。如前所述,这两则宣言并未公开发表,只是世界红卍字会中华总会致各地红卍字会的函,属于世界红卍字会系统内部的宣言、公告,其间经过各地红卍字会的讨论和修改,也可以看作是其集体议定的整顿与改进目标,并非对外做出的临时性应急宣传。特别是修改后的宣言,世界红卍字会鉴于当时情势,明确指出没有必要公开发表,而是将其作为对内整进会务的目标。因此,从这两份宣言可以清晰地看出,世界红卍字会不论在政治上还是在组织领导上,均积极主动向人民政府靠拢,力图融入、适应现实政治与社会形势。这也是新中国成立之初,所有民间组织与社团在国家政治高度一体化走向过程中的必经阶段和同一反映。

1950年6月25日,朝鲜内战爆发,战火延烧至中国边境。10月8日,人民政府做出抗美援朝的重大决定。世界红卍字会中华总会通令各地红卍字会积极响应政府关于抗美援朝的号召,并于1951年3月制定具体的实施办法:

一、关于拟定普及深入抗美援朝的计划,应与各该地领导机关取得联系,以便认定我会应担负的具体任务。

二、关于拥护和平理事会通过缔结和平公约的签名运动,曾由总会通函各地分支会一致发动响应。现在已经接到报告者日有数起,希望尚未寄总者(签

① 《世界红卍字会中华总会整进会务号召各地分支会一致向共同目标迈进》(1951年3月30日),青岛市档案馆藏:B63-1-440。

名范围不限于男会员及眷属）于四月中旬将签名人数及名单寄总，以便下旬转报。

三、关于签订爱国公约，除以第五所列主要标语各条外，再加以"加强我会救济福利的工作，以实际发扬爱国精神"。

四、关于举行日本问题的投票，亦应依照各当地政府所定的方式发动全体会员集合举行，如有附属机构并须分别联洽办理。

五、五月一日举行大示威，我们总分各会全体会员及附属机构的工作者与学生，全体依照当地政府规定的程序参加游行，所用标语：1. 抗美援朝，保家卫国；2. 反对武装日本；3. 拥护和平理事会的宣言和决议；4. 保卫世界和平。至于表示团体单位的名义，可以会旗一面作前导，或用红布横书会名亦无不可，惟手旗可免。①

世界红卍字会"爱国""拥护人民政府"的意念比较明显地表露出来。6月7日，世界红卍字会中华总会又致函各地分会，号召积极捐钱捐物，以实际行动全力支持抗美援朝战争：

一、中国人民抗美援朝总会于六月一日发出关于推行爱国公约，捐献飞机大炮和优待烈属、军属三项号召，全国各界一致响应。

二、根据中国人民赴朝慰问团报告，我们中国人民志愿军和朝鲜人民军的战斗力在一切方面都能完全压倒敌人。困难的是我们的飞机、大炮等武器还不够多，我们建议全国各界爱国同胞们不分男女老少都开展爱国的增加生产、增加收入的运动，用新增的收入一部或全部购置飞机、大炮等武器，捐献给志愿军和解放军来加强他们的威力，巩固我们的国防。各地捐献的飞机、大炮、坦克等将冠以"捐献单位"的名字作为光荣的纪念。

三、我们总分各会应发动全体男女会员一致响应这个号召，开展爱国捐献的运动。各个人不拘数目多寡，应该共同表示一种实际爱国的行动，一面推行优待烈军属的工作。

四、各地分支会捐献款项除就近送交所在地政府主管机关外，一面将所捐数目函报我会，以凭汇集呈报抗美援朝总会，以示我总分各会对于爱国运动实

---

① 《世界红卍字会青岛分会收中华总会函为深入抗美援朝拟具五个原则实施办法》（1951年4月10日），青岛市档案馆藏：B63-1-440。

际的表现。务盼你会争取时间迅速推进，于本月二十日以前完成此项工作。①

这份致全国各地分会的号召函较前述 3 月份制定的实施办法更加具体、明确。在世界红卍字会中华总会的引领下，各地红卍字会积极做出调整，适应社会形势变化。例如，山东牟平红卍字会制定了以"拥护中国共产党，拥护中央人民政府，拥护人民解放军；坚决拥护世界和平理事会的宣言；坚决拥护上级抗美援朝、保家卫国的号召；坚决反对美帝国主义重新武装日本和单独对日讲和"等为主要内容的爱国公约。②

尽管新中国成立后世界红卍字会中华总会与各地分会做出诸多应对现实环境变化的举措，但政府对其立案工作并未迅即开展，原因主要有以下几方面。

首先，世界红卍字会是全国性慈善组织，规模庞大，除世界红卍字会中华总会外，各地分会众多。在短时间内将一个如此庞大组织之起源、发展演变的来龙去脉调查清楚十分不易。加以各地分会情况千差万别，有的分会慈善救济成绩突出，民众反映较好；有的分会名存实亡，救济成绩不明显；还有的分会由于诸种原因产生一定负面影响。这些不同意见反映到政府主管部门后，相关处理意见很难在短期内达成一致。

其次，加入世界红卍字会的多是商人、官绅等阶层，他们在中华人民共和国成立初期是被改造的对象。济南市民政局向上级汇报时说："我们认为红卍字会总是由社会的一些对人民造下罪恶、罪孽深重的官僚政客、奸商、土豪、恶霸、劣绅等所组成的，他们以小恩小惠来转变人民对他们的仇恨，所以它是一个藏污纳垢的场所，以慈善为名，进行落后勾结。"③人民政府对其立案申请慎之又慎。

1950 年冬，世界红卍字会中华总会向内务部的申请立案，虽未立即获准，但政府初步做出的口头承诺还令中华总会比较乐观。1951 年 4 月底，处理意见发生变化，中华总会说："据闻由于各地代表的报告：各地卍会有的所办慈业尚好，但至今还有开坛、供神等事；有些会没有什么慈业，只有供神。因此批评不一致，对于整个问题未能作确切决定。"④这对其登记立案工作是一大打击。因此，中华总会致函各地红卍字会，要求主动与道院划清界限，不再参与道院活动，将世界红卍字会变

① 《世界红卍字会青岛分会收中华总会函》(1951 年 6 月 12 日)，青岛市档案馆藏：B63－1－440。

② 《牟平红卍字会爱国公约》，烟台市牟平区档案馆藏：23－1－1。

③ 《济南市民政局报告》(1950 年 8 月 30 日)，济南市档案馆藏：70－1－55。

④ 《世界红卍字会中华总会致青岛红卍字会函》(1951 年 6 月 25 日)，青岛市档案馆藏：B63－1－440。

成一个独立、纯粹的慈善救济组织。"一切要合乎实际,千万不要再与道院相为牵混,并应将道院所有形式和其他一切都要取消,方可表示卍会系一纯粹救福团体。有人以为宗教信仰自由为共同纲领明文规定,殊不知信仰系属个人的自由,若以救济团体带有宗教性,则决不能容许。况道院并非一种宗教,只可认为是过去的事,应自行检讨,予以肃清,不必待政府来责问,转滋咎戾也。"①其实,新中国成立前后,各地红卍字会道院由于战乱和政治环境变化,大都衰落、消散,已停止活动。济南红卍字会道院作为全国院会的模范和重镇,彼时的境况也十分艰难,"会员不但不增加且无形中减少,妇女分会现时连形式也不存在"。② 世界红卍字会中华总会决定与道院脱离关系,以利于立案登记的出发点是可取的,但这样做为时已晚。

由于社会性质的根本转变与人民政府施政纲领的总体要求,世界红卍字会最终未能在新中国重新立案。人民政府通过对世界红卍字会的调查了解,将其慈善救济力量整合纳入新中国"由政府总其大成"③的福利救济事业体系。

1953 年 2 月 19—21 日,世界红卍字会中华总会在《人民日报》接连公开发表声明,宣告自行解散:"本会因不合社会需要,业经呈请中央人民政府内务部批准,自即日起结束,将所有财产捐献中国人民救济总会。关于本会对外债务及一切未了手续,统希于三天内来会办理,过期不再处理。特此登报声明。"④内务部批准世界红卍字会中华总会自行结束业务的呈请,着手进行接收工作,"有该会分支会之各地应事先做准备工作……该会总会由中国人民救济总会处理,各地分设团体由当地人民政府处理……医疗事业由卫生部门接办,学校由教育部门接办……接办后只须办好,不须办坏……其所有财产应用于救济福利事业……一般人员应予以适当安置,勿使流离失所"。⑤ 1954 年前后,山东各地红卍字会将所有财产及相关业务对口移交地方政府部门。山东省红卍字会会长冯念鲁及济南市红卍字会会长辛铸九、郑婴芝三人先后由济南市救济分会聘请为执行委员会委员。⑥ 从此,世界红卍字会退出大陆历史舞台。

① 《今后各地分支会应注意事项》(1951 年 6 月 26 日),青岛市档案馆藏:B63-1-440。
② 《济南市民政局报告》(1950 年 8 月 30 日),济南市档案馆藏:70-1-55。
③ 《登记与备案问题注意事项》,青岛市档案馆藏:B63-1-440。
④ 《人民日报》剪报,济南市档案馆藏:70-1-55。
⑤ 《民政局为报送关于处理世界红卍字会山东分会及济南分会的初步意见由》(1953 年 5 月 28 日),济南市档案馆藏:70-1-55。
⑥ 《陈市长为报送济南、山东两红卍字会结束工作总结由》(1954 年 4 月 12 日)、《济南市人民政府批复》(1954 年 5 月 11 日),济南市档案馆藏:70-1-55。

组织建制篇

第
三
章

架构与职责

一、道院组织体系

世界红卍字会集道院、女道德社、道德社于一体，组织体系繁复庞杂。即使道院本身，也有坛、院之分和宗、总、主、分各级之别，有些组织建制只是构想和空架。道院的组织体系和建制，从原则上说，坛、院分离，以坛为统，以院为基，坛为上，院为下。但从事实上看，坛、院除宗坛、行宗坛、母坛外，又难分彼此，因为各级院坛即设院中；强行分立，实则有神临坛降示时，坛即神为上，无神临坛之平时，坛归院统辖。以下先梳理道院之坛的建制。

（一）道院之坛的建制

道院之坛的建制为：宗坛，山东滨县，道院的最高总枢；行宗坛，天津；母坛，济南传经处刘福缘家为第一母坛，其他各地判设传经处（即老祖亲临传经之乩坛），依次称第几母坛（见表3-1）。

母坛以下，依次为母院坛→总院坛→主院坛→代主院坛、分主院坛→省院坛→特院坛、埠院坛、代分主院坛→县院坛→支院坛→寄修所坛。需要注意的是，母院坛以下至寄修所坛，实际上与道院合为一体，不具有特别地位，而自母坛以上各坛，则独立于道院设立，平时一般无实际活动，也即除老祖及老祖派有关仙、佛莅临降示之外,无具体事务,但具有无可置疑的权威性。

表 3-1　道院所设传经母坛一览表

坛　　名	所在道院	设立时间	地　　　址	备　　注
第一母坛	济南道院	1921	济南上新街	
第一母坛责任母坛	青岛道院	1927	青岛鱼山路 37 号	
第二母坛	济宁道院	1923	济宁小邬家街	
第三母坛	南京道院	1923	南京城内洪武路小火瓦巷 24 号	
第四母坛	北京道院	1923	东华门妞妞房	
第五母坛	天津道院	1928	西门大街 103 号	附设于天津行宗坛
第五副母坛	临榆道院	1929	山海关城内穆家胡同	
第五责任母坛	烟台道院	1931	烟台大马路十字街	
第六母坛	奉天道院	1929	奉天省城小南关直隶会馆	
第六责任母坛	营口道院	1929	奉天营口海关公署街	
第六母坛第一副坛	大连道院	1929	大连惠比须町六十二番地	
第六母坛第二副坛	滨江道院	1929	滨江许公路上坡	
第六母坛安东支坛	安东道院	1929	安东元宝山前赵家胡同	
第七母坛	吉林道院	1929	吉林城内奎星楼前胡同	
第七责任母坛	长春道院	1929	长春兴仁大路	

　　资料来源:《道院各项附则、母坛专则合刊》(无编者和出版时间),第 71-72 页;[日]吉冈义丰:《中国民间宗教概说》,第 249 页;王守中:《民国山东通志·宗教志》,(台北)山东文献杂志社,2002 年,第 2115 页;《道院地址一览》。

　　各级各类坛的内部职位设置也十分繁杂,且有神事和人事之分。

　　从神事职位设置看,宗坛神事组织建制为:至虚亭→正宗坛→副宗坛→统系坛→坐室、经室。至虚亭是何处所,待考。正宗坛职位也就是供奉的神位依次为:至圣先天老祖,世界道慈宗主伏羲,副宗主兼宗掌公孙轩辕,责任宗掌兼宗坛坛掌项先师橐,副宗掌孔圣丘、太上老君、释迦牟尼、慧圣地。副宗坛职位即供奉的神位为:世界道慈代统监默靖真人。统系坛职位即供奉的神位依次为:宗掌尚真人,正宗默靖真人(兼)、慈程真人,副宗金华真人、定夷真人。坐室职位即神位依次为:鹤神力慈真人、笈神靖慈真人。经室的神位依次为:镇坛将军关圣、统经掌籍达摩佛、护坛将军桓圣。上述神事组织建制职位中的"真人",是为道院创设和发展做出贡献的已去世之人。

人事职位设置主要有宗坛职位、宗坛基职、宗坛坛职和课职之分。宗坛职位为:道慈统系导师,道慈统系道传,道慈统系道保。宗坛基职职位为:总基监、总基副监,道坐基掌、副基掌,慈基基掌、副基掌,坛基基掌、副基掌,经基基掌、副基掌,宣基基掌、副基掌,藏基基监、秘基基监、文基基监、管基基监,以及宗助、宗修、宗养、宗供等辅助职位。宗坛坛职和课职职位为:坛掌、副坛掌,坛监、副坛监,繁藏课、坐课、道课、经课、修职课、慈课课长及副课长,课修。以上所有人事职位具体人选,极可能是一种构想中的职位,因为这些职位缺乏操作空间,而事实上所有这些职位的工作不需很多人去做,创设道院的少数人即能操办。

由于道院组织是设想为神人统一的世界道慈体制,因而宗坛作为道院组织的最高总枢,也相应有一个神人统一的组织建制。宗坛宗职依次为:世界道慈宗主、副宗主,宗掌、副宗掌,宗监、副宗监,正宗、副宗,左仪各正宗、副宗,右仪各正宗、副宗,宗宣、宗赞、宗参、宗助、宗秘等辅助和具体工作职位。值得注意的是,宗主和副宗主当然与神事组织建制职位担当者一致:伏羲和轩辕,是传说中的人物;而自宗掌以下,各职位的具体担任者,应当为现世尚存之人。

宗坛以下为母坛,母坛亦分设神事和人事两类职位。神事为虚拟,也无具体明确规定,这应与母坛并非经常运作有关。如第一母坛刘福缘的家,以及天津、济宁、京兆等几个母坛,除最初设立和后来老祖临坛降示外,基本形同虚设。人事职位依次为:坛掌、副坛掌,坛监、副坛监,纂掌、纂宣、纂录,坛助。[①] 母坛人事职位同神事职位一样,基本也是虚拟框架,不同的是,这些虚拟的职位在特定时期有人临时充任。

(二)道院之院的建制

院之建制是道院组织的实体,依次为母院,设济南;总主道院,设北京;主院(计有:中央主院,设天津;东南主院,设南京;西南主院,设汉口;西北主院,设张家口;远东主院,设奉天;淞沪代主院,设上海;中央代主院,设烟台;西方主院,设西安;西北行主院,设太原);[②]省院、特院、埠院、县院、支院、寄修所,分设各所在地。道院之院的组织建制和坛的建制一样,也有神事和人事两种。

院之神的组织建制职位,即其中供奉的神位,各地、各级院均一致,依次为:至

---

① 以上参见吕梁建编:《道慈概要》卷上,第 43 - 47 页。
② 《道院地址一览》,第 2 页。

圣先天老祖,五教(儒、释、道、回、耶)教主,此六位在具有规模、体制健全的道院专设一室供奉。道院下设六院,以统院为最尊。曾加入道院的李佳白在题为"Recent Religious Movement in China"一文中说"坛院是最大和最重要的首院"①,其实是一个误解。李佳白虽然曾作为西方代表受邀参加世界红卍字会筹备大会,对道院有一定了解,但由于道院组织建制太过纷杂,而坛又处统率地位。他写这篇文章时,各组织建制尚不健全且有虚拟职位,其误以为道院下设六院中以坛院为"最大和最重要的首院"。事实上,道院下设的六院神事组织及其所置职位依次分别为:统院,掌籍孚圣、副掌籍昌佐神;慈院,统慈掌籍济佛、副掌籍孙真人;坛院,统坛掌籍尚真人、副掌籍岳圣;坐院,统坐掌籍达摩佛、副掌籍普静菩萨;经院,统经掌籍文殊佛、副掌籍普贤佛;宣院,统宣掌籍亚圣孟子、副掌籍施洗约翰。道院各神职位的设置,与其实际活动关涉不大。

道院的人事组织建制在构成上与神事建制不完全一致。这不是指具体职位均有相应人事职责,掌管道院的一切运营,从中不难看出道院下设六院中各院的地位,而是指在道院下设的六院之上,又增设监督执行机构,置道慈统监、副统监,负责监督道院的一切活动,并于统院之下,其他五院之上,设督理事务机构,置院监、副院监,负责监察道院各项事务。② 表面上看,这种建制似乎有矛盾,但事实上并不矛盾,因为监督执行机构所设两职,一般在幕后,享有最高权力但不负责经办具体事务;而督理事务机构在前台,负责监督办理各项事务,按体制受统院掌籍、副掌籍的领导,如督理不灵,发生抵牾,自可交由凌驾于统院之上的幕后监督执行机构处理。统院及以下五院,由于负责道院全部或部分具体事务,职位和职掌比较复杂,以下分别梳理。

统院,总理道院道务及慈善事业,有五位主要执掌分别管理有关事务:(1)掌籍③,管理全院道务、慈善等事;(2)统文掌籍,管理全院文书、册籍等事;(3)统篆掌籍,保管统宝、院章、时号、坛印等事;(4)统藏掌籍,管全院款项,办理预算、决算等事项;(5)统管掌籍,掌管全院物品购置、修理等事项。五位掌籍之下,均设附掌籍④,分别协助各自掌籍办理有关事务。除这五名主要负责人及其助手外,统院还

---

① *The China Mission Year Book*, Editor-in-Chief: Rev. Frank Rawlison, D. D., Christion Literature Society, Shanghai, 1924.

② 参见吕梁建编:《道慈概要》卷上,第47-48页。

③ 道院中的"统掌"亦即此职,为统院掌籍简称,其他各院掌籍称呼依此类推,如坐院掌籍简称坐掌。

④ 这里及以下掌籍属下的附掌职,写作"附"而不写"副"。

有四名人员辅助掌籍具体办理有关事宜,他们是:道参长,筹议全院道务、慈善事项;道赞长,进行全院道务、慈善等事;道助长,助理全院道务、慈善等事;道宣长,宣修全院道务、慈善等事。这四名助手也各有下属,分别为道参、道赞、道助、道宣。[①]

统院以下五院的职责,各有所专,又互相联系。所谓各有所专,如坐院专管指授坐法(静坐修行的方法),证核坐功(检查是否达到规定要求),并办理该院一切道务;坛院专管各坛坛务,办理该院一切道务;经院专管道院真经及办理该院一切道务;慈院专管慈善事业、慈善款项及该院一切道务;宣院负责引领介绍"修方",宣扬道旨并办理该院一切道务。所谓互有联系,是指此五院各专责管理的事务,事实上大部分是有关整个道院的工作,而不是哪一院的人所独有的事务,如坐院负责"指授坐法""证核坐功",是"指授""证核"入道院修行的所有人的"坐法"和"坐功";经院所管理的"真经",也是道院的"真经",而非经院本院的"真经"。负责各坛坛务的坛院,因所设各坛多分置道院他处,而各坛坛务又多与道院职修方有关,故与其他各院也有联系。

统院以下五院建制,除坛院稍有不同外,所设主要职掌名称均为掌籍、附掌籍、文藏、修士四类,分管各院有关事项。如坐院掌籍分管坐院道务、慈善等事,附掌籍负责协助掌籍办理一切应办事项;文藏员负责管理坐院的文籍、款项登记等事;修士的职责是协助文藏登记、缮录等事。其余四院依此类推,各负本院应负职责。坛院的不同之处是,除设以上四名主要职掌各负专责外,下设统坛(设坛院)、讲经坛(附统坛)、文字坛(设统院)、问事坛(设统院)、书画坛(设经院)、求方坛(设慈院)共六坛,各有专责。[②] 这六个坛并非都设在坛院,大多分设道院各处。

二、世界红卍字会组织体系

(一)世界红卍字会的运行机制

世界红卍字会自始至终没有成立组织实体,对国内而言,真正建立起来的只是世界红卍字会中华总会以及各地分支会。此处所说的世界红卍字会的内部结构和运行机制只是一般意义上具有实体组织的红卍字会的内部结构和运行机制。

1. 组织建制及职责

世界红卍字会规定,在国都之处设立总会,分会设于各省县及繁盛区域。以中

---

① 纪耀荣:《济南道院暨红卍字会之调查》;吕梁建编:《道慈概要》卷上,第54-55页。

② 纪耀荣:《济南道院暨红卍字会之调查》。

国为例,世界红卍字会中华总会设于北京,其他各地设立红卍字会分会、支会。红卍字会在其创立初期实行会长制。红卍字会一般设有名誉会长、名誉副会长若干人,由红卍字会聘请。设会长一人,副会长四人。会长、副会长均由会员大会共同推举产生。会长负责红卍字会的一切事务,副会长协助会长办理会内事务。会长、副会长任期四年,期满可以连任。会长如有品行不正或违背会章行为,红卍字会可另行推举。

红卍字会内部共分六部:总务部、储计部、防灾部、救济部、慈业部、交际部,每部设主任干事一人,副主任干事两人,商承会长、副会长办理各自部内事务。另外,每部下设若干股,每股设干事若干人,商承各该部主任干事办理各自股内事务。各部门下设各股及其职责情况,详见表3-2所示。

表3-2 世界红卍字会下设各部名称与职责简表

部门名称	各股名称	职责
总务部	文牍股	负责往来函牍、保管图册及编辑杂志、出版品等
	会计股	负责红卍字会预算、决算及收支款项、登记账目、编制表报
	章制股	修订各种章程及救济队制服规定等
	讲演股	编拟论说及循环讲演白话报
	调查股	负责红卍字会应需调查事件
	庶务股	负责红卍字会内一切庶务
储计部	审核股	审核红卍字会内一切收支款项、账目
	保管股	保管动产、不动产及一切物品、契约、簿据等
	出纳股	负责红卍字会一切款项之保管及收入、支出
防灾部	规划股	负责各项灾患之先期计划与防范等事
	测勘股	负责灾患发现时应需测勘等事
	工程股	筹备技术、机械器具及临时各项工程
救济部	赈济股	负责灾区急赈、常赈等事
	收容股	被灾民众随时设法收容及给养等事
	施与股	发放医药、棺木、衣物等
	捍卫股	负责灾区应需捍卫、消弭等事
	救济股	负责救济队之筹划

（续表）

部门名称	各股名称	职 责
慈业部	感化股	提倡道德,辅助社会及红卍字会所设学校应尽感化事项
	教养股	设立慈善学校,教养失业游民并残废无依之人
	保育股	负责育婴、慈幼等事
	工艺股	负责贫民工厂、妇女工厂及习艺所等事
交际部	联合股	联合世界善团、教团及各慈善家
	劝募股	引导和平募集、救济、捐款等事
	招待股	招待各界来宾
	通译股	处理世界各国语言文字与红卍字会有关切之事件

资料来源:据《世界红卍字会大纲暨施行细目》整理,山东省档案馆藏:J162－01－15。

　　红卍字会为筹划会务之开展,一般召开大会、常会、特别会。红卍字会大会由全体会员组织参加,每年召开一次,于每年春季定期举行,由会长报告上年会务及稽核决算。议事以过半数决之可否,同数时由主席决定。红卍字会常会由全体职员组织参加,每月开常会三次,讨论会内一切进行事宜。红卍字会特别会分两种:全体会员特别会、全体职员特别会。临时发生的重要事件应召集全体会员特别会,次要之事应召集全体职员特别会。①

　　2. 会员

　　红卍字会会员的入会方式分为两种:团体入会和个人入会。团体入会指的是:凡各种慈善团体及法团经会长提交红卍字会常会认可者,其成员均可为红卍字会会员。个人入会主要有以下四种:

　　① 特别会员及终身特别会员。经红卍字会常会认可,有下列三项资格之一者可为特别会员:年纳会费500元以上;年募会费2 000元以上;会员办事一年以上异常出力。十年以上的特别会员或一次交会费3 600元以上者,为红卍字会终身特别会员。

　　② 名誉会员及终身名誉会员。经红卍字会常会认可,有下列三项资格之一者为名誉会员:年纳会费100元以上;年募会费500元以上;会员办事一年以上且成绩显著。一次交会费1 800元以上者为终身名誉会员。

___

① 《世界红卍字会大纲暨施行细目》,山东省档案馆藏:J162－01－15。

③ 会员及终身会员。凡经红卍字会会员二人介绍,每年纳会费 5 元以上者为红卍字会会员。会员一次交会费 36 元以上者为普通终身会员。

④ 学生会员。凡年龄在 16 岁以下并在学校修业期内,经红卍字会会员二人介绍,年纳会费 1 元以上者为学生会员。

特别会员、终身特别会员、名誉会员、终身名誉会员均由红卍字会特赠聘书。会员、终身会员、学生会员均由红卍字会发给证书。会员如受公权褫夺,同时失其会员资格。凡失会员资格或被除名者,追缴红卍字会证书及徽章,所纳会费不再发还。会员对于会务异常出力、成绩显著者,由红卍字会呈请分别奖励。会员如有受刑事处分或其行为有违背红卍字会章程者,红卍字会可开除其会员资格。[①]

3. 总会与分会

世界红卍字会各地分会均应遵照世界红卍字会组织大纲及相关章程筹组,同时报告世界红卍字会中华总会及各地行政机构备案。各分会设于某地即以世界红卍字会某地分会称之。分会所用旗帜、臂章、徽章等均应由各分会造册报告总会制发。分会收入支出款项及一切会务按月造册,报告总会稽核并由总会随时派员赴各地视察。分会所办医院、学校及慈善各事业,也应将详细办法及职员履历报告总会备案。分会会长由各该会会员推举,任期四年,期满后可再被推举连任。总会每年开大会时,各分会应派代表二人以上与会。总之,各分会的组织建制及运行机制大致与总会之情况相同。

(二)世界妇女红卍字会

通常情况下所说的世界红卍字会指的是由男子组成的红卍字会。世界红卍字会还包括由妇女组成的妇女红卍字会。早在世界红卍字会(男会)成立时,就有成立妇女红卍字会的提议,但由于诸种原因,多数未能及时成立;即便有的已经成立,初期也只是徒有虚名而未有规模活动。加以世界红卍字会(男会)的工作业绩和社会影响远超过妇女红卍字会,所以世界红卍字会(男会)是对外更为普遍的叫法。

世界红卍字会是道院对外开展慈善活动的机构,那么妇女红卍字会是否为女道德社[②]对外开展慈善活动的组织呢? 道院编订的《道慈问答》明确指出:"男主外,女主内,是阳动阴静的至理大道,故道院与女道德社、红卍字会与女卍会,在事

① 《世界红卍字会大纲暨施行细目》,山东省档案馆藏:J162-01-15。

② 女道德社的性质及发展变迁情况等,详见第六章《女道德社考释》。

实上必须分别设立者,纯为对内的礼防,绝非对外的体制。质言之,以道院及红卍字会对外,而不单纯以女道德社及妇女卍会对外。"① 可见,不仅妇女红卍字会不是女道德社对外开展慈善活动的组织,即便女道德社也不是对外的机构,二者分别对应并从属于道院和世界红卍字会。

关于世界妇女红卍字会的成立时间,学界有不同的说法。一是新中国成立后济南市民政局的调查资料认为,第一个妇女红卍字会应是成立于 1922 年 10 月的济南妇女红卍字会。② 二是世界红卍字会中华总会自称,世界妇女红卍字会中华总会是第一个成立的妇女红卍字会,"女卍会则于乙丑年丑朔先成立筹备处","至丙寅正月望日遂告成立,并拟具女卍会简章及女会员佩戴徽章"。③ 乙丑年即 1925 年,丙寅年为 1926 年,也即世界妇女红卍字会中华总会于 1926 年正式成立,且是最早成立的妇女红卍字会,其后各地女道德社才附设妇女红卍字会分会。第二种说法相对可靠。

1930 年前后,妇女红卍字会尚未作为一个独立的组织向政府主管部门正式立案。因为,世界红卍字会中华总会在 1931 年的卍会会议上提出:"妇女红卍字会成立有年,章程亦早经拟定,惟于行政方面讫未立案,则于根本上稍欠稳固。然若立案,则与男会完全分为两个团体,以两个团体固用一种红卍字于理殊有未洽……兹拟卍会大纲第一条世界红卍字会之下加'由妇女组织定名为妇女红卍字会';细目第一条中华总会之下加'由妇女组织者定名为中华妇女红卍字总会',如此办法,则女会无须另向政府立案,而女会之设立亦有所根据。如何之处,应请大会公决。"④ 可见,世界红卍字会中华总会打算通过修改红卍字会大纲,将妇女红卍字会纳入世界红卍字会中,使之合法存在。虽然当时的表决结果不得而知,但其后《红卍字会纲则》中确实增加了有关妇女红卍字会的条款,规定:"世界各国得设总会或主会一处,分会若干处,其已设总分各会地会,得设妇女总会及妇女分会……各国总分各会名曰世界红卍字会某国总会或某地分会,其妇女各会于某国某地字下加妇女字

---

① 《道慈问答》,第 16 页,青岛市档案馆藏:B63-1-247。

② 《济南市民政局报告》(1950 年 8 月 30 日),济南市档案馆藏:70-1-55。

③ 中华总会:《世界妇女红卍字会简章修正案》,《道院十二年立道大会议事录》,济南道院,1932 年,第 74 页。

④ 中华总会:《卍会章程中拟加入妇女红卍字会字样以免女会再行向政府注册案》,《二十年(1931)八月三十日卍会会议议目》,青岛市档案馆藏:B63-1-10-2。

样。"①据 1938 年吕梁建的记载，妇女红卍字会"与卍会居同等之地位，亦隶于世界红卍字总会之下，其章则大致与卍会相同，而内部组织及现状，不过暂从简略而已"②。想必 1931 年中华总会的提议已经付诸实施。

1930 年 4 月，青岛妇女红卍字会依照中华总会颁发的简章在青岛市济阳路组设，并呈准青岛特别市政府及红卍字总会准予备案。③ 这里所说的备案并非像世界红卍字会成立时向主管机关立案，因为妇女红卍字会从属于世界红卍字会，只要世界红卍字会立案，妇女红卍字会自不必再呈请立案，只是在成立时向主管机关进行必要的登记。另外，妇女红卍字会的旗帜、袖章也统一由世界红卍字会中华总会备制，并向总会请领徽章、会证发给会员。为更好地了解妇女红卍字会的组织情形，现将青岛妇女红卍字会的简章内容附录如下：

第一条，本会定名为世界妇女红卍字会青岛分会。

第二条，本会协同世界红卍字会中华总会以辅进世界和平，救济灾患为宗旨，即由总会颁给图记以资信守。

第三条，本会旗帜、袖章一依卍总会定式备制，并向总会请领徽章、会证发给各会员，以昭郑重。

第四条，本会设会长一人，总理本会一切会务；设副会长二人，辅助会长，任期四年。又有名誉会长之设，须由大会公推德望素著、慈善为怀者聘充之，对本会应办之慈业有指导之权。

第五条，本会应行事务以总务、储计、救济、慈业、交际五股分掌之，每股设主任、副主任各一人，职员若干人。

第六条，会员入会须经本会会员二人介绍，品行端正，无恶劣行为者。有特别会员、名誉会员、学生会员之别，亦各给证书、徽章。

第七条，本会经费以下列三种充任之：

（甲）会员每年各纳会费二元，学生会员减半。入会时各缴徽章费一元，均属之。

（乙）各机关或团体补助本会之补助费及会员、非会员捐助本会者属之。

（丙）本会会员能女工者，得酌定其工作之代价抵充会费。

---

① 吕梁建编：《道慈概要》卷上，第 63 页。
② 吕梁建编：《道慈概要》卷上，第 68 页。
③ 《青岛妇女卍字会之创设立案》，青岛市档案馆藏：B63－1－1－1。

第八条,本会职员均系名誉职,但无力者得酌赠其生活费。

第九条,本会各项开支由常会定之。

第十条,每年举行春季大会一次,每星期开职员常会一次;遇有要事时,临时召集特别会议。

第十一条,会员有功过时,得公议分别奖罚之。

第十二条,本简章如有未尽事宜,由大会修改之。①

1932年,各地成立妇女红卍字会分会30余处。② 以山东为例,在各地妇女红卍字会中,以济南和青岛两地最为活跃。为进一步完善山东红卍字会组织统系,原先成立于1932年的世界红卍字会历城分会,于1944年扩大,并改称为世界红卍字会山东省分会;同年还成立世界妇女红卍字会山东省分会,③分别作为山东各地红卍字会(男会)和妇女红卍字会的省级机构。妇女红卍字会的慈善活动在世界红卍字会的临时、永久慈善事业中一并介绍。

---

① 《世界妇女红卍字会青岛分会简章》,青岛市档案馆藏:B63-1-247。
② 《道院十二年立道大会议事录》,第74页。
③ 《济南市民政局报告》(1950年8月30日),济南市档案馆藏:70-1-55。

第
四
章

成员与规制

一、成员状况

首先,以上海红卍字会和济南红卍字会为例分析世界红卍字会成员的职业与阶层。1937 年,上海红卍字会向上海市社会局填报登记表,共登记会员 134 人。其中有 99 人填写职业栏,占会员总数的 73.9%。99 人中,商人 98 位,医生 1 人。[①] 1946 年,济南红卍字会呈送警察局的登记表中,登记会员达 1 000 多人,其职业分属情形参见表 4-1。

表 4-1　世界红卍字会济南分会成员职业统计简表

职业	政	商	军	警	医	学	教育	交通	盐、矿	律师	农	总计
数目	173	743	30	18	27	111	23	15	4	2	39	1 185
比重	14.6	62.7	2.5	1.5	2.3	9.4	1.9	1.2	0.3	0.16	3.44	100(%)

资料来源:据《济南分会送山东省会警察局城外两分局的宗教团体调查表》(1946 年 8 月)整理,山东省档案馆藏:J162-01-17。

[①] 《世界红卍字会上海分会会员名册》,上海市档案馆藏:Q120-3-26。

虽然划分职业属性的具体标准不详,但从以上统计可见:在上海红卍字会和济南红卍字会中,商人占比重最大,其次是政界官员及新旧知识分子。新中国成立初期,山东省济南市民政局对山东省红卍字会和济南红卍字会初步调查后指出:"该会会员多系为社会年龄较大的军、政、商、律师界人士。"[①]中国近代商人是具有强烈爱国心和社会责任感的群体,他们提倡"实业救国",热心社会公益事业。商人、官员、文人的地位和特性决定他们更希望社会稳定与协调有序发展。

以上统计是否以偏概全呢?宋光宇根据中国第二历史档案馆典藏的1937年世界红卍字会向社会部报送的相关登记资料统计:在有据可查的300多名会员中,商人139人,占42.7%;政府公务人员82人,占25.2%;学校校长和教师25人,占7.6%;在地方从事慈善事业者25人,占7.6%;军人23人,占7%;地方议员9人,占2.7%;医药人员6人,占1.8%;地方士绅6人,占1.8%。另有和尚1人,道士1人和孔庙奉祀官1人(河南滑县)。[②]虽然在上述统计中,商人、政界官员所占百分比稍有出入,但道院暨红卍字会的成员以商人和公务人员为主体的特征十分明显。

不论地方史志资料、红卍字会自身资料抑或时人调查资料,均指出加入红卍字会道院的多为绅商或地方官员,这也印证了以上统计的准确与可靠。曲阜红卍字会于1924年创办,所有会员均为盐务人员。[③]牟平红卍字会自1927年成立后,会员以商人占多数。[④]1935年寿张道院复兴时,该县六个区中的三个区队长、城内百余家商号已有70余家加入。[⑤]据时人记载,加入济南道院者"多为上中社会好善之士"[⑥]。20世纪30年代,王治心指出加入道院的"军政商学各界的人都有"[⑦]。李世瑜也说,红卍字会道院"主持者有时是社会上的较高阶级,原始的秘密宗教性质已失去了"[⑧]。可见,加入院会的主要是绅商、官员、知识分子等,属社会中上层。

其次,以1945年上海红卍字会职员和1937年菏泽道院修方为例,分析其年龄

---

① 《济南市民政局报告》(1950年8月30日),济南市档案馆藏:70-1-55。

② 宋光宇:《民国初年中国宗教团体的社会慈善事业——以世界红卍字会为例》,(台北)《文史哲学报》1997年第46期。

③ 《中国地方志集成·民国续修曲阜县志》,凤凰出版社,2004年,第118页。

④ 《牟平红卍字分会暨附设恤养院概况说明书》(1951年8月16日),烟台市牟平区档案馆藏:23-1-1。

⑤ 《济南道院为复给赵元化请奖及新舍落成典礼日期与寿张道院的来往公函》,山东省档案馆藏:J162-01-14。

⑥ 周传铭:《济南快览》,济南世界书局,1927年,第108页。

⑦ 王治心:《中国宗教思想史大纲》,东方出版社,1996年,第233页。

⑧ 李世瑜:《现代华北秘密宗教》,上海文艺出版社,1990年影印,第2页。

结构特征,进一步考察其所属社会阶层。1945 年,上海红卍字会共登记职员 35 人,其中 70 岁以上的 1 人,60～70 岁的 14 人,50～60 岁的 9 人,40～50 岁的 8 人,40 岁以下的 3 人。[①] 50 岁以上的职员有 24 人,占总数的近 69％。这 35 位职员中,8 人任过经理,大部分人受过教育,以经商为业,部分职员曾在政府机构任职。1937 年,菏泽道院呈交济南道院的修方名册登记 35 人,其中 70 岁以上的 1 人,60～70 岁的 7 人,50～60 岁的 16 人,40～50 岁的 6 人,40 岁以下的 5 人。[②] 50 岁以上的修方有 24 人,占总数的近 69％。这 35 位修方中,曾在政府部门及军界任职的 18 人,经商者 5 人,高等学校毕业 3 人,受过传统教育的 4 人,曾任教员的 3 人,从医者 2 人,没有文盲。因此,世界红卍字会道院成员主要以社会中上层且受过相当程度文化教育的中老年人为主。

再次,世界红卍字会道院之所以是一体同构关系,主要是因为世界红卍字会成员必定是道院修方,这也是红卍字会会员的一个特征。

其一,世界红卍字会在创立之初就确定"非修方不能入会"的原则。1927 年,在北京召开世界红卍字会年会时,世界红卍字会中华总会会长熊希龄表决入会者不限修方,但后来老祖临坛训诫,认为熊希龄主张将红卍字会脱离道院断然不可,此后另行开会,修正熊希龄的主张。[③] 尽管后来红卍字会的章程几经修改,但"非修方不能入会"的规定始终未变。民国时期对世界红卍字会道院有所观察和了解的末光高义指出,红卍字会"在组织方法上,完全依靠会员制度。由于原本为道院信徒的结合,故无心机不纯者"[④]。1944 年,道院人士依然强调世界红卍字会不能脱离道院。[⑤] "非修方不能入会"的原则既能保证会员的个人品质和道德修养,又能实现世界红卍字会的文化认同,维护道慈学说的构建和组织统系的稳固。

此外,道院受在华基督教与基督教青年会关系的影响,规定先设道院,后成立红卍字会,这也是奉行"非修方不能入会"原则的表现,"非发愿本道行慈的人,不得为会员,故必先设道院,后设红卍字会,以防舍本逐末之弊"。[⑥] 1931 年,皖北红卍字会办事处提出《提议维持现状以会代院各种名称案》,主张"以会之名,行院之

① 《世界红卍字会上海分会职员名册》,上海市档案馆藏:Q120-3-25。
② 《菏泽道院修方年龄表》(1937 年 10 月),山东省档案馆藏:J162-01-14。
③ 周悟坦:《道院统系说质疑》(1944 年),青岛市档案馆藏:B63-1-173。
④ [日]末光高义:《支那の秘密结社と慈善结社》,满洲评论社,昭和十五年(1940)第四版,第 358 页。
⑤ 周悟坦:《道院统系说质疑》(1944 年),青岛市档案馆藏:B63-1-173。
⑥ 《道慈问答》,第 11 页,青岛市档案馆藏:B63-1-247。

实",被大会否决。① 同年,无锡红卍字会提出《治标之法先从劝设卍会入手为要领案》,认为:

> 惟今大劫临头,恐各地军事发生,或有利用徇私等事,不能不有重大之声明,再有紧要声请者。各地之院会并设者固属不少,而统计院会俱无者尚属多数,应请各院会同人注意宣传为急。则治标之计,莫如劝令各地先设卍会。此即政府通令各县自设保卫团之办法,惟彼则专重卫己,此则兼重救人,名正言顺,绝无流弊,并可守望相助,俾各院会血脉流通,此实今日最要之办法。

大会讨论指出:"此案于事实上有窒碍,卍会之能有成绩,全在根据道旨产生,且明训规定极为切实,此层决不可通融。"最终无锡红卍字会自请将原案撤销。② 道院的上述纲领性规定使红卍字会会员既能对内修身养性,又能对外积极从事慈善救济事业,对院会道慈事务的发展大有裨益。

其二,世界红卍字会严格约管会员行为,力求竖立良好的院会形象,维持声誉。如上海红卍字会再三告诫会员注意自己的言行,要做到"非礼勿视、非礼勿听、非礼勿言、非礼勿动",以免贻人口实,给院会带来不利影响。③ 1929年,山东栖霞道院指出:"会在今日,慈徽发扬,而整理之端,对于会员入会,须取以严格之审察。对于旧有职会各员之举止,又须默为注意。此外于袖章旗帜,更须妥为保管,非实施救济,不得带用,以免以莠乱苗、鱼目混珠,以妨及世界卍徽之大体也。"④各地遇有天灾、战乱之际,红卍字会多组设救济队出发救济。救济队对外代表了院会的整体形象,尤其在战乱环境中从事救济,队容队纪尤为重要,院会对此高度重视,如有作奸犯科之人,决不姑息纵容。在道院编印的《道慈问答》小册子中,以一问一答的形式将相关情况公开宣传,其"救济队"一节,"问:救济队人员,如有犯法情事,是否由个人负责? 答:如救济人员,有犯法情事,其违背红卍字会宗旨章则,不问可知,当然由个人负责受法律之制裁"。⑤ 红卍字会还特别强调:"凡非道院修方之会员,不得为救济队职员……凡救济队队长员役,于出发救济时期,不得妄谈军事时事,或漏泄双方军情,违者由各该员负应得之咎。"⑥

---

① 《道院第十届公会议事录》,济南道院,1931年,第57页。
② 《道院第十一届公会议事录》,第10页。
③ 《世界红卍字会中华东南各会联合总办事处告各会会员书》,上海市档案馆藏:Q120-3-168。
④ 《栖霞道院坛训》,第4-5页。
⑤ 《道慈问答》,第14页,青岛市档案馆藏:B63-1-247。
⑥ 《世界红卍字会救济队章程》,第3-4页,张灵泳编:《救济须知》,济南慈济印刷所,1933年。

下面以世界红卍字会第五联合救济队为例进一步说明。该队组建时,红卍字会制定了诸多严格规定。在征收队员方面,必须满足如下条件方为合格:"已经入会,品行纯洁,文理清顺,世事通达,身体健全,五官端正,言语清晰,耳目聪明,无一切嗜好,自发志愿为道慈服务,不作其他营谋,须有所在地院会盖章证明及负责掌监二人保介",并对队员外出救济时的行为举止做出具体要求:

一、队员须一律着用制服,不得更换便衣。无论在何地,均须仪容庄重,不苟言笑,而行为尤须加意检束,不得自失修范贻笑外人,因关系风纪与卍誉者均极重大。

二、队员无论驻于何地,须坐诵无间,非奉命执行职务,概不得无故出游。

三、队员执行职务时,须制服整齐,行路不得有懒怠状态,尤不得口吸纸烟,惹人轻视。与人交接须行军礼以示整齐。遇贫苦之人或无理取闹者,亦须心平气和,不可失礼;至对待青年妇女须格外庄重。

红卍字会一再强调外出救济的重要性,对违反纪律的队员按规章严肃处理:

队员如有违犯本队一切规则及有败坏道慈或失修范之行为者,分别轻重,予以记过或开除;其情节重大者,须函知原求修院会追经除籍及追还徽章,注销会员资格。救济事务至关重要,队员须绝对服从。倘有违章不听队长指挥及遇事推诿、工作懒怠而虚伪欺诈者,均立予开除以重救济而儆将来。队员如有不良嗜好及嫖赌弹唱之行为者,记过、罚薪以资儆戒,其仍不悔改者立予开除。①

救济队出发前,队长、队员还须立下志愿书,表明决心与志愿。志愿书内容格式如下②:

立志愿书人○○○今自发愿编入世界红卍字会○○救济队出发救护,实系诚心发愿,不避险阻,遇有意外危险与会无涉,平时并恪遵卍会规章,决无逾越救济范围以外情事,所具志愿书是实。

立志愿书人姓名○○○;道名○○;年○○岁

中华民国○年○月○日(盖章或署名)○○○立

---

① 《世界红卍字会第五联合救济队队员临时章程及应守规则》,青岛市档案馆藏:B63-1-233。

② 《世界红卍字会救济第五大队队长队员志愿书》,青岛市档案馆藏:B63-1-233。

除志愿书,还必须有地方院会主要负责人的保举和推介,以及队长、队员家族德高望重之人做担保,立下保证书,其内容格式如下①:

> 立保证书○○○ ○○○兹因○○○自愿编入救济第五大队,出发前方实地救济。如日后有违背会章,发生慈善范围外一切不法行为,或因救济受有危险损害藉端要挟情事,敝人等愿负保证两责,除由该员立志愿书外,所具保证是实。
>
> 　　　　　　保证人○○○;职业○○;住址○○○
>
> 　　　　　　家族保证人 ○○○;职业○○;住址○○○
>
> 　　　　　　世界红卍字会○○○察存
>
> 　　　　　　中华民国○年○月○日(盖章)○○○具

红卍字会对救济队成员的约管措施,一定程度上减少甚至杜绝他们外出救济时的不良行为,为维护院会声誉,提高救济工作绩效提供保障。同时,地方院会主要负责人以及队长、队员家族成员的担保,既确保队员的个人素质和良好品行,也无形中强化了救济队成员的服务意识和责任感。

二、入院会动机

世界红卍字会道院创办后发展迅速,众多绅商、文人,甚至高级官员加入。研究者指出,他们加入院会的动机主要有:行慈向善、笃信宗教、沽名钓誉、聚敛钱财。② 其实,还有一个非常重要的原因促使他们加入院会并积极从事慈善救济活动,那就是中国传统宗教文化中的"功德成仙"观念之影响。

通常情况下我们所说的神仙,是对"神"和"仙"的统称,但神和仙是有区别的。道教的"仙"是由人经修炼得道而成,因而仙人也称真人,是"体道会真"的人,又称"仙真"。③ 道教认为,"神与仙是有区别的,神是先天真圣,仙是后天仙真。我们一般所称神仙,仅指得道成仙者而已"④。"功德成仙"的观念在晋代初露端倪,随着宋代儒释道三家合流,这一观念逐渐普及并内化为民众心理,突出表现就是《太上感应篇》的出现与流通。多行善可积善功,获善报,"所谓善人,人人皆敬之,天道佑

---

① 《世界红卍字会救济第五大队队长员保证书》,青岛市档案馆藏:B63-1-233。

② 曹礼龙:《修行与慈善——上海的世界红卍字会研究(1927—1949)》,第23-24页。

③ 郭重威、孔新芳:《道教文化丛谈》,黑龙江人民出版社,2005年,第127页。

④ 卿希泰主编:《道教与中国传统文化》,福建人民出版社,1990年,第52页。

之,福禄随之,众邪远之,神灵卫之,所作必成,神仙可冀"。此后,民间善书都蕴含"功德成仙"观念。明末清初,"功德成仙""因果报应"观念流行,构成明清士人积极参与慈善活动的基本心理和文化动力。延至民国,这些观念不仅没有衰退,还在社会转型之际有了新的萌发。

成书于嘉庆年间,鼓励人们按照功过格行善的《增广觉世编》说:"神明原是善人,人能行善,则与神明合其德,故有求皆应,但须切实登记,勿得自欺。"①刊行于民国初年的善书《照心宝鉴》说:"生为善人,殁为神明。"②郑观应也以"得道成仙"劝人行善,亲自编撰《成仙捷径》。清代善人余治死后,"证真人之位";申江的仁济善堂内设有乩坛,余治为主坛之神。③ 道教信仰认为,人能立功、立德,对社稷、世人有贡献,死后会被奉祀为神。④ 神仙学说虽在现实中不会实现,但儒家的"立功""立德""立言"三不朽确是可以实现的目标。"功德成仙"对世人的吸引力受道教神仙观与儒家文化的双重影响。当"功德成仙"观念用来劝善、教化时,道教的神仙学说成为其表,儒家积极入世的道德文化实为其内涵。在世界红卍字会道院那里,真正的意义不再是"成仙",而是"劝善教化",督促求修者恪守道德规范,修身养性,积极从事慈善救济活动。

道院"功德成仙"观念与道教信仰之消极出世、采补炼养的神仙观念有明显区别。前者积极入世,在修行的同时力行慈善,于社会民生有益。道院明确指出:

> 偏于内功的以为能静坐功深,就能成圣成贤,成仙成佛,只要独善其身,何必再去行慈渡人呢? 那(哪)知自古圣贤所抱的志向,都是己欲立而立人,己欲达而达人。仙佛更是慈悲为怀,常存我不下地狱谁下地狱的宏愿。况且古今的仙佛,尽是圣贤修成的,生前没做到圣贤的程度,身后断不能得证仙佛位果的。假使专重静坐独修,只图自私自利,不能推己及人,作那救济的事业,这便成了枯禅偏修,误入歧途了,纵能做到洁身自爱、一尘不染的地位,也不过是一

---

① 《增广觉世编》,王见川、林万传主编:《明清民间宗教经卷文献》第 10 册,(台北)新文丰出版公司,1999 年,第 43 页。

② 《藏外道书》第 27 册,第 458 页。此书为北京青云坛鸾书,有关青云坛的情况详见范纯武、王见川:《清末民初北京鸾堂的个案研究——青云坛及其历史》,见王见川、柯若朴主编:《民间宗教》第 2 辑,(台北)南天书局有限公司,1996 年,第 261－280 页。

③ 范纯武:《清末民间慈善事业与鸾堂运动》,(台湾)中正大学历史研究所硕士学位论文,1996 年,第 102－103 页;陈其元:《庸闲斋笔记》,中华书局,1989 年,第 311 页。

④ 参见李刚:《劝善成仙——道教生命伦理》,四川人民出版社,1994 年,第 174－188、310－312 页。

个自了汉,究竟与世界上有什么裨益呢?①

道院人士还用浅近的白话文讲演"功德成仙"的观念,主张内修外慈,反对采补炼养成仙成佛之说:

> 采精补气,求着成仙成佛,这都是方士欺人之谈,我是从来不信的。自古那有白日飞升,肉身成圣的呢?纵能坐化,仍是一个散仙,不成正果,天上要这个无用的神仙做什么呢?老祖之道,生前只教人习坐以养灵,行慈以立功。功行圆满,肉身虽死,灵气不散,灵气纯阳,阳则上升而为神。②

演讲人为了使修方相信"功德成仙"观念,举出道院的几个例子:

> 杜宾谷先生,辛酉年创办济南的道院,归道后就封为默真人。钱能训先生,创办北京总道院有功,归道后就封为金华真人。王善荃先生,创办世界红卍字会有功,归道后就封为慈程真人。都在各院里派职,设位供奉,时常临坛判事。像这三四年的功行,就能与古代的仙佛并列。要不是助天行道,那能有这么快呢……生前建立功名,死后皈依妙山,好不好呢?③

以下再介绍死后被道院封为"真人"的几个重要人物。

道院组织创始人之一杜秉寅,字宾谷,道名"默靖",江苏淮安人。1885 年选拔贡生赴山东任知县,历任蒲台、高唐、临清等地知县,后升迁道员。他在临清任期内"兴废扶伤,实事求是",深受民众爱戴,调离临清后,临清民众在地方建生祠祀之。民国建立后,杜秉寅"绝意进取",在济南隐居。后来他参与创建济南道院,担任济南道院第一任统掌,其间筹划组建道德社、女道德社、世界红卍字会、育婴堂等慈善机构,为道院暨红卍字会在各地推展做出重要贡献,在道院中名望素孚,1923 年 2 月 19 日去世,终年 71 岁,被道院封为"默真人"。④

王善荃,字仲芗,道名"道程",安徽合肥人。1885 年选拔贡生,朝考一等,做过小京官,曾任北京外城厅丞。民国成立后历任福建、安徽警务处长。进入道院求修

---

① 《道旨浅说》,第 2 页,张灵泳编:《救济须知》。

② 《张惟翩先生白话讲演录》第 1 册续,《鲁联卍字旬刊》第 6 号,1939 年 2 月。

③ 《张惟翩先生白话讲演录》第 1 册续,《鲁联卍字旬刊》第 6 号,1939 年 2 月。

④ 《默真人传》,《道德月刊》第 2 卷第 9 期,1935 年 9 月 25 日。新中国成立后,山东大学历史系的社会调查反映:"群众都说他(杜秉寅)是个清官,为了纪念这回事(截漕放赈——引者注),还为他盖了个杜公祠。"杜秉寅离职时,"当地士绅远送 30 里以外"。参见路遥主编:《山东大学义和团调查资料汇编》上册,山东大学出版社,2000 年,第 491、507 页。

后,筹划世界红卍字会赈济日本1923年大地震。当时因世界红卍字会纲则草创未备,王善荃坐镇北京总会,厘定世界红卍字会的各项章则细目,为世界红卍字会工作的有序开展做出重要贡献。1924年病逝后被道院封为"慈程真人"。①

徐世光,民国总统徐世昌的胞弟,因喜画梅,自号"友梅",原籍山阴,寄籍天津。1861年与徐世昌同年中举,不久执掌河南开封书院,以同知调往山东,升迁知府,补山东青州知府,又升署山东督粮道,补登莱青胶海关兵备道。清朝覆亡后,隐居青岛。一战期间因日德战争迁往天津,参与创建道院并加入,道名"素一",为济南母院"首次排名之第一人"。徐世光最大的功劳在于借助各种社会关系促成道院在北京政府内务部立案,后来又负责创立天津、保定道院。济南道院统掌杜秉寅死后,徐世光继任济南母院首席统掌一年。因其生前参与策划道院发展的诸多重大决定,对道院、世界红卍字会初期发展做出很大贡献,1929年病逝后被道院封为"坚基真人"。②

何澍,字仲起,祖籍浙江山阴,寄籍山东青州。早年从政后由佐贰历至监司,从事河工尤久,历任文案、收支提调督办等职,经办山东境内黄河堵口工程十余次,后由署济东泰武临道升署提法使。民国建立后寓居青岛,北京政府曾请其为官,均称病谢绝,其后常年居住青州。1921年济南道院创办后,经好友杜秉寅介绍,加入济南道院,道名素璞,积极参与道慈活动。1924年正式出任济南道院统掌,从此长期居住济南。何素璞自1924年至1941年病逝,一直担任济南道院统掌,其后半生与道院发展相始终,贡献尤多,死后被封为"固基真人"。③

加入世界红卍字会的人从事慈善救济活动异常出力,既不图名也不图利。在这方面,宋光宇的研究做出富有启发意义的诠释:

> 要靠"行善"来肯定他们的社会地位吗?这是值得商榷的……世界红卍字会的发起会员,他们本来就是拥有前清的科举功名,在前清和北洋时代也都当过高官,钱能训和熊希龄更当过国务总理,这样的经历,即使不行善,也一样会在地方志的乡贤篇留下记录。
>
> 这些行善救赎的观念,到了二十世纪,因社会上天灾人祸不断,而得到发展的机会。一些退职的高官,在绝意仕途之后,转而寻求宗教上的慰藉,相率

---

① 《慈程真人传》,《道德月刊》第2卷第9期,1935年9月25日。
② 《坚基真人传》,《道德月刊》第2卷第10期,1935年10月25日。
③ 《素璞何统掌荣哀录》,《行状》。

加入各种宗教团体，并实践各种行善工作，以求获得另一种成就——成神，或者说是上天给予的果位。

世界红卍字会早期的领导人在逝世后，也都透过乩坛，证明他们在天上的果位，让其他在世的信徒相信果报是真的，从而虔诚信奉。有了这种认识，我们才能更深一层的去体会民国初年熊希龄、钱能训等高官为什么在离开政坛以后，全心全意的投入社会慈善事业和相关的宗教组织。[①]

以"功德成仙"观念为视角，不难理解缘何在民国前期社会转型之际，有如此多的绅商、官员、文人加入世界红卍字会道院，从事修身与行善的活动。

三、自律约束机制

世界红卍字会（道院）自萌生起，就竭力保持自身"独立性"与"非政治性"，明确表示不参与政治与党派，恪守既定宗旨与规约。

（一）宗旨与立场

道院"研究五教一贯之原理，检讨科学玄学共同之原则，以发扬中国固有道德文化及民族精神，促成社会进步世界大同为宗旨"[②]，明确表示恪守宗旨，遵纪守法，不参与政治活动，"同人之精神与事业，恪守宗旨及法律规定，以不参与政治为范围"[③]。前述1922年道院在北京政府第一次呈请立案登记时，制定十二条《道院院章》，对道院的性质、宗旨和活动做出纲领性规定。其中第三条："凡诚心向道者，皆得入院进修，无种族、宗教之区分，但以不涉政治、不联党派为要。"加入过道院的人回忆：坛事不经常举行，"开坛时只及道院内部各事，国事从不谈及。有呈询者，禁止回答"。[④]

世界红卍字会将自身定性为"纯粹的国际性慈善团体"，"不涉政治，不分畛域，不干预慈善范围以外的一切事务"。[⑤] 其对外宣言也申明以慈善救济为本："融会各宗教之真理而有取夫万有同具之道德性根为其主宰，本此道德精神发而为慈善

---

① 宋光宇：《慈善与功德：以世界红卍字会的"赣赈工作"为例》，见《宋光宇宗教文化论文集》下册，（台湾宜兰）佛光人文社会学院，2002年，第587、594页。

② 《牟平道院简章》，山东省档案馆藏：J162-01-14。

③ 《道院说明书》，青岛市档案馆藏：B63-1-404。

④ 魏绍武：《兰州红卍字会》，甘肃省政协文史资料委员会编：《甘肃文史资料选辑》第13辑，第32页。

⑤ 《道院、红卍字会组织概要》，上海市档案馆藏：Q120-4-1。

事业,则内外一致,物我俱忠,故不分种族,不涉党派,不谈政治为卍会立场之范围。"①

世界红卍字会将上述原则和理念贯彻于实际活动中,一再警示、提醒会员。这在其日常使用的信笺上也能体现出来。如"世界红卍字会中华各会联合办事处"的信笺上印有:"本会为纯粹国际性的慈善团体,不涉党派,不兼政治,不干预慈善范围以外之任何事务。体上天好生之德,救生民不测之灾,牺牲一己之精力物力,博得精神与良心安慰。"②作为院会中地位较重要的"世界红卍字会中华各会联合办事处",在信笺上印明宗旨,有一定宣传、警诫作用。特别是"体上天好生之德,救生民不测之灾,牺牲一己之精力物力,博得精神与良心安慰"一语,更提示我们应该从中国传统文化以及人道主义角度体悟世界红卍字会致力于修身行善的内在驱动力。

(二)合法立案、遵循规章

道院从成立到公开活动都在政府部门立案登记,尽管其间曾被查封,但最终于1935年根据文化团体组织大纲重新立案,得到山东省党部及济南市政府、社会局的批准,遵守以下规定行事:

> 不得有违反三民主义之言论及行为;接受中国国民党之指导;遵守国家法律服从政府命令;团体会员以法律所许可之人为限;有反革命行为被告发有据或受剥夺公权处分者不得为会员;除例会外,各项会议须得当地高级党部及主管官署之许可方可召集;违反上列规定者应受法律所规定之处分。③

全国各地道院每年定期在济南道院召开一次"公会",共筹道慈事务进展。值得注意的是,1931年第十届公会召开之际,按开会秩序规定,正式开会前,大会主席恭读总理孙中山遗嘱,全体静默三分钟。④ 1928—1935年是道院被查封时期,即便在这"非常"时期,道院也尊崇"国父"孙中山,与主流政治保持一致。1930年前后,南京国民政府在全国范围内号召恪遵孙中山遗教,提倡忠孝、仁爱、信义、和平以正人心、挽颓风,济南道院收到社会局类似之公函并转发各地道院遵办。上海道院在1931年的公会会议上提出《恪遵指令守范宣传案》,认为:

---

① 《世界红卍字会宣言》(1931年),青岛市档案馆藏:B63-1-16-1。
② "世界红卍字会中华各会联合办事处信笺",山东省档案馆藏:J162-01-10。
③ 《济南道院立案文件汇录》,第3-4页。
④ 《道院第十届公会议事录》,济南道院,1931年。

兹事体大，宜认清主客，方可无弊。我会以人民资格提倡道德十年，于兹收效之宏，曷克拟政府之风行草偃，此当为民众庆幸者也。第指令出自政府，当以政府为指导之主位，敝会居遵令之客位，更非令我会代为讲演，此又当注意者也。敝会密迩政府，深信政府人才荟萃，必有详细讲辞公布民众，切不宜以我会浅见俚辞贻诮大方或引起误会。愿各会恪遵遗教，身体力行，就同仁为范围相勉相勖，冀收默化潜移之效，至于会外宣讲、宣仰之于政府。

经大会讨论表决通过，由济南红卍字会分函各会知照。[①] 皖北各院会提出《提议请设法恢复道院名称案》，认为："道院之所言者道德，所行者慈善，与总理遗教提倡忠孝、仁爱、信义、和平之宗旨正相符合……况现在政府又有命令，应随时讲演旧道德以正人心。"[②]南京国民政府提倡传统道德，挽救人心的努力在一定程度上使道院人士看到恢复自身合法性的希望，并促使其积极响应国民政府号召。在被查封期间，道院的道德文化宣传依然遵从国民政府的导向与指引。

南京国民政府成立后加强对民间团体的监管，世界红卍字会作为慈善团体，根据社会团体组织程序重行改组立案，必须符合以上遵纪守法的诸种规定，方能合法存在并参与社会活动。[③] 世界红卍字会（道院）也十分注重立案工作，遵纪守法，强调："一国之总院会成立，须经政府立案。其他如省、埠、县、支之分院会成立，亦须经省、埠、县之当局备案，以重法令。"[④]

（三）内部约规与外在表现

从世界红卍字会的内部约规看，它也力求规避各种社会纠纷，特别是政治纠纷。

首先，世界红卍字会自上而下有一套较严密的组织统系，尤其对成员证件的发放与使用规定严格。

一个组织的徽章或证书是其形象的重要表征，"徽章之制备，所以资识别而重会誉"[⑤]，世界红卍字会对此十分重视。徽章、证书由世界红卍字会中华总会统一制备和发放，规定只有在执行会务时才能佩戴，"本会制备徽章给予会员，于执行本

① 《道院第十届公会议事录》，第 41 页。
② 《道院第十届公会议事录》，第 51 页。
③ 《中央执行委员会训练部 12980 号训令》，青岛市档案馆藏：B63-1-10-2。
④ 香港红卍字会编：《院会缘起概略》，第 17 页。
⑤ 《道院第十三届公会议事录》，济南道院，1934 年，第 20 页。

会事务时佩带之"①。地方院会甚至济南母院也无权制作与发放徽章、证书等。
1928年,山东掖县红卍字会筹备成立时,请示济南道院:"红卍会会长及各职员会员委状是否由贵院发给,抑系敝会自行发给,其红会所用图记系何样式亦祈示知,以便仿制应用。"济南道院明确回复:"所有铜质印章(即图记)、会员证书、徽章等件,向由北京总会代制发给。贵会推定会长,请即开列会员名册寄交本会转报总会制发可也。"②

世界红卍字会对徽章、证书等的使用和回收亦严格要求。根据规定:"凡因退会或开除会籍,丧失会员资格者,应追缴本会证书及徽章。如事实上不能追缴,得登报取消并报总会备案。"③如由世界红卍字会中华总会发放的中英文对照的《济南道院世界红卍字会济南分会证书》内载明"本会会员如受公权褫夺时失其会员资格;凡失会员资格或被除名者追缴本会证书及徽章,所纳会费概不退还"等内容。④作为会员的首要基本条件是不能违背现实政治,不能触犯法律法规。

文登红卍字会对会员徽章问题的处理较有代表性。1932年,文登红卍字会致函济南红卍字会:"敝县前县长郭培武系直隶故城县人,领文登卍会第一号徽章一个;前公安局长王荣玺系辽宁人,领文登卍会第七号徽章一个,暨公安局职员丁宝桢系辽宁本溪县人,领文登卍会第十号徽章一个;马鼎臣系山东平度县人,领文登卍会第十一号徽章一个,现在均已离职,不知何往。嗣后不论在何处有何营谋,俱与敝会无涉。"⑤济南道院答复:"卍会之会章必须求修以后并已入会方能发给。郭君等是否入会,如不应发而复通发给,现在无法追查,则须报明总会并登报将会章号数声明作废,以免流弊。"⑥世界红卍字会尽管不能强制追究无故离职人员的责任与过失,但注重事后补救工作,避免不必要的纠纷,不卷入政治是非。

其次,世界红卍字会为维护自身正常发展,制定诸多不参与政治的规约,在实践中严格遵循。

---

① 《世界红卍字会中华总会施行细目》,山东省档案馆藏:J162-01-15。

② 《济南分会、济南道院为掖县成立卍字会推举会长等事项与掖县红卍字会筹备处的来往公函》(1928年8月),山东省档案馆藏:J162-01-7。

③ 《世界红卍字会山东分会章程》,济南市档案馆藏:22-1-19。

④ 《济南道院世界红卍字会济南分会证书》,山东省档案馆藏:J162-01-17。

⑤ 《文登红卍字会为声明离会会员郭培武等徽章无效给济南分会的函》(1932年),山东省档案馆藏:J162-01-5。

⑥ 《济南红卍字会为复郭培武等离会会章应如何处理给文登红卍字会的函》(1932年),山东省档案馆藏:J162-01-5。

如规定行政官员不能担任红卍字会会长等实际领导职务,只能担任名誉会长。1928 年,山东掖县红卍字会筹备成立时,该县县长李清波给予积极帮助与支持。掖县红卍字会筹备处致函济南道院红卍字会,准备推举李清波为掖县红卍字会会长。济南道院根据规章复函婉言拒绝:"卍会为纯粹慈善团体,向不涉及行政范围。贵县长李清波热心慈务,出任会长,本院会同人固极端欢迎。惟格于定章,行政官吏只可为名誉会长。用是函请贵处重行推举正会长,俟卍会正式成立后即征请李县长为名誉会长,以符向例。"①

世界红卍字会不与慈善组织以外的任何团体联合,从事慈善救济范围以外之事。1937 年 11 月,山东省党部召集党、政、商、农及自治区各界成立"济南市各界抗敌后援会",邀请济南红卍字会参加。济南红卍字会回复曰:"红卍字会系纯粹慈善团体,未便以卍会名义加入其他慈善范围以外之机关。目前省党部成立各界抗敌后援会,本会会长何素璞业以个人名义加入该会,共征洋百元。又商会开会慰劳伤兵亦曾助洋五十元。兹准前因似无再推委员之必要"②,拒绝"济南市各界抗敌后援会"的要求,尽管会长何素璞已经以个人身份加入。

1939 年,济南市公署考虑到何素璞在地方声望素孚,欲聘请其担任"济南市公署土地陈报处襄助委员"。何素璞复信婉拒:"敝会章程,除慈善团体可以参加外,至军政事务均不得参加,否则开去会职……查土地陈报处属于行政机关,按之会章未便加入……并将该项章程附还,务请登照,是为至感。"③

何素璞以个人名义加入"济南市各界抗敌后援会",而拒绝出任"济南市公署土地陈报处襄助委员",前后态度迥异主要是由这两个机构性质不同所决定的。1937 年 12 月 27 日,日军侵占济南,1938 年 4 月 6 日成立济南市公署,即通常所说的"伪济南市公署"。济南红卍字会未加入"济南市各界抗敌后援会"是因为章程早就明确规定不参加慈善范围以外的任何组织。何素璞前后不同行为的对比,恰好反映了其尽可能在不违背宗旨原则的基础上做出力所能及的爱国之举。这个事例也说明,世界红卍字会成员包括会长等人一般不兼任外界行政职务,如实在必须(迫于

①《济南分会、济南道院为掖县成立卍字会推举会长等事项与掖县红卍字会筹备处的来往公函》(1928 年 8 月),山东省档案馆藏:J162 - 01 - 7。

②《济南分会为复推选委员事与济南市各界抗敌后援会的来往文件》(1937 年 11 月),山东省档案馆藏:J162 - 01 - 11。

③《济南分会会长为复聘为土地陈报襄助委员事不能担任与济南市公署的来往函》(1939 年 10 月),山东省档案馆藏:J162 - 01 - 11。

政治强势),只能以个人名义加入。

1946 年,济南市政府参议会参议员人选经山东省政府核定后即行筹备组织,但因房舍缺乏,未找到合适会址。济南市政府致函济南道院,商请借用房舍:"贵会房舍恢廓,院宇众多,拟请赐借闲屋四五座暂充本市参议会临时会址,一俟该会觅到会址当即迁让。兹派本府秘书王乐天前往面洽,敬希查照惠允为荷。"济南红卍字会复函声明:"敝会系属世界性之团体,所有房舍一切均由总会暨各会公同主持,非济会一处所可自主。前于忽促之际经张师长(景月)部属借住数日,当时总会在渝即啧有烦言。曾经由渝函呈主席说明原委,准于维护,并托李副司令员(仙洲)来会视察,谆嘱一切,后无论任何团体不得借居。实缘会址狭隘,本无闲房可供借居,自此端一开,更恐难于应付。务恳钧府多加原谅,另觅妥址,至为盼祷。"① 济南红卍字会自称世界性团体固属自负之语,但仔细品读该函,其之所以拒绝出借房舍,既非如其所言"所有房舍一切均由总会暨各会公同主持,非济会一处所可自主",也非"实缘会址狭隘,本无闲房可供借居",而是因为其深知 20 世纪 30 年代前后被查封,地方政府占据道院基址的前车之鉴。"自此端一开,更恐难于应付"一语透露出其不愿出借房舍之心声。这个事件一定程度上反映出世界红卍字会道院极力避免与政治势力发生慈善救济范围以外的牵涉。

有当事人指出,道院暨红卍字会"主要是搞慈善事业。它自成立以来,在各个历史时期,从未接受过任何部门的津贴和补助,完全是以捐自养。尤其遇到战乱年代,它严守中立,不参与政治活动,并以慈善团体的名义,进行一些缓冲活动"②。1928 年 5 月 3 日,日军为阻止国民革命军北伐,在济南制造了震惊中外的"五三惨案"。当时,日军在商埠内分段设警,民众出入受限,日用品尤难购置,济南红卍字会与日本领事商洽,设法接济埠内民众日常饮食。济南红卍字会为顺利开展救护工作,一方面与日本领事再三磋商;一方面函请国民军司令部以人道为重,开放东南、西门,以便卍会派员救护难民出险。此外,济南红卍字会组派救济队救治受伤兵民、掩埋死者,从东北运到红粮7 000 余包放赈,共计收容伤兵民1 200 余名,治疗受伤兵民约 900 名,掩埋死难兵民 500 余名。③ 在战争环境中,红卍字会与政府、军

---

① 《济南分会为复会舍不能借居事与济南市政府的来往信函》(1946 年 5 月),山东省档案馆藏:J162 - 01 - 10。

② 石鑫三遗稿,蒋又新、马砚农整理:《博山道院、红卍字会的创办与活动》,淄博市政协文史资料委员会编:《淄博文史资料选辑》第 2 辑,1984 年,第 98 页。

③ 济南市档案馆编:《毋忘国耻——济南"五三"惨案档案文献选辑》,济南出版社,2003 年,第 183 - 185 页。

方甚或党派协商和沟通,主要是为更好地开展慈善救护活动。

士绅阶层是维持中国传统社会地方秩序和道德教化的主要力量。尽管在近代社会转型之际,传统士绅在地方社会的影响有所弱化,但19世纪末,传统士绅蜕变为新旧兼具的绅商,建立起操控地方社会的新方式,具备灵活的生存策略和很强的韧力。① 各地院会的负责人及成员多是当地有影响的绅商、文人或退职官员。当发生政治、军事、灾害等突发性事变时,也只有他们有能力作为民间力量的代表出面协商,维持地方安宁。

世界红卍字会亦曾支持抗战,保护中国共产党人士。烟台红卍字会附设恤养院就有这样一个例子,据当事人回忆:

> 1935年,烟台市因"徐明娥事件"引起当局监视而不能在志孚中学任教的李丙令老师由褚(文郁)院长安排来院任教,他稍长于孤儿年龄的青少年活力,吸引着年龄较大的孤儿与他的接触,对恤养院部分师生的思想进步,起到了推动作用。抗日战争爆发后,李丙令教师辞职带领孤儿崔养收(改名崔敏,牺牲在雷神庙战役中)到农村打游击去,在日伪统治阶段,还有多名孤儿到解放区找李老师参加抗日。后来才知道李丙令老师就是中共烟台市委负责人。②

(四)伪满时期东北院会平议

关于伪满时期的东北院会,有学者指出其完全成为日本侵略者的宣传工具,尽管局部也有些抗日活动。③ 还有学者将世界红卍字会当作近代"亚洲主义"的实践形态,从中日关系角度论述东北红卍字会的活动,认为"在一个帝国主义和民族主义交错的时代,红卍字会提倡救世主义,客观上回避了民族主义的现实承担,对于在中国民族主义高涨下业已失去魅力的日本亚洲主义者来说,红卍字会无疑具有利用价值",但红卍字会的扶乩"不涉党派,不谈政治",不符合日本关东军建立新政治秩序的要求;红卍字会的慈善活动,有可能将民众引向不关心"满洲国"政治的危险。1935年,日本国内军国主义政治不断强化,伪满洲国也开始加强对"类似宗教"的管制,红卍字会完全失去自主性。"不问种族宗教"和"不涉党派政治"的红卍

① 叶汉明:《20世纪初山东地方绅商层的形成:潍县的例子》,见叶显恩、卞恩才主编:《中国传统社会经济与现代化》,第236-251页。
② 栾恤俭主编:《烟台恤养院史志(1929—1954)》,济南华夏印刷所,1998年,第82页。
③ 李英武:《东北沦陷时期的民间宗教与秘密结社》,《东北亚论坛》2002年第1期。

字会最终异化为日本支配下的"教化"团体,从而背离其创立时的初衷。①

世界红卍字会道院主张"救世""实现人类大同"的宗旨是其创立伊始就一再陈述的,是面对"一战"后及国内外新形势下提出的。东北道院的乩文因不涉政治、党派,一度不能为日本侵华所用。后来之所以出现变化,是由于当时形势,特别是日本在伪满的强势逼迫所致。

首先,抗日战争爆发后,世界红卍字会道院面临诸多问题。其一,由于战事频仍,交通阻隔,院会间的来往与联系被打断,这给其整体部署与统一行动带来极大不便,以致各地院会情况不甚明了。东北沦陷后,东北院会和济南母院、北京总会等几乎中断联系。其二,在沦陷区,不少院会负责人逃亡,院会陷于停顿。其三,有的会员丧失民族气节,违背院会宗旨,卷入政治纠葛,给院会声誉带来极坏影响。世界红卍字会道院面临的以上难题,也是当时政府机关、民间团体以及个人共同面临的问题。

其次,世界红卍字会中华总会作为全国红卍字会的最高领导机构,对地方院会面临的形势有清晰认识。九一八事变爆发后,鉴于纷繁复杂的政治形势和恶劣的战争环境,为进一步统辖、约管地方院会恪守规章,世界红卍字会中华总会特致函各地红卍字会,重申不干涉政治的宗旨,维护道慈事务的发展:

> 本会为纯粹慈善团体,以修己渡人,救济灾患为主旨,对于国家政治向不参预,此为同人所共守,亦为社会所深知。溯自成立以来,时将十载,中外各地分会先后成立者计有六百余处,会员人数日益增多,深恐其中良莠不齐,或假借名义出于会章范围以外之营谋,或因为人诱惑作政治活动,违背本会宗旨,或因环境所迫为他人所强逼,虽势出于万不得已,然事关全局,似难曲谅,不得不预为声明。兹经同人公议,复奉训判准,所有拟定办法二例列后:
>
> 一凡卍会会员个人行动有假借会中名义,出于会员范围以外营谋,或因人诱惑作政治活动及涉及法律关系,除一切行为由其个人负责外,并依据卍会施行细目第十条、第七十条、第七十一条,除去会员资格,宣布除名并登报公布。
>
> 一各地卍会如有违反会章作慈善以外行动,即为环境所迫,受他人所强逼,虽势出于万不得已,然为本会全体名誉计,亦不能稍予优容,即依据卍会施行细目第七十三条,得分别知照更正或改组之。在改组未完成之前,暂时停止

---

① 孙江:《近代中国的"亚洲主义"话语》,《上海师范大学学报(哲学社会科学版)》2004年第3期。

其会务之工作。

以上两节为道慈根本计,为院会全体计,用特郑重声明,深望凡我同仁共相敦勉,并希转告同会诸公加以检束,共维会誉以固道慈万祀基业,幸甚幸甚。除另拟宣言分登中外各报外,相应函达,统祈公鉴。①

从该函可以了解:其一,在近十年时间里,院会成立多达600余处,虽然数据不一定精准,但发展速度不谓不快。其二,院会推展迅速,难免附带诸多弊端,会员品行良莠不齐即其中之一,中华总会也认识到这一点。其三,不管是会员主观原因还是为人诱惑、为环境所逼迫等客观原因,一旦参与政治活动,违背院会宗旨,按既定规章处理,决不宽容姑息。其四,任何会员或红卍字会都不能违背既定宗旨。会员如参与政治、违法犯罪,将被开除会员资格;红卍字会如参与慈善救济范围以外之活动,将被勒令停止会务,整顿更新。以上不难看出世界红卍字会中华总会在复杂的社会环境中,为保持道慈事务正常发展,维护院会声誉所做的努力及其始终坚持既定宗旨的决心。

九一八事变后,南京国民政府奉行不抵抗政策,东三省很快沦陷。1932年3月,日本扶植溥仪成立伪满洲国。随着日本对东三省统治的强化,东北院会难免背离道院之宗旨与初衷。不久,东北院会与中华总会以及各地分会断绝关系。1934年2月,东北地区的道院在日伪政权的操纵下,中断与中国道院总部的联系,成立了伪满洲总院,并在长春设立伪满洲总行主会,成为日伪政权控制的一个独立的民间团体。② 新中国成立后,世界红卍字会中华总会整顿会务时指出:东北沦陷后,"东北全区各分会遂与华总及各地分会断绝关系"③。牟平红卍字会也在1951年的总结汇报中说:"九一八事变,日寇侵占我东北,随后又组织伪满洲国,因此东北全区各分会遂与中华总会及各地分会断绝关系。"④翻检历年道院公会议事录,自1932年以后几乎不见东三省院会前来参加会议;不仅如此,山东省以外的院会也很少派代表与会。战争影响和政治逼迫是造成此境况的主因。如不顺从日本强势要求,只有消亡一途,"在北满地区道院的秘密组织中,还有一些抗日活动,因此受

---

① 《世界红卍字会青岛分会收中华红卍字总会函》(1931年11月29日),青岛市档案馆藏:B63-1-10-2。

② 李英武:《东北沦陷时期的民间宗教与秘密结社》,《东北亚论坛》2002年第1期。

③ 《世界红卍字会中华总会整进会务号召各地分支会一致向共同目标迈进》(1951年3月30日),青岛市档案馆藏:B63-1-440。

④ 《牟平红卍字分会暨附设恤养院概况说明书》(1951年8月16日),烟台市牟平区档案馆藏:23-1-1。

到日伪当局的严厉监控和镇压,北满地区的道院组织逐渐衰落和消亡"。①

第三,在战火纷飞、外敌入侵的情势下,世界红卍字会积极从事慈善救济活动。抗战爆发后,世界红卍字会的战地救济活动不胜枚举。如 1937 年 12 月,南京沦陷前夕,八卦洲红卍字会疏散、救护驻扎南京之官兵,并赈救流离难民。事后统计,救护运送中央教导队、保安队、警察等共计官兵 3.7 万余人。② 南京沦陷后,世界红卍字会东南各会联合总办事处救护大批落难官兵、民众,掩埋遇难同胞尸骸,这也成为日军制造"南京大屠杀"的有力证据之一。③ 上海红卍字会"特地推派专员去香港、汉口等处接洽,组织救济办事处,推进西南各地救济。同时,集中全国力量,分组救济队三大队,派往广西、湖南、江西、浙江等省,办理救济,越时八载"。战地救护异常危险,战地救护者将生死置之度外。在衡阳大轰炸中,上海红卍字会救济队队长李槎同、主任袁通善"以身殉慈"。因此,对世界红卍字会道院在抗战期间的情形要具体问题具体分析,不能一概而论。"当我们来评判其在抗战中的作用时,发现很难用简单的是非两个字来概括"。④

世界红卍字会道院不涉政治、党派、国别,将修身养性与慈善活动划定为自身的宗旨与活动范围,并为此制定诸种规约,一再强调并申明既定宗旨,加强对组织与成员的约管。20 世纪 20 年代前后,尽管南京国民政府完成形式上的统一,但国内党派、政治势力依然林立,其间夹杂军阀派系斗争、国共内战等;20 世纪 30 年代以后,日本逐次挑起战端,进而演变成全面侵华战争;20 世纪 40 年代中后期,抗日战争胜利之后,又有三年国共内战。在社会动乱、政治形势波谲云诡之际,世界红卍字会道院一再主张不涉政治、遵纪守法,这既是其"纯粹慈善组织"的原则使然,又是在动荡社会中保持独立性,避免卷入政治纠纷,谋求自身安然的举措。

---

① 李英武:《东北沦陷时期的民间宗教与秘密结社》,《东北亚论坛》2002 年第 1 期。
② 《南京八卦洲分会为报告本会七七事变护送官兵渡江情形给济南分会的函》(1945 年 12 月 20 日),山东省档案馆藏:J162 - 01 - 10。
③ 庄志龄整理:《世界红卍字会关于南京大屠杀后掩埋救济工作报告》,《档案与史学》1997 年第 4 期。
④ 曹礼龙:《修行与慈善——上海的世界红卍字会研究(1927—1949)》,第 9 - 10 页。

道德社考辨

道德社是数位一体道慈体系中的组织之一,大致与道院同时萌生,是专门研究和宣传宗教哲学理论、道德精神,培养道慈人才的机构。它的创始与变迁从一个侧面揭示世界红卍字会道院决策者在近代中西文化冲撞融汇过程中的心态与努力探索之旨归。

一、创立时间、宗旨与性质

关于道德社创立时间、宗旨与性质较为集中的材料,是 1934 年纪耀荣整理的《济南道院暨红卍字会之调查》,以及吕梁建编撰、经道院慈程真人"训判"付印的《道慈概要》。

因济南是道院发祥地、道院母院和世界道德社中华总社及齐鲁大学神学院所在地,尽管《济南道院暨红卍字会之调查》有错讹和不实之处,但关于道德社的记载尚属集中、全面。该调查指出:

> 道德社是在民国十年(A.D.1921)设立的,那时红卍字会还没有成立,所以道院设立道德社来专办慈善的事情。道德社成立后,就渐渐的(地)举办各种的慈善事业,如残废院、因利局、育婴堂、平民学校、印刷所等,并且在社内设

立宗教研究会、国家(语)补习班、英语及世界语班,但因时局的影响,所设立的各种研究会,都先后停顿。后因红卍字会成立,道德社所办的各项慈善事业,都画(划)入红卍字会的范围以内。因此,道德社的办法,如过(果)再不改变,恐怕道德社就没有成立的必要了。

因上述的原因,在民国十九年(A. D. 1930)时,道院再设道德社筹备委员会,经过详细的讨论以后,遂定道德社为世界人类共同研究真道的团体。道德社的主要职务(责),在统一学说,贯通教化,使人心不致漫无所归,而同堕于争歧务异之途。自决定道德社专为研究宗教的团体后,道德社才入了正轨,定立了稳固的基础。①

这则材料清楚说明道德社于 1921 年成立、1930 年重组。重组时,道德社的宗旨和性质发生变化。道德社初创的宗旨是"专办慈善的事情",其性质是一个慈善机构;重组后的宗旨为"统一学说,贯通教化",性质变为"研究真道"的团体,或是研究和宣传宗教(道院自称为"道德精神")的团体。

吕梁建编《道慈概要》在《道德社》一节谓:"庚午十一月朔,母院统科训示曰:'社务组成,将来为世界伦群共研,所以统一学说,贯通教化,使人心不致漫无所归,而同堕于争歧务异之途'。"②庚午为 1930 年,道院系统内各组织成立时间,一般以神的"训示"为依据。吕梁建引述道院母院统科的训示"社务组成,将来为世界伦群共研",隐约表明道德社成立于 1930 年。吕梁建所述道德社的宗旨和性质,与纪耀荣记述重组后的道德社的宗旨和性质一致。

李佳白题为"Recent Religious Movement in China"的文章亦提及道德社。就在他写该文前一年,还受邀参加在济南举行的为期三天的世界红卍字会筹备成立大会。③ 李佳白肯定地说:"道院(Dao Yuan)或道德社(Ethical Society),后者是初始的叫法,而且现在仍然使用,但前者好像受灵界支配,是一个使用更普遍的名称。"④据此说法,道德社和道院是一个组织的两个名称,道德社是最初名称,后来才改称道院,只是后者叫得更普遍。也就是说,道德社与道院均创立于 1921 年,这

---

① 纪耀荣:《济南道院暨红卍字会之调查》。
② 吕梁建编:《道慈概要》卷上,第 68 页。
③ 吕梁建编:《道慈概要》卷上,第 61—62 页。
④ *The China Mission Year Book*, Editor-in-Chief, Rev. Frank Rawlinson, D. D., Christian Literature Society, Shanghai, 1924, pp. 62.

与纪耀荣所说道德社的创立时间没有冲突,但道德社的宗旨和性质却成问题。以下进一步探究道德社的创立时间、宗旨及性质。

首先,目前所见存留较早的《道院第七届公会议事录》载有《济南道德社丁卯年社务报告》①,详细开列济南道德社丁卯年所办事项和收支数目。丁卯年为 1927 年,道院第七届公会于 1928 年召开,这证明 1930 年以前确实已存在道德社。再据齐鲁大学社会学系 1924 年的社会调查,说济南那时就"有一些新宗教组织,显出激动人心的宗教生活。道德社(the Moral Society)和国际宗教会(the International Religious Society)即新宗教组织"②。此处道德社的英文名称虽然与李佳白记述的不一致,但只是英译问题。一方面,济南没有第二个道德社;另一方面,也更为重要的是《道院第十届公会议事录》记述:"济南道德社之设立,始于辛酉"③,辛酉为 1921 年。这说明 1924 年以前济南已有道德社,因此,纪耀荣和李佳白关于道德社创立于 1921 年的记载是准确的。

这里特别说明的是,如无特殊情况,集数种功能于一体的道院组织系统中所有组织的设立时间,一般是以"神"的"训示"设立的时间为依据的。所谓特殊情况,是指"神"的"训示"须得到政府的认可或与政府的法令法规不冲突。道德社初创时,规模当很小,且仅限济南一地,宗旨、性质亦不明确,与道院并未严格区分,只是作为道院的附属机构存在,在当时条件下似乎无须也没有单独立案,因此说 1921 年就成立了。李佳白或许因此得出了道德社和道院是一回事,只是道德社为"初始的叫法",而道院的称呼"使用更普遍"的结论。到 1930 年道院重组道德社并将它推设全国乃至世界时,就必须在政府立案。道院奉其至上神"至圣先天老祖"之命"整复社务",是农历庚午年即 1930 年 11 月 1 日,而"呈报官厅"批准成立,是辛未年即 1931 年 3 月 3 日。④

1931 年"呈报官厅"批准成立,也仅得到政府批准成立"筹备处",未正式重组设立,而济南道德社亦未更名为道德总社。济南道德总社于 1933 年"修正章程,定名为济南道德总社,呈蒙市政府准予备案,发给执照,收执在案"⑤。考虑到 1934 年

---

① 《道院第七届公会议事录》,济南道院,1928 年,第 6—7 页。

② *Social Glimpses of Tsinan*,Prepared by the Department of Sociology under the Direction of A. G. Park,Shantung Christian University,Tsinan,1924,pp. 28.

③ 《道院第十届公会议事录》,第 5 页。

④ 《道院第十届公会议事录》,第 5 页。

⑤ 《道院第十二届公会议事录》,济南道院,1933 年,第 13 页。

首次出现以"道德总社"名义向道院公会提出议案,①道院组织中的道德社即中华道德总社,正式组建成立的时间应是1933年。

其次,纪耀荣所述重组前的道德社的宗旨和性质,事实上并非如其所断言,只是一个"专办慈善的事情"的慈善机构;重组后的道德社的宗旨和性质,也不是如吕梁建所说的那样简单。

《济南道德社丁卯年社务报告》是目前仅见有关道德社重组前活动情况的资料,该报告记述济南道德社1927年"征集社员五十四员,共收征员入会费洋九百四十二元",编印《道德杂志》3 200册、《哲报》3 000册,举办"英文补习班,共收学生四十九名(学费免收)"。是年,连同以前尚存的《道德杂志》共计28 047册,《哲报》15 099册。② 可见,济南道德社重组前,还不能简单说是一个"专办慈善的事情"的团体,而是一个理论研究和宣传机构。

济南道德社开办的残废院、因利局、育婴堂、平民学校、印刷所等,均由济南道院负责,且大部分慈善事业有固定的基金或资金来源,开办费多由"基金利息"或"慈善捐助"支付。如1927年残废院收到慈善捐助与基金利息计大洋6 973.95元,当年结存51 394.04元;该院基本基金51 000元,是年各项开支计大洋6 433.95元。③ 1927年,红卍字会已经成立,济南也设有分会,但这些固定的慈善事业依然由道院开办。一方面,可能有历史沿革的原因,一些慈善事业起初由道院兴办,后来相传未改。齐鲁大学1924年的社会调查就记述济南道院"捐献款项办了一些小学校,建造开办残疾人院,并开展其他慈善工作"④。另一方面,道院、道德社、红卍字会虽然在理论上职能分工不同,但实际一开始并未严格区分;较严格地区分开来,是在济南道院遭查封和各地道院遭打击之后。这也是李佳白误将道院和道德社视为一个组织的两个名称之原因。

道德社重组后,是否继承重组前的部分职能,成为一个纯粹的宗教理论研究和宣传机构呢? 答案也不尽然。

1934年,道德总社向道院第十三届公会提出《缮具预算请设法筹措以维社基案》,谓:"兴复以来,仍以困于经济,无法扩展。二月初八日奉训,'巩固社基亦为目

---

① 《道院第十三届公会议事录》,第12页。

② 《道院第七届公会议事录》,第6页。

③ 《道院第七届公会议事录》,第4页。

④ *Social Glimpses of Tsinan*, Prepared by the Department of Sociology under the Direction of A. G. Park, Shantung Christian University, Tsinan, 1924, pp. 28.

前之要图'。师命通盘计划,提付春会,以便维进。恭绎历次训文,于道德社之筹进极为重视,一则曰'不惟克助院、会之所不及,而亦是造就人材之渊薮也';又曰'所以前有以道德社为脱卸院务之地之意'等谕。查本社应办事项,仅有月刊一种,其他育才扩化之谋诸待举办。是此事内关行修,外关宣导。总社不固,分社难兴,所以总社固基之谋,诚为今日要图。兹将本社常年预算开列于后,究应如何筹措,以维社基,祈大会公决。"① 从这一提案可见,重组后的道德社在宗旨上除"统一学说,贯通教化"外,还要"造就人材",为"脱卸院务"做准备,因而其性质不仅是一个宗教理论研究和宣传之机构,还是宗教理论人才的培养基地。不唯如此,联系道院关于"设立道德社,研究五教真理及哲学、灵学,为将来接替院坛之基础"②的说法,以及老祖多次要求限制乃至要停止扶乩的训示,③或许道院打算把道德社建成一个创立宗教道德理论体系,并在全世界实现自己理想的机构,其宗旨用道德社的社纲概括,即"发扬道德精神,唤起人类互爱互助,促进大同"④。它既是宗教理论或道德精神研究和宣传机构,更是培养宗教理论和道德精神人才的机构。

二、组织建制与职能

考察道德社的组织建制与职能,有助于进一步明确其宗旨、性质。道德社有神事和人事两套组织建制。

道德社的神事组织建制即纪耀荣调查所说的"崇奉"一项,也就是道德社供奉的神位。道德社崇奉的至上神与道院及其系统的其他组织崇奉的至上神一致,是"至圣先天老祖",其下为"基、释、儒、回、道"五教教主,即耶稣、释迦牟尼、孔子、穆罕默德和老子,还有主管道德社的神"康圣",职衔是道德社"统社掌籍"。⑤ 不过,纪耀荣所谓"道德男社掌籍康圣",实误,因为在道院组织系统中,根本没有一个与女道德社相对的男道德社,将道德社称为"道德男社"或"男道德社"是错误的,道德社与女道德社的宗旨、性质均不相同。这一问题将在后文讨论。

道德社的人事组织建制分为世界道德社和世界道德社中华总社。世界道德社只是理论或构想中的存在,无组织实体,但它是设立中华总社和各国总社及其以下

① 《道院第十三届公会议事录》,第 12 页。
② 《道院第十六届公会议事录》,济南道院,1937 年,第 15 页。
③ 关于"停沙"即停止扶乩的训示,参见《道院十二年立道大会议事录》,第 1 - 3 页。
④ 《道院第十届公会议事录》,第 10 页。
⑤ 纪耀荣:《济南道院暨红卍字会之调查》;吕梁建编:《道慈概要》卷上,第 48 页。

分社的依据。《世界道德社大纲》规定,世界道德社置社长、副社长、名誉社长、副社长,负责全社事务;社长以下,分置总务部、导化部、慈务部、编纂部、交际部,具体负责各有关事务,各部分别设主任、副主任及干事。基本成员称社员,分为基本社员、征求社员。①

世界道德社中华总社正式组建于1933年,其后围绕组建办法特别是经费问题进行多次讨论,内部组织建制及附属机构屡有动议乃至决议变更,但始终未脱离1931年召开的第十届公会拟定的《世界道德社中华总社章程》范围。《世界道德社中华总社章程》自1931年订立后,未再进行大的修订,但其内部组织名称稍有变动,如该社下设的五部中的第三部,章程名为"慈务部",纪耀荣的调查称之为"道务部",具体职能没有差别。纪耀荣的调查是在世界道德社中华总社正式组建后不久进行的。这两份材料所述道德总社内部组织建制,除个别名称有差异外,其余只有详略之分,没有实质区别。世界道德社中华总社的内部组织建制与职能如下。

世界道德社中华总社设社长一人,总理该社一切事务;设副社长二至四人,协助社长办理该社事务;若社长遇有要事暂时不能亲临,可公推一名副社长为首席副社长代行社长职务;社长、副社长均由大会共同推举,任期三年,可以连举连任。社长、副社长之外,或许是为扩大影响计,该社还可以"征请国内外名儒硕望"赞成该社宗旨者,为该社名誉社长、副社长。

社长、副社长以下,设总务部、导化部、慈务部(又名道务部)、编纂部、交际部,分别办理有关事务。各部分设主任干事一人、副主任干事二人,由该社基本社员选举产生;主任、副主任干事以下,可从社员中聘请若干人担任干事,并可视事情繁简,雇用一定的雇员。

道德社的五部,职责不同,分工明确。总务部主管来往信函、册籍,负责发放社章、徽章、证书和登记等,管理收支款项及编制预算、决算,处理庶务及其他不属于另外四部的事务。导化部主管宣导及视察各分社有关事务,并负责讲学及劝化等事。慈务部(又称道务部),纪耀荣的调查称,该部负责"劝募慈款,筹办慈务等事";《世界道德社中华总社章程》则规定,该部劝募慈款,筹办育幼、养老、济贫、救灾等事。编纂部主管编辑及刊行出版物,进行有关调查及统计等。交际部主管招待、通译及接洽各界协助社务等事。道德社中华总社的"慈务"事项,基本停留在章程规

① 《道院第十届公会议事录》,第10页。

定上,未落到实处,这也符合道德社重组之目的。

世界道德社中华总社的社员分为基本社员、社员。凡在"老祖"训示后参与筹备组建总社事宜的,均为基本社员。凡赞同道德总社宗旨并经基本社员二人以上介绍、照章缴纳会费者,均可成为社员,社员每年春季征求一次。如果社员"热心社务,著有特殊劳绩",可由社长、副社长及各部主任干事等推举为基本社员。

世界道德社中华总社还拟设图书馆、阅报室、各级学校、各专门补习班,筹备"研究国术、音乐、体育之设备",搜求并展出"各种有益社会风俗及关于世界文化之陈列品"。① 在筹组道德总社期间以及道院十二周年立道大会上,各地道院都为组建和完善道德总社提出各种议案,道院公会或大会还就有些议案做出决议。如济南母院曾提出在道德总社下附设"崇俭进德会"的议案,并制定了章程。道院第十二届公会就道德总社如何征集社员及编辑杂志、月刊,如何组织"灵学、哲学研究会"等,做出"不能不办"的决议。道院十二周年立道大会做出将各地"推选二人常川住济南道德总社,藉资讲学"事"并入六年计划案办理"的决议等。②

上述道德社拟设的附属机构和计划兴办的事业,除"崇俭进德会"一项,其余更能体现重组道德社之目的,与重组后道德社的性质更加吻合。但这些计划、打算、议案和决议,或当时未形成一致意见,或始终未能贯彻落实。济南道德总社至新中国成立时"有楼房、平房共七十七间",规模不算小,但也只有类似小型图书馆的藏书楼之类的附属设施③,结合以下所述道德社艰难曲折的变迁历程,可以断言道德总社的拟设附属机构大多未能建立。

三、艰难曲折的变迁历程

道院是靠扶乩发布和宣传神的启示的,这些神的启示除决定各地道院重大人事安排和应做重要事情外,"都是处世修身的道理,以作道院中私人修养的读

① 以上见《世界道德社中华总社章程》,《道院第十届公会议事录》,第11-15页;纪耀荣:《济南道院暨红卍字会之调查》。

② 《道院第十届公会议事录》,第17-19页;《道院第十二届公会议事录》,第13页;《道院十二年立道大会议事录》,第175页。

③ 朱式伦:《世界红卍字会在济南的兴衰》,济南市政协文史资料研究会编:《济南文史资料选辑》第4辑,1984年,第160、168页。

物"①。虽然这些启示"从来没有教人做错事的"②,为求修者"虔诚相信"③,但在科学日益广泛传布的近代社会,依靠扶乩获取"立身处世的道理"的做法,必定遭到人们的诸多猜疑和指责。1929 年,济南母院被查封,各地道院为躲避政府"禁止道院之命令"而"以卍会名义为藏头露尾之计"④,与道院"极端强调它的成员要每天扶乩,接收启示"⑤有关。道院决策者似乎也认识到这一点,在政府查封之前,即有拟停开坛扶乩之训;1929 年发布"禁止道院"命令之后,又多次训示各种会议,商讨封坛停乩或严格限制开坛扶乩,而重组道德社即与此大有关系。

早在"设院之初",道院决策者就打算于适当时机"封坛",随后又以老祖的名义训示"丁卯(1927 年)而后,即行封坛"。政府"禁止道院"命令发布之后,考虑道院因扶乩诟病,并鉴于不仅宗坛、行宗坛、母坛、总坛扶乩,各地道院纷纷设坛扶乩,且"皆假师(道院称其至上神为"师")意以为立论,孰真孰假,孰是孰非",莫衷一是,大小道院,俨然"已成藩镇割据之势"。因此,为解决内外危机,道院决策者一度决意趁道院举行十二周年大会之机,议决"凡各院一律停坛,道慈两务悉由人事作(做)主"。同时,要十二周年立道大会的代表就"永久停开(沙)"之后,"筹组学会,以造肩励之人材"一事做出决议。最终,立道大会议决保留"纂方"即扶乩之人 12 位,"起草纂职公约,俟审查通过后,由各代表联名具疏,吁请收回停沙成命",得到"老祖"认可。⑥ 道德社正是在这样的背景下筹备重组的。也正因为如此,加以后来日本发动全面侵华战争,造成道德社在筹组过程及重组后困难重重,始终未能按设想发展起来。

老祖训示筹备重组道德社的 1930 年,是济南道院被查封的第二年。济南母院被查封,"各地道务为时势所阻,顿见衰微",全国 200 余处道院,除"东三省、热河四省区尚能照旧进行,其余各通都大埠,人力与财力稍行充裕者,努力于会务,犹克以慈护道,得保一线之生机。合全体计之,恐不及其半数"。县院及县以下各支院,则

① 纪耀荣:《济南道院暨红卍字会之调查》。

② *The China Mission Year Book*,Editor-in-Chief,Rev. Frank Rawlinson,D. D. ,Christian Literature Society,Shanghai,1924,pp. 63.

③ *Social Glimpses of Tsinan*,Prepared by the Department of Sociology under the Direction of A. G. Park,Shantung Christian University,Tsinan,1924,pp. 28.

④ 纪耀荣:《济南道院暨红卍字会之调查》;《道院第十一届公会议事录》,第 12 页。

⑤ *Social Glimpses of Tsinan*,Prepared by the Department of Sociology under the Direction of A. G. Park,Shantung Christian University,Tsinan,1924,pp. 28.

⑥ 《道院十二年立道大会议事录》,第 1-9 页。

"以道务停顿,情势涣散类多,院址亦不能存在"。① 整个道院组织体系岌岌可危。在这种情势下,意志坚定者极力主张"整饬院会",设法维护"道慈根基","凡议决案,重在实行","尊重统系"以"整进道慈"。② 信心不足者主张正视现实,拟以世界红卍字会替代道院,以个人在家修行代替在道院静坐修行,其实质是要取消道院,遭到道院决策者的坚决反对,并以"老祖"名义训示说:"人可自修,何必有院? 以院聚修者,将以减俗牵而解尘缚也。 凡吾院修,当各各细审而好励行。"③ 与此同时,道院决策者也寻求权宜之计,以解决道院不便大张旗鼓公开活动的危机。如重组道德社,把济南原道德社改为中华总社,各地推设分社,"罗致学者""延揽人才",预备"宣传刊品"④;并要"倡办学会""提倡讲学",以讲学名义宣传"大道"⑤;设立哲学研究社、编译所、图书馆、讲学社等理论研究和宣传机构及附属设施,"以期道慈事业得以巩固其基础,发展其精神,由近及远,由中及外"。⑥ 所有这一切,重组道德社最为重要,其他多属不成熟的计划。正是由于上述原因,道院于 1935 年再次合法活动前⑦,其所计划的各种理论研究和宣传机构,尽管有的说要以道院的名义举办,事实上与筹组整复和建设道德社应为一回事。因此,道院的决策者在筹组整复道德社之初,不免显得有些匆忙,以至自相矛盾、人神冲突,计划多、落实难的情况时有发生。

　　道院重组整复道德社时,虽然宣布重组的目的是"为世界伦群共研,所以统一学说,贯通教化",要把道德社建成一个"恢宏道化,专主文事之机枢",但同时还要求道德社于"励修实功"方面狠下功夫,在道德社内"附组俭德会",也称"崇俭进德会",并于"会内附慈善节金柜"募集"励行俭德之有力者"之"节金"。可见,在筹备重组道德社之初,道院决策者亦未完全跳出原道德社的框架,依然要将道德社组建

　　① 《道院第九届公会议事录》,济南道院,1930 年,第 10 页。所谓"努力于会务",指道院下设的世界红卍字会努力开展各项慈善事务。

　　② 《道院第九届公会议事录》,第 18-19 页;《道院第十一届公会议事录》,第 5-6、8 页。

　　③ 《道院第九届公会议事录》,第 4 页。

　　④ 《道院第十届公会议事录》,第 5-7 页。

　　⑤ 《道院第九届公会议事录》,第 13-14 页。

　　⑥ 《道院十二年立道大会议事录》,第 88-89、84 页。

　　⑦ 道院 1929 年被查封后,再次立案成功并取得合法地位的时间说法不一。此据《道院第十四届公会议事录》(济南道院,1935 年,第 9 页)所载济南母院提出的《筹办道院立案情形遵训提付会议案》及《济南道院立案文件汇录》(汇编济南道院申请立案呈文、道院简章及山东省党部、山东省民政厅、国民政府内政部"指令"和批文等)。

为一个既在理论上研究、宣传"道德学说"的机构，又在实践上"身体而实行"的慈善组织。① 道院第十届公会"研议"、制定了《世界道德社大纲》和《世界道德社中华总社章程》，在道德总社下设的五个部中设立"慈务部"，但未同意附设"崇俭进德会"，而是做出"崇俭进德会可先由济南倡办，各会仿行，不必附入道德社"的决议。②

重组道德社计划"以三个月为筹备期间，一切筹备就绪，则来岁公会后即可举行成立大会"。筹备处成立后，"应先征集基本社员，再由基本社员分队征集普通社员，以次励进，以谋将来道德学说之阐扬，不独为中土保其文明，且将为世界共图福利"。③ 然而，"来年"即1931年，很可能由于忙于筹备翌年先在上海召开三天筹备会、后在济南召开六天正式会议的十二周年"立道大会"，力图设法恢复道院的合法性，未能顾及成立道德总社一事。

1932年的"立道大会"，是道院创立以来的首次也是唯一一次"立道大会"，被视为"道慈研进极要之关键"④。这次大会仅有一份专门涉及"整顿道德总社"的提案，讨论结果是"并入六年计划案办理，并将原案意见加以注意"⑤。这个六年计划案，看上去洋洋大观，十分宏伟，实则非常含混，以当时中国的局势论，根本不可能落到实处。其中，关于道德社的规划，或说是"世界万国道德社"，或说是"世界道德总社""世界道德分社"，未提到"世界道德社中华总社"这一名称。据此计划，世界道德总、分社至第六年始年合计经费为12 000元，前五年总、分社合计12 000元。在第一年的规划中规定，世界万国道德社要"先从母院所在地着手开办，经费月三百元，年共三千六百元"；第二年提到世界道德总社、世界道德分社，规定年经费分别为3 600元、2 400元，第三、四、五年没有变化，第六年分社无变化，"世界道德总社同第五年，加经费六千元"。⑥ 立道大会召开时，道德总社依然处于筹划阶段。

1933年3月，道院召开第十二届公会，济南母院提交《济南道德总社应如何组织筹备合力进行案》。虽然济南道德总社已于是年1月经"市政府准予备案"，并发给执照，但尚未组建。济南母院认为，"道德总社之组设，端绪甚繁，非群策群力不能臻于妥善，目前急宜进行者，如社员如何广征，杂志、月刊如何编辑，灵学、哲学研

① 《道院第十届公会议事录》，第6、8—9页。
② 《道院第十届公会议事录》，第20页。
③ 《道院第十届公会议事录》，第9页。
④ 《道院第十一届公会议事录》，第1页。
⑤ 《道院十二年立道大会议事录》，第173—175页。
⑥ 《道院十二年立道大会议事录》，第88—101页

究会等如何组织,济会人才不敷分布,现值公会各院齐集之际,应请公同讨论,推举相宜人材协同筹划,以期社务之早日发展",为此"提出意见,请付公研"。大会讨论认为:"道德社之设立,叠奉训示督促,且经上年大会议决六年计划内规定,自属不能不办之事",最后决议:"现在济南道德社第一年经费暂定为一万二千元,仍照大会经费办法,由六区分担,每区二千元。"①这次公会之后,世界道德社中华总社终于草草创立。

然而,据道德总社向道院第十三届公会提交的议案,该社正式成立后,人才及经费等均未落实。落实之事"仅有月刊一种,其他育才扩化之谋诸待举办",为此,道德总社向公会提出《缮具预算请设法筹措以维社基案》,预算总社需常年经费12 000元,另需购置新旧书籍及设备游艺器具等费10 000元,请大会议决。此时,道院正在筹集建设济南母院的建筑资金,根本顾不上也没能力解决道德总社的资金问题,会议议决:"各院协力为总社征员,总每期征足三十员,以维总社之社基,兼备分社之推设。"②最主要的经费问题避开了,道德总社以后的发展境况可想而知。

道院办理各种事宜,除遵照公会决议执行外,神的训示也是重要依据。关于道德总社的经费问题,"老祖"依据第十二届公会的决议,一方面再三发布训示,督促各院、会按时汇寄应摊款项;另一方面要道德总社"凡用人行事皆当俭之又俭",要"俭至无可再俭之处即编为预算"。但第十三届公会之后,"各地院会劝募款项已成弩末","筹款之难,难于上天"。鉴于此,"老祖"一面强调建设道德社"所关于道化者极为重要",一面苦口婆心劝谕大家努力勤勉,设法维持道德社运转,为改变各地道院在维持道德总社问题上"皆以事不关己而因循置之"的状况,命道德总社此后不再实行"征员之法,而以各院为维持之基本",并对各主院直至县、支院分摊维持经费做出具体指示。天津的"中央主院"、南京的"东南主院"、汉口的"西南主院"、张家口的"西北主院"这四大主院每年至少应缴维持费300元,各特、埠、省院至少应交200元,各县、支院应交40~80元;同时,名义上是"送"实际上是摊派道德总社编辑的《道德月刊》若干,每份定价10元。第十四届道院公会根据实际情况,稍为调整,议决维持费按"老祖"训示的数额,每年"分上、下两期(交纳),上期至迟不得过夏历四月,下期至迟不得过夏历十月";为示鼓励,《道德月刊》定价减至每份5

---

① 《道院第十二届公会议事录》,第13-14页。
② 《道院第十三届公会议事录》,第12页。

元,作为对按时交纳维持费院会的"报答"。①

时至1937年,事情不但毫无转机,而且每况愈下,历届公会议决维持办法,"未能切实推行",道德总社"经费已陷于无法维持,积亏至一万数千元"。无奈之下,又以"老祖"名义训示,再三强调设立道德社的重要性在于"为将来接替院坛之基础","此事所关于后来者甚为重要",要求第十六届公会就到底如何将道德总社维持下去一事,"由人事妥为规划",并许诺此后有关道德社事"当由人事以策其永久",实显出"神"的无计可施。在无可改移的时局面前,"老祖"的权威扫地。第十六届公会在"老祖"要求的基础上,对各地院会维持道德总社的条件再次下调,"维持费"定为"自十元至六十元,由各院按地位力量自己酌认","月刊价自第四卷一期起改为三元,减轻书价,极力推销"。为鼓励推销《道德月刊》,决定"由总社设置推销员经理其事,各地院、会职修一致负责推销,对于现已订阅之部数只增加而勿减少,俟届年终将推销最多之院会及个人列单请奖"。② 本来对道院求修者而言极庄严神圣的事业,已变得非常世俗了。

第十六届公会召开的当年,日本发动全面侵华战争,这对举步维艰的道德社事业而言,无疑雪上加霜。在此前后,"院、会之应改革应取缔之各事,亦复不少",原计划于1937年召开的道院"大会",因日军全面侵华而未举行。为"互通声气,联络感情",以"谋(道慈)扩展于将来","老祖"明知能赴会的人"无多",可与会的"院亦有限",还是坚持发布训示,谓1938年的"春会",虽然"道途梗塞","慈款拮据",时势"纷扰",时机"弗顺",却"必不可再行停开",要求并鼓励道院"坚诚之至"者,"冒危险而弗顾,受辛劳而不辞,一往直前"参加会议。在国难当头,民族生死存亡未卜之际,还要组织所谓的"聚灵合气"③,的确不合时宜,当然也不会有好的效果。这次会议,数百道院仅有30家派代表参加,且其中20多家为山东各地道院之代表,外省只有天津、京兆、张家口、太原等数家,④局面冷清,已顾不上讨论道德社的发展事宜了。

1939年,济南道德总社因时局影响,"月刊暂停,征员亦未举办,困难之感已臻极点",维持费"历年照缴者,实属寥寥"。不得已,济南母院提请第十八届公会就以

---

① 《道院第十四届公会议事录》,第19—21页。
② 《道院第十六届公会议事录》,第15页。
③ 《道院第十七届公会议事录》,济南道院,1938年,《科文》第2、4—5页。道院称定期召开各种会议为"聚灵",认为"道慈推展全在聚灵,而聚灵合气亦即互通声气以联恰感情"。
④ 《戊寅春会代表姓名录》,《道院第十七届公会议事录》,第6—7页。

往决议"应如何方能见诸实行"进行公决。大会议决"由各院分别注意,相机尽力向前做去"。①

综上所述,时至1939年,世界道德社中华总社即纪耀荣所说的"世界道德男社",也即济南道德社,已处于风雨飘摇之中,原"凡有道院之地均须设社"的"神"的训示和历届各类会议决议,只能是遗憾的构想。作为道院组织体系中与世界红卍字会、道院"三者并重"②的道德社,未像世界红卍字会道院在全国各地普遍推设,仅济南的道德总社维持至世界红卍字会在中国大陆自行宣布解散。③ 此外,天津曾有道德社,但具体规模和活动不详。④

---

① 《道院第十八届展春合会议事录》,济南道院,1939年,第21页。
② 《道院第十八届展春合会议事录》,第21页。
③ 道德总社地址在济南商埠经四路南、纬一路东的林(麟)祥南街。1934年门牌为54号,1951年前后门牌为202号,房屋为济南市公安局五分局使用。参见纪耀荣:《济南道院暨红卍字会之调查》;《民政局对世界红卍字会山东分会、济南分会处理和意见(草案)》(1951年),济南市档案馆藏:70-1-55。
④ 《民初五大总统后裔家庭近况》,《齐鲁晚报》1993年2月14日。

第
六
章

女道德社考释

女道德社是集数种功能于一体的道慈组织系统中一个极重要又不很重要的组织。谓其极重要,不仅是因为其在道慈理论中的地位,而且还由于它十分清晰地反映了近代中国中西文化冲撞融会的时代特征和西学影响程度;谓其不很重要,则因其实际活动和影响难与世界红卍字会相比。目前学界研究甚少涉及女道德社。[①]为了解女道德社的真实情况,以下对女道德社做一历史考察。

一、创立时间、宗旨与性质

道院创始之初,本来只是男子的事情,但在妇女日益走向社会的现实及西方女传教士在中国卓有成效工作的触动和影响下,道院创始者从中国传统文化中拾取天地、阴阳、男女共同为"参赞化育之体"的古老说法作为理论依据,吸收近代西方文化中男女"平权"的思想,于拟设道院之初就计划创设专门由妇女组成的类似于道院的组织,并以道院至上神"老祖"的名义,为准备创设道院的骨干分子的女眷

---

① 赵宝爱简要论及山东地区女道德社的慈善活动(《山东女道德社的慈善活动简论》,《中华女子学院山东分院学报》2005 年第 1 期),郭大松对女道德社的设立时间与性质有简要说明,未涉及女道德社的内部组织结构、活动及发展变迁等内容(《〈济南道院暨红卍字会之调查〉辨证》,《青岛大学师范学院学报》2005 年第 3 期)。

"赐"了"道名",命筹建女道德社。其时为农历庚申年十二月二十日,亦即 1921 年 1 月 28 日,道院尚未成立。[1]

关于女道德社的创立时间,较具权威性的记述有以下几种:

其一即纪耀荣整理的调查资料,说"是民国十年(A.D. 1921)成立的。因为道院内只准男子求修,女子没有学道的地方,所以道院设立女道德社,专为女子修道及研究宗教的地方"[2]。

其二是济南女道德社的记述,谓:"民国十一年壬戌二月十九日,设济南女界道德社筹备所,赁制锦市(街)民屋一所为社址,奉训派默真(道名,杜默靖之妇)为筹备临时主任。"[3]《女道德社社纲》也规定二月十九日为"女道德社创始纪念日"[4]。

其三是吕梁建的记述,谓"女社创立于济南",早在 1921 年传授真经之时,"老祖"即为一些人赐了道名,"并命筹备女社事宜",但"其时道院方在萌芽,时务繁赜,虽有组设女社之命,而人事仍须男方为之协赞。越一年,筹备渐有端倪",由"莲台圣"出面训示,任命了女道德社筹备所主任,女道德社内、外科主任等职,指授了坐功。迨坐过三庚(30 天)后,即开始"介引各方入修,觅定社址,遂于二月十九日正式成立"。[5] 吕梁建与女道德社的记述一致。

其四是济南道院统掌何素璞为济南女道德社成立十二周年纪念大会结集出版的报告册所写的"序",指出:"济南道院于辛酉年设立后即奉命筹设女社,以相辅进。规划筹备历时二载,而济南女道德社始于甲子年正月初九日正式告成。"[6]甲子年为 1924 年。《济南女道德社十二周事略》编后"识"更明确指出,济南女道德社"甲子年正月初九日奉训正式成立"[7]。

上述女道德社的创立时间归结起来有三个:1921 年、1922 年和 1924 年。纪耀荣"成立"于 1921 年一说依据不明,未交代是奉训筹组,还是济南女道德社筹备所成立或济南女道德社成立。吕梁建"正式成立"一说,与 1922 年"设济南女界道德社筹备所"及以二月十九日为"女道德社创始纪念日"的记述,其实是一回事,均指

---

[1] 吕梁建编:《道慈概要》卷上,第 65－66 页。

[2] 纪耀荣:《济南道院暨红卍字会之调查》。

[3] 《济南女道德社十二周事略》,第 1 页,《济南女道德社十二周报告》,济南女道德社,1935 年。

[4] 《女道德社社纲、办事细则》,济南女道德社,1935 年,第 7 页。

[5] 吕梁建编:《道慈概要》卷上,第 65－66 页。

[6] 何素璞:《济南女道德社十二周报告序》,《济南女道德社十二周报告》。

[7] 《济南女道德社十二周报告》,第 21 页。

济南女道德社筹备所的设立时间,可视为创始或创立时间。"正式告成"于1924年一说,何素璞所述模棱两可,不明确是筹备所设立的时间还是济南女道德社成立的时间。《济南女道德社十二周事略》的编者记述为"奉训正式成立",应指济南女道德社而不是济南女道德社筹备所,而这一时间又暗与济南女道德社1935年召开十二周年纪念大会所表明的济南女道德社的创立时间吻合,因为这次大会于1935年重阳节召开,距"正式告成"近12年,从民间计算时间取整数和吉利数的习俗看,以1935年为济南女道德社创立十二周年是可行的。究竟确认哪一年为济南女道德社也即女道德社的创立时间呢?

创设于1921年,表面看是纪耀荣一人所言,其实与吕梁建的说法并不冲突。纪耀荣所言1921年成立,与吕梁建记述的"老祖"为筹建道院的骨干分子家属赐道名"并命筹建女社"的时间一致,只是前者用公历,后者是农历,一个年初,一个年末,实是一个时间。如依照道院重大事情在不与政府政策法令冲突的前提下,一般以"老祖"训示为依据,说女道德社创立于1921年并无不妥,但这一年只是"老祖"训示"筹建",没有其他具体训示,更无女道德社的组织形式。

"正式成立"于1922年即壬戌年二月十九日,是吕梁建编《道慈概要》和《济南女道德社十二周事略》的记述,而且《女道德社社纲》也规定二月十九日为"女道德社创始纪念日",考虑女道德社再没有其他重要纪念日时间为二月十九日,当认为这个二月十九日即农历壬戌年二月十九日。

1924年即"甲子年正月初九日正式告成",是道院母院统掌何素璞以及《济南女道德社十二周事略》编者的说法,言之凿凿,当无疑问。女道德社十二周年纪念大会于1935年举行,亦说明女道德社以1924年为正式成立年。

综上分析,1921年是"老祖"训示筹组女道德社的时间,但尚未有具体组织形式,只是要求筹设这样一个组织。1922年是"老祖"明令创设女道德社且任命具体筹组人员,设立"筹备所"的时间。1924年是"老祖"训示济南女道德社"正式成立"的时间。结合全国女道德社的整体情况,依据济南女道德社是母社,其他各地女道德社均受其统率的事实,考虑在1924年以前,自济南女道德社奉训设立筹备所之后其他地方已组建了近20个女道德社,[①]女道德社应创始于1922年。

关于女道德社的宗旨、性质,纪耀荣谓:"女道德社以修培女德,改进家庭教育为

----

① 《济南女道德社十二周事略》,第1–3页,《济南女道德社十二周报告》。

宗旨",认为女道德社是"专为女子修道及研究宗教的地方,故女道德社的性质是道院和道德社相合而成的"。①《女道德社社纲》规定:"以参悟太乙真经,贯彻五教真谛,阐明大道,发扬女德为宗旨。"②齐鲁大学社会学系 1924 年的调查在谈到"一个发起于济南的宗教组织道院"时说:"这一土生土长的折衷主义宗教组织","从所有宗教中选取优点",虽然它"不接受女信徒,但另设了个拥有 300 名女成员的单独组织"。③ 这个"单独组织"即女道德社。综合这些记述,关于女道德社的宗旨、性质记载内容详略不一,但无本质差别。下面的这则资料较详细地解释了女道德社的宗旨,其文曰:

> 道者,乃日用寻常之道,如一起一居,一饮一食,一动一静,一语一词,一举一止,均系道。吾道至平至庸,如走路然,路有崎岖,路有平坦。崎岖之路,行则为艰,平坦之路,行则平安。崎岖平坦,在人自为也。德者,乃人心之德也,如修己渡人,不偏不倚,爱人救世,舍财济危,以己之难,思人之难,此向道而培德也。社者,乃各女弟子群居研修行慈,持身治家之所是也。此吾道德女社设立之本旨。④

参照女道德社创立的初衷,联系女道德社之神"莲台圣"关于各地女道德社办好后,"老祖"就"将各社改其名称,而称为女道院"的许诺,⑤以及全国各地女道德社的活动情况和后来济南确有"道院女院"的事实,可断定女道德社的性质是适合中国女性特点的女道院,它和前文的"道德社"并非性别上对应的组织,二者之间没有直接关系。

二、组织建制与职能

由于诸多因素的限制,女道德社不像道院于短时间内建立健全,而是相对缓慢地建立完善,且前后有较大变化。女道德社组织建制分神事、人事两种。

神事组织建制即女道德社供奉的等级分明、分工明确的各色神仙。按规定:"主持女社道慈事务者,为莲台圣,而仍统其一尊于老祖。"⑥女道德社的一切宗教、慈善活

---

① 纪耀荣:《济南道院暨红卍字会之调查》。
② 《女道德社社纲、办事细则》,第 1 页。
③ *Social Glimpses of Tsinan*,Prepared by the Department of Sociology under the Direction of A. G. Park,Shantung Christian University,Tsinan,1924,pp. 28.
④ 《设社宗旨》,谢冠能编:《道德精华录续编》卷七,南京道院,1933 年,第 7 - 8 页。
⑤ 《济南女道德社十二周报告》,《坛训》第 13 页。
⑥ 吕梁建编:《道慈概要》卷上,第 66 页。

动均须通过"莲台圣"听命于"老祖"。一般情况下,女道德社的活动由"莲台圣"以训示的方式发布指令,因为"莲台圣"是女道德社的最高职掌,与道院相同,称为"统掌";遇有重大事情须经"老祖""判示",即下达指令。"老祖""莲台圣"以下的仙、佛,依次为:坛监,孟母仉仙;女社监,慈悯菩萨;守沙仙,职、名合一,无别名号;定基大士,职、名合一,无别名号;女社宣化菩萨,职、名合一,无别名号;济南女社巡坐,妙娴菩萨。①

女道德社神事组织建制中的神、仙、佛,至上神"老祖"表面上看是统率融合基、回、儒、释、道五教的教主,不具民族、文化上的偏向,实际却是典型的中国"神",它的"道"或"教"是儒学,正如"老祖"所说:"吾之所谓道者,亦即孔孟之道也"。② 其他各仙、佛,除体现中国妇女母教典范的孟母之外,都或明或暗地归属佛教,这也符合中国妇女多吃斋念佛之民情。时人对青岛女道德社暨妇女红卍字会的描述即一显例,"惟在一般女会员中,则依旧手束念珠,口诵佛号,不以'太乙救苦天尊',代替'南无阿弥陀佛'也。"③

各地女道德社所奉神位不尽一致,"有特设神位者,奉判定之"④。据1935年刊行的《女道德社社纲、办事细则》,女道德社的神事组织与上述女道德社神事组织建制有较大区别。前者神事组织建制为:至圣先天老祖,"基、回、儒、释、道"五教教主,女社掌籍莲台圣,大喜菩萨,妙娴菩萨,慈悯菩萨,默诚大士,定真大士宣化菩萨,弘慈大士,慈光菩萨,芳拯菩萨,庸平大士,正毅大士。其中最明显的不同是此处有五教教主,且位列女社掌籍莲台圣之前;但没有孟母仉仙,宣化菩萨有了具体名号即定真大士,另外还多了三位菩萨、四位大士。据此推断:女道德社与道院的宗旨一致,五教教主之位是应当供奉的,吕梁建《道慈概要》极可能遗漏了。其他无职或多出的各菩萨、大士,或可能与上述某职位有关,或当另有职位。

女道德社的神事组织建制只是一种信仰表示,相对简单。人事组织建制负责具体活动和事务安排,相对复杂。女道德社人事组织建制,"初分六课,曰内课、外课、缝纫、织绣、蚕桑、烹饪,每课设正副主任",显见"内修"即宗教色调较淡。"嗣后改为二课十部。"⑤

女道德社设社长一人,管理全社社务;责任社长一人,辅助社长负责办理全社社

---

① 吕梁建编:《道慈概要》卷上,第66-67页。
② 吕梁建编:《道慈概要》卷上,第31页。
③ 魏镜:《青岛指南》第七编《社会纪要》,胶东书社,1933年,第11页。
④ 吕梁建编:《道慈概要》卷上,第67页。
⑤ 吕梁建编:《道慈概要》卷上,第66页。

务;值日社长一人,辅助社长办理日行社务;副社长一人,协助社长管理全社社务;责任副社长一人,协助副社长负责办理全社社务;值日副社长一人,协助副社长办理日行社务;社监一人,监理全社社务;责任社监一人,辅助社监负责办理全社社务;值日社监一人,辅助社监办理日行社务;副社监一人,协助社监监理全社社务;责任副社监一人,协助副社监负责办理全社社务;值日副社监一人,协助副社监办理日行社务。[①]社长、社监名目繁多,当是考虑到其时中国妇女"主内",家务事多的具体情况。

女道德社由内、外两课组成,各设理事长、副理事长,主管各本课一切事务。内、外两课的理事长,例由首席社长、社监兼任。

内课设习坐部、经籍部、文藏部、庶务部四部,各部设主任理事、副主任理事及理事,分别管理各部有关事宜,属"内功"范围。其中,习坐部主管指授坐法、核证坐功及庚表等事;经籍部主管收发真经、排赐道名及保管各教经典等事;文藏部管理启用莲宝(按:莲台圣出示训文所用之神宝式,即刻有莲台圣标志符号的印章)、社章及全社文书、册籍及款项;庶务部主管全社物品购置、修缮等事。

外课设慈善部、宣讲部、织绣部、蚕桑部、烹饪部、缝纫部六部,亦各设主任理事、副主任理事及理事,分别管理各部有关事宜,属"外功"事务。其中,慈善部主管各项慈善事务和慈善活动;宣讲部主管讲解训文、宣扬道旨及介引求修等事;织绣部主管纺织、刺绣等事;蚕桑部主管饲蚕植桑等事;烹饪部主管中馈应有知能及饮食上之卫生、节俭等事;缝纫部主管剪裁、针黹及一切女红等事。

无论内、外课,各部均可根据事务繁简情况,增设社助,以随时协同社长、社监及各部理事帮助管理各部事务。[②]

纵观女道德社人事组织建制及其职能,无论内、外课,都有引导、鼓励妇女读书识字,走向社会的作用。就内课而言,妇女要"内修",必须研读"训文"及各教经典,要求部分妇女有一定的文化知识、管理和社会活动能力。从其外课看,一方面充分反映和体现了中国妇女所承担的角色,基本未超出传统范围;另一方面,也有引导妇女积极从事社会活动的意向,因为经办慈善事业不走向社会无法办到。

三、修行程序与规则

申请加入女道德社称为"求修",在女道德社里按规矩"静坐"是修炼"内功"。

① 《女道德社社纲、办事细则》。
② 《女道德社社纲、办事细则》。

"求修"有严格的手续,修炼"内功"也有一整套规则。与男子申请加入道院一样,凡准备加入女道德社的妇女,只要"诚心向道者,无种族、国籍、宗教、阶级之别,皆得进修"①,既隐含表明了道院组织的决策者欲统一世界教化的心理,又显现了近代中西文化冲撞融会的时代特征。

虽然加入女道德社的基本条件十分宽松,但手续非常烦琐,大致分以下两个阶段、三大步骤。

第一阶段分两步。第一步,求修者须有"职修方"二人介绍引领,二人中又须有一人为现任社长或社监。"职修方"指在女道德社中担任职务的修方。引介之后,先至外课宣讲部,由宣讲部主任理事详细询问求修人的姓名、年龄、职业,指导其填写"求修愿文及修籍表",求修愿文"姓名"项下,求修人亲笔书写"诚"字,不会写字者,可画一个形为"♯"的符号。宣讲部主任将求修人的求修愿文、修籍表送达社监审查,经社监认可后,按修籍表所列"登入求修籍册"并引领求修人至女社掌籍莲台圣位前,呈上求修愿文,行五叩首礼,完成入门礼。

第二步,由内课理事长或习坐部主任引领,入内课,至"正位"即女道德社供奉以"老祖"为首的所有神像前,行九叩首礼。礼毕,内课理事长或习坐部主任引领至习坐室"指坐"。"指坐"即教授如何打坐修炼"内功"。指坐前,先向求修人说明女道德社社员要修炼的"道旨",即道院、女道德社的宗教信仰大要。接下来,教授求修人如何打坐,并由引领前来的内课理事长或习坐部主任陪同"坐四度"。"度"是道院、女道德社打坐修行用语中的一个量词,每4分钟为一度,坐四度即打坐16分钟。坐毕,交价银一角,领取《修坐须知》一份。如果求修人年龄在20岁以下,可以暂免"指坐";如愿领经,应先由社长、社监疏请判示。

与道院一样,各地成立女道德社"应先有女修方三十人,并将社址及开办费、经常费筹定,由同地道院会同省主院、社函请母社,疏请判准,方得成立"。如求修者在10人以上、30人以下,可与同地道院函请母社或总社,"先设寄修所,名曰某地女道德社寄修所,并函报母、总、主、省院及母、总、主、省社"。寄修所虽小,但其接受求修手续类似女道德社。求修者在10人以下者,社纲没有明文规定,当与筹设女道德社同样之办法,由道院之至上神"老祖"为想求修者赐"道名"解决。只要有寄修所,求修者可采取函寄的办法办理一切应办手续,然后在当地寄修所照在女道

---

① 《女道德社社纲、办事细则》。

德社内的办法行事即可。

第二阶段，即取得"籍方"资格的阶段。求修者按照上述手续入社开始修炼"内功"后，就成为女道德社的"修方"，但还没有入"籍"，只是正在按一定规矩修行的修方，在女道德社内修行的称为"习坐方"，在寄修所修行的称为"寄坐方"。"习坐方"或"寄坐方"须每天到社或寄修所按要求打坐，"坐后应将《修坐须知》内所附庚表检出，依日填写所坐度数。每坐满一庚，即将庚表送社，由习坐部登记"，于农历每月二十二或二十三日汇总一次，六次之后，习坐部将修籍表集中送交经籍部。经籍部接到习坐部送交的修籍表后，依照表内所列各项"登入籍册"，并函知习坐或寄坐者于"朔日或望日午时，带同经价"，来社领取真经。各地女社遇有修方领真经时，"应先日赴同地道院领回"，"其经价应与院方每月结算一次"。领经有领经仪式，领经的同时还领取《领经须知》，作为领经后"诵经"的指导，不得随意各行其是。领经的同时，由内课理事长会同社长、社监"疏请排赐道名"。领经、赐道名之后，求修手续结束，求修者成为女道德社的"籍修方"。

女道德社成员修炼"内功"的方式、规则，大致与道院相同，主要靠静坐、诵经修炼"内功"，有比较严格的程式和规则。求修者入籍阶段及入籍之后，还有一些必须遵守的规则。

首先，女道德社成员无论是否入籍，"每届庚星朔望"，"必须到社合坐四度，并诵经、咒（如金刚经、心经或大悲准提往生等咒）"。平时不拘时日，或至女道德社，或在家依式进行均可，但都必须"盥漱俱清，方可登坐"。[①]

其次，女道德社成员均须到"证功室"证功、证候。为查验成员修炼"内功"是否合适及修炼的程度，女道德社设有验功室，"证功、证候或功、候同证时，应先赴文藏室签到，亲书'遵领表'"，不能亲自书写的可请人代写。然后由社长或社监率领至"老祖""莲台圣"等神位前汇齐呈上"遵领表"，按规矩行礼。礼毕，"依次入室静坐"证功、证候或功、候同证，证功坐八度即 32 分钟，证候坐六度即 24 分钟，如功、候同证，则一次须坐十四度即 56 分钟。在这一过程中，行礼以及入座的次序，"职修方"社监以上职务，按职务高低进行；社监以下"职方"及其他"修方"，按年龄大小依次进行，即"社监以上叙职，其他修方叙齿"。

第三，因世人不懂"道"才设道院和女道德社练功"修道"。修炼是一辈子的事，

---

① 吕梁建编：《道慈概要》卷上，第 33 页。

在修炼过程中难免出现过失,因此要定期"省过""默过",即检讨自己是否有过失和有哪些过失。为此,"女社设省过室,并于正位(按即正中神位)前右方设默过牌。省过、默过,均遵照道院《过则》行之,但默过表列六行,每行上书月、日,最下书'犯过'二字,社方默过不能书字者,即于某日下画一黑道,过多多画,过少少画。"①

四、成员状况

女道德社与妇女红卍字会是一体同构、二而为一的关系。妇女红卍字会会员必须是女道德社成员。因此,女道德社成员状况亦可通过妇女红卍字会反映出来。

兹以山东较活跃的青岛妇女红卍字会和济南妇女红卍字会会员为例进行统计分析。

1934年,青岛妇女红卍字会共有会员59人,最大年龄67岁,最小年龄16岁;60~69岁的4人;50~59岁的9人;40~49岁的16人;30~39岁的20人;30岁以下者10人。② 以上30~49岁的会员36人,占总人数的61%;50~69岁的13人,占总人数的22%;30岁以下者仅占约17%。因此,青岛妇女红卍字会会员以中老年人为主。

1930年前后,济南妇女红卍字会有37名妇女,最大年龄69岁,最小年龄22岁,其中60~69岁的6名,50~59岁的8名,40~49岁的13名,30~39岁的9名,30岁以下者1名。③ 据此计算,30~49岁的会员22名,占总人数的59%以上;50~69岁的14名,占总人数的近38%;30岁以下者占3%。济南妇女红卍字会会员也以中老年人为主。

女道德社暨妇女红卍字会成员与前述道院暨红卍字会成员在年龄方面一致,均以中老年人为主。

加入女道德社暨妇女红卍字会的中老年人属于什么阶层? 她们为何要加入该组织? 牟平红卍字会的一份档案资料显示:世界妇女红卍字会会员多是男会员之家属。④ 但其未记载更详细的内容。照此推测,女道德社成员也应该是道院修方之家属。而一份青岛女道德社的资料明确显示:女道德社暨妇女红卍字会成员多是道院修方之家属。兹将其整理如表6-1。

---

① 以上凡未注明出处者,均见《女道德社社纲、办事细则》。
② 《世界妇女红卍字会青岛分会会员姓名清册》(1934年3月),青岛市档案馆藏:B63-1-335。
③ 《济南妇女红卍字会职员表》,山东省档案馆藏:J162-01-15-3。
④ 《牟平红卍字分会暨附设恤养院概况说明书》(1951年8月16日),烟台市牟平区档案馆藏:23-1-1。

表 6 - 1   1932 年青岛女道德社暨妇女红卍字会成员简表

职　级	道　名	求修时间与地点	何人眷属
社长、会长	丛萱南	1928 年 3 月,济南女社寄修	丛良悟之妻
首席责任社长、副会长	丛世俭	1929 年,济南女社寄修	丛良悟之妇(妾)
责任社长、副会长	邢萱悌	1930 年 2 月 24 日,济南女社寄修	邢悟慈之妇妻
责任社长	田萱正	1930 年 2 月 24 日,济南女社寄修	田联辉之妻
责任社长	王云正	1930 年 2 月 24 日,济南女社寄修	王修玄之妻
维护社长、副会长	迟萱柔	1930 年 2 月 24 日,济南女社寄修	迟君实之妻
值日社长	梁善慈	1930 年 2 月 24 日,济南女社寄修	梁寰玄之妻
社　监	丛云献	1928 年 3 月,济南女社寄修	丛良悟之女
责任社监	丛云仲	1928 年 3 月,济南女社寄修	王尘修之妻
责任社长	李天瑞	1930 年 4 月 2 日	李淑周之妇妻
责任社监	宫海仁	1930 年 8 月 6 日	宫丛和之妻

资料来源:据《青岛女道德社职修各方任职年限及功行成绩调查表》(1932 年 6 月 7 日)整理,青岛市档案馆藏:B63 - 1 - 333。

　　青岛女道德社暨妇女红卍字会成员系青岛道院修方之家属。如青岛道院统掌丛良悟(道名,原名丛良弼)之妻丛萱南、妾丛世俭、女儿丛云献均加入青岛女道德社,并分别担任青岛女道德社暨妇女红卍字会的社长、会长,首席责任社长、副会长,社监。表 6 - 1 内姓名诸如丛萱南等均系道名且从夫姓。另一份档案资料显示:丛萱南原名丛迟静淑,64 岁;丛世俭原名丛刘婉英,42 岁;邢萱悌原名邢迟月松,45 岁。[①]

　　这些妇女之所以加入女道德社暨妇女红卍字会,主要有两方面原因。一是丈夫的带动。道院发起者认为:男女应该同修,但道院只是男子求修的场所,男女有别,于是设立女道德社。"各院方知道化之推展,内坐外慈之不可偏废,即知院社男女之关重要。一阴一阳谓之道,若有男无女,则阴阳有偏,以失大道之真,又何以言扩展乎?"[②]男女同修还可以增加"功候"。因此,道院修方的家属成为女道德社的主要成员。二是"功德成仙"观念的影响。"功德成仙"是道院修方求修行善的内在驱动力,妇女加入女道德社暨妇女红卍字会也同样基于这一观念,妇女红卍字会即

[①] 《世界妇女红卍字会青岛分会送中华女总会函》(1931 年 3 月 18 日),青岛市档案馆藏:B63 - 1 - 331。
[②] 《济南女道德社十二周报告》,《坛训》第 4 页。

为其开展慈善活动的组织依托。同男子一样,坚诚的女修方也能证果赐位。①

五、思想理念

女道德社同道院一样,亦遵从"内修外慈""道慈双修"的理念,"以静坐为内功,善行为外功"。② 女道德社的活动主要是以"莲台圣"或"老祖"等神仙的名义劝导妇女对内积极修养身心、砥砺品德,对外积极参与社会活动。

针对中国妇女素有求神拜佛以祈福的现状,女道德社指出其不足:"徒知西庙去烧香,东庙去上供,妄冀神灵之保佑,这不个(过)是一种迷信罢了。既入迷信,则非但祈祷之无灵,而人心风俗,必将随此迷信而日趋日下了。这岂不是妇女们信神的坏处吗?"并试图为妇女拜神指出正确途径,"做善者降之百祥,不善者降之百殃。从来神明的鉴察,原是丝毫不能错的。然为善始可获福,不在口头的信仰……必德以修身,善以养心……总要把这修己度人的两种功夫,切实的做去,那才是信神的真精神,自获无边无量的福德,万莫学那世俗的迷信"。③ 可见,女道德社反对盲目、消极偶像崇拜,主张积极修身养性,从事慈善活动。

女道德社试图改良传统伦理道德,特别是调适家庭成员和谐关系的伦理规范。在这方面,女道德社对传统"三从四德"的重新阐发是突出表现。传统"三从"为:未嫁从父,既嫁从夫,夫死从子;"四德"是:妇德、妇言、妇容、妇工(妇女的品德、辞令、仪态、女工)。经女道德社解释后的"三从"是指:"上孝父母,敬翁姑。中和妯娌,睦戚党,顺丈夫。下慈子爱女";"四德"曰:"贞静操守,妇德也。庄肃端敬,妇容也。言谦语和,妇言也。妇工,即勤俭持家、烹饪缝织是也。"④两相对比,女道德社更着眼于更张传统的"三从",突破以往女子完全听从于男子的藩篱;"四德"并无实质性变化。而传统"三从四德"中,"三从"才是对妇女束缚的关键。下面这则训文可看作女道德社对新"三从"具体、全面之阐释:

> 如今的妇女们,往往以东庙烧香,西庙求神,以为修的,不知那是世俗的迷信,如何能算为修呢? 又有以服药辟谷,烧丹炼气,以为修的,不知那是旁门的伎俩,更不能算是个修子了。所谓修者,乃是修日用伦常的大道,如妇女们的

---

① 《济南女道德社十二周报告》,《坛训》第 7 页。
② 《中国地方志集成·民国东平县志》,第 54 页。
③ 《破除迷信》,谢冠能编:《道德精华录续编》卷七,第 105 页。
④ 《设社宗旨》,谢冠能编:《道德精华录续编》卷七,第 8 页。

职务,第一要改良家庭。家庭中最关紧要者,厥有三端,吾试为诸方告白告白。第一,是孝顺翁姑。诚以翁姑年老,动转须人,为妇的,当如何辅助丈夫,服劳奉养,那才算尽为妇之道。每见今世的妇女们,于自己儿女,异常的亲爱,至于堂上的二老,反觉其老迈无能,可有可无。俗语云:孝顺还出孝顺子,无义还生无义郎。我既不孝顺翁姑,那(哪)能盼见儿女们孝顺我呢?这是第一要注意的。第二,是和睦妯娌。常言道的好,和气致祥,厉气致殃……为妯娌的,当如何你忍我让,才算尽其道理。常见今世的妯娌,每因些须(许)小事,今日吵,明日闹,闹的大好家庭,反分崩离析,这岂不可惜么?这是第二要注意的。第三是教养子女。子女的衣食寒暑,为母的固常注重。然于为子的,必教以读书明理;为女的,必教以针黹勤俭,那才算教养兼施啦。莫要学那溺爱不明的,放纵子女,倒把子女们害了。以上三端,为妇女的能切实做去,这家庭也就改良大半了,也就算是女中的铮铮了,也就不负这个修字了。①

该文用平实、通俗的地方白话劝导妇女,试图调和家庭伦理关系,维持家庭和睦。应该指出:女道德社强调妇女应顺从丈夫,侧重的是妇女对丈夫的辅助与配合,并非盲从。

还有训文曰:"大道不仅限于社内,就是不说无益身心的话,不作无益身心的事,这就合乎道了。例如在家庭中,对于翁姑父母要孝顺,对于妯娌姊妹要礼让,对于子女要管教慈爱,对于仆女要宽厚,伉俪之间要和睦。如果能够节节履行,这就是大道运化的表现。"②女道德社虽然保守一些传统伦理道德,但业已突破等级森严、男尊女卑的旧观念,意在探寻和谐的家庭伦理观念,发挥妇女在家庭中的作用,使长幼有序、家庭和谐。联系民国初年传统道德价值观念骤然崩坍、新道德价值观未及建立的社会形势,不难发现女道德社试图改良传统"三从四德",维护家庭和谐所蕴含的积极意义。

女道德社鼓励妇女不要轻看自己的能力,应该和男子一样走向社会,投身慈善救助活动。有训文指出:

有人说为妇女的足不出庭户,字聊识之无,又多是智识简单,如何能担当这样的大责任宣道行慈呢?何况一言道则不离乎慈。大凡慈救的任务,必须实行调查,真心拯救,身临其地,然后才能得其实施的效果。为妇女的如何能担任这样的大责任呢?哈哈,凡世间不论男女,一言慈救,总离不开一个仁字,

① 《破除迷信》,谢冠能编:《道德精华录续编》卷七,第104页。
② 《滕县女道德社开幕科文》,滕县女道德社,1937年,第14页。

可是这个仁字,就是妇女们良知良能了。妇女之仁,这一句话,无论何人都是知道的。既有此仁,就有行慈作善的真正根本⋯⋯为妇女的万不要妄自菲薄,轻把自己看成为无用之人。果能从这固有的一点仁心做起,不但慈救能以得到了真实的好处,就是这道化推展,也与这仁心仁德大大的有个关系。①

女道德社成立世界妇女红卍字会从事慈善活动的目的之一,即以此组织为依托"以张女权而利慈务"②。

女道德社还对传统"女子无才便是德"的古训予以新解:

> 自古至今,妇女界才德兼全的,实在不可多得。但是有德无才,究竟也不过落个拘迂自守的名号。要是有才无德,那就要有轨外的行动了⋯⋯纵然有才,也不过借才以济其恶罢了。所以古人有这样的经过,才说了一句女子无才便是德的话。可是有才智怎么就不好呢?但是有才无德,那就恐怕依才济恶,就不如无才的好了。③

在上述"德才之辩"中,女道德社注重妇女德才双修,强调个人德行对正确发挥才智的重要性。这亦是中国儒家文化"先器识而后文艺"的表现。女道德社主张妇女德才双修、重德重才的理念,不仅是当时中国妇女界涌现出的新思潮,亦是中国传统文化在近代嬗变的重要表征。

女道德社劝导妇女修身养性、积极从事慈善活动,以及调适、改良家庭伦理关系的种种表现,说明部分妇女已经逐步摆脱传统纲常伦理的束缚,自觉步入一条温和、稳健的追求妇女自由和权利并发挥自身主观能动性的妇女解放之路。

六、发展概况

女道德社自济南母社筹备所创立以来,由于各方面条件之限制,虽然至 1923 年底全国各地成立近 18 个女道德社,1924 年底近 30 个,但实际发展极不理想,与道院创立初期的情形相去甚远。

济南女道德社作为母社,用了近两年的"筹备"时间,几经波折,才"正式告成"。筹备期间,"实无若何成绩,仅从事筹备而已",不仅"女方进修仅只数人",即筹备所

---

① 《济南母社十二周纪念大会议事录》,济南女道德社,1935 年,第 7-8 页。
② 《青岛妇女卍字会之创设立案》,青岛市档案馆藏:B63-1-1-1。
③ 《济南母社十二周纪念大会议事录》,第 9 页。

地址也"屡经迁移,癸亥正月迁至母坛,五月迁至新街刘宅,十二月迁至司里街",至"正式告成"后的 1925 年,又"迁至仓巷",翌年即"丙寅八月始购妥上新街社址"。[①]母社的情形尚且如此,其他女道德社的艰难发展情况亦不难想见。

据《各地女道德社临时慈务表》可知,所有在济南女道德社"正式告成"以前成立的女道德社,没有一个报告说有实际行动;而据《全国女道德社永久慈务统计表》可知,直至农历丙寅即 1926 年,全国范围内女道德社的"永久慈务"仍是空白。[②] 各地成立的女道德社,还没有开展像样的活动。从这些女道德社统计报告的"临时"即小规模、零星慈善事务情形推断,情况好的也许与济南女道德社类似,大多数还不如济南。自济南女道德社筹备所成立至 1923 年底,各地总计成立 17 个女道德社,其中仅京兆、上海、安庆、太原、济宁、潍县、泰安、蚌埠八处递交"临时慈务表",其余各处无报表。在有统计报告的女道德社中,只济宁一处含糊其辞地说"施放棉衣,每年施放多少,须视款额如何而定多寡",[③]未明确表示 1923 年底以前是否开展了工作。有的女道德社是否已开展工作但没有上报呢? 这种可能性极小。一方面,这次大会是女道德社创立以来召开的第一次也是唯一一次大会、公会,道院十分重视,以"莲台圣"的名义于事前反复训示做好各种准备,历经近一年时间,是各社展示"道慈"成绩的大好时机,有成绩不会不报。另一方面,1923 年底以前成立的女道德社如天津、南京、下关、益都等均派代表与会,[④]如果她们开展慈务活动,应不会没有统计报告。

1924 年成立的 10 个女道德社均未派代表参加 1935 年的十二周年纪念大会,不过商邱一处却有慈务报告:"冬赈,每年冬季劝募约千余名";"施放棉衣,每年函请北平卍会";"施种牛痘,每年自二月十五日起至立夏止约三百余名"[⑤],未说明哪一年始开展这类活动,更未说 1924 年是否开展了活动。这一事实以及至 1923 年底成立的 18 个女道德社或派代表参加会议但没有慈务报告的情形,表明:派代表与会的不一定有慈务报告,未派代表与会的不一定没有慈务报告;而没有慈务报告

① 《济南女道德社十二周事略》,第 21 页,《济南女道德社十二周报告》。所谓"母坛",最初即设在道院创始人之一刘福缘(道名,本名刘绍基,字绵苏)家中,并确定"经坛重地永不迁移",刘从滨县来济南之初,"住院东大街皇亭门口对过"。这里所说从母坛迁至刘宅,应是母坛随刘宅由皇亭口迁至新街,而不是母坛与刘宅分离。参见吕梁建编:《道慈概要》卷上,第 37 页;初中池口述:《我所知道的济南道院》,山东省政协文史资料研究委员会编:《文史资料选辑》第 19 辑,第 193 页。

② 《各地女道德社临时慈务表》《全国女道德社永久慈务统计表》,均见《济南女道德社十二周报告》。

③ 《各地女道德社临时慈务表》,第 30 页,《济南女道德社十二周报告》。

④ 《济南母社十二周纪念大会议事录》,第 1－20 页。

⑤ 《各地女道德社临时慈务表》,第 24 页,《济南女道德社十二周报告》。

基本上可说明其未开展慈务活动。

因此，女道德社在创立之初的几年里，只是按照道院组织理论体系的要求着手建立，未开展规模活动。这与道院在 1921 年创立后，至 1923 年底、1924 年初四处开展活动甚至携款至日本赈灾，在全国"十九省区及日本"统计"设院一百二十二处"①的情形不可同日而语。尽管"老祖"要求凡有道院的地方，均应推设女道德社，但时代所决定的男女社会地位和角色差异还是充分显现出来。

在集数种功能于一体的道院组织系统中，世界红卍字会声名最响，道院其次。女道德社虽是女道院，也附设妇女红卍字会专门从事慈善事业，但由于社会和自身条件限制，女道德社暨妇女红卍字会的发展和活动，均依赖男子的道院和红卍字会。

有回忆文章认为，南京国民政府成立前，是道院组织体系"顺利发展并达到顶峰的时期"，而南京国民政府成立至日本发动全面侵华战争前，则"是拼命挣扎存在的时期"。②事实并非如此。南京国民政府成立后，世界红卍字会道院的发展一度遇到困难，但没有影响其继续活动，现存每年一届的道院"公会议事录"即明证，1932 年先在上海召开预备会，又至济南召开正式"立道大会"，制定道院六年发展规划，修正《世界红卍字会大纲》，确定筹建母院建筑；1935 年重新立案成功。世界红卍字会自民国"十一年十月，内务部批准成立世界红卍字会中华总会"至"（民国）十八年、二十三年，复两次在社会局立案"。③凡此均说明道院组织体系在南京国民政府成立后仍继续发展。女道德社的情形亦复如此。

南京国民政府成立前，女道德社处于创立和初步发展时期，体系还不健全。济南女道德社于农历辛未正月即 1931 年初奉训改为"母社"。据 1935 年统计，女道德社自创始至 1927 年，全国共设立女道德社 51 个；至 1935 年下半年，计"推行总、主及各地分社一百四十八处"④，将近 1927 年以前总和的三倍，也基本搭建起女道德社的框架体系。南京国民政府成立后，女道德社进入稳步发展时期，但在日本发动全面侵华战争后走向衰落。

---

① 初中池口述：《我所知道的济南道院》，山东省政协文史资料研究委员会编：《文史资料选辑》第 19 辑，第 202 页；纪耀荣：《济南道院暨红卍字会之调查》。

② 初中池口述：《我所知道的济南道院》，山东省政协文史资料研究委员会编：《文史资料选辑》第 19 辑，第 214 页。

③ 吴廷燮等纂：《北京市志稿·民政志》，北京燕山出版社，1998 年，第 219 页。

④ 何素璞：《济南女道德社十二周报告序》，《济南女道德社十二周报告》；《济南女道德社十二周事略》，《济南女道德社十二周报告》，第 1—8、13 页。

► 内部活动篇

第七章

扶乩辨正

一、劝善教化功能的解读

扶乩也叫作扶箕。刘平认为:"扶乩,也叫扶箕、飞鸾……'飞鸾'之名,大概是因为神仙驾风乘鸾,故有此名。"[①]游子安认为:"扶乩即问卜、求神降示的方法,又称扶箕、扶鸾、飞鸾(因传说神仙降临时都驾风乘鸾)。"[②]扶乩(箕)即扶鸾、飞鸾的观点还有待商榷。晚清民国时期的徐珂指出,扶乩(箕)与飞鸾、扶鸾不是一回事:"有人谓之(扶乩)曰飞鸾或扶鸾者,其实飞鸾与扶乩本两事,混而为一者误。飞鸾之耗费甚巨,手续亦繁,先一年即摒挡种种,飞时亦须阅三四月始竣事。"[③]

较早对扶乩进行专门研究的许地山认为,近代扶乩可以追溯至唐代的迎紫姑神。文人参与扶乩大概起源于两宋,而在明清科举时代最流行,几乎每府、县都有箕坛。扶乩除了问试题、功名、生死、国事、医药等外,道德劝善也是其重要目的。

---

① 刘平:《文化与叛乱——以清代秘密社会为视角》,商务印书馆,2002年,第196-200页。
② 游子安:《劝化金箴——清代善书研究》,天津人民出版社,1999年,第52页。
③ 徐珂编撰:《清稗类钞》第10册,第4547页。

许地山说,自己所处的时代各处乩坛都能得到劝善的乩语。① 对扶乩与劝善关系的精辟诠释,当属日本学者吉冈义丰的相关论述,他指出:

> 贯串中国民众宗教思想的是:"善"这个字。"善"不仅关系到民众的宗教思想,它也是中国人所有思想的主干……"善"是生存于复杂历史社会的中国人所可以永远依靠的;如果失去了它,人生的冯藉将完全崩溃;这是任何东西也难以取代的生活必需品。对中国人来说,善并不只是平面的伦理道德之劝诫语词。它是中国人谋求社会生活时,视为与生命同价、或比生命更可贵、而谨慎守护的中国人之"魂"。

> 贯串于民众宗教信仰深处的另一要素是"乩"。"乩"又名乩笔,是书面的神谕、神训。民众的宗教活动,对出现于"乩"上的神训,寄以绝对的信赖。总之,中国民众宗教的历史特色,是民众相信善意和乩示,然后加以护持。②

扶乩与善书的联系离不开文人和士绅的参与。伴随着明清时期因果报应观念的普遍流行以及士绅道德教化权威的塑造,特别是明末清初之际出现的善会、善堂等慈善组织,士绅已成为社会中坚和地方主导。当社会秩序出现动乱或异常时,他们不仅组织各种慈善救助活动,而且宣讲道德教化,民间善书的流行很大程度上因此而起。鸾堂和扶乩是善书形成的关键,宋光宇通过对清代台湾善书与善堂的考察,认为:"扶乩实际上是地方士绅阶层对地方百姓的一项社会教育活动。"③酒井忠夫指出:"由于扶乩习俗也流行于上层官僚知识人之间,因此不仅清代通俗的小型新善书,且由上层知识人或其集团所制作的多数大型善书,也是依据乩示的仪礼方式创作的。"④

19 世纪中叶以降,民间善书多由鸾堂扶乩编写而成。咸丰十一年(1861),关帝降笔《救生船》的序言曰:"示之以乩象,导之以游冥,诱之以笔录鸾书……辅圣谕之宽宏,振宣讲之坠绪,化世俗之顽梗。计自庚子以来,坛开千余处,书成数百种。"⑤夹杂着因果报应、鬼神观念的扶乩劝善话,席卷了中国社会,上至社会精英,

---

① 许地山:《扶箕迷信的研究》,商务印书馆,1999 年,第 65 页。
② [日]吉冈义丰:《中国民间宗教概说》,《原书序》第 5 页。
③ 宋光宇:《清代台湾的善书与善堂》,见林富士主编:《礼俗与宗教》,中国大百科全书出版社,2005 年,第 401 页。
④ [日]酒井忠夫:《近现代中国的善书与新生活运动》,赖旭贞译,见王见川、柯若朴主编:《民间宗教》第 2 辑,第 93 页。
⑤ 游子安:《善与人同——明清以来的慈善与教化》,第 103 页。

下及普通民众,无不深受影响。19世纪70年代前后,郑观应作《救时揭要》,体现了作为思想"先觉者"的慈善救济理念。他指陈,广东"神会""梨园"之风盛行,糜财甚多,不若将此资费用于济世救民:

> 耗此费者,年中不知几许。以有用之财,作无益之事。何知集资效范文正公之创义仓、开义学、设育婴堂、收埋路尸、舍药施医,利民利物,作方便阴功,足以邀天之佑乎?若无救济之功,而徒费资财,欲邀冥福,是未耕而求获耳。鬼神在天之灵,亦悯世无知,开鸾降乩,劝人为善,修身为本。无奈世人迷而不悟。有心世道者宜出示严禁,开导愚蒙,使省梨园神会之资,改作济世救民之事,岂不善哉![①]

为劝告世人戒杀、放生,郑观应引用吕祖的话告诫世人:"尔欲长生,须放生。这是循环真道理。他若死时,你救他;你若死时,天救你。延生、生子无别方,戒杀、放生而已矣!"并表示:"愿结同志,体天地好生之德,仿古人爱物之心,令一切物命出诸割烹之地,还其飞跃之天,消一生之罪孽,保一生之安康。岂非胜求冥福,而徒念经拜佛者哉?又能推爱物之心,为爱人之举,乐施孝友,济弱扶倾,救人一命,胜救百万生物,其功德不可量矣。"[②]吕祖即道教神仙吕洞宾,是乩坛最重要且经常临坛的神仙。据包天笑(1876—1973)回忆,江南一带的乩坛,"必定有一位主坛的祖师,那时最吃香而为人所崇奉的,就有两位,一位是济颠僧,一位是吕洞宾。大概信奉佛教的是济颠僧,信奉道教的是吕洞宾。不过济颠主坛的,洞宾亦可降坛;洞宾主坛,济颠亦可降坛,他们是释道合一,是友不是敌。"[③]郑观应所引吕祖的话即吕洞宾临坛出示的乩语,可见他也认同扶乩劝善。

由扶乩产生的众多劝善书在民间社会流布,对民众思想形成持久而广泛的影响。著名神学家、曾任燕京大学宗教学院院长的赵紫宸,在接触基督教之前深受善书所宣扬观念之影响。赵家藏书不多,善书却居其半。他经常翻阅《觉世经》《劝世文》《阴骘文》《太上感应篇》等善书,并作评点,"又会在晚上将《刘香女宝卷》读给母亲听,每念至刘香女受苦修行之处,便禁不住下泪,泣不可止,事后仍不断思想宝卷

---

① 《论广东神会梨园风俗》,夏东元编:《郑观应集》上册,上海人民出版社,1982年,第35页。
② 《劝戒杀放生论》,夏东元编:《郑观应集》上册,第39、40页。
③ 包天笑:《钏影楼回忆录》,(香港)大华出版社,1971年,第69-70页。

的内容"。^① 这些善书以基层民众为主要对象,对传统社会民间信仰以及风俗的形塑与衍变产生重要作用。正如刘子健所言:"最能代表中国多数人信仰的不是《论语》、不是《传灯录》、不是《近思录》、不是《道德经》,而是这些大批各种的善书。"^②

扶乩在清末民初之际十分普遍,多数是公开活动,一般设于善堂内。包天笑回忆幼年时代,"扶乩之风,很为盛行,尤其是在江南一带。即以苏州而言,城厢内外,就有十余处。有的是公开的,有的是私设的。公开的人人皆知,大都是设立在善堂里,很有许多人去问病,求事,甚而有去烧香的。私设的带点秘密性质,不为人家所知,即使亲戚朋友知道了,要去问病求方,也只能托他们主人,代为叩问的。"^③其实,扶乩不仅在江南盛行,北方亦很普遍。1920 年前后,陈撄宁说:"乩坛之事,不知始自何时,而逊清二百六十年间为最盛,专家记录,多不胜书。民国纪元,于今十稔,前朝旧习,大事变更,惟乩坛之设,几乎遍满国中,非徒未衰,反加盛焉。"^④这种情形也为在华传教士所关注,他们在调查报告中说,扶乩这种形式的活动很普遍,并有增长的趋势。^⑤

如前述包天笑回忆,乩坛除公开的外,还有私设的带点秘密性质的。此处私设的乩坛是相对于善堂的公开乩坛而言,在私家设置。对扶乩颇感兴趣的陈撄宁曾在家中设了这样的乩坛。1920 年左右,他在上海法租界民国路寓所内"僻静室一间,供奉诸位仙师,香花茶果,沙盘乩笔,安排妥帖。偶遇天气晴和,风清月朗,辄聚集二三同道,虔诚叩请,必有上真临坛,传授玄功口诀。若问人世之吉凶祸福,则不肯明言。如此者已经过十载光阴"^⑥。其夫人吴彝珠回忆说:"彼时余设诊所于法租界民国路,医务之暇,辄与通邃道人(黄邃之)于密室中扶乩请仙以为乐。每星期日,并招待一班道友,谈玄说妙,如此者历十有余年。"^⑦陈撄宁在家中扶乩长达十年之久,形成自己对扶乩的看法和见解,认为:

> 夫以乩仙为可信,而问灾问福,求名求利,虽偶有奇验,而失败者多;或以

---

① 邢增福:《寻找真实的信仰:赵紫宸的宗教经验》,见刘家峰编:《离异与融会——中国基督徒与本色教会的兴起》,上海人民出版社,2005 年,第 255 页。

② 游子安:《善与人同——明清以来的慈善与教化》,第 194 页。

③ 包天笑:《钏影楼回忆录》,第 68 页。

④ 吴亚魁:《生命的追求——陈撄宁与近现代中国道教》,第 41 页。

⑤ 何乐益(Lewis Hodous,D. D.):《基督教以外的中国宗教》,中华续行委办会调查特委会编:《1901—1920 年中国基督教调查资料》上卷,第 110 页。

⑥ 吴亚魁:《生命的追求——陈撄宁与近现代中国道教》,第 44 页。

⑦ 洪建林编:《仙学解秘——道家养生秘库》,第 812 页。

乩仙为全不足信,而嘻笑怒骂,排斥无遗,虽暂快一时,而流弊滋甚。故迷信与不信二者,皆非知乩仙者也。宇宙间自有一种不解之玄理,极古今圣哲,亦难抉其奥而释其疑。世界各大宗教,皆根此玄理而成。无论科学如何发达,而宗教偏超然独立于科学范围之外,凭神力以维系人心。一神多神,门户虽异,宗旨皆同,苟世界人类一日不能明了世界构造万物生成之原理,则宗教神权,一日不能消灭。破坏神权,不啻破坏公共安宁之幸福,大乱即由此而生。乩仙也者,亦神权之保障,宗教之明灯。愚夫信仰,事宜固其然;上士随缘,勿持诽议。则天人感应之理,自可默契于无言矣。[①]

陈撄宁既非完全相信扶乩的灵验,求问灾福名利,亦非全面排斥,认为迷信与不迷信皆不能正确认知扶乩。他将宗教和科学看作两个不同范畴,未将二者截然对立;肯定宗教维系人心、维护社会安宁之作用,对扶乩有着了解之同情。这种理解亦着眼于扶乩的教化、劝善功能。

像陈撄宁在家中设私坛的现象并非个别。包天笑的舅祖"桃坞吴氏"家里亦私设乩坛,由济颠僧主坛,两人扶笔,一人录谕。这个乩坛除包天笑的舅祖与其两个儿子外,一般人不能进去,女人尤为禁忌。后来因为其中一人生病,其舅祖要当时年仅 12 岁的包天笑做录谕的工作,包天笑得以参与扶乩。包天笑回忆说:"我总疑心这扶乩是人为的,假造的,不过借神道设教罢了。但是许多高知识阶级的人,都会相信这个玩意儿,我真解释不出这个道理。最近几年前,上海有一处有一个乩坛,主坛者叫做木道人,我的许多朋友都相信它,而这些朋友,也还都是研究新学的开明人物呢。"[②]创办中华书局的近代开明人士陆费逵也谈及自身经历和体验,他说:"余素不信鬼神之说,十余年来,辟佛老、破迷信,主之甚力。丁巳之秋,杨君宇青(按:上海灵学会发起人之一杨璿的父亲,曾在上海中华书局工作)创乩坛,余从旁眷录,始而疑,继而信。"[③]因此,扶乩并非秘密见不得人的骗术。许多学者、开明人士参与扶乩,说明扶乩在彼时是一项公开、流行的活动。扶乩还有不易参悟透的玄机,要解开这个玄机,就像许地山所说的,需要专门的心理学、心灵学知识,切不可盲目相信所谓玄机,陷入迷信,"扶箕不过是心灵作用的一种表现。当一种知识

---

① 吴亚魁:《生命的追求——陈撄宁与近现代中国道教》,第 43 页。
② 包天笑:《钏影楼回忆录》,第 71-72 页。
③ 黄克武:《民国初年上海的灵学研究——以"上海灵学会"为例》,见姜进主编:《都市文化中的现代中国》,华东师范大学出版社,2007 年,第 156 页。

去研究它,当会达到更了解心灵交感现象的地步。若只信它是神秘不可思议,沙盘上写什么就信什么,那就会坠落魔道了"①。徐珂也指出:"新学家往往斥扶乩之术为迷信,其实精神作用,神与会合,自尔通灵,无足奇也。"②

民国时期慈善组织多采用开坛扶乩的方式劝人行善积德。清末民初著名慈善家王一亭参与创办民国史上较有影响的中国济生会。该组织的资金来源多靠开坛扶乩筹措,数额甚巨,"济公临坛,指明某人捐多少就是多少,故动辄筹集数十万乃至上百万的经费,皆由此而来"。③ 不仅如此,王一亭还于乩坛上皈依佛门。1938年,太虚撰文纪念王一亭:

> 民六,上海有组设中国济生会者,以所谓济公活佛主坛扶乩,颇施医药及推行赈灾等慈善事业,长者亦于坛皈依济佛,法名觉器,由是称佛弟子。而济生会推长者为会长,每年筹赈南北灾难,恒集资数十万数百万元,而长者遂为上海乃至全国慈善家之巨擘。沪上之各善堂与诸慈济事业,鲜有不藉长者以为之号召者。④

可见,不仅文人、学者从事扶乩,佛教居士开办的慈善事业也利用扶乩筹募资金。印光强调学佛的人不应参与扶乩之事,但他不任意贬斥扶乩,认为以行善为目的之扶乩值得推许。⑤ 范纯武考察近代佛教与扶乩互动关系后认为,民初的佛教改革派接受扶乩与佛教发展并存的事实。⑥

在上述对晚清至民初流行全国的扶乩活动之劝善教化功用分析的基础上,我们接下来进一步探讨道院之扶乩。

二、反对迷信、力行劝善

20 世纪 30 年代,学者兼基督徒王治心认为,道院"大约是变相的道教","用扶乩的方法,引人信仰。并且揭橥所谓大同胞主义,以为世界各宗教,皆可融合。所

---

① 许地山:《扶箕迷信的研究》,第 115 页。
② 徐珂编撰:《清稗类钞》第 10 册,第 4547 页。
③ 于凌波:《中国近现代佛教人物志》,宗教文化出版社,1995 年,第 348 页。
④ 太虚:《追念王一亭长者》,《太虚大师全书》第 33 卷,宗教文化出版社,2005 年,第 221 页。
⑤ 陈剑锽:《圆通证道——印光的净土启化》,(台北)东大图书公司,2002 年,第 85 - 92 页。印光护教立场坚定,但他未料到,就在他圆寂不久后,1940 年北京悟善社称"印光临坛"并降下坛训。(高坦:《扶乩》,全国政协文史资料委员会编:《旧中国的社会民情》,安徽人民出版社,2000 年,第 499 页)
⑥ 范纯武:《近现代中国佛教与扶乩》,《圆光佛学学报》1999 年第 3 期。

以无论信仰何种宗教，皆可自由。他们用扶乩术治疾病，卜凶吉，迷信得很厉害"。① 道院并非道教之流变，更非道教之道场——道院（道观）。"道院所指之道，是生天地人类万有的先天大道，在后天说也就是不偏不倚、人生不可须臾离的中庸大道。道教为五教之一，而五教又皆为大道之一端。"②1922 年制定的道院院章也开宗明义地指出，道院以"提倡道德，实行慈善"为宗旨，"与专研道教者有别"。

道院崇尚的"道"既非玄虚神秘之道，又非道家或道教之道，而实系儒家孔孟之道。早在滨县时，临坛的太乙老人即后来道院的至高神——"至圣先天老祖"说，"吾之所谓道者，亦即孔孟之道也。吾言有未详，孔孟之书，已先为吾言之。"③后来还进一步阐明不管是身心性命之学、还是日常生活之理皆是"道"，"道者，圣道也，亦天道也。大之则身心性命之学，小之即日用事物之理。《中庸》所谓不可须臾离者。此吾道院之道，实非惊奇炫异之举。世人不察，以为迷信之宗教，亦不知其真理耳。"④1929 年 7 月，"老祖"临烟台道院乩坛训示："老人之立院于世，不过以中庸之道，自然大化，以勖诸子，而挽世劫，渡人渡世，平乱反盛，并弗尚乎惊奇炫异也。务望各子善自体悟，勿妄谈灵异，自陷于迷信。"⑤

反对宗教者或新派文人因道院内有扶乩，指责其为迷信机关，实未能真正了解道院劝人修身行善的宗旨意趣。道院一直反对并主张破除迷信，他们重视向社会呈清真相，宣传"道"之真正意涵。1931 年，南京、安庆、无锡、下关、常州道院共同提出《拟请解释道之真相破除迷信案》："吾院会世人多疑为迷信机关，若究其实，不独不是迷信机关，且系破除迷信机关。少明道旨者当能知之，其不能表白于世者，良乏宣传之力耳。拟请此次公会对于院内设置一切，宜有明确之解释。"⑥道院对自身的供神活动并不讳言，但将其与迷信划清界限，指出："吾人信神，是信仰修养性灵、解除人类痛苦、先天自然而无为的大道，绝不是迷信谋个人声色货利有为的途径，可知信仰与迷信，绝然两事。"⑦既然崇奉神圣仙佛不是迷信，什么活动属于迷信呢？道院人士认为："信鬼神可以祸福人，而奔走祈求，欲以免祸邀福者，谓之

① 王治心：《中国宗教思想史大纲》，第 232－233 页。
② 《道慈问答》，第 3 页，青岛市档案馆藏：B63－1－247。
③ 吕梁建编：《道慈概要》卷上，第 31 页。
④ 天津道院：《实行推展学会以辅道之进行案》，《道院第九届公会议事录》，第 13 页。
⑤ 《举办赈济》，谢冠能编：《道德精华录续编》卷三，南京道院，1933 年，第 85 页。
⑥ 《道院第十届公会议事录》，第 68 页。
⑦ 《道慈问答》，第 4 页，青岛市档案馆藏：B63－1－247。

迷信。"①而道院之乩坛"为宣传大道,救世化劫","不以矜奇炫异相尚,亦不可以邀福祈佑相窥测。一切无意识之迷信,悉所屏除","非同荒陬僻壤,设坛请仙,要求福佑,妄事祈祷,假神道而惑世者比"。②

吉冈义丰指出:多数善书是由乩笔所成,只要有降神扶乩的结社,每日都会有新的善书形成。真正想了解民间的宗教思想,除了求诸善书之外,可说别无他途。③ 道院通过扶乩劝人行善的言论多以"坛训"的形式刊布,因此,要深入了解道院组织的思想,必须解读其坛训。以下分析道院刊行的相关训文,进一步了解其思想与意图。

1924年左右,"老祖"临阜阳道院乩坛出示训文,说明设坛扶乩之主旨:"吾道设院布坛,乃创化伊始,不得不以此聚善信以警迷顽。在院言修,侍坛问道,皆所以求身心之补益,非同他种机关,别有作用。故吾自临尘布化以来,绝口不谈政治,与夫党派之辨。凡入吾门,要当以立身为体,导善为用。"④其中,"聚善信以警迷顽""立身为体,导善为用"颇能说明其教化、劝善之目的。

道院详细论说信仰与迷信之区别:

> 信仰者,必有先知先觉,从个性之感觉上,穷究出一极明暸、极浑涵、极大、极真,可以为法,可以救世,可以收摄放心,可以藉之以发明一切至奥无尽的理,俾后世人类生活、世界治安、政教改良的一种标点,就是信仰的大原头。而后世有心人,就此种标点里面,详加研究,试办有效,随继先此者重为阐发,以唤醒后此之一般迷梦不醒的睡夫,不禁竭精穷力,大声疾呼,乃深知此中寓无穷的道理,确信不疑,是曰信仰。

对于何为迷信,道院强调:

> 迷信一面却有不然。此迷信者亦非无因,不过当局者,慢不加察,于是不顾个中所云是否正确,个中所事是否能行,盲盲从之,人云亦云,人非亦非,不能深加研究到底可信的真奥在什么地处,一味服从,一味附和,茫茫荡荡,如飞蓬转空,竟不知何所底止。是以此等信徒,多流于迷之一途,如神教内,专求福

① 素澂:《释信》,《道德月刊》第1卷第3期,1934年6月25日再版。

② 《世界红卍字会道慈研究所讲义》第1册《道慈纲要大道篇》,第101-102页。

③ [日]吉冈义丰:《中国民间宗教概说》,第89页。

④ 《设立道院》,谢冠能编:《道德精华录》卷一,南京道院,1927年,第100页。

免祸者均是。此等信徒，不失于迁魔，即惑于仙飞。古史可考，不必再赘。①

信仰是先知先觉者探求的理，这个理运用于现实，可以救世、救心，可以改良社会政教；经得起研究，能取得良好社会效果。迷信是不管正确、可行与否，一味盲从附和，拜神求福免祸的行为。

道院人士还进一步指出，道院的训文、事宜、行为、讨论，包括经典，均经修方集体研议，认为切实准确可行才付诸实施。其目的在于推广教化，开展慈善活动，进而消弭世乱、修养身心：

> 我院会社中，各修子，均深明至道，不但不流于迷信一面，即信仰中亦必深求其是，不敢冒昧从事。所以各修对于院会社一切训、一切事、一切行、一切讨论、一切经典，均切加精研，不使一条含糊下去，事事见真，针针见血，即坐即经，无不是见真之窍。见窍处，即所以不迷信处，不迷信处，即所以可为天下法后世则处。以此之故，所以各地各界各修子，均引起心灵内之真见解，以有真见解，是以有真信仰，有真信仰，是以大道日昌，慈善日广。而今天下弭乱之源、救世之策、兴教之道，均从此一真信仰内发挥出来，以弭乱，以善身，何有丝毫迷信以惑世人哉？②

道院借用扶乩劝人行善积德，特别是在号召捐款组织救济或筹设慈善机构时的训文中，临坛的神圣仙佛像长者一样，一再叮嘱修方不要错过积累功行的大好时机，不断给予鼓励。1929 年，西北甘肃、陕西、绥远等地区遭遇特大旱灾，西北四省"本年因灾死者六百万人，病者一千四百万人，流亡转徙者四百万人"③。"老祖"临烟台道院乩坛训示并做救济动员："厉气盘结，赤地万里。西北粮竭，易子而食，树皮短缺，其惨难言，目睹不忍也。今吾会各地，已有提倡募款之举，是真当仁不能他让也。今各界均已尽力援助，良以恻隐之心，人皆有之，拯溺救劫人人均有同情也。所望吾会各方，务各努力，以尽棉薄。勿贻不如偶为慈善，尚具热忱之讥也。各方勉之为要。"④同年亦在济南道院训导："当此浩劫弥深，众患丛生，灾横遍野，苦难流离之时，当以悲悯之怀，务以恤邻之念，而随时随缘随机随变而相机拯渡之。或济之于兵燹，或拯之于水火，或施之于饥寒，或养之于残废，其为道也应尽，其为慈

---

① 《邹平道院训文》，邹平道院，1933 年，第 15 - 16 页。

② 《邹平道院训文》，第 16 页。

③ 李文海、林敦奎、程歗、宫明：《近代中国灾荒纪年续编》，第 231 页。

④ 《举办赈济》，谢冠能编：《道德精华录续编》卷三，第 85 - 86 页。

也必与……各地各方,一体凛遵,是为切嘱切要。"①通常情况下,世界红卍字会均成功发动会员捐款助赈。对此有所观察的末光高义说:"即便利己心极强之支那人,在道院或红卍字会面前,平时系得紧紧的钱袋口也会豁然洞开,金钱毫不吝啬地从中飞将出来,道院和红卍字会的魔力令人叹为观止。"②

还有的训文鼓励修方行善从小事做起,莫以善小而不为。慧圣临福山道院乩坛训示:"诸方筹慈,近日亦煞费苦心矣。前日催办因利局,虽似小善,不可以为小也。盖世之乱,皆由小之失济所以生也。因利之设,岂可视其为小哉?假使小贫小苦,漠然无所拯救,势必各失其所。失所者多,则聚之实足以乱天下,是岂可以其小而忽之耶?"③1936年四平女道德社鼓励修方:"对于慈善事业,皆知勇敢直前,当仁不让於师已(矣)。各各要在实践,不可有分毫虚伪处。有分毫之虚伪,心中即增极大之污点。勿以善小而弗为,勿以恶小而为之。大慈大善,大功大行,皆成于小善。大恶大宄,大奸大凶,皆成于小恶。一念之善,扩而充之,不可思议之大功德,皆由此种其因。"④

最后,从扶乩的实践和学理上亦可看出道院扶乩的教化、劝善功能。包天笑在他参与扶乩事过二三十年后问其表叔:"你们的扶乩,现在坦白地说一说,到底是真的呢? 假的呢?"表叔回答说:

> 可以说真的,可以说假……譬如在乩坛上求仙方,假使教一个一点儿没有医学知识的人去扶乩,那就一样药也开不出来。若是有医学知识的人去扶乩,自然而然心领神会,开出一张好的方子来,使病家一吃就愈。再说:假使一个向不识字的人去扶乩,沙盘里也写不出来。但我们踏上乩坛,预先也并没有什么腹稿,并没有诌成一首诗,那只手扶上乩笔后,自然洋洒成文,忽然来一首诗,有时还有神妙的句子写出来。所以我敢认定一句成语,"若有神助",这便是我说的可真可假。⑤

扶乩涉及复杂的心理活动,但"巧妇难为无米之炊",不识文字或不懂医术的人不会在乩坛上有所表现。包天笑回忆其"录谕"时的情形,颇能说明这一点。他说:

① 《举办赈济》,谢冠能编:《道德精华录续编》卷三,第88页。
② [日]末光高义:《支那の秘密结社と慈善结社》,第358页。
③ 《筹办各种善举》,谢冠能编:《道德精华录续编》卷三,第113-114页。
④ 《四平女道德社坛训》,丙子(1936)年三月初四日起至十二月十五日止,第14页。
⑤ 包天笑:《钏影楼回忆录》,第72页。

不过在求"仙方"中,我较为困难,因为有些药名,我不熟悉,写了别字。但砚农表叔是知医的人,他一向研究医理,乩坛上开仙方,也是他主持的。于是他开了一张通常所用的药物名称单子,教我常常看看,到乩坛上临开方子,他更详细指示,谨慎检点,也就顺利进行了。①

许地山也指出:"扶箕是观念力与灵感活动的现象,有感当然有应,感应的表现就是箕示。这观念力与灵感多半是从在坛场参与扶箕请仙的人发出的。一二人扶着箕,十几二十人的观念力或思想力集中在扶箕者的身上,使他们不自觉地在沙盘上写字。说起来,所写出的离不开在场诸人的观念意志,与知识程度。"②因此,乩文内容反映的正是参与扶乩之人的能力、心理和意图。

道院明确规定:习乩者在习乩之前必须多读善书。③ 这是为了能够让纂方(扶乩者)在乩坛上写出劝人行善的文字。有的仙佛临坛,开宗明义地指出坛训皆为劝善之文:"道院为何而设也? 诸圣仙佛,何故不惮烦劳,降坛垂训也? 明教暗诲,类皆劝善之文,法语巽言,书属黜恶之训。"④道院乩坛所传经文,"大抵皆修身养性之学,所出训文,无非导人以修己度人之功。文字可以公开,毫无惊世骇俗之处"。⑤正如亲见道院扶乩的李佳白所言,道院的乩文从来没有教人做错事的启示。⑥ 纪耀荣的调查报告也印证了这一点:"所出的训文,都是处世修身的道理,以作道院中私人修养的读物。"⑦1934 年,道院借"关圣"之名在武汉道院训示:"夫刺沙垂训不过相机进导、循循善诱之意,而宏道立慈尚赖人为。若以刺沙、论道、膜拜、诵坐为修者之事已尽,则殊非吾院设坛垂教之本意,且谬以千里也。"⑧从这段话中颇能体味出道院借扶乩之术推展道慈事务的旨趣。

由上观之,道院的扶乩活动已经突破一般扶乩中拜神、求福避祸等私领域而转向在社会进行教化、劝善、号召民众修身养性、从事慈善活动等公共领域,其蕴含的社会意义不容忽视。

① 包天笑:《钏影楼回忆录》,第 71 页。
② 许地山:《扶箕迷信的研究》,第 98 - 99 页。
③ 《习乩室规则》,《道院各项附则、母院专则合刊》,第 59 页。
④ 《设立道院》,谢冠能编:《道德精华录》卷一,第 105 页。
⑤ 《世界红卍字会道慈研究所讲义》第 1 册《道慈纲要大道篇》,第 187 页。
⑥ 郭大松、田海林主编:《山东宗教历史与现状调研资料选》下册,第 307 页。
⑦ 纪耀荣:《济南道院暨红卍字会之调查》。
⑧ 《万院道训汇编》,第 1 页。

三、形似神异

道院的扶乩活动究竟属于哪种方式,加入道院的李佳白在20世纪20年代的记录为我们做了清楚的描述。他指出道院的扶乩有两种方式:

> 一种方式是用一根一码长的棍子,在中间靠右绑缚一根不足一米长的曲棍,一名男子站在桌子的一边,用左手拿着棍子,另一名男子站桌子的另一边,用右手拿着棍子,如是就在放置桌子上的沙盘里划出了字。只有这两个人才是发布启示的神灵的中介人。另一种方式是把一枝毛笔绑缚在曲棍上,在纸上写出字来。大多数启示是用规整的汉字写出来的。①

道院的扶乩活动与社会上公开的、私设的乩坛在形式上是否有所不同呢? 据包天笑的说法:

> 扶乩的技术,也分为两种,有两人扶的,有一人扶的。中间设有一个四方的木盘,盘中盛以细沙,上置一形似丁字的架子,悬成一个锥子在其端,名为乩笔。"神"降时,就凭此乩笔,在沙盘里画出字来。如果是两人扶的,便左右各立一人,扶住丁字架的两端;假使是一人扶的,一人扶一端,另有一端却是垂着一条线,悬在空中⋯⋯假如是两人扶的,每一次开乩,就得有三人。因为两人扶乩之外,还必须有一人,将沙盘中所画出来的字录下来,这个名称,他们称之为"录谕"。②

民国时期在华传教士通过现实观察亦记录:求神降示的方法有两种,一种是把一支毛笔绑在一张悬在梁下的弓上(叫作"悬乩");另一种是由两个人扶着一个丁字形的木架(叫作"扶乩"),在沙盘上写字,能够为人决疑治病、预示吉凶,甚至能和死去的人对话。③ 可见,道院的扶乩与社会上公开或私设的扶乩在形式上并无二致,而这种形式亦是秘密教门使用的形式。

秘密教门借用扶乩无非是宣扬组织领导者的神圣、神秘与至高无上,为其非法活动披上合法外衣。那么道院的扶乩活动是否也有神化主要负责人、塑造其绝对

---

① 郭大松、田海林主编:《山东宗教历史与现状调研资料选》下册,第307页。
② 包天笑:《钏影楼回忆录》,第70页。
③ 何乐益(Lewis Hodous, D. D.):《基督教以外的中国宗教》,中华续行委办会调查特委会编:《1901—1920年中国基督教调查资料》上卷,第110页。

权威的内容呢？以下再对几则训文进行分析。

1923 年 2 月 19 日,济南道院的重要创始人杜默靖病逝后,被道院封为"默真人",并被授予"天枢统监"的职位。[①] "真人"在道教中意指纯真无瑕的人,也即道教中的仙人。在中国传统社会中,所谓成仙并非只有道教之炼养一途;儒释道三家合流后,个人的道德修养、劝善、行善积累到一定程度亦可成仙,此即传统宗教文化中的"功德成仙"观念。道院将杜默靖奉为"默真人",说明道院已认同他通过个人道德修养以及劝善、行善积累的功德得到仙真果位。同年 2 月 26 日,"默真人"委托道院所谓"守沙王仙通"临坛济南道院出示训文,内容为:

> 默以凡庸,遽登枢要,自数历世功行,较诸先哲所谓三千八百者,甚无圆满之果。所以然者,因得机缘巧值,蒙老祖不次之恩,乃有此一步超升之果。自念叨据非分,益切惴惧。诸方与默亲炙有素,而本为大道所从出,此后诸端筹进,所望念默荒疏未完之愿,大众一心,力图弥缝其阙,使默少释疚心,亦诸方修功所在也。至于对默之侥倖成功,不可存歆羡心……若在修者于默徒怀敬仰,久而久之,必如世人之崇拜先哲,空具形式,而于真理正道,且淡然忘之矣。再,默之化也,本属事理之常,以世人不察之故,未免诧以为奇,尤望诸方弗以奇异相传。务挈正大之理,昭告于众,使无误会,而授非(诽)谤者以口。[②]

3 月 1 日,"默真人"临坛出示乩文:

> 自审生平,虽不敢缅越规矩,而于圣哲自持工夫,实愧未纯,乃得今果,能弗悚惶?诸方中,虽或与默仅托新知,究其因缘,固无一而非夙契也。此后望各以友谊所在,进而结成无穷期之道谊。念默在生,凡所未了之善愿,含群力以振兴之。[③]

仔细体味这两则训文,我们可以发现:虽然杜默靖死后被封为仙真,但这并非道院有意将重要人物涂上神秘的色彩。杜默靖作为道院的重要创始人之一,在道院中居于重要地位,有较高威望,但无论在其生前还是死后,道院均未刻意强化其绝对权威,更没有将其神化。道院还以"默真人"的名义在训文中反对将其神化。联系前述道院借扶乩形式传道兴慈,我们可以进一步理解道院以"默真人"名义出

---

① 济南道院修方敬述:《杜默靖先生坐化记略》,《哲报》第 2 卷第 11 期,1923 年 4 月 20 日。
② 济南道院修方敬述:《杜默靖先生坐化记略》,《哲报》第 2 卷第 11 期,1923 年 4 月 20 日。
③ 济南道院修方敬述:《杜默靖先生坐化记略》,《哲报》第 2 卷第 11 期,1923 年 4 月 20 日。

示的训文,主要内容是劝勉修行、群策群力,共同维进道慈事务发展。

此外,道院在肯定"至圣先天老祖"至高地位的同时,又反对将其神秘化:"各弟子之于老祖,当视为最高无上之家长,各各不可以玄奇之心而求玄奇之事,更不可以玄妙之念而求玄妙之护佑也。"不唯如此,道院还极力消除敬拜老祖的功利性,劝诫修方只有积极修行、行善,方是悟道之正途:"修道者,功行作到,不求老祖护佑,老祖亦护佑之。如功行未作到,而叩求老祖之护佑,不啻人之资格程度学识皆不到,而想作高官也。事皆有一定之情理,明乎情理,即明大道。各方弟子在日用寻常中庸之中,求道可已,不必以玄奇奥妙为希冀也。"①

道院主要负责人管理道院事务的方式,既非家长式,也非世袭制,而是遵守民主程序,分工合作。道院每年在母院——济南道院举行一次公会,届时全国各地院会,以及部分国外道院都派代表与会。大会由济南道院统掌主持,与会代表提前将所提议案函达母院。开会之日,民主商讨、表决议案通过与否,"提议事项以出席人数过半数之表示为可决或否决之标准"②,并非由大会主持者或权威人物裁决。道院公会程序和规则如下:

> 每日会议事项由主席核定,先一日编列议事日程,并将议案分送各代表依次讨论,其有两案以上事实相类者得并案付议。与会各代表入场时,须签名出席簿,非宣告散会,不得无故退席。会议时,如有建议或讨论者,须先起立报明席号再行发言,但不得二人以上同时发言。会议事项有应付审查者,由主席指定列席代表四人以上审查,俟审查报告后再行付议。会议事项有应付表决者,以列席人过半数起立或举手为可决或否决之标准,可否同数取决于主席。③

这样的会议程序鲜明地体现出近代社团组织的民主、公开特色。再如1936年四平女道德社的一则训文强调:

> 院中社中各方弟子,无论掌监职修,何人有善言善行,意见高超,合乎道德,我们就应当尊重他,依照他的意见去实行。若是分别职责大小,而不以善恶为辨,则道慈事业,难上正轨已(矣)。各方弟子当详味今日之训语,以后大

---

① 《四平女道德社坛训》,第8-9页。
② 《公会会议规则》,《道院各项附则·母坛专则合刊》,第29页。
③ 《道院第七届公会议事录》,济南道院,1928年。

家都要团团一气,免去互相猜疑、互相倾轧、互相排斥、互相诋毁之大弊病。①

这种民主、和谐的因素并非进入民国才有,早在明末清初民间善会善堂中即已有类似的会议程序和规则。明末出现的同善会规定:"会中务要和气流通,爱如骨肉,隐恶扬善,缓急相恤。如有乖戾存心、构起嫌怨,致不雅观者,不敢请会。"②因此,道院组织的相关规定既有传统善堂的"和气"因素,又在很大程度上受近代社团民主、公开特色的影响,而非完全依靠扶乩下达专断的训令,达到塑造个人权威之目的。

作为道院的至高神——至圣先天老祖的训示,有时也会服从人事的意向与决定。现以1932年"道院十二年立道大会"为例说明。

道院将"十二年"定为"一纪",此一时间对道院具有重要纪念意义。因此,道院组织对十二年一次的大会十分重视,"此次大会所关甚巨,非历年之公、坐二会可比。此乃十二年之一大结束,亦后此之十二年之开始也,断不可因陋就简,务须郑重筹备,虽不可过事铺张,亦必要冠冕堂皇也"。③ 早在1931年,鉴于上海无与伦比的地缘优势,老祖即训示:"大会之举行,为扩化计也。其地以沪为宜,时则来岁仲秋之望,会期三日为度。"④训示发布后,北方各道院代表因1931年东南芒种大会已在上海召开,而如此重要的立道大会又在上海召开,纷纷表示不满。当时东北沦陷,东北各院会代表来往不便已成定局,如果北方其他院会代表不出席大会,势必严重影响立道大会召开。为此,道院又以老祖的名义出训,在南北双方之间进行协调,更改大会地点和会期:

> 老人前命在沪开会者,一则因东南之灾劫实深,欲聚众灵于斯地以为化劫之本也,一则因大江南北导化之机已届其时,故欲藉此会以顺机而广其导化也。今加默察南北各院意见纷歧,苟仍在沪开会,恐北方因意见之纷歧而代表与会必出勉强,东北半壁苟皆出于勉强,则将来不但无良好之结果,尤恐意见不合而愈启纷呶也,如此则失老人开会结束以往之道慈而扩将来导化之苦心已(矣)。况芒种一会东南之导进已少具端倪,此时仍在该地开会似亦为重复,无以见大道之公平也。老人意因大局之关系,不妨略为更改,使南北均为适宜,可将会址移于母院,期则以重阳为佳……老人本无成见,或移母或改期或

---

① 《四平女道德社坛训》,第11页。
② [日]夫马进:《中国善会善堂史研究》,第117页。
③ 《道院十二年立道大会议事录》,《训文》第5页。
④ 《道院十二年立道大会议事录》,《训文》第1页。

仍在沪皆无不可,诸子务当详观默察,以南北之意见而作一融洽之良法,以为导进之准。①

虽然神圣仙佛临坛训示在道院中起重要作用,但绝非一切训文均不可置疑或反对。因召开立道大会的地点引起北方各院会不满,"老祖"不得不改变原来的计划。在训文中,"老祖"更像一位长者调解道院内部的不满和纷争。道院以"老祖"名义出训固然是为了道慈事务更好发展,但当其决定遭到院会的不满或反对时,也会及时调整,遵从多数院会的意见,维系道院组织的团结稳定。最终,南北各院会在"老祖"的协调下,同意立道大会筹备会在上海召开,立道大会正式会议在济南道院召开,②从而兼顾多数道院的意愿,协调了内部关系。

因此,扶乩不是秘密教门的标识,也不具绝对的欺骗性和危害性,这主要看其实际操作者的目的和意途。道院采用扶乩的形式,既受"行善积德""因果报应"观念的影响,又为达到其教化、劝善之目的。

四、侯素爽谈扶乩

因为扶乩在道院的坛院中进行,道院内部参与扶乩的人士亦不在道院之外谈论扶乩之事,是以外界对道院扶乩知之甚少,很难了解扶乩之目的和用意。以下再据道院重要人物——侯素爽与外界人士谈及道院扶乩问题的几通来往信函,进一步分析道院与外界人士对扶乩的看法。

侯素爽("素爽"系道名,即加入道院后的称呼),原名延爽(亦写作"延塽"),字雪舫,山东东平县大羊村人。清末进士,做过刑部主事,参加过辛亥革命。1912年当选中华民国临时参议院议员,并任山东省议会议员,曾出任哈尔滨中国银行行长兼海关总督,思想开明,与时俱进。他与天津《大公报》经理英敛之等人交情甚笃,且与近代著名学者傅斯年渊源深厚,后者成才得益于侯素爽帮助其多。傅斯年曾说:"我家非侯公无以有今日。"傅斯年兄弟对侯素爽"以父执事之"。毛子水在为傅斯年写传时也特别指出:"傅先生幼时文史的根柢,除他的祖父外,受到侯先生培养的益处很多。就是他生平乐于帮助故人的子弟,恐怕侯先生的榜样亦不会没有几分影响的。"③济南道院初创时以"素、圆、惟、灵"四字作为修方道名之排序,以"素"

---

① 《道院十二年立道大会议事录》,《训文》第6—7页。

② 《道院十二年立道大会议事录》,《训文》第9页。

③ 参见马亮宽:《明清聊城运河与文化族群兴衰》,《聊城大学学报(社会科学版)》2008年第4期。

字开头,说明他在道院初创之时就已加入,加以他是济南道德社的负责人,为道院重要人物。他应是基督徒,因其自述:"鄙人以基督徒而服务道院,为同教所抨击久已。"①

下面几封来往信件均写于1923年即道院创立之初,联系侯素爽的个人情况并对信中内容进行剖析,更有助于认识时人对扶乩的看法和道院扶乩的真实面貌。

第一宗是济南道德社负责人侯素爽与英国传教士梅特贺士(Medhurst)②的来往信函。梅特贺士于1923年5月10日致函侯素爽,在信中表达了他对中国逐渐失去固有道德精神的惋惜和对道院宗旨的认同:

> 中国自共和成立以来,渐失其固有之精神,弃其灵性上特殊之秉赋,鄙人甚为中国惜之。日本自维新后,虽经变法,能恒守其国粹而弗失,日以富强,虽外沾欧化,而内终不自失其固有之国魂也。近读友人自华寄来报章,知有道院之设,足下实董其事。据鄙人意见,足下所为,所以爱国人者,远胜于今日之中国政客、军人,以及一切改革家。盖足下所行事,正所以开明指导,使天赋华人特殊之信仰,藉以倡明,而为吾人灵性之导师也……简言之,华人的宗教,足下今日之所行,似即与鄙人之志愿相同。③

西人对中国社会转型之际道德精神败落之看法于此可见一斑。尤为值得注意的是,梅特贺士认为侯素爽的爱国之举胜于当时的政客、军人。他接着提出对道院扶乩活动的疑问和己见:

> 扶乩一节,鄙人恒有所怀疑。因难定作者果为谁氏,而乩盘中所称为某某降乩者,其灵是否果即自他世界而来,终属疑问。足下于此似有把握,勿庸鄙人喋喋。鄙人意见以为不可因是乩书文字,便即认为真理。盖鉴别真伪之权操诸我,我以外更无权足以规定之。今无论其为凡夫或为业已升于灵界之神灵,若其诏我之言语,有背于上帝赐我之良知者,则吾必否认之。以无论环境

---

① 《侯素爽答梅特贺士书》,《哲报》第2卷第16期,1923年6月10日。

② 根据其自我介绍,梅特贺士在写该信时已经定居于英国雪梨埠(Sedney),在这之前他曾作为浸礼会传教士在山东传教。中国的王宠惠、罗文干皆是其至交好友,他在信中说:"询之二君,即知鄙人之身世。"此外,上海复旦大学教授李登辉博士也是其好友。详见《梅特贺士致侯素爽书》(1923年5月10日),《哲报》第2卷第15期,1923年5月31日。

③ 《梅特贺士致侯素爽书》(1923年5月10日),《哲报》第2卷第15期,1923年5月31日。

为如何,吾人理性鉴别判断之能力,总不丧失故也。①

梅特贺士不太相信通过扶乩产生的文字即乩文来自人类世界以外之其他世界,认为不能盲从神圣仙佛之乩文就是千真万确的真理。虽然他是虔诚的基督徒,但依然保持鉴别真伪的清醒头脑,认为不管是凡人还是仙佛的乩文都不能违背人的道德良知。

侯素爽在复函中首先表示对梅特贺士认同道院宗旨的感慨:

> 先生远隔重洋,与鄙人素未相识,独以鄙人之在道也而赞许之。且道院之组织,先生不过于报纸上略得梗概,而独能作究竟的评判……今之在华司牧者,多半不能见到,即是见到亦不敢言。李佳白博士在敝国四十年,于京沪设立尚贤堂,作各教联合研究的运动,欧美教师皆外视之。甚至其昔所手组之教会,亦屏绝不与往来。甚矣,门户之限人深也。②

尽管当时诸多国人认同并提倡破除宗教门户之见,寻求共通的道德精神,但这只是就中国民众宗教意识素来淡薄,儒家文化向来主张"道并行而不相悖"的传统而言。由于宗教教义、学理等诸多原因,不同宗教间的界限和差别必定存在。李佳白等人深谙中国传统文化和风俗民情,试图调和宗教,消除宗教门户,但他们的言行只是西方基督教人士的个例现象,不为同道主流认同。

其次,侯素爽就扶乩问题作了回答:

> 乩者机也,古只机字,后世因用以占卜,遂改书为乩。盖心机与天机感应而形之于木笔沙盘间耳。简言之,亦一种交灵术也。古昔圣哲,心与神合,灵与神通,故不藉何种交灵术,而灵自相接,故能代天宣化。末世人欲日炽,圣哲不生,虽有热心救世之士,而无古时圣哲所造之境界。然正惟其具斯诚也,故能感格真灵,藉习惯上之交灵术,以宣达其天人合一之旨,使善者增进其功修,而恶者促醒其幻妄。③

侯素爽从扶乩的起源谈起,侧重扶乩活动在中国社会中的劝善、教化功能。另外,他关于近世社会的论述也颇有道理。新派知识文人向西方学习寻求民主与科学固然是救国之举,但部分立志于救治社会弊病的人士也设法挽救道德人心,维护社会

---

① 《梅特贺士致侯素爽书》(1923 年 5 月 10 日),《哲报》第 2 卷第 15 期,1923 年 5 月 31 日。
② 《侯素爽答梅特贺士书》,《哲报》第 2 卷第 16 期,1923 年 6 月 10 日。
③ 《侯素爽答梅特贺士书》,《哲报》第 2 卷第 16 期,1923 年 6 月 10 日。

秩序,借用依然深具社会影响力的扶乩劝导世人扬善弃恶,实现道德重建。接下来侯素爽信中内容更值得注意:

> 顾斯术有无伪托于其间乎? 诚有之,且多有之,鄙人尤稔知之。故初时于道院之乩坛,亦未敢遽信。迨参观月余以后,见其与约翰第一书四章二节所言,确切不二,始恍然于出埃及记,及基督复活后之四十日圣灵降临,皆当日真实记载,毫无捏饰,以昔例今,千古同揆……与普通乩坛绝对不同性质。①

扶乩良莠不齐,其间多有伪托仙佛降临以达其自私自利之目的。这种伪托情况在当时为数不少,侯素爽对此十分了解。他初入道院求修时,也曾怀疑道院之扶乩。经过月余的亲身观察后,侯素爽认为道院扶乩及其乩文并未违背人们的道德良知,而是劝善、教化世人,与社会流行的一般乩坛大不相同。他认同前述梅特贺士的看法:个人要保持对乩文真伪的理性鉴别力,仙佛的乩文亦不能违背人的道德良知。

第二宗是何素爽与张纯一的来往信函。张纯一,字仲如,基督徒,曾加入上海道院,"并奉派为耶教部长",对墨学、佛学、基督教教义等有所研究。② 道院之道德社出版的《哲报》(旬刊)刊登过张纯一的著作目录,为其著作做宣传介绍,方便读者订购。从他1923年左右的著作目录中也可以看出其学术专长:

> 《融通各教谈道书》(增订三版)、《耶稣基督人子释义》(再版)、《融通各教会相归元·讲易举例》《仲如先生讲演集》(再版)、《基督神通义证》《墨家哲学》《福音秘义》《墨学与景教》《改造基督教之讨论》《墨学分科》。③

因只有目录,书中所论具体内容不详,但他试图融会中西宗教文化应无疑义。

侯素爽与张纯一信函来往的主要事由是:侯素爽因负责道院之道德社的运营,邀请张纯一从上海来济南担任道德社《哲报》的编纂。张纯一意欲就任,但对道院扶乩存有顾虑。他在信中说:

> 今日世界人欲横流,黑暗极矣,道院诸公救世心热,弟甚钦佩,惟对于扶乩

---

① 《侯素爽答梅特贺士书》,《哲报》第 2 卷第 16 期,1923 年 6 月 10 日。

② 《侯素爽致张纯一书》,《哲报》第 2 卷第 14 期,1923 年 5 月 20 日。其个人情况,可参见苏远泰:《张纯一的佛化基督教神学》,(香港)道风书社,2007 年。

③ "本刊介绍张纯一先生新著哲学宗教各书(阐扬东方文化,改造基督教义)",《哲报》第 2 卷第 32 期,1923 年 11 月 20 日。"介绍张仲如先生新著哲学宗教各书",《哲报》第 2 卷第 35 期,1923 年 12 月 20 日。

一事,尚少研究。①

> 今接大札,知《哲报》需编辑,拟月出二百金,请人担任,委弟从役,或荐贤。弟感恩知己,无贤可荐,理应分劳……所不合者乩坛耳,弟亦无可无不可,无如佛景二教徒,并多数学者,均极不赞同,故弟不能表同情于先生。前屡方命者在此,今恃厚爱,谨直陈之,下一断语,如能容弟不与乩坛事。惟身不近乩坛,乩坛文字可编不著名,甚愿侍从左右……如弟非身与乩坛事不可,则仍不敢承命。②

从张纯一的上述言语表明:其一,他本人可能对扶乩研究不多,但有一点可以确定,他对扶乩活动没有好印象;尽管他加入上海道院,但对道院的扶乩活动并不了解,否则他不会对道院扶乩有如此疑问。其二,佛教徒、基督教徒以及众多学者对扶乩持抵制态度。张纯一虽然说"弟亦无可无不可,无如佛景二教徒,并多数学者,均极不赞同,故弟不能表同情于先生",但这只不过是他的托词。以张纯一的学识,其交际圈中多是佛教徒、基督教徒及学者,他们与张纯一在扶乩问题上的态度基本一致。尽管张纯一考虑到每月"二百金"的优厚报酬意欲前往,做出较大让步,可以不署名编辑乩文,但他依然坚持不进入乩坛参与扶乩。

侯素爽复函指出:

> 世间乩坛,固多有难信,然不可一笔抹煞……窃谓但当论其道不道,不当论其乩不乩。弟虽陋,而辨别真谛,殊不敢居时贤后。苟其真也,虽一国非之,天下非之何患? 极言之,虽世界不容,群加迫害又何患? 士贵自觉自证,岂可以世论为进退也……道院同人,既无政治的营谋,又无名利的结合,以道而集,度人为志。苟于此未见真谛,众何苦缩衣节食而为之。他人则先生未知,至区区则先生知之稔矣,岂真昏聩易愚者耶? 又岂凤有神经病者耶?③

侯素爽认为,社会上的乩坛多不可信,但不主张将其一笔抹煞。在他看来,扶乩是一种形式,更重要的透过形式看隐含其内的"道"。他还陈明道院修方既无政治营谋,也不为名利,只是为着共同的道德理想追求,借助扶乩的形式劝人修身养性,力行慈善,并非盲从"多有难信"的乩坛。

---

① 《张纯一答侯素爽书》(1923 年 5 月 29 日),《哲报》第 2 卷第 15 期,1923 年 5 月 31 日。
② 《张仲如先生来书》,《哲报》第 2 卷第 34 期,1923 年 12 月 10 日。
③ 《侯素爽答书》,《哲报》第 2 卷第 34 期,1923 年 12 月 10 日。

类似扶乩的神秘现象由于人们认识能力有限,还有许多新领域需进一步探索。对于这样颇具难度但又需探讨的问题,应该持什么态度呢? 章开沅认为:

> 神秘主义之所以长期比较普遍存在,有多方面的原因,其中一个很重要的原因就是认知能力的局限,对于自然和人类本身还有许多奥秘我们至今还未能给以合理的破解,而有些奥秘或许至今还未能发现。如果说,科学固然可以通晓已知的世界,那广阔无垠而又奇幻莫测的未知的世界,却仍然为神秘主义的弥漫留下很大空间。科学家的伟大职责就是不断从已知走向未知,并且经过艰苦的探索把未知转化为已知。科学理应受到尊重,但科学也应该有自知之明;因为已知的世界毕竟是有限的,而在未知世界的艰难跋涉则似乎是永无止境。正如真理再向前跨越一步便有可能成为谬误一样,科学的自我膨胀也未尝没有可能变成专横的武断。至少就我个人的理解而言,科学主义武断之可笑并不次于某些宗教守旧派的偏执。①

宋元明清以来,扶乩具有教化、劝善的重要功能,是中国善书的主源头。随着中国历史的演进,扶乩的教化、劝善功能不但没有减弱,反而愈加成为众多民间慈善组织教化民众、推行慈善活动的方式之一。扶乩在明清及近代的流衍盛行,充分说明扶乩作为民间信仰及中国传统宗教文化的重要表征之一,早已完成对社会基层民众心理亘久绵长的熏染与塑造。换言之,当社会秩序出现混乱或面临急剧转型时,扶乩很大程度上又成为以道院人士为代表的社会中层赖以劝导民众的方式之一,继续发挥着无形的力量。

清末民初,中国社会面临前所未有之转型。传统价值骤然崩散,社会失序、道德失范,给民众带来思想上的混乱和迷惘。康有为有言曰:"新道德未成,而旧道德先废,则令举国人民在无教化之中矣。新道德未知经若干圣哲,乃能制作,未知经若干岁月,乃能化成,而令吾国人民,在此若干岁月中无教焉,则陷于洪水猛兽久矣。"②社会转型的落差加剧了人们的迷惘情绪,时人黄远庸指陈时弊:"所可疾首痛心引为大患者,则人心之枯窘无聊希望断绝是也","今以革命既成,立宪政体,亦既确定,而种种败象,莫不与往日所祈向者相左。于是全国之人,丧心失图,皇皇然

① 章开沅:《序言》第 4 页,王玉德:《神秘主义与近代中国社会》,中国社会科学出版社,2003 年。
② 《复教育部书》(1913 年 5 月),汤志钧编:《康有为政论集》下册,中华书局,1981 年,第 864 页。

不知所归"。① 以上二人的观感当是彼时社会思想情势的真实写照。世界红卍字会道院的发起者既非新派激进人士,又非硕学大儒,而是商人、士绅和处于新旧之间的知识分子。他们的出身、经历和社会地位,一方面决定其采用扶乩劝善的方式重塑国人道德,稳固社会秩序,劝导民众积极从事慈善救济活动;另一方面,他们又自觉不自觉地受到新思潮的冲击和影响,利用扶乩形式的同时又赋予其新的时代内涵。

道院的扶乩既非新派激进人士指斥的"迷信",又非与秘密教门之扶乩相类。道院的扶乩是对中国传统社会中扶乩之教化、劝善功能的继承、延续和重新利用。正是在这个意义上,世界红卍字会以道院之"道"为依托,逐步构建起遍布全国且波及海外的慈善救济网络,开展颇具成效的慈善救助活动,这其中蕴含巨大、无形的文化认同力量。这是他们在当时社会条件下做出的力所能及而又具有积极意义的"救世"之举。

① 《论人心之枯窘》,黄远庸:《远生遗著》上册,商务印书馆,1984 年,第88 页。

第

八

章

静 坐 探 析

现有研究未详细考察道院内部的静坐，主要原因在于未找到具体的坐法材料。① 以下探析道院之静坐，借此深入认识道院及其旨趣。

一、静坐方式

在中国传统宗教中，佛教、道教均主张静坐修行，特别是佛教之禅宗、道教之全真道尤注重静坐。佛教各宗派修习禅定的方法多采用七支坐法，简称"跏趺坐"，俗名"盘足坐法"。道教之静坐或用佛教的七支坐法与卧姿，或穿插许多不同姿势，以配合生理需要和炼气修脉。到宋代，儒、释、道三教合一。北宋大儒程颢首先吸收佛、道两家修习静坐的心法，并因袭禅宗修行禅定的功夫，作《定性书》一文，开在"静"中涵养性理之先河。后来，其弟程颐又在此基础上加《主敬》为其配衬。从此，儒家将佛教的坐禅、参禅，道教的内丹炼养等修行方式与儒学融合，也主张静坐内修。受理学浸染的知识分子与民众深信静坐能够使人达到"止、定、静"之境。儒、

---

① 曹礼龙简单涉及道院的静坐活动，指出道院的静坐主要参照气功的打坐方法，久而久之对身体健康有益，未具体描述静坐活动的方式、步骤等，参见其《修行与慈善——上海的世界红卍字会研究（1927—1949）》，第 14 页。

释、道三家均主张静坐修行,流衍出多种多样的静坐姿势。南怀瑾曾言:"问到静坐的方法有多少种的问题,据我所知,只有一桩——静坐。如果要说静坐的姿态有多少种?那么,它大约有96种之多。"①

民国时期,在社会团体或个人中间一度十分流行静坐。在华传教士指出:学习静坐的人很多,也出版有关书籍,销路最广的是《因是子静坐法》。练习静坐的人都宣称自己的健康情况大有好转而且心情舒畅。②可见,静坐是一种被人们广泛用来保健、养生的方式。陈撄宁认为,静功是重要且简单易行、行而有效的修炼方法:"各种法门,比较起来,还是'静坐'好。"③

关于道院的静坐,有人认为道院早期创始人之一刘绍基于1917年奉调回济南后,向当地同善社学习坐法门径,并仿效同善社的一套传道,④但未注明所据资料。道院的静坐与同善社的静坐似没有渊源关系,理由如下。

首先,道院的坐法早在滨县(道院尚未成立)时,由太乙老人即后来道院的至高神——至圣先天老祖传训指示,并非在济南向同善社习得。"太乙老人指示以上元坐式,同人领之。得未曾有,即今日道院所共修之坐法也。坐即是道,此为先河。"⑤济南道院正式成立前,太乙老人又传授功则(即后来道院坐则之本源)十四条:

> 第一、心静默者为上坐,次则气平声定,再次为平,是曰三度。

> 第二、坐得三度者,白虚生室,不难定游。

> 第三、坐像者,有之则可,无者心坐,若有自有。

> 第四、功以一坐十六度为最,坐久者可,初只四度,加一亦只四度。

> 第五、坐先要亲漱盥,浴斋更佳。

> 第六、不拘时刻,皆可静坐。诸子默悟,自得先天真气,较诸书尤为真切,亦易成奥窔之适贯。

> 第七、吾道坐功,有忌时,无忌日。忌时、疾、病、风、雨、雷、电、饥、饱、行、旅皆不可,此则言疾与病,指不善悟坐者所生之害而言。

① 南怀瑾:《静坐修道与长生不老》,三环出版社,1990年,第4页。

② 何乐益(Lewis Hodous, D. D.):《基督教以外的中国宗教》,中华续行委办会调查特委会编:《1901—1920年中国基督教调查资料》上卷,第110页。

③ 洪建林编:《仙学解秘——道家养生秘库》,第586页。

④ 陆仲伟:《中国秘密社会·民国会道门》,第107页。

⑤ 吕梁建编:《道慈概要》卷上,第32页。

第八、男女同坐,不如分坐,先后有序,是为合枢。

第九、坐室以洁,坐器宜小而宽,高不盈尺,最为适体。

第十、受经诸子,有像未垂幕,授经后同坛轮拜,最可合道。

第十一、经得后,人自手缮一份,秘藏神龛。

第十二、道外之文,吾传尔等,守身养性,进道增命,无形自得。

第十三、坐坛不禁人坐,来者自来,无奖掖诱劝之旨,听其自入真玄之门。

第十四、不必机关视吾坛站,不必命名。吾训尔等,同合则志道,皆诸子无量寿山福水。①

其次,同善社的静坐方式与道院的静坐方式截然不同。同善社的静坐方式分为四步:

休息——要静坐蒲团上,去除杂念,调匀呼吸,不闭口,不盘足,不扣手,两足略伸直,腰挺直,头稍仰。

平视——先盘右足,再盘左足,胸部挺直,两手搭膝,双目微启,平视收神,平视只限三尺远,略守窍,口闭,头稍仰。

守窍——即守性窍,又名玄关,位于鼻梁中央两眉之间,称"山根"。要求扣手,相扣成一个太极图,左手的拇指与无名指尖接合,右手抱住左拳,右手大拇指抵在左手无名指的末节上。嘴唇紧闭,牙合紧,舌抵上腭,两眼微闭,回视人中,胸挺直。

下丹——缓缓开眼、开口、松手、松足,守窍结束。

同善社在四川等地的传功顺序:一是盘腿坐定,二是坚守合同(两掌相合),三是垂帘屏息(两眼微闭,扣齿、舌顶天堂)。②

太乙老人传授坐法时指出:"诸子欲习坐乎,坐功之时,与中元坐道不同。上元纯阳,午前皆可。坐则屈曲两膝,脚跟与垫齐,不必横盘,直立可耳。两手分搁左右,手心下伏,合一阴一阳。太阴初化,犹是道耳。"③与同善社的静坐方式大不相同,道院的静坐方式不需盘腿而坐,只是弯曲两膝,双手手心向下放于两膝,端坐于座凳上。加入道院、亲身静坐的人之回忆也证明道院坐法确与同善社不同。曾任

---

① 吕梁建编:《道慈概要》卷上,第36页。

② 陆仲伟:《中国秘密社会・民国会道门》,第80-81页。

③ 吕梁建编:《道慈概要》卷上,第32页。

河南滑县红卍字会会长的李骏轻回忆说："坐院有坐凳,高尺许。系先天坐法,不盘膝,二目视鼻尖,调息,收视、守窍,万籁俱空,思念毫无。"①有人走访若干世界红卍字会会员后总结说："坐法采取先天坐式:坐在高约三十公分的小方凳上,两足踏地,双手手心扶膝盖,每次坐一小时,与其他佛、道两教的盘膝而坐不同。"②

二、静坐功能

道院的上述静坐方式从功能角度分析,大致有两方面作用。

第一,保健、养生之作用。静坐一般都具备此功能,不独道院之静坐。陈撄宁指出,气功与静坐对人体健康有不同作用:"气功是有利有弊,静功是有利无弊。气功做得对时,能够把各种病症治好;做得不对,非但旧病不愈,反而增加新病。静功做得合法,自然能够治好医药所不能治愈的病症;做得不合法,身体上也多少得点益处,退一步说,纵然没有效验,也决不会做出新的病来。故无论男性女性、年龄老少、心思灵活不灵活,都可以做静功。"③欲使静坐发挥更好功效,还需准确掌握静坐要领。南怀瑾提示静坐要注意以下事项:

一、打坐时应将裤带、领带等一切束缚身体的物件,一律松开,使身体松弛,完全休息。

二、气候凉冷的时候,要把两膝及后颈包裹暖和,否则,在打坐时风寒侵入身体,没有药物可以医治,这一点须特别小心注意。

三、最初修习打坐的人,应该注意调节空气和光线,光太强容易散乱,光太暗容易昏沉。座前三尺,空气要能对流。

四、初习定的人,吃太饱时不可打坐,如觉得昏昏欲睡,也不可勉强坐,应该睡够了再坐,才容易静定下来。

五、无论初习或久习,坐处必须使臀部垫高二、三寸,初习打坐的人,两腿生硬,可以垫高四、五寸,日久可以渐渐减低(如臀部不垫高,身体重心必定后仰,使气脉阻塞,劳而无功)。

---

① 李骏轻遗稿,郑克家整理:《滑县红卍字会始末记》,滑县政协文史资料研究会编:《滑县文史资料》第6辑,1989年,第83页。

② 贾玉璋:《世界红卍字会滋阳分会简介》,兖州县政协文史资料研究会编:《兖州文史资料》第5辑,1991年,第219页。

③ 吴亚魁:《生命的追求——陈撄宁与近现代中国道教》,第122页。

六、下座时，用两手揉搓面部及两脚，使气血活动，然后再离座，并且应当作适度的运动。

七、坐时要面带微笑，使面部的神经松弛，慈容可掬，心情自然也放松了。千万不可以使面部表情生硬枯槁，变成峻岭，内心就会僵硬紧张起来。

八、最初习坐时，应该采取每次时间少，但次数加多的方式。如果勉强久坐下去，就会心生厌烦，不如每次时间短，一日多坐几次才好。①

将以上要领与太乙老人传授的坐则对照，发现后者的第四、七、九条规定均符合保健要领。参加过道院静坐的当事人也证明静坐确有保健、养生之作用，"习坐是个人活动，每坐四至八度，每度四分钟，有安定心神、调理气息、增进身体健康的功能"。② 前述李骏轻回忆说，静坐"练久能使督、仁二脉从会阴交流，就能延年益寿"③。曾加入山东博山道院的石鑫三回忆道院静坐：

> 讲求"松""灵""空"三字。"松"即打坐时，要浑身轻松，使血液流畅；"灵"即精神旺盛，不呆滞；"空"即排除一切杂念，不受外界任何干扰。总之，要求精、气、神融为一体，达到却病延年之目的。打坐时间自半小时至一小时不等，因人而异。如能持之以恒，当收坐功之效。坚持较好者，面色红润，步履矫健，年事较高者，有鹤发童颜之象。④

民国《胶澳志》记载：红卍字会、道院名"为慈善团体，以导引养生为旨"⑤。尽管其对世界红卍字会道院的性质和宗旨概括不准，但指明道院修行（静坐）具有养生功效。还有人误认为道院是道教龙门派之变种："红万（卍）字会，为道院之变相，实由道教中所谓龙门派者演化而来。"⑥道教的两个主要派别正一道（天师道）、全真道在中国历史上产生深远影响。正一道侧重画符念咒；全真道倾向拜忏诵经，发展了道教之内丹学。南宋以降，全真道南北宗均力斥外丹，专主内丹，内丹之打坐

① 南怀瑾：《静坐修道与长生不老》，第158－159页。

② 李文纲：《回忆新浦红卍字会》，连云港市政协文史资料研究会编：《连云港市文史资料》第1辑，1983年，第49页。

③ 李骏轻遗稿，郑克家整理：《滑县红卍字会始末记》，滑县政协文史资料研究会编：《滑县文史资料》第6辑，1989年，第83页。

④ 石鑫三遗稿，蒋又新、马砚农整理：《博山道院、红卍字会的创办与活动》，淄博市政协文史资料委员会编：《淄博文史资料选辑》第2辑，第106页。

⑤ 中国方志丛书·华北地方（62）：《胶澳志》（一），（台北）成文出版社，1968年，第371页。

⑥ 魏镜：《青岛指南》第七编《社会纪要》，第11页。

修行成为全真道特别是龙门派的修行方式。全真道内分数十派,最通行者为丘处机创立的龙门派。其实,道院的静坐与道教的打坐并不相同,时人不察,误以为道院由道教的龙门派演化而来。这恰说明道院静坐在保健、养生方面确有功效。

第二,实现道院求修者之文化认同,增强团结力和凝聚力。这要从道院的宗旨和其护持的道德文化传统说起。道院崇尚之"道"为儒家孔孟之道,主张积极入世,挽救人心,维护社会稳定。"老祖之道,是入世救人的,不是教人出世苦修的。既不禁人婚宦,又不叫人礼斋顶参,只叫人活泼泼的,每日坐上四度(十六分钟),去矜躁偏急,以养其灵;多行慈善,以助其灵。"①道院的静坐与儒家之静坐修行十分契合。儒家的静坐姿势"便是平常的正襟危坐,所谓端容正坐便是"②。道院的静坐与佛、道教的静坐方式不同,不需盘腿,只需弯曲双膝,双手手心向下放于膝盖,端坐于凳。这种静坐方式正是儒家的静坐姿势——正襟危坐,道院称之为"先天坐",即从后天返回先天之意。这为道院求修者之文化认同与道德归属提供了保障。

道院十分看重静坐,将其视为修身养性的唯一法门。济南道院强调:"修从坐始,成亦从坐始,是吾院内修工夫以坐为唯一要务。"③道院的两大主旨:内修、外慈,内修即指静坐。按道院的修行理念与程序:"修道应以修坐为重要的门径……欲得大道,必返先天;欲返先天,必修后天;欲修后天,端赖炼坐。炼坐之功,屏除妄念。妄念既除,则心清意定。神不为识惑,灵不为昧蔽。由平而静,而默·三度宝丹之得,自有希望。修坐的功效,当然为修道的重要途径了。"④屏除妄念,静坐修行,才能从后天返回先天,获得大道真谛。道院的先天之道,与宋儒所言没有人欲之"天理"基本一致。前述太乙老人传授的坐功功则十四条在1933年得到强化,并作为道院修行的唯一准则。是年,周村道院针对"《修坐须知》流传后,此项功则知者甚罕,遂致经文数处不得正当了解"的情形,提议将功则原文附于《修坐须知》之后,使后来求修者有所遵循,大会议诀"将坐功功则通布各院悬诸坐室以供参研"。⑤

杨庆堃认为:"无论其内容是什么,救世的主张是民间宗教运动应对危机的核

---

① 《张惟翷先生白话讲演录》第1册续,《鲁联卍字旬刊》第6号,1939年2月。
② 南怀瑾:《静坐修道与长生不老》,第19页。
③ 济南道院:《坐掌指坐不宜轶出修坐须知范围案》,《癸酉第八次坐会议事录》,济南道院,1933年,第2页。
④ 清岭:《论修坐的重要与屏除妄念之方法》,《鲁联卍字旬刊》第4号,1939年2月10日。
⑤ 周村道院:《拟请将坐功功则附录于修坐须知建议案》,《癸酉第八次坐会议事录》,第3-4页。

心"①。明清时期,"弥勒救世"思想逐渐演变成"三佛应劫救世"即"三期末劫"思想,并形成了一套完整的信仰体系,成为民众叛乱的思想武器。② 道院也有所谓"化劫"之说:"大凡灾劫之生,由人心所造。人心不平,其气不和,不和之气即为厉气。厉气所结,即成灾劫,故欲挽救灾劫,必先习坐,使人人心平气和,则清灵所聚,已生之灾劫,可以化重为轻,未生之灾劫,亦可以弥化于无形之中。"③在道院看来,世间的灾难由人心造成,欲化劫,必须静坐修行,修身养性,强调个人修持工夫。

濮文起指出:无生老母是明清民间秘密宗教的至上女神,到民国时期被一些教派变换名称。如红卍字会改称"至圣先天老祖",称谓虽变,但其神格与职能依旧,仍是创世与拯世的母性上帝。④ 这实属无稽之谈。莫振良荒诞地认为:"以道院为本体的红卍字会,究其宗教本质仍旧是白莲教,或者说是产生于民国时期的白莲教变体"⑤。倒是欧大年基于道院文献和田野调查得出的认识较为客观:

> 该会有多卷经文、集体礼拜仪式和组织良好的慈善活动和传教活动。但它的主要神祇不是无生老母,而是至圣先天老祖。值得注意的是,源于民间的教派崇尚女性神祇,而这一乡绅背景的教派则相反。世界红卍字会极其强调参悟和修习。我是在台湾通过该会提供的资料、与会首的交谈和观察该会仪式了解上述情况的。⑥

道院自言"至圣先天老祖"是"生天地万物的真宰,极言之,是先天炁胞或先天道体"⑦。"至圣先天老祖"分明是男性神祇,再进一步讲是超脱人、神而虚化的"先天炁胞或先天道体",与"无生老母"没有丝毫传衍关系。台湾的红卍字会道院依然延续并强调静坐修行的传统。

在道院组织盛行的年代,即有"道院是否为宗教之一"的疑问。道院否认并说明自身"言道不言教":

① 〔美〕杨庆堃:《中国社会中的宗教——宗教的现代社会功能与其历史因素之研究》,范丽珠等译,上海人民出版社,2007 年,第 214 页。

② 刘平:《文化与叛乱——以清代秘密社会为视角》,第 132 页。

③ 《道慈问答》,第 5 页,青岛市档案馆藏:B63-1-247。

④ 濮文起:《民国时期民间秘密宗教简论》,《天津社会科学》1994 年第 2 期。

⑤ 莫振良:《民国时期的红卍字会》,见蔡少卿主编:《中国秘密社会概观》,江苏人民出版社,1998 年,第 117 页。

⑥ 〔美〕欧大年:《中国民间宗教教派研究》,刘心勇等译,上海古籍出版社,1993 年,第 228 页。

⑦ 《道慈问答》,第 3 页,青岛市档案馆藏:B63-1-247。

道院是贯通五教合而为一的。因五教皆因时因地，本道而设教，使人正其心术，诚其意念，以端品立行。但道之正心诚意系先天无为法，属于自然的，而教系后天有为法，偏于强制的，故道院言道不言教。①

针对"既然有五教，何必又有道院"的疑问，道院解释说："晚近人心已死，读五教之书，不行五教圣人之事，故以先天大道作根本之挽救。"②联系前文道院以"提倡道德，实行慈善"为宗旨；"道院所指之道，是生天地人类万有的先天大道，在后天说也就是不偏不倚、人生不可须臾离的中庸大道。道教为五教之一，而五教又皆为大道之一端"；"所谓道者，亦即孔孟之道"等内容，我们可知：道院之"道"的本体性在形态上摄取道家的先天、自然等因素，在具体内容上归宗儒家孔孟之道，道院人士指出："大道维（为）何？儒教为体，释、耶、回各教为用……大道更宜注重儒学，使我各地修方人人皆知首孝悌、次谨信，推之爱众亲仁，则道立而慈亦在其中，能知是方为道中之慈"③；"道"的公共性表现在破除五大宗教的门户和形式，以"道"统摄五大宗教，推进人类道德教化。世界红卍字会道院的道慈组织架构设想与实践亦贯彻上述理念。

综上所述，不论从扶乩抑或静坐看，世界红卍字会道院近于非宗教的儒家，偏重教化与修身养性，并积极入世承担部分社会职能。就其性质而言，更接近教化型慈善组织。

---

① 《道慈问答》，第 2 页，青岛市档案馆藏：B63－1－247。
② 《道慈问答》，第 3 页，青岛市档案馆藏：B63－1－247。
③ 母院职方管素湛：《请设儒学研究会》，《癸酉展庆研坐会议事录》，济南道院，1933 年，第 15 页。

经 费 运 作

世界红卍字会和道院虽然在人事组织上是一体同构的关系,但二者性质、职能不同,经费运作亦有差异,以下分别考察其经费运作情况。

一、道院经费

(一)道院经费紧绌与账目公开

道院维持存在与发展,须有一定的资金支持。道院经费来源不是靠社会募捐,也不规定缴纳年费,而是由修方自愿捐纳,多寡不限。《道院院纲》明确规定:"院费概不劝募,但修方均有维护之义务","院费以神助、人助各款及特定慈业纯益金充之"。[①] 道院院费一直比较紧绌,主要是院费由修方自愿捐献所致。各地院会对道院经费紧绌问题十分关注,几次提请大会公决,均未有实质性进展。

为保证院费来源,在1933年的"研坐会议"上,章邱、邹平、周村、潍县四道院联名提出《拟请规定各院修方年纳院费以固道基案》。该议案指出院费来源无着,"入院求修,除当时缴纳经宝价外,竟无丝毫之担负,此在训修时期寓有奖进之义,尚无

---

① 吕梁建编:《道慈概要》卷上,第55-56页。

不可。今已行修开始,求修介引亦经从严规定,而入修以后院费毫无担负",长此以往,势必影响道慈事务发展,"不仅道慈两务难期进展,揆之个人心理亦有难安之处。且修方不纳院费,精神自不联属,甚至久不到院,道务兴废漠不关心,而院费无着,道基难固。此为今后扩展道化、巩固院基计,不可不从长计议者也",认为整顿院费收入,既能增强修方修道的主动性与责任意识,又能保证经费来源,保持道院正常运营,稳固道基。四道院提出解决办法:"因地制宜、因势利导,五元起码固好,穷僻之地减至一二元亦无不可,万不可拘定一格以碍通行。"但大会决议认为:"不必订入纲则,由各院斟酌情形自行举办。"①从以上四道院提出的解决办法以及大会最终讨论结果看,双方都认识到院费问题要因地制宜,未搞"一刀切",但大会未将四道院提出的解决办法定入纲则,也没有规定应纳院费数额,只是让各院根据各自具体情形办理。院费问题未能在这次大会上得以解决。

1934年,济南道院又在第十三届公会上提出《各院职修年纳院费如何规定实行案》,指出修方年纳院费的必要性和重要性:"道院为修方共同修持之地,必使年纳院费,俾知自身与院有关,不能放弃责任。则纳院费一事,既可固各院之道基,亦可促进各人之修候,极为重要。"再次提请大会公决。大会讨论的结果和上届类似,"应再函各院一体实行,惟所纳院费之多寡,各院可照当地情形自行规定",②未做出统一决定。

1936年,西南道院在第十五届公会上提出《为统一全国各院会经费收支管理以固道基案》。据其陈述:"现查全国院会已不下三百余处,其按月经费能以收支适合,不生恐慌者实居少数。余则牵萝补屋,甚致因陋就简,或形同停滞者亦所在皆是。"全国道院数目众多,经费紧绌是道院面临的共同问题,个别道院甚至因经费短缺陷于停顿。虽然区域经济差异等原因使各院会经费来源多寡不一,但主要原因是"无统一之规定与督促之权能"。这次提案不知何故,"由原提案人自行声请保留"。③院费问题最终未能根本解决。

道院创设于济南,逐次推向全国,济南道院为"世界道慈母院",是道慈事业的根基,其地位和影响远非其他道院可比,"母院既为各地院之母院,非一县、一院之

---

① 《癸酉展庆研坐会议事录》,济南道院,1933年,第13页。
② 《道院第十三届公会议事录》,第13页。
③ 《道院第十五届公会议事录》,济南道院,1936年,第27页。

母院"①。所谓本固枝繁、根深叶茂,各地道院都有维护母院发展的义务,特别是在资金方面予以支持。为保证母院的巩固和发展,在1925年召开的第四届公会上,与会各地道院代表议定各级道院承担临时维持母院费用数额:"省院年助母院经费四十元,特院年助母院经费三十元,县院年助母院经费二十元,支院年助母院经费十元,于每年春季交款,至迟以三月底为限。"但实施情况并不理想,1925年"各院遵议照交者只十六院,计收洋三百七十元,又武昌道院缴特别补助洋一百四十元,泰安道院交甲子年补助洋六十元"。1926年,"遵议照交者只二十二院,计收洋五百二十元"。1927年,"遵议照交者只四院,计收洋九十元"。济南道院于1926年召开籍方会议,公同捐助,陆续书认基金6.83万元,但书认基金者当时无力缴纳,交足之期限定为一至三年不等,更多的以各种股票抵认。后因时局影响,工商业凋敝,股票概无年息可付,经费来源无着,历年挪欠"洋一万九千零二十五元四角八分九厘"。② 尽管后来状况有所改善,但资金不宽裕始终是道院发展的瓶颈。此外,历年"维母基金"收入不论数目多寡,从几角几分至万元以上,包括捐资人姓名及院会名称,均附记于道院历届"公会议事录"之后,供各地与会代表查核、监督。

各地道院为筹集院费,在道院公会上提出不少办法。1928年,南京道院副统掌谢冠能在第七届公会上提出《拟请各院认购分销道德精华录以三成充作各院经费案》。据他介绍,《道德精华录》"就各院历奉训辞,取精撷华,分为道旨、修坐、慈爱、哲学、灵学、文艺六门,再每门详细分类,共成六卷,名为《道德精华录》,融五教之精神,传一贯之妙谛"。他还特别强调:书成之际谨具疏于"老祖"案前,呈明售书余资悉充院会经费,决不私染分毫,恳请"神明随时监察,用昭大信"。这并非迷信、欺人之举,恰是征信于人的重要方式,实系对民间慈善团体财务会计报告——征信录的继承。③ 谢冠能在公会上提议各地道院新求修之人及修方购买该书,既有利于修行悟道,"凡遇新进修方,应劝令随同《修坐须知》购领一部,其院中重要职方尤当人执一编,用资研究,庶几大道推行可期一日千里,而于进德修业、移风易俗必有

---

① 泰安道院:《各院依序分期派人来母研究一切以免隔阂而谋道慈进展案》,《道院第十五届公会议事录》,第32页。

② 济南道院:《各院临时维持母院费延不照缴本院经费支绌挪欠甚巨宜如何维护案》,《道院第七届公会议事录》,第24页。

③ 征信录中常有向神明起誓以昭信用的内容。马进指出:虽然不是所有的征信录都以神明为媒介,但人与人之间的信任有时通过神明的中介才能实现,征信录的作用"首先是民(主管者)利用它向民(会员)表明信用,以及民(善会)向官(官府)表明信用。在这两者不足以取得信任的时候,《征信录》还负担着民(善会)向神明表明信用的义务"。参见[日]夫马进《中国善会善堂史研究》,第715、717页。

不可思议之效果",又能为道院开辟利源:"此书每部和装大厚本,定价二元四角,邮资在外,如由各院认购分销,则南院拟只收回成本七成,余三成充作各院经费,用昭大公而广传播。"这一提议得到大会肯定。①

1930年,威海道院院监戚葆充在第九届公会上提出《各院应设道慈基金储蓄瓯案》,认为:"拯溺济焚为各地院会之急务,而经济拮据又为各地院会之通病,以故每遇灾祸发生,多系临时筹款。虽其间不乏明达之士踊跃输将,然临渴掘井终非持久之计。挽救之法,唯有速筹基金作亡羊补牢之策",并提出解决办法:

> 轻而易举者,莫如各院均依一定之形式,择注目之处所,设置道慈基金储蓄瓯一座。凡每日入院者,不拘修方与非修方,均劝其投以铜元或银元,多寡随意,不投者听。然在修各方稍有坚诚者,皆当节省其无谓之消耗,作经常不断之把注。每日或每庚由统掌或院监开视检点,所得储金数目交统藏收账。每年每院平均以收入三百元计,全国二百余院可得六万余元。积至二年即可有十二万元巨款。尔时如数汇交母院,设一道慈储蓄银行,所得红利以几成拨归母院,以几成分拨各地分院作为院费补助金,其余几成可斟酌缓急经营慈业,成效即见,投钱者更将踊跃。十年之后即将蔚为大观,不仅各地院会经费得有相当之补助,其造福社会加惠灾黎者亦多矣。②

经公会讨论,由各院参照实行。

1934年,泰安红卍字会代表在第十三届公会上提出《为整顿院规提请公决案》,指出:"院会成立以来,一职方二纂方三修方,三者各有义务,少一不成。院会以外若管助、庶务、供奉、道侍以及各级修士,襄办道慈纯系雇佣,按月支薪,毫无疑义。惟职方领衔院会发展道慈,若按月支薪似于院会大有窒碍。查现在各院会中竟有身膺要职显使月贴与雇佣,交相取利,于道慈前途大受影响,且于创道立会之宗旨亦甚背谬。"提议:"凡院会办理道慈者,雇员可支月薪,而领衔职方虽出外办公,除酌发川资外,不可再有月贴、薪水等名目,方不负度己度人之苦衷也。"大会决议"函各院知照"。③ 此提案内容比较尖锐,直指院会重要负责人支取月薪不利于道慈事务的发展,提请公会予以整顿,得到与会代表认可。

---

① 《道院第七届公会议事录》,第40-41页。
② 《道院第九届公会议事录》,第19页。
③ 《道院第十三届公会议事录》,第17页。

尽管多数道院包括母院在内都面临经费紧张问题,他们也认识到经费对道院发展的重要性,但数次公会讨论都未能有效解决。道院始终主张院费由修方自由捐献,并无定制,更没有强制修方缴纳,这既反映出道院在日常管理与决策机制方面的民主,又说明该组织一定程度的松散。

院费紧绌使道院的各项支出都尽可能减少到最低程度,收支记录亦严格控制,兹以外出布道人员的川旅费为例说明。道院的布道活动主要是由母、总、主、省、特等大道院派熟稔道慈事务的职修方赴地方县、支各院宣讲道慈事宜。布道人员虽肩负宣传道旨的重要使命,但并非享有丰厚的补贴。道院规定:外出布道,按最简数额给予川费,旅费分三等,"省费每日至多二元,埠费每日至多二元五角,县费每日至多一元五角",至于邮电费,"非紧急不得发电"。[①] 布道事竣后,相关人员应将支用川旅费数目详细开列单据,送由院监查核盖章,再行疏报,仍另将单据交统藏存查。[②]

(二)道院建筑经费

道院是求修者修行悟道之场所,院址与建筑是道慈事业发展的根基。在道院组织体系中居重要地位的院会,如济南、青岛、烟台、吉林、黑龙江、辽宁、哈尔滨、上海、杭州、宁波、武汉、香港等地的道院均有气势雄伟的大规模建筑群。如今,济南母院、青岛道院,以及其他一些地区的院会建筑依然得以保存,并列为国家级、省级、市级重点文物保护单位。

济南道院位居"母院"之尊,其建筑"既须有堂皇之气概,又须有庄严之体格"[③],"建筑庄严,方足以启人之信仰"[④]。完成这样大规模的工程需费甚巨,全国各地院会之职修方无不解囊捐助,尤其是经济发达地区以及加入院会之财力丰厚的商人出力最多,"本院建筑之成功,其最大之功者必首推胶东、济东各首领各职方。因涤尘、承中不辞劳苦,多方劝募,至于舌敝唇焦,而又有盛冲、承宴、承虔等以为助力;而济东各首领、各掌监、各职修此次之乐输建筑之巨款,亦有至大之功行在也"。[⑤] 济南母院建筑从开工到完成用了十余年时间,其间历次经费收入和支出之

---

① 《布道川旅费规则》,《道院各项附则、母坛专则合刊》,第15页。
② 《布道川旅费规则》,《道院各项附则、母坛专则合刊》,第16页。
③ 《道院第十二届公会议事录》,第5页。
④ 《济南母院新殿告成之经过报告》,山东省档案馆藏:J162-01-15。
⑤ 《道院第十八届展春合会议事录》,第4页。

账目,均附于道院每年的公会议事录之后,清晰可查。① 截至1939年,济南道院建筑费共收洋55.123 52万元,支出洋49.431 667万元,结存洋5.691 853万元。② 但此时建筑尚未竣工。从其账目记录可见,捐款多至万元,少至一元,不管数目多寡,不论是以院会名义捐助还是以个人名义缴纳,均登记无遗。这种资金收支的公开和民主,便于与会代表以及捐资方督查。

青岛道院大规模建筑需款约30万元,除各地院会酌量支持外,由青岛院会之掌监、会长承担大部分。1932年,老祖训示:

> 非有三十万之数,不足以观其成。但此数甚巨,在诸子必畏其难集。然而不难也,何则? 本院如良掌(悟)、惠掌(空)、玄掌(诚),皆为本院之大首领,而又为有力之方也。今先以汝三人为注者,非汝三人有特别之捐数,不足以导领众修也。老人意欲良掌须以六数捐之,空则当以五数书之,而玄诚兄弟亦当以六数捐之。有汝三人之五六之大数,其余亦必勇(踊)跃输将。③

联系上述济南母院建筑资金来源,可见大规模院会建筑所需巨额经费主要靠道院统掌、院监以及红卍字会会长等捐助。他们作为院会主要负责人,主张修道兴慈,对院会发展不遗余力。他们多是地方知名商人,如烟台院会负责人澹台盛冲、牟平院会负责人曹承虔、青岛院会负责人丛良悟(以上均系道名)等多经商致富,有财力输捐。

处于社会转型期的商人,他们服膺道院的"道慈理论",力行修道,救正人心,借助世界红卍字会的组织依托,兴慈以救世,既能寻求心灵安适,又能实现自身人生价值、社会价值。诚然,这其中也不乏"功德成仙""因果报应"等因素的影响。正如道院解释行慈的意义时说:"吾人行慈,直接的为渡人,间接的是为自己种慈因、求善果,进一步言,生前求精神安适,死后求性灵不灭。"④

院会负责人认可兴建大规模院会建筑的必要性,并为之付出诸多努力。一方面,院会负责人之所以肯斥资兴建大规模院会建筑,主要本着"内修外慈"的理念,从道慈事业的长远发展考虑,希望能奠定良好的发展根基。另一方面,大规模院会

---

① 济南道院从1933—1939年编印的《道院公会议事录》,每年一册,其后详细记录母院建筑的各项收支情况。

② 《道院第十八届展春合会议事录》,第46页。

③ 《青岛红卍字会筹建大院会计划全案》,第15页,青岛市档案馆藏:B63-1-247。

④ 《道慈问答》,第1—2页,青岛市档案馆藏:B63-1-247。

建筑作为道院之道慈理论架构的外在表现形式,理应中西合璧,规模宏阔而有气势。院会负责人更多考虑的是如何利用钱财行善积德,实现大功行,早日荣登"仙真"果位,实现自身价值的永恒与不朽。捐资兴建大规模院会建筑为他们提供了积累功德的良好机会,有助于其修成"正果"。

道院严格管理资金收支,拥有严密的预算、决算规则。尽管道院经费紧绌,但它不动用红卍字会募捐的慈善救济资金,保证专款专用。《道院院纲》规定:"院费不得动支其他一切特种款项;院费每年度应造预算及决算书;院费收支及其他一切特种款项应分别公布。"①道院院费支出"应遵照本年度预算,不得超过。如实有不敷时,得由统藏提出追加预算书,送交统掌、院监查核,召集籍方会议公决之"。每年一度的预算、决算编订后,"各地道院均应互送参阅并随时公布"。② 地方道院成立后,母院、总院、主院籍方每年前往布道一次,各县院、埠院由省院、特院派人前往,支院、寄修所由县院派人前往。对于已设道院,奉派之布道人员尤应注意"院费收出情形"③。可见,道院院费的收支既民主公开,又有较严格的督查措施。

二、世界红卍字会经费

曹礼龙指出,上海红卍字会的经费来源主要包括会员会费和捐助、社会募捐(报刊广告、私人请托)、政府拨助、团体互助、实业自济等,认为其资金来源既继承中国传统慈善团体的特点,又吸收西方近代先进的经营理念。④ 世界红卍字会为筹集尽可能多的资金从事慈善救济事业,除以上经费来源,至少还有以下五个方面的筹资渠道。

(一)金融机构

世界红卍字会开设的金融机构主要有银行、银号。世界红卍字会开设银行主要为慈善救济服务,而非普通银行以盈利为目的,"卍会设立银行,虽同为营业性质,但其意义,则重在救济卍会,发展慈业者也。故自表面观之,与普通银行无所分别,惟究其实质,决非惟利是图。除素日接济慈款外,并须以每年所得之余利,提出

---

① 吕梁建编:《道慈概要》卷上,第56页。

② 《院费预决算规则》,《道院各项附则、母坛专则合刊》,第3-4页。

③ 《布道规则》,《道院各项附则、母坛专则合刊》,第11页。

④ 曹礼龙:《修行与慈善——上海的世界红卍字会研究(1927—1949)》,第24-29页。

若干成分,以补助卍会经费之不足"①。卍会银行的基金主要由红卍字会会员自愿捐纳汇集而成。济南道院于 1922 年开设一所"道生银行",预计资本额 50 万元,实收 30 万元,1926 年受时局影响改为"道生银号"。② 1927 年,时人周传铭介绍济南红卍字会道院时对该银行有所提及:"入会之会员组织一道生银行,货(资)本已及三十余万,每年由盈余中提出若干,办理慈善,为已故之盐商张晋阶所创办。"③ 1928 年"五三惨案"对济南社会影响极大,全市陷入混乱,富商大贾出逃,工商业不景气,银行、银号等金融业大都停业,④道生银行极可能停顿或关闭。

聊城红卍字会道院也曾开设道生银号,但在 1928 年该院会财产被聊城县党部没收后即停业。1931 年,聊城院会声称:"敝会于民国十七年九月初一日被县党部及教育局完全没收,并将数年来苦心经营筹办之平民学校一处、医院一处,及办理平民学校、医院慈款二千七百元一并攫去。此项存款向存聊城道生银号,业经敝会支用过当,乃县党部、教育局均认存不认支,强迫提款,以致道生银号因此歇业。"⑤

1938 年前后,各地红卍字会道院附设的银行寥寥无几,甚或没有。母院所在地济南打算设立道慈银行,已稍有眉目;自中华总会至各地分会也计划附设卍慈银行,以便经济周转,而利慈务进行。⑥

尽管早期开办的银行发展不顺,停顿、关闭之处颇多,但世界红卍字会道院依然看重银行在开辟利源方面的重要性,努力多方筹设开办。银行等金融业的稳定发展需要多方面条件齐备,首要的是和平有序的社会环境和安定的政治局面。但这些在民国,尤其是抗日战争爆发以后是不可能的。烟台红卍字会附设恤养院在抗日战争时期曾筹办"孤儿储金社"。当时,恤养院年龄稍长的孤儿大都从事生产劳动,赚存一定工资。面对通货膨胀日趋严重的现实,为减少孤儿存款的损失,恤养院负责人褚文郁决定利用孤儿赚存的工资成立"孤儿储金社",发行股票,每股 10 元,由孤儿自由认购。"孤儿储金社"将一部分资金以一定利息贷给恤养院出品

① 吕梁建编:《道慈概要》卷下,龙口道院,1938 年,第 42 页。
② 王守中、郭大松:《近代山东城市变迁史》,第 379 - 380 页。关于"道生银行"设立的年代,郭大松认为始于 1922 年。吉冈义丰认为,开办于道院设立至获政府批准的一年期间之内,即 1921 年 2 月至 1922 年春(《中国民间宗教概说》,第 234 - 235 页)。笔者采用 1922 年说。
③ 周传铭:《济南快览》,第 109 页。
④ 参见黄得中:《解放前济南市的金融业概况》,山东省政协文史资料委员会编:《山东工商经济史料集萃》第二辑,山东人民出版社,1989 年,第 36 - 37 页;王守中、郭大松《近代山东城市变迁史》,第 381 页。
⑤ 《道院第十届公会议事录》,第 74 页。
⑥ 吕梁建编:《道慈概要》卷下,第 42 - 43 页。

部扩大再生产,另一部分资金用于经营小商业,年底按盈利确定股票分红。经过几年发展,"孤儿储金社"不断壮大,于 1945 年接兑烟台的"义通银号",为成立"孤儿银行"奠定了基础。[①]

(二)实业部门

以山东省为例,比较突出的有烟台恤养院附设的印刷部、济南红卍字会道院开办的慈济印刷所,后者存在时间长,影响也较大。这些印刷所除刊印院会文件、宣传资料、道慈文献外,还向社会提供服务获利,承印一些名人著作或官绅组织编纂的地方史志等。因系慈善组织开办,价格较其他印刷机构优惠。济南慈济印刷所创办于 1921—1922 年。[②] 1927 年,该印刷所有股本洋 2 万元,年营业纯收入 1 117.915元。[③] 此后几年,由于经营管理不善,慈济印刷所一度屡有亏折;自 1931年派人整顿后逐渐盈利,是年盈余洋 500 元;翌年盈利洋 183.1 元。[④] 1930 年前后,除济南外,北平、济宁、东北等地红卍字会均开办印刷所。[⑤]

此外,红卍字会道院人士尚有以个人名义开办的慈济印刷所,1944 年前后仍在运营。1944 年,《道慈概要》编纂者、龙口红卍字会道院的吕梁建致函青岛红卍字会,进行业务宣传,内云:

> 梁建忝列修人,自惭庸碌,根钝质鲁,建白毫无,惟心愿向道,性近文艺。兹在山东龙口普济街创设一慈济印刷所,从事于印刷事业,作文化之宣传,藉弘吾道,专门印刷经训。首先刊印道德总社周社长悟坦著作之《真经讲演记录》,约需两月后可能出书,以副参经者之雅望。再次第印行五教典籍及经训选集,有特约编纂分门担任。倘荷惠顾,勿任欢迎。如蒙印刷见委,价目务求克己,定期交件,不误尤望。[⑥]

① 张恤收:《褚文郁先生和烟台恤养院及其生活回忆》,烟台市政协文史资料委员会编:《烟台文史资料》第 17 辑,1992 年,第 158-159 页。

② [日]吉冈义丰:《中国民间宗教概说》,第 235 页。

③ 《济南道院丁卯年办理各项道务慈务报告》,《道院第七届公会议事录》。

④ 《民国二十年(一月至十月)济南卍会道慈各项报告》,《道院第十一届公会议事录》;《民国二十一年母院道慈各项报告》,《道院第十二届公会议事录》。

⑤ 宋光宇:《民国初年中国宗教团体的社会慈善事业——以世界红卍字会为例》,(台北)《文史哲学报》1997 年第 46 期。

⑥ 《世界红卍字会青岛分会收吕梁建函》(1944 年 9 月 16 日),青岛市档案馆藏:B63-1-173。

(三)股票分红

这种融资方式与院会成员以工商业者居多密切相关,也体现出红卍字会经费来源蕴涵现代经营理念。如青岛院会负责人丛良弼(道名"良悟")是近代著名爱国商人、民族资本家,在"实业救国"思潮影响下创办山东最早的民族火柴工业——"振业火柴股份有限公司",结束了济南火柴依赖外国"洋火"的时代。[①] 他担任青岛道院统掌暨红卍字会会长,将自己的商业经营与社会公益事业相结合。青岛市档案馆典藏的世界红卍字会青岛分会档案中有一份《振业火柴股份有限公司1948—1950年营业报告书》,充分说明这一点。[②] 此外,青岛红卍字会道院说明经费来源时指出:院会基金中有振业火柴公司股票21 700元。[③] 像丛良弼这样的情况在世界卍字会道院中比较普遍。兹以济南红卍字会为例,分析其入股情况(见表9-1)。

表9-1 世界红卍字会济南分会入股情况表

公司名称	股数(股)	股金(元)	备　注
济南振业火柴公司	33	3 300	内有济南女卍字会300元
济南华庆面粉公司	13	1 300	
济南丰年面粉公司	150	1 500	
华兴造纸厂	10	1 000	时为山东造纸总厂
济南大兴砖瓦公司	20	2 000	
峄县中兴煤矿	5	500	
上海中央轮船公司	15 000	150 000	
新中印刷公司		17 530	房产、家具折变入股数
丰年面粉厂		1 000	由济南红卍字会育婴堂入股
济南鲁丰公司		100	
济南悦来公司	8	4 500	

---

① 有关"振业火柴股份有限公司"的情形,参见山东省政协文史资料委员会编:《山东工商经济史料集萃》第二辑,第242-243、254、261页;周传铭:《济南快览》,第230页;王守中、郭大松:《近代山东城市变迁史》,第342页。

② 《振业火柴股份有限公司1948—1950年营业报告书》,青岛市档案馆藏:B63-1-440。

③ 《青岛院会发展史略》,青岛市档案馆藏:B63-1-247。

（续表）

公司名称	股数（股）	股金（元）	备　注
济南电灯公司		500	
济宁电灯公司		1 000	
淮南煤矿		1 000	
中华制药厂		1 000	
总　计		184 230	

　　资料来源：据《民政局为报送关于处理世界红卍字会山东分会及济南分会的初步意见由》(1953 年 5 月 28 日)整理，济南市档案馆藏：70-1-55。

　　济南红卍字会之入股公司已经不局限于山东一地，还拥有上海等地公司的股票，股金从百元至万元不等。济南妇女红卍字会作为女性公益慈善组织也参与入股。济南红卍字会股金总额高达 18.423 万元，其中虽有通货膨胀的因素，但尚不严重。因为购买股票是为了获利，购买者通常将股金投向经济效益较好的企业，这样才能如愿以偿。20 世纪 40 年代中期的通货膨胀以及战争环境，造成大批民族企业倒闭，红卍字会也面临诸多困难，济南红卍字会此时购买股票的可能性极小。尽管表 9-1 反映的是 20 世纪 50 年代济南市民政局对济南红卍字会资产的调查汇总情况，但济南红卍字会有能力、有条件购买股票并获取收益至晚在 20 世纪 40 年代中期以前，其股金数额受通货膨胀因素影响不大。在民族企业不断发展的时期，济南红卍字会购买股票既为企业发展注入活力，又获取红利扩大资金来源，为从事慈善救济事业提供可靠支持。

　　(四)房地产

　　据研究，民国上海慈善团体的资产体现了民间社会资本的积蓄及其都市性格。房地产在慈善团体的资产中占据重要部分，主要分为房屋建筑、土地、田地、墓地。[①] 房地产不仅是慈善团体活动、居住的场所，闲余房产的租金收入更是慈善团体的重要经费来源，世界红卍字会也不例外。现将 1950 年济南市民政局调查、统计济南市红卍字会系统附属机构的房地产情况整理如表 9-2。

---

　　① ［日］小浜正子：《近代上海的公共性与国家》，葛涛译，上海古籍出版社，2003 年，第 86-88 页。

表 9-2　1950 年济南市红卍字会系统附属机构房地产简表

单位名称	房产(间)	土地(亩)	备　　注
世界红卍字会山东省分会	155		该会附设的施诊所住 12 间房子
恤养院	52	6.107	小梁隅首 20 间,该院附设孤儿学习厂居住;县东巷 30 间,该院附设义务学校居住;6.107 亩土地出租,每年租小麦 300 斤
施诊所	12		系山东省红卍字会附设之诊所,人员亦系卍字会会员
道化小学	34		房舍属山东省红卍字会,学生 280 人,内有免费生 42 人
世界红卍字会济南分会	124		已移至凤凰嘴街 28 号,原上新街房子已由古物保管委员会及公安部门住用
济南红卍字会第一施诊所	9		已移至凤凰嘴街 28 号,原上新街房子给公安部门住用
济南红卍字会第二施诊所	27		山东省立图书馆借用 10 间,其余留用
残废教养所	114		出租 23 间,每月收租小米 405 斤;自住 41 间,工业局借用 50 间
育婴堂	99		出租永庆街房子 30 间,每月小米 200 斤;自住 38 间;又出租西门大街房子 31 间,每月面粉 5 包
化育小学	58		系济南红卍字会房舍,有学生 320 人
道德总社	64		山东医药进出口总公司占住 59 间,其余 5 间未占,有工役 2 名看门

资料来源:据《济南市卍字会系统单位地址财产人数调查表》(1950 年)整理,济南市档案馆藏:70-1-55。

除以上附属机构的房地产,济南市的红卍字会系统还拥有其他几处房地产[①]:

魏家庄民康里 72 号、74 号及 5 号三处平房 17 间出租,每月小米 287 斤;

官扎营西耕地 6.107 亩出租,每年小麦 500 斤;

永庆街 28 号平房 25 间,出租每月小米 200 斤;

西门大街 48 号楼平房 30 间,出租每月小米 580 斤(折合720 000元);

经四路纬三路 115、117、119、121 号平房 33 间,出租每月小米 405 斤;

千佛山下坟荒地 21.72 亩,残废教养所负责管理;

经二路纬一路 242 号平房 33 间,由新中印刷公司住用。

济南市境内红卍字会及其附属机构的房地产主要有房屋建筑、土地、墓地,除满足其开展日常活动外,也提供可靠的经费来源。各地红卍字会多有房地产收益,如青岛红卍字会拥有该市城武路房一所,约值 2 万元,每年收租2 000元。[②]

(五)社会劝募

红卍字会还通过义务演出、展览等社会活动进行社会募捐,兹举两例。1935年,龙口红卍字会为募集慈款,借该埠戏团,演剧数日,共筹大洋3 000余元,除自留各项慈务应用外,捐助甲戌灾赈大洋2 000元,汇交胶东各会联合办事处请予代转。[③] 1933 年 4 月,世界红卍字会东南主会为募集赈款,曾在上海西门路山东会馆举办书画、金石展览会七日。结束后发给捐助款项的人士奖品,烟台红卍字会曾收到奖品 5 包,内有名人字画、书籍等物数十份,按照之前的捐款名单发给各捐户。[④]

三、征信录

世界红卍字会和道院在资金来源上的一个显著不同是:道院经费并非募捐,而世界红卍字会经费多靠会员捐助和社会募捐。社会募捐成为可能必须具备两个方面的条件,一是大众募捐意识的唤起,二是募捐机构须具备社会公信力。世界红卍字会通过出色的慈善救济活动以及刊印的大量“征信录”,成功构筑起自身的社会公信力。

---

① 《民政局为报送关于处理世界红卍字会山东分会及济南分会的初步意见由》(1953 年 5 月 28 日),济南市档案馆藏:70 – 1 – 55。

② 《青岛院会发展史略》,青岛市档案馆藏:B63 – 1 – 247。

③ 《龙口红卍会捐甲戌灾赈二千元》,《胶东卍报》1935 年 1 月 15 日。

④ 《烟卍会领到助奖品》,《胶东卍报》1933 年 5 月 18 日。

征信录是善会善堂吸收民间捐款,为昭信于众,强调经手人无中饱私囊,将收支详细登记账册,向社会公布的会计报告。[①] "征信"二字源于《中庸》里的"上焉者,虽善无征,无征不信"。夫马进认为,类似征信录的会计报告书最早出现于明末清初,伴随着善会善堂的出现、运营而产生。"征信录"名称至晚在康熙二十年(1681)前后出现,以后成为善会善堂最常见的财务公开形式。[②] 他进一步指出:征信录这种新型决算报告书的出现对近代中国产生深远影响,为向中国引进近代欧洲的原理和技术做了基础性的准备。这种信息公开的公共原理广泛被接受,甚至政府也不得不采纳这一原理大约在 1905 年前后。[③]

南京国民政府成立后加强对民间慈善团体的监管,在对其财务收支公开形式的规定中提到征信录。1928 年 11 月 30 日,上海市政府第 45 号令公布的《监督公益慈善团体暂行规则》第 10 条规定:"各慈善团体及其附属机关收支账目,每届月终除呈报社会局外,应于各该团体或其附属机关门首明白榜示,年终汇印征信录昭示大众。关于收支账目如有错误遗漏重复等事,经社会局复核发觉后得随时纠正之。"[④] 明清以来在中国社会被广泛认可的征信录,在民国时期仍然是慈善团体行之有效的财务公开监督形式,且越来越受到政府与社会之认可与重视。

世界红卍字会将其举办的各项慈善救济活动的收支情况编印征信录,刊布散发,既能将收支情形公布于众,又能宣传自身的慈善业绩。现将知见的各地红卍字会道院的征信录情况整理如表 9-3。

世界红卍字会组设救济队出发救护时,对收支款项等账目均做相应规定。以世界红卍字会第二联合救济队全鲁联处第二队的办事规则为例,其规定:"本队每月收支救济款项应于月终造具报告清册,逐月公布以昭信实。"[⑤] 在实际操作过程中,全鲁卍联处各项大规模救济活动的资金收支非常详细。1938 年刊印的《世界红卍字会全鲁各分会联合救济办事处救济水、兵灾总报告》分为《序》《甲编组织概要》《乙编救济报告》《丙编征信录》四部分。总报告将征信录作为独立但不可或缺的一部分,指出:

① 游子安:《善与人同——明清以来的慈善与教化》,第 126 页。

② [日]夫马进:《中国善会善堂史研究》,第 711-712 页。

③ 参见[日]夫马进:《中国善会善堂史研究》,第 719-722 页。

④ 参见孙建国:《信用的嬗变:上海中国征信所研究》,中国社会科学出版社,2007 年,第 4 页。

⑤ 《世界红卍字会第二联合救济队全鲁联处第二队办事规则》,《世界红卍字会全鲁各分会联合救济办事处救济水、兵灾总报告》,山东省档案馆藏:J162-01-18。

表 9 - 3　世界红卍字会道院刊印征信录统计简表

名　称	编　者	出版时间及版式	简　况	馆藏
世界红卍字会中华总会会赈救收支各款征信录	世界红卍字会中华总会	232 页;16 开	1929 年至 1932 年 6 月止。收该会的赈救工作及收支征信录两编	ST
世界红卍字会历年赈救工作第二次报告书	世界红卍字会中华总会	1932 年 10 月初版;232 页;16 开	1929 年 2 月 10 日起至 1932 年 6 月底止。附中华总会赈救收支报告。分甲、乙两编。甲编为总会赈救工作,乙编为总会赈救款项收支	ST
世界红卍字会历年赈救工作第三次报告书	世界红卍字会中华总会	1934 年 5 月出版;120 页;16 开	1932 年 7 月 1 日起至 1934 年 3 月底止。包括赈救工作及征信录两编。书前有凡例,后附中华总会经费收支赈救款项征信录,附言及各种统计表	ST
世界红卍字会历年赈救工作报告书	世界红卍字会中华总会	1934 年 8 月重刊;118 页;16 开	1922 年至 1929 年 2 月 9 日该会历年赈救工作报告书;世界红卍字会中华总会1929 年 1 月 10 日至 1932 年 6 月底赈救工作第 2 次报告书	ST
世界红卍字会杭州分会辛未各省水灾急赈处征信录	世界红卍字会杭州分会	1931 年;48 页;16 开	内有捐款人名录及收支报告等	ST
世界红卍字会中华总会二十六年临时救济报告续编	世界红卍字会中华总会	1938 年 1 月初版;28 页;18 开	1937 年 10 月 1 日起至 12 月 31 日止。分工作报告和征信录两编;书前有凡例及叙言	ST
世界红卍字会南京东南主会救济华北水灾征信录	世界红卍字会南京东南主会	23 页;18 开		ST

（续表）

名 称	编 者	出版时间及版式	简 况	馆藏
世界红卍字会中华总会北平事变临时救济报告	世界红卍字会中华总会	1937年出版；102页；32开	7月8日至9月31日。介绍卢沟桥事变后该会在北平郊区的救济工作。全书分甲乙两编，前者为救济工作报告，后者为款项收支征信录等	ST
世界红卍字会天津主会临时救济总报告	世界红卍字会天津主会	120页；有图；16开	该会1937年7月至1938年2月之工作报告，后附征信录	ST
世界红卍字会总会驻津办事处乙亥冬至纪念一次维宗费收支报告	世界红卍字会总会驻津办事处	16页；16开		ST
世界红卍字会公主岭分会壬申年赈救及各项慈业征信录	世界红卍字会公主岭分会	1932年出版；90页；16开		ST
世界红卍字会公主岭分会岁次癸酉全年收付款项征信录	世界红卍字会公主岭分会	1933年出版；102页；16开		ST
世界红卍字会营口分会岁次癸酉阳历全年收付款项征信录	世界红卍字会营口分会	1933年出版；136页；16开		ST
世界红卍字会营口分会岁次甲戌阳历全年收付款项征信录	世界红卍字会营口分会	1934年出版；96页；16开		ST
世界红卍字会中华总会分会各会救济工作报告书	世界红卍字会中华总会南各会联合总办事处	1938年出版；20页；18开	第1编：1937年7月7日至1938年2月底止苏浙区域救济简况。为"七七"事变后，该会在淞沪、南京、浙江等地的救济工作报告	ST

（续表）

名 称	编 者	出版时间及版式	简 况	馆藏
世界红卍字会中华总分各会救济工作简明表	世界红卍字会中华东南各会联合总办事处	1938年出版；8页；23开	第1编：1937年7月7日至1938年2月底止。按会别、救济人数、经费、医院治疗人数、遣送难民人数、急赈口数等8项列表编排	ST
世界红卍字会中华东南各会联合总办事处赈济工作报告书	世界红卍字会中华东南各会联合总办事处	1939年出版；281页；16开	分甲、乙两编。有总监理部组织、救济工作、收容工作、征信录等9章。书前有弁言。封面为华侨道题写之书名	ST
世界红卍字会中华东南各会联合救济总监理部总报告	世界红卍字会中华东南各会联合救济总监理部	1939年出版；278页；16开；有图像	包括总监理部组织、救济工作、疏散工作、医院工作，与各善团合作事项，黄河水灾救济等9章。书前有弁言	GTST
世界红卍字会东南主会二十四、五年份经常临时费收支各款征信录	世界红卍字会东南主会	1935年出版；16页；16开	该会1935年、1936年两年的收支报告	ST
世界红卍字会东南主会二十八年冬起至二十九年十二月止经常临时费征信录	世界红卍字会东南主会	1941年出版；17页；18开	附暑期施药及资送难民收支报告	ST
世界红卍字会济南分会二十三年份收支各款征信录	世界红卍字会济南分会	济南慈济印刷所刊印；34页；20开；环筒页装		ST
世界红卍字会济南分会二十七年份收支各款征信录	世界红卍字会济南分会	济南慈济印刷所刊印；36页；20开；环筒页装		ST
世界妇女红卍字会青岛分会壬申年征信录	世界妇女红卍字会青岛分会	1932年出版		QD

（续表）

名　称	编　者	出版时间及版式	简　况	馆藏
世界妇女红卐字会青岛分会癸酉年征信录	世界妇女红卐字会青岛分会	1933 年出版		QD
世界妇女红卐字会青岛分会丙子年征信录	世界妇女红卐字会青岛分会	1936 年出版		QD
世界妇女红卐字会青岛分会丁丑年征信录	世界妇女红卐字会青岛分会	1937 年出版；18 页；16 开		ST
世界红卐字会青岛分会庚戌年征信录	世界红卐字会青岛分会	1930 年出版		QD
世界红卐字会青岛分会壬申年征信录	世界红卐字会青岛分会	1932 年出版		QD
世界红卐字会青岛分会癸酉年征信录	世界红卐字会青岛分会	1933 年出版		QD
世界红卐字会青岛分会丁丑年征信录	世界红卐字会青岛分会	1937 年出版		QD
世界红卐字会青岛分会戊寅年征信录	世界红卐字会青岛分会	1938 年出版；32 页；16 开		ST
世界红卐字会青岛分会己卯年征信录	世界红卐字会青岛分会	1939 年出版；28 页；16 开		ST
世界红卐字会青岛分会庚辰年征信录	世界红卐字会青岛分会	1940 年出版；40 页；16 开		ST

（续表）

名　称	编　者	出版时间及版式	简　况	馆藏
世界红卍字会青岛分会癸未年征信录	世界红卍字会青岛分会	1943年出版；80页；18开	包括各项慈捐款慈捐助人名录、物品捐助人名录、常年经费经收支清册等	ST
曲阜道院世界红卍字会曲阜分会征信录	世界红卍字会曲阜分会	26页；20开；石印；环简页装	1937年3月复兴至1938年6月30日	ST
世界红卍字会泰安范镇支会戊黄年收支各款呈报册	世界红卍字会泰安范镇支会	22页；16开；石印；环简页装	该会1938年收支报告	ST
世界红卍字会潍县分会乙亥年黄灾收支各款征信录	世界红卍字会潍县分会	山东潍县和记印刷局1935年出版；12页；20开；环简页装		ST
世界红卍字会掖县分会自民国二十三年起至年终止收支款项征信录	世界红卍字会掖县分会	1934年出版；140页；20开		ST
世界红卍字会济宁分会乙亥年水灾急赈征信录	世界红卍字会济宁分会	山东济宁中亚铝石印刷所；24页；20开；石印；环简页装		ST
世界红卍字会周村分会灾赈征信录	世界红卍字会周村分会	石印；89页；16开	捐款收支报告；书前有序	ST
世界红卍字会蓬莱分会癸酉年征信录	世界红卍字会蓬莱分会	石印；52页；18开		ST
世界红卍字会蓬莱分会甲戌年征信录	世界红卍字会蓬莱分会	石印；102页；18开		ST

（续表）

名　称	编　者	出版时间及版式	简　况	馆藏
世界红卍字会南京分会己卯年冬赈收支征信录	世界红卍字会南京分会	1939年出版；24页；18开		ST
世界红卍字会下关分会民国二十三、四、五年收支款项征信录	世界红卍字会下关分会	42页；20开		ST
丹阳道院世界红卍字会丹阳分会征信录	丹阳道院、世界红卍字会丹阳分会	1935年3月出版；8页；25开		ST
世界红卍字会徐州分会征信录	世界红卍字会徐州分会	1933年6月出版；263页；16开	附有图；书前有序	ST
世界红卍字会苏州分会建筑费收支征信录	世界红卍字会苏州分会	个人刊印；14页；20开；环筒页装		ST
世界红卍字会苏州分会甲戌年征信录	世界红卍字会苏州分会	28页；20开	该会1934年收支报告	ST
世界红卍字会苏州分会廿七年份收支各款征信录	世界红卍字会苏州分会	12页；20开；环筒页装		ST
世界红卍字会苏州分会廿八年份收支各款征信录	世界红卍字会苏州分会	12页；20开；环筒页装		ST
世界红卍字会苏州分会三十四年份收支各款征信录	世界红卍字会苏州分会	38页；32开		ST
世界红卍字会江都分会办理江北水灾急赈各项赈品及款目收支征信录	世界红卍字会江都分会	18页；20开；环筒页装	1931年8月起至11月底止	ST

（续表）

名　称	编　者	出版时间及版式	简　况	馆藏
癸亥冬冬甲申春潮灾赈济征信录	世界红卍字会常熟、常阴沙南通分会合组潮灾赈济委员会	1944年4月初版；28页；32开		ST
世界红卍字会芜湖分会收支征信录	世界红卍字会芜湖分会	1940年版；46页；16开	1939年2月起至1940年2月止	ST
世界红卍字会芜湖分会收支征信录	世界红卍字会芜湖分会	42页；16开	1940年2月起至1941年1月止	ST
世界红卍字会上虞分会救济部收支征信录	世界红卍字会上虞分会	1942年版；64页；32开	1940年2月起至1942年5月止；内有捐款人名录及支出报告	ST
赣赈总报告	世界红卍字会救济赣灾上海总办事处	1936年5月出版；134页；16开；有图	分甲、乙两编。包括组织缘起、灾区调查、赈务工作、医务等7部分，并有征信录；书前有序	ST
恤养院征信录	世界红卍字会远东主会沈阳分会	1935年6月出版；28页；16开		ST
红卍字会代办无锡平粜委员会报告书	无锡红卍字会	无锡游艺斋印务局1941年11月出版；112页；16开	该会1941年3月至1941年7月间办理平粜之经过	ST
世界红卍字会绍兴分会丙子年开办经冬常冬季施米收支征信清册	世界红卍字会绍兴分会	1936年12月出版；22页；16开		ST
世界红卍字会通县分会民国二十八年冬冬赈粥厂收支款项征信录	世界红卍字会通县分会	10页；20开；环简页表		ST

（续表）

名　称	编　者	出版时间及版式	简　况	馆藏
世界红卍字会通县分会国二十九年冬赈粥厂各项收支款征信册	世界红卍字会通县分会	16 页;20 开;环简页装		ST
世界红卍字会首都粥厂各项收支征信册	世界红卍字会	1940 年 7 月出版;20 页;20 开	该会 1932 年 1 月至 3 月收支报告	ST
世界红卍字会南京分会办理赈济施药施医暨各慈业收支征信册	世界红卍字会南京分会	28 页;16 开	该会 1936 年收支报告	ST
世界红卍字会嘉兴分会施送贫病医药所乙亥年收支报告清册	世界红卍字会嘉兴分会	1936 年出版;18 页;18 开	该会 1935 年施送医药收支清册	ST
淞沪代主院二十七年份功行纪念册	淞沪代主院	1939 年出版;20 页;16 开	内有收支账目清册;卷首有弁言	ST
世界红卍字会天津主会二十三年全年各项慈款收支征信录	世界红卍字会天津主会	1934 年出版;64 页;16 开		ST
世界红卍字会沪上宝办事处二十六年份慈业征信录	世界红卍字会沪上宝办事处	1937 年出版;20 页;16 开	该处 1937 年 1 月至 12 月收支报告	ST
世界红卍字会南京分会廿一年度办理各种慈业征信册	世界红卍字会南京分会	6 页;20 开		ST
世界红卍字会上虞分会经管曹百义渡收支征信录	世界红卍字会上虞分会	17 页;32 开	1943 年 7 月至 1944 年 8 月止	ST
世界红卍字会经办上海流民习勤所工作概况	世界红卍字会	1943 年冬出版;16 页;21 开	记述筹备经过、组织情形、经费概况等	ST

（续表）

名　称	编　者	出版时间及版式	简　况	馆藏
第五母坛及天津中央主院甲戌全年收支征信录	第五母坛，天津中央主院	1934 年出版；10 页；16 开		ST
济南道院建筑费总收支概略	济南道院	52 页；32 开	附辰光阁工程收支报告及助款名单	ST
吉林院会道慈事业廿载概略	吉林红卍字会分会	1941 年 7 月初版；62 页；18 开		ST
烟台分主院会十二年道慈纪实	烟台分主院	1935 年出版；108 页；32 开	烟台道院暨红卍字会工作报告	ST
南京道院癸甲二周合刊	南京道院	1925 年出版；62 页；16 开	该院的建立经过和红卍字会的工作报告；书前有序言	ST
绍兴道院廿九年份收支经常征信录	绍兴道院	1940 年出版；4 页；32 开		ST
行宗坛收支款项分类报告		1935 年 11 月初版；158 页；16 开		ST
凌源分会民国十八年，十九年冬令粥厂征信录	凌源红卍字会掖县分会		该会 1929 至 1930 年开办粥厂情形	SD
世界红卍字会掖县分会癸酉年征信录	世界红卍字会掖县分会		该会 1933 年诊所，医院等慈务情况	YD
世界红卍字会全鲁各分会联合救济办事处救济山东各地水灾，兵灾总信报告	全鲁卍联处	1938 年 7 月	该办事处 1937 年救济山东各地水灾，兵灾情形，后附征信录	SD

资料来源:据北京图书馆编《民国时期总书目(1911—1949)》《社会科学总类部分》,书目文献出版社,1995 年;以及各地档案馆,图书馆馆藏资料制作。

馆藏代码说明:国家图书馆(GT)、上海市图书馆(ST)、山东省档案馆(SD)、青岛市档案馆(QD)、烟台市档案馆(YD)。

征信录内列各表乃此次救济之总收支，在总报告中关系至为重要，故特列为专编。回忆本会办理救济之初，正当大劫勃发之时，农村濒于破产，商业陷于停顿。本会同仁虽抱救人自救之决心，发博施济众之宏愿。然自揣财力绵薄，深惧难收圆满之效。幸荷仁人义士、各地善团对于本会救济工作极表同情，慨助慈款，乐输义粟，共集款项物品价值约十二万元有奇；加以泰安、羊楼、范镇、汶口、青岛、周村、长清各地收容、招待、赈济，所需之款六万余元，总共约在十八万元以上，并蒙官府及各友邦人士关于难民乘车、乘轮或收半价或全免费，热忱赞助，共襄善举。前后统计全活人数在四十万以上，此功此德岂可限量！①

除征信录，各地院会还自行印制反映其道慈事务的"庚报"，即每10天记录总结之报告。庚报的实行大致有三个方面的原因：一是为登记个人积累的"功行"。二是能更好地从整体上反映院会在推展道慈事务等方面的成绩，以便在进行年度总结，召开全国道院公会、全国红卍字会大会、地方院会联合会议等重要会议时，能与其他院会的道慈成绩做比较，进而明确本院会的地位和作用，以及此后努力的目标和方向。三是世界红卍字会道院的一贯要求，不论是世界红卍字会中华总会还是济南母院，均一再强调做好统计本院会道慈事务的记录。庚报便于中华总会与母院及时、准确统计各地院会的道慈成绩，从而进行具体的管理指导，并做出整体发展部署；同时，对各地院会的发展也是很好的激励。

庚报这种"短、平、快"的记录方式很大程度上避免因时间久远而造成的道慈事务统计舛误。这种周期短、常规性的统计，保证数据的精确有效与公开透明，便于当事人对所捐献财务、所做工作及所取得成绩进行监督。

世界红卍字会还发行报纸，刊载道慈事务，公布善款收支等内容。早在1923年，世界红卍字会中华总会即发行《卍字日日新闻》，以"提倡道德慈善、裨益社会"为宗旨，所有各会赈务或救济，及捐款等事，"均由该新闻随时露布"。其他各会所办周刊、旬刊、月刊及日报"亦复不少"。②

世界红卍字会（道院）明确规定："各院会之账目，宜以道慈两项，分类登记册簿，眉目清楚。由院会中派定之查赈员，或会计师，按月或按年稽核之，以昭大

---

① 《世界红卍字会全鲁各分会联合救济办事处救济水、兵灾总报告》，山东省档案馆藏：J162-01-18。
② 《世界红卍字会道慈研究所讲义》第2册《道慈纲要卍慈篇》，第246-247页。

公。"①正是通过征信录、庚报,以及院会报刊等的印制与流通,世界红卍字会将财务收支公布于众,赢得信任,获取良好社会公信力,让社会各界明了其所从事的慈善救济活动;同时也便于各地红卍字会之间道慈绩效的比较,以及上级院会、政府主管部门对其慈善业务进行统计与管理。

世界红卍字会发展迅速,组织体系庞大,加以社会纷扰动乱,个别会员品德良莠不齐等,难免出现一些弊端。如合肥红卍字会经办和发放赈济专款的会员良莠不齐,1930年前后曾发生贪污救济资金、截留救济物资情事,其中案情较大的有一职员,经上海红卍字会控告关押,追赃究办。② 1952年,上海红卍字会发现会计陈善性滥用公款。③ 但这并非世界红卍字会独有的负面现象。在战乱的困扰下,经济压力是一切社会团体特别是民间团体面对的共同难题。以抗战时期的中国红十字会为例:

> 待遇的偏低,直接导致红十字会救护人员士气的低落,于是种种弊端油然而生,譬如贪污、吃空缺,更严重的是长假不归与弃职逃亡的案例越来越多。即便是始终坚守岗位的救护人员也不得不承认生活问题使得红十字会留不住好人才,其中部分是因为许多人有家累,光凭红十字会的薪俸只能勉强维持个人的生存,根本不足以养家活口。④

华洋义赈会的资金运作也存在阴暗现象,只是研究者对"明的一面论述较多,但暗的一面挖掘不够"⑤。

---

① 香港红卍字会编:《院会缘起概略》,第17页。
② 曹步萧:《安福系与合肥红卍字会》,合肥市政协文史资料研究委员会编:《合肥文史资料》第1辑,1984年,第181页。
③ 曹礼龙:《修行与慈善——上海的世界红卍字会研究(1927—1949)》,第24页。
④ 张建俅:《中国红十字会初期发展之研究》,第212-213页。
⑤ 忻平:《序言》第3页,蔡勤禹:《民间组织与灾荒救治——民国华洋义赈会研究》。

▶ 慈善救济篇

临时慈善事业

世界红卍字会道院的基本要义在于"道""慈"双修,修"道"就是个人的内在修行即静坐,行"慈"就是对民众施行诸种慈善救济活动。正如道院刊布的宣传册中所载之修行方法:"静坐以修己,行慈以度人,内修外行,两不偏废","道院宗旨是内修外行的,也就是以道为体,以慈为用的。若只知内修,不知外行,是为独善其身的主义,于世界人类毫无益处。所以欲修我个人的性灵,必先渡他人的性灵,方为最大的慈功"。① 可见,修行与慈善是世界红卍字会道院要义之一体两面。

世界红卍字会是道院对外专办慈善救济事业的机构,"道院因行慈贵乎事实,所以创设世界红卍字会,专负其责"。② 其慈善救济事业可分为临时和永久两种。临时慈善事业多应对突发事变,"对于各地临时发生的灾患,红卍字会实地救济或赈救者,均归临时赈救类"。③

世界红卍字会中华总会及各地分会的临时慈善救济活动不胜枚举,难以对其进行面面俱到的描述。世界红卍字会道院源起于济南,在山东境内的分支机构众

---

① 《道慈问答》,第 1、4 页,青岛市档案馆藏:B63-1-247。
② 《道慈问答》,第 5 页,青岛市档案馆藏:B63-1-247。
③ 《道慈问答》,第 11 页,青岛市档案馆藏:B63-1-247。

多,组织体系也较完备,慈善救济活动十分活跃。据不完全统计,1922—1940 年山东省先后成立了济南、青岛、烟台等至少 70 个以上的分会,[①]是红卍字会数量最多的省份。山东各地红卍字会的规模、活动能力和工作业绩也超越本省同时期其他各类民间慈善组织。1940 年前后,红十字会在山东共计 32 处。[②] 现以山东各地红卍字会为中心,管见世界红卍字会之临时慈善救济事业。

一、灾荒救济

(一)水灾救济

1922 年,利津宫家坝黄河决口,济南红卍字会施放赈款 12 万元,救济 4 万余口。[③] 这是已知的济南红卍字会最早一次自然灾害救济活动。

1928 年,利津黄河决口,济南红卍字会施放赈款 1 万余元,面粉1 500 余袋,救济灾民21 200余名。[④]

1929 年,山东广饶发生水灾,广饶红卍字会施赈、施药救济灾民。[⑤]

1931 年,就全国范围而言是个重灾年,江淮流域发生近代史上最严重的水灾,山东沿运河一带受灾较重。滋阳田地被淹5 000余顷,房屋倒塌 2 万余间,灾民 15万人。济宁田地被淹9 000余顷,房屋倒塌 3 万余间。金乡被灾 900 余村,灾民 16万人。嘉祥被灾 180 余村,灾民 1.8 万余人。鱼台被灾1 030村,灾民 15 万人。[⑥]仅就济南红卍字会而言,该会不仅赈救东南各省水灾,还积极在山东灾区放赈,据不完全统计:放济宁赈款洋1 000元,放滋阳赈款洋1 000元,放益都赈款洋 500 元,放聊城赈款 500 元,托茌平卍会代放茌平急赈洋 500 元,济南城关两次放面粉1 700袋,计大洋3 221元,助泰安卍会赈款洋 100 元。[⑦]

---

① 《山东省各会名称地址表》,山东省档案馆藏:J162-01-14;《世界红卍字会中华总分各会概况总表》,青岛市档案馆藏:B63-1-246。

② 中国红十字会总会编:《中国红十字会历史资料选编(1904—1949)》,第 187 页。

③ 《济南红卍字会概况报告表》,青岛市档案馆藏:B63-1-246。一说此次救济发生于1921年,彼时红卍字会尚未成立,由济南道院募款并散放急赈,参见《世界红卍字会道慈研究所讲义》第 2 册《道慈纲要卍慈篇》,第 223-224 页。

④ 《济南红卍字会概况报告表》,青岛市档案馆藏:B63-1-246。

⑤ 《中国地方志集成·民国续修广饶县志》,第 102 页。

⑥ 李文海、林敦奎、程歗、宫明:《近代中国灾荒纪年续编》,第 317 页。

⑦ 《济会筹办本年水灾赈务情形报告》,青岛市档案馆藏:B63-1-16-1;《济南红卍字会概况报告表》,青岛市档案馆藏:B63-1-246。

1933 年 7—8 月,黄河中下游发生 20 世纪以来最严重的洪灾。灾区涵盖宁夏、绥远、陕西、河南、河北、山东、江苏等 7 省 60 余县,其中冀、鲁、豫三省受灾最重。冀、豫省区决口的黄河洪水淹灌山东,造成 21 县(一说 22 县)受灾。① 其中,灾情最重的为范县、濮县、寿张、阳谷等县,千余村庄被淹没,灾民 30 余万。寿张被灾区域占全县二分之一,房屋倒塌约十分之九;阳谷被灾区域占全县三分之一,房屋倒塌约十分之九;范、濮两县被灾区域占全县四分之三,房屋倒塌各有十分之六七。② 南京国民政府在南京成立黄河水灾救济委员会。为办事方便,黄河水灾委员会又决定在冀、鲁、豫三省设立分会,黄河水灾救济委员会山东分会前后共有会员 15 人,济南道院统掌暨红卍字会会长何素璞、章邱道院统掌暨红卍字会会长辛铸九(道名"志新",1940 年后又担任济南道院统掌)名列其中。

为应对如此大的水灾救济,济南、青岛、济宁三地红卍字会组成济岛宁联合救济队出发赈济濮县、范县、寿张水灾。现以济岛宁联合救济队青岛分会救济队为例,了解此次救济情形。

据青岛红卍字会救济队发回的救济报告:截至 1933 年 9 月中旬,救济队在濮县已查赈并放赈 44 村,施放赈洋 1 781.1 元。9 月 7 日,水退却较快,至 10 日已经不能行船,交通困难。未发放救济的村庄距离县城八九里,队员均赤脚拖泥,放赈预计 3 天结束。统计在濮县施赈 2 000 元左右,因未全部完成,尚无确切数字。该队还接到济南振业火柴公司信函,内云:"存款二千,已兑到大昌公司,该号已照拨待收。"③ 29 日,该队又发回救济报告:在濮县的救济工作已于 17 日结束。救济队原计划于 20 日赶赴范县。但当到达距濮县城 30 里的大屯时,发现村庄受灾严重,因交通不便未能查放,后经当地各机关要求,于 19 日、20 日两天前往施放完毕。至 21 日最终结束在濮县的救济任务。统计在濮县共查放 68 村,灾民 1 506 户,支出赈款 2 229 元。当时濮县灾区已能种麦,仅临外堤三数里,水势尚大。政府急赈两次,第一次 4 000 元,每口 4 角;第二次 4 000 元,每口 2 角。地方又筹设粥厂四处,于 22 日开放。

23 日晚,救济队到达范县。范县全境被灾者占五分之四,最重有 300 余村,水

---

① 有关 1933 年山东黄河水灾与救济,详见王林主编:《山东近代灾荒史》,齐鲁书社,2004 年,第 257 - 295 页。

② 《四县急赈散放竣事》,《大公报》1933 年 9 月 3 日。

③ 《世界红卍字会青岛分会收本会救济队报告》(1933 年 9 月 19 日),青岛市档案馆藏:B63 - 1 - 51。

势尚大,退落不过三分之一。内外堤比濮县距离近,政府急赈三次,第一次5 000元,第二次4 500元,第三次5 000元。地方亦筹设粥厂两处,均已开放。之前世界红卍字会中华总会来范县放赈,查放40余村,每口1角,用款1 000元。青岛红卍字会救济队员决定仿照中华总会每口1角的赈济标准放赈,但总会已放之村不再施放。① 从以上报告中可以看出:青岛红卍字会救济队实事求是地汇报灾区的赈救情况,不仅陈述该救济队的情形,也如实提及政府的赈济。

28日,青岛红卍字会的于思静前往济南道院,向何素璞说明青岛红卍字会继续拨发赈款洋2 415.5元,仍拟带往范县、寿张一带施放。何素璞深表赞同,并赠送济南至范县长途汽车免票1张、由范县回济南免车票5张备用。29日,于思静乘车前往范县。据其报告,救济队在范县查赈、施赈标准均参照在濮县时的办法,调查、施放工作正在进行。该县用省政府拨款在县城内开放粥厂,每日就食灾民不下六七百人,救济队拟于各乡区查访完毕之后在县城内施赈一次,以领粥之灾户为标准。② 至10月11日,救济队在范县的赈务工作完成。据其发回的救济报告,范县赈务,计查、赈受灾最重之乡村87处,灾民6 744口,发赈洋3 649.8元。统计前后所收赈款7 415.5元,除濮、范两县放大洋5 878.8元及该队开销外,尚余千百元。该队拟于12日赶赴寿张赈救,仍以受灾最重之乡区为标准。③ 此次濮、范、寿三县水灾急赈支出:濮县2 229元、范县3 649.8元、寿张1 000元,共放大洋6 878.8元,一切办赈用费及队员、队夫薪津约计300元。④

青岛红卍字会救济队还前往鲁西菏泽一带办理冬赈。该县受灾最重之同和、平陵、西河、岗峰四乡,共368村、5 775户,救济队施放赈款洋7 479元;另拨洋650元交由菏泽县士绅发起的水灾赈济会,以补助收容所灾民之需。以上共计大洋8 129元。救济队带来赈款8 500元,除赈款及救济队开销300余元,尚余不足百元。⑤ 救济队还提醒青岛红卍字会来年注意在菏泽开展春赈,"极低之区水仍未退,致冬麦未能下种。现时固奄奄待毙,来春亦绝希望,灾情之重为百余年所未有。本队此次往察,所到之村,睹及孺妇老弱囚首丧面,无复人形,盼赈情殷,概可想见。

① 《世界红卍字会青岛分会收本会救济队报告》(1933年9月29日),青岛市档案馆藏:B63-1-51。
② 《世界红卍字会青岛分会收本会救济队报告》(1933年10月6日),青岛市档案馆藏:B63-1-51。
③ 《世界红卍字会青岛分会收本会救济队报告》(1933年10月15日),青岛市档案馆藏:B63-1-51。
④ 《世界红卍字会青岛分会收本会救济队报告》(1933年10月20日),青岛市档案馆藏:B63-1-51。
⑤ 《世界红卍字会青岛分会收救济队报告为菏泽赈务》(1934年1月4日),青岛市档案馆藏:B63-1-56;《世界红卍字会青岛分会收救济队二次出发菏泽报告》(1934年1月6日),青岛市档案馆藏:B63-1-56。

我会如果有力,似应于该县来年之春赈时特别加以注意"。①

　　青岛红卍字会救济队在濮县、范县、寿张、菏泽四地发放的赈款,对灾民而言杯水车薪,甚至不及政府急赈之数目,但不能苛求红卍字会的救济能力。大规模的灾难救济,政府自应担当救济的主角,民间慈善团体只是辅助。况且,青岛红卍字会只是世界红卍字会的分支机构,能力有限。如果全面考察山东各地红卍字会,甚至省外红卍字会对此次黄河水灾的救济活动,必然发现以世界红卍字会为代表的民间慈善团体依然发挥了十分重要的作用。

　　1937 年 8 月,济南长清玉符河决口,大水向东淹没百余里之村庄,灾民达十余万人。全鲁卍联处随即组派救济队前往救护,至 9 月 14 日,共收容难民19 503人;有在水区暂居不愿他往者分给食物,有患病者随时治疗,共计83 501人。不久,又因黄河下游决口,全鲁卍联处复派救济队携带食品、药品前往齐东、济阳、蒲台、利津、广饶、博兴、青城、高苑等地施赈,医治患病灾民9 321人,连前救护、赈济灾民达112 325人。②

　　全鲁卍联处在玉符河水灾救济中成绩显著。8 月 31 日,济南市政府复函嘉许:"贵处来牍敬悉,连日组织救护队不分昼夜冒雨出发,赈抚兼施,救出难民一万七千余人,诊治、赈济人数约达三万之众。扶危济拯斯民于水深火热之中,义勇高风,曷深景佩。"蒲台县县长王麟阁亦致函历城红卍字会会长张星五道谢:"弟奉命摄篆蒲台甫及一月,即遭逢黄灾,个人命塞而灾及蒲民良用疚心,承派刘队长带下面食、药品发放灾黎,谨代阖邑人士泥首以谢。"③这表明政府肯定红卍字会在赈灾中的积极表现,及其对政府救济工作的辅助作用。

　　(二)旱蝗救济

　　近代山东出现四个特大旱年:1876 年、1927 年、1928 年、1929 年。其中1927—1929 年是一次旱灾,持续了三年。④ 1927 年春夏,全省 94 县亢旱异常。次年旱情依然严重,81 县大旱。⑤ 1929 年,约 100 县被旱,恩县、夏津、高唐、邱县、馆

---

① 《世界红卍字会青岛分会收救济队二次出发菏泽报告》(1934 年 1 月 6 日),青岛市档案馆藏:B63 - 1 - 56。

② 《世界红卍字会全鲁各分会联合救济办事处救济水、兵灾总报告》(1938 年 7 月),山东省档案馆藏:J162 -01 - 18。

③ 《世界红卍字会全鲁各分会联合救济办事处救济水、兵灾总报告》(1938 年 7 月),山东省档案馆藏:J162 -01 - 18。

④ 王林主编:《山东近代灾荒史》,第 5 页。

⑤ 山东省地方史志编纂委员会编:《山东省志·水利志》,山东人民出版社,1994 年,第 65 页。

陶、冠县、堂邑等 21 县受灾最重,灾民 200 万人。德县、临清、博平、茌平、莘县、阳谷、观城等 25 县受灾次重,灾民 100 万人。[①] 与水旱各灾相伴而来的是蝗灾。安邱县长佘珝东致函济南红卍字会:"今春以来天气亢旱,滴雨未沾,禾稼枯萎,仰屋之民十有八九……禾稼歉收在所难免,更兼蝗虫、蝗蝻层生不穷,飞蝗蜂涌而来,为害甚烈,禾稼蚀食不堪。"[②]菏泽县也遭受旱、蝗、冰雹的沉重打击(见表 10-1)。

表 10-1　菏泽县政府调查菏泽县灾情统计表

受灾村庄	户数	大口	小口	灾情	备　　注
城　郭	743	880	378		
永　绥	1 920	3 309	1 330		
崇　厚	1 230	2 457	958		
东　平	859	1 667	889		
巽　德	482	1 011	490		
永　宁	717	1 694	858		1925—1927 年,该县连遭兵燹匪祸。1926 年,黄河决口,田禾房舍被淹,系造成重灾之远因。1928 年,雨水缺乏,蝗蝻遍地,系造成重灾之近因
顺　义	217	502	233	旱雹蝗蝻	
离　明	1 637	3 526	1 844		
灵　圣	1 993	5 393	3 217		
长　明	1 362	3 696	1 847		
青　邱	1 370	2 220	978		
乾　元	1 193	2 295	1 193		
平　陵	871	1 893	932		
岗　峰	1 375	3 200	1 486		
义　聚	1 843	4 534	2 146		
临　河	1 923	4 771	2 647		
西　河	2 031	4 638	2 850		

　①　李文海、林敦奎、程歗、宫明:《近代中国灾荒纪年续编》,第 251 页。
　②　《济南分会为复安邱县县长请求赈济灾荒与该县长的来往文件》(1928 年 9 月),山东省档案馆藏:J162-01-7。

（续表）

受灾村庄	户数	大口	小口	灾情	备 注
德 化	2 792	6 718	3 368		
同 和	1 037	2 296	1 147		
宝 镇	1 706	3 765	2 109		
永 河	997	1 672	844		
总 计	28 298	62 137	31 744		
本年收成	以上列各村灾情略同,收成平均三成				

资料来源:据《菏泽县政府为送灾况调查表请核办给济南分会的公函》(1929 年 4 月 20 日)整理,山东省档案馆藏:J162 - 01 - 13。

同时期的滋阳县也遭遇与菏泽近乎相同的灾情。滋阳红卍字会致函济南红卍字会:"兖州一隅,素称地瘠民贫,屡经水旱兵匪之灾,元气未复。今夏又遭蝗蝻之害,蔓延全境,田禾食养子粒无收。一旦秋凉,饥民嗷嗷,势必可畏。敝会忝在慈善,不忍坐视,派员会同各区社长前赴被灾各村庄,分别轻重调查列表,并将被灾地点拍照以志证明,亟应设法施救而解倒悬。"[1]该会调查灾情统计如表 10 - 2。

表 10 - 2 世界红卍字会滋阳分会调查滋阳各区被灾户口统计表

区 名	村 庄	户 数	口 数
东南乡乘邱区	南砂、马青、北辛、南辛、西辛等 5 社被灾奇重,计 87 村庄	2 256	11 264
东北乡瑕邱区	北沙、东隅、东白、东大等 5 社被灾甚重,计 76 村庄	1 731	8 325
西南乡临洙区	进贤、西大、东土、南隅等 4 社,计被灾 39 村庄	622	38 66
西北乡达巷区	吴寺、南高、北高、漕河、西邢等 5 社,计被灾 59 村庄	974	4 749
西乡嶫山区	西土、南李、旧县、北李、东邢等 5 社,计被灾 47 村庄	788	3 672

---

① 《济南分会为复滋阳分会函请拨粮赈灾与该会的来往函》(1928 年 8 月),山东省档案馆藏:J162 -01 -7。

（续表）

区　名	村　庄	户　数	口　数
城　区	西关外旧关一村以及东南关外城内园地等处	326	1 648
总　计	6 区 24 社 309 村庄	6 697	33 524
灾　情	1926 年夏水灾；1927 年秋旱，继以兵匪之灾；1928 年秋又遭蝗蝻之害，由东南至西北蔓延全县，经地方官督饬各区社长率众捕杀，而秋禾损失十之七八		
附　计	滋阳县分 6 区 24 社，482 村庄，201 000 余口，计被灾 6 区 309 村庄，6 697 户，33 524 口		

资料来源：《世界红卍字会滋阳分会调查滋阳各区被灾户口一览表》（1928 年），山东省档案馆藏：J162-01-7。

济南红卍字会积极筹募赈款，施放冠县、禹城、费县、沂水、章邱、益都、临朐、广饶、邹平、博山、淄川、临沂、寿光、临淄、朝城、菏泽、巨野、嘉祥等地，计赈洋 5 万余元；章邱红粮 6 万斤，利津馍馍、锅饼 1 万斤，小米 100 包，红粮 150 包。[①]

1928 年，山东临朐县遭遇水、蝗之灾，粮食颗粒无收，民情困顿。临朐县政府向济南红卍字会求援：

> 前由本县各界公推代表趋赴贵会请求多拨赈粮，辛蒙慨赐红粮两千袋，现已陆续领运到朐，分发冶源、辛寨就近散放。凡属朐邑饥民，食德感惠，莫不身登衽席而心铸生佛。不料八月十六日，九山社忽来无数飞蝗停落一夜，积厚尺许或二三寸不等，嗣向小山社东北方出境，约计环食长有一百三十里，宽至八里或十有余里。凡前日水淹未尽之禾稼，被蝗片刻食尽，因而饥民较前又增数倍。[②]

虽未在济南红卍字会的档案中发现其回复临朐县政府的信函，但民国《临朐续志》保存了与之相印证的资料。1928 年夏，临朐大雨，山洪暴发，辛寨、蒋峪、柴家庄等"数十余庄淹毙男、妇四百八十余名口，房舍倒塌，田禾冲没，损失无算"；秋天，

---

① 《济南红卍字会概况报告表》，青岛市档案馆藏：B63-1-246。
② 《临朐县政府为报蝗灾请发红粮赈济给济南分会的公函》（1928 年 8 月），山东省档案馆藏：J162-01-7。

"飞蝗大至,区域广漠,灾情奇重。华洋义赈会派费牧师来赈水灾,在辛寨、蒋峪等处散放国币一万五千元。济南红卍字会募来红粮两千袋赈水灾,又续发红粮一千袋赈蝗灾"。[1] 以上两则资料完整呈现了济南红卍字会的赈灾原委。1928年夏,临朐县遭遇大水,县政府向济南红卍字会求救,后者拨红粮2 000袋予以救济。同年秋,该县遭受蝗灾,济南红卍字会又拨红粮1 000袋赈救。从县志看,地方发生灾荒,政府或绅商一般致函各慈善团体请求救济,华洋义赈会和济南红卍字会的救济活动充分说明了这一点。同时,通过档案资料与民国县志比对,一方面说明济南红卍字会现存档案资料可信度很高;另一方面也说明由民国地方政府、绅商等编纂的方志具有较高史料价值。

二、战事救济

1925年,各路军阀战事又起。二次直奉战争后,北方军阀以奉军和冯玉祥的国民革命军为两大势力。当时划定的势力范围,奉军在津浦铁路沿线,国民军在京汉铁路的河南和西北地区。1925年上半年,奉军与国民军照已划分好的范围,分途发展,失势的直系军队奋力反扑,以阻止两系势力。[2] 是年,南北激战,逼近山东泰安,莱芜红卍字会救济灾民、伤兵甚众。[3] 泰安红卍字会组织第十一救济队,分医药、救护、输送、掩埋四部,抢救伤亡,颇著成效。[4] 济南红卍字会按照中华总会的统一编制,成立第四救济队,分为两组队。第一组前往泰安救济,在城内设立临时医院1处,收容所3处。在大汶口救回伤兵、民290余名,掩埋尸体300余具。后来救济队回济南,运回未愈受伤兵、民91名,送入济南后方医院治疗。第二组先在济南城南八里洼等处救回伤兵14名,掩埋死尸10余具;又出发十六里河、界首等处,掩埋尸身200余具,在城关及各乡镇设立收容所39处,在仲宫镇设收容所2处,掩埋尸身5具。12月10日,德县函请济南红卍字会救济队前往救济,又增设救济队一组出发,车至黄河崖不能前进,于平原设立妇孺收容所30余处,收容妇孺千余人。16日,救济队至德县,设立收容所数十处;设临时施诊所,每日来所就诊者日数十起,至年底方撤队回济。[5]

---

① 《中国地方志集成·临朐续志》,第235-236页。
② 张玉法:《中国近代现代史》,(台北)东华书局,1978年,第244页。
③ 《中国地方志集成·民国续修莱芜县志》,第354页。
④ 《中国地方志集成·民国重修泰安县志》,第418页。
⑤ 《济南红卍字会概况报告表》,青岛市档案馆藏:B63-1-246。

1928 年春,国民政府北伐,莱芜红卍字会救护伤兵 50 余人,并资送回泰安;设后方医院治疗病民 12 00 余人。① 同年 5 月 3 日,日军为阻止国民政府北伐,在济南制造了震惊中外的"五三惨案"。济南红卍字会积极救护商埠和城内居民,救治受伤兵民、掩埋死者;从东北运到红粮 7 000 余包散放于贫民。此次救济活动计收容伤兵民 1200 余名,治疗受伤兵民约 900 名,掩埋死难兵民 500 余名。② 济南红卍字会统计:"运埋死亡兵民五百余具,医疗伤兵四千五百余人,送出被难国军九百余名,并往德州设立医院五处,收容伤兵七千余人,分别疗治遣散。"③ 其一致处在于掩埋伤亡兵民数。这次救济活动并非济南红卍字会单独进行,而由京津济联合救济队共同承担,救济活动的规模应更大一些,第二种统计数字应更准全。

1929 年 4 月 3 日,山东寿光县城被攻破,红卍字会派人施放急赈。④

1930 年 5 月,中国近代史上规模空前的"中原大战"爆发。百万大军在东起山东、西至襄樊、南迄长沙、北达河北的数千里战线上激战,以陇海线为主体,津浦、平汉两线为两翼,分为河南、山东、湖南三个战场,以河南为中心,次为山东,再次为湖南。⑤ 津浦沿线诸城市,如济南、泰安、曲阜等地均罹兵祸。

1930 年,曲阜围城战争爆发,"炮火轰击,密如骤雨,围城旬日,毁坏城楼者七座,居民房屋被震塌、弹击、毁坏者不可胜数,商民死亡甚众,受弹击被伤者约千余人。货物损毁,市面全无。孔子林、庙之文物,毁于炮火之下者不少"。⑥ 曲阜红卍字会设立临时医院,救治兵民千余人;同时成立第十八救济队,掩埋城厢死尸 800 余具,并赴泰安、宁阳、汶上救济,在汶上放赈款千余元。⑦

是年 6 月,政府军与晋军战于济南及附近各县,居民纷纷外逃。济南到张店,"沿铁路两旁,田禾收获在即,尚是丰年气象,惜附近居民,多因避战祸他去。战壕战垒,触目皆是。即此,恐农事上损失已不少矣"。张店至尧沟,"淄河一带因晋韩两军在该地相持作战为日最久,故地方所受影响亦最大,自金岭镇以东,迄淄河西岸,沿铁路两旁,附近村庄居民,逃避一空,不见人烟。房屋均用泥封,田中秋禾被

---

① 《中国地方志集成·民国续修莱芜县志》,第 354 页。

② 《世界红卍字会济南分会报告》,济南市档案馆编:《毋忘国耻——济南"五三"惨案档案文献选辑》,第 185 页。

③ 《济南红卍字会概况报告表》,青岛市档案藏:B63-1-246。

④ 《中国地方志集成·民国寿光县志》,第 148 页。

⑤ 郭廷以:《近代中国史纲》下册,中国社会科学出版社,1999 年,第 582 页。

⑥ 《赈务委员会募捐曲阜灾振启事》,《申报》1930 年 7 月 27 日。

⑦ 《中国地方志集成·民国续修曲阜县志》,第 118 页。

人马踏平。树木之高大者皆为大炮击倒,满目悽凉,不胜浩叹……所有青州以东大小桥梁及电话线电报线皆被破坏,电杆倒地,触目皆是"。① 济南红卍字会派出两组救济队,一组在济南救济,一组出发青州、周村、齐东各县;在济南设立临时医院一处,收容受伤兵、民百余人,掩埋死者数十人,设收容所数处,收容妇孺百余人;在青州设临时医院一处,收容受伤兵、民 100 余人,除治愈出院者,余均运回济南医院疗治,愈后分别资遣回籍,共一百数十人。②

1930 年闰六月二十一日,晋军由泰安突来据城守备,同时国民军也由新泰至城下,双方激战七昼夜,"城内关厢及附近村庄已蹂躏不堪",莱芜红卍字会长于粹甫等人在城外组织救济队,向国民军泣恳停战;副会长刘元勋等人也在城内联合会员向晋军恳求息战,最终内外联合,昼夜疏通,双方停战。救济队"救入医院伤兵三十余人,治疗后送入泰安车站,并治病民二百余人"。③

20 世纪 20 年代末 30 年代初,胶东接连发生大规模军阀派系争战。山东各地特别是胶东各红卍字会积极开展救恤,减轻民众疾苦,历次救济花费不菲。如牟平红卍字会在数百里灾区施放赈款数十万元。④ 莱阳红卍字会 1928 年赈银币 2 万余元,1932 年赈 4 万余元。⑤

1928 年,胶东各县惨遭兵燹。掖县为主战场,损失惨重。据事后调查:"掖县城关附近,灾民共二千四百余户,一万五千余人",等候救济的民众"扶老携幼,昂灰首,挥红泪,着敝衣,踵破履,先后领款,悽惨情形,不忍目睹"。⑥ 烟台、青岛等地红卍字会积极施救。但《山东民国日报》将世界红卍字会的救济情况误报道为红十字会:"红十字会以地方负责有人,现正结束,昨已通知当局,先设法接收西北两关粥厂,总计红十字会及掖平同乡会放赈已达十万元。"⑦ 为此,济南红卍字会致函烟台、青岛分会:"阅一月三日《山东民国日报》新闻栏内所载吾会在胶东赈济情形,该报误登为红十字会。查吾会以行善为天职,并不计及虚誉,然事实不可混淆,似应

---

① 《胶路视察纪(由济南至尧沟一瞥)》,《大公报》1930 年 8 月 3 日。
② 《济南红卍字会概况报告表》,青岛市档案馆藏:B63-1-246。
③ 《中国地方志集成·民国续修莱芜县志》,第 354 页。
④ 《中国地方志集成·民国牟平县志》,第 225 页。
⑤ 《中国地方志集成·民国莱阳县志》,第 264 页。
⑥ 《胶东事变》,《山东民国日报》1929 年 1 月 3 日。
⑦ 《胶东事变》,《山东民国日报》1929 年 1 月 3 日。

由贵会具函叙明先后赈济情形,声请民国日报更正。"①

1929 年,张宗昌占据龙口,号称"统帅",联合褚玉璞、徐鹤亭等率部攻打驻守于烟台的国民革命军二十一师刘珍年。起初,刘珍年将其击退,但很快卷土重来,刘退守牟平。张、褚二部合围,刘珍年突围夜出,张、褚兵溃,张宗昌逃回大连,褚玉璞在福山城被刘珍年擒获,后被杀于牟平。"战区内之死难者,男女不下三十人,焚毁及拆除之房屋数百间,其他财物损失之价值,难以数计,供给军用米草等项,价值十三万七千余元。"②牟平红卍字会设立收容所 11 处,临时医院 1 处,养病室 3 处,收容难民并医治伤兵、民 4 000 余人。③

1932 年,韩复榘率军抵达掖县讨伐刘珍年,两军对峙两月之久,一度在城内展开巷战,"戴扉以战,撤屋为薪,居民惊慌奔逃,或奔如骇鹿,或蜷如伏鼠"。④ 胶东红卍字会以及济南、青岛、济宁红卍字会组织救济队奔赴掖县,设厂收容难民,施粥、施衣。战争停止后,救济队入城,发现"盈衢塞巷,痛哭觅死者惨不忍睹。盖墙屋尽撤,薪木悉毁。资粮扉屦,征发无余,实无以为生"⑤。救济队员周巡劝慰,收容难民,"虑其饥饿也,则施以粥;怜其老羸也,则施以粮;恤其冻馁也,则施以衣;医其伤病也,则施以药。纲举目张,巨细靡遗"。⑥ 1932 年 10 月至 1933 年夏,胶东红卍字会施放大洋 48 450.96 元,赈粮价值大洋 7 283.09 元,赈衣价值大洋 7 452.03元。济南、青岛、济宁红卍字会施放面粉 2 000 袋、棉衣 2 000 套,赈粮等价值大洋9 535.04 元。烟台白卍字会亦请掖平同乡会代施棉衣 1 000 套。民国《掖县志》的编纂者称赞此次救济:"盖掖民所以幸获不死者,以卍字会为首善。"⑦

1937 年 9 月,日军进犯河北,静海、青县、沧州等地难民逃往济南,沿街乞讨,加以天气渐寒,情形凄惨。全鲁卍联处设立收容所,连同平津来济的流亡学生共计收容 64 815 人;后来不愿南下的难民尚有 39 709 人,外有泰安羊楼、范镇救济队收容难民 1 万余人,这些难民的饮食衣着尽由红卍字会提供。因难民思家心切,全鲁卍

① 《济南分会为民国日报将我会赈济胶东情形误为红十字会请予更正给烟台、青岛分会的函》,山东省档案馆藏:J162-01-5。

② 《中国地方志集成·民国牟平县志》,第 429-430 页;刘精一:《烟台概览》,1937 年,《兵事》。

③ 《牟平卍字会及附设恤养院成立经过及沿革简报》(1951 年 4 月 18 日),烟台市牟平区档案馆藏:23-1-1。

④ 民国《四续掖县志》卷三,1935 年,第 37 页。

⑤ 民国《四续掖县志》卷三,第 37-38 页。

⑥ 民国《四续掖县志》卷三,第 38 页。

⑦ 民国《四续掖县志》卷三,第 38-39 页。

联处与胶济铁路商洽,允准难民免费乘车;又派人赴青岛与英商太古、怡和两轮船公司交涉,允许成年人半价、儿童免费,由胶济铁路乘车赴青岛搭轮船转运河北,外加西路长清、北路洛口以及南路泰安三处运送路线,四路共资遣难民33 338人。[①]

1937年8月,莱颜红卍字会组建世界红卍字会第二联合救济队莱颜分队第七队,内分八股:总务股、赈救股、运输股、卫生股、编辑股、统计股、交际股、奖惩股,派正副主任及干事各负其责。12月25日,飞机在莱芜上空轰炸,日军过境,民众人心惶惶,无处逃避,伤病死亡无处诊治掩埋。救济队设立5处收容所,收容难民4 988人;设立临时医院3处,住院治疗人数58人,中西医门诊诊治824人,伤兵居多,难民不过十之一二;遣送难民42人,掩埋死者3人。[②]

1937年9月,河北沧县、青县、唐官屯等地民众因战事逃亡,除滞留济南外,先后来济宁239人。济宁红卍字会发给难民银币大口2元,小口1元,使其购粮充饥,连同遣送回籍共给银币726元,施放棉被58床,棉袄、裤111件,暂住礼拜寺者给蒸馍100斤。11—12月,考虑到城关贫民无以谋生,济宁红卍字会施放赈票1 100张,每日领粮半斤,共施放小米16 500斤、小麦16 500斤。1938年1月,济宁发生激烈战事,红卍字会在城内外掩埋死亡兵民261名,收容妇孺4 500余人,施放面粉653.5袋、小米12 432斤、红粮6 385斤。后因城外妇孺尚多,远者入城不便,遂在城外振业火柴公司设立收容所1处,收容难民1 200余人,施放面粉339袋、小米12 348斤、红粮6 872斤,煮粥、烧水、蒸馍用煤42 800斤。另外,收留于东大寺、西大寺的妇孺,补助面粉8袋、小米540斤。临时治疗所自1月至7月底,计西医治疗被炸伤者426名,受病外伤者13 948名;中医诊视者1 142名,添购药品花费大洋740元。[③]

抗日战争期间,世界红卍字会的难民救济工作十分突出,其他慈善团体罕有可比者。世界红卍字会不仅掩埋死亡兵、民尸体,还拯救大量无辜难民,救济南京大屠杀灾难即突出一例。世界红卍字会除设收容所收容难民,还发放证明难民身份的布条。据后人回忆,抗战期间,山东牟平红卍字会发放大量印有"卍"字的布条,

① 《世界红卍字会全鲁各分会联合救济办事处救济水、兵灾总报告》(1938年7月),山东省档案馆藏:J162-01-18。

② 《世界红卍字会莱颜联合救济队自二十六年十二月二十五日至二十七年二月底止救济工作情形》(1938年3月26日),青岛市档案馆藏:B63-1-118。

③ 《济宁红卍字会二十七年一月起七月底止工作报告书》,青岛市档案馆藏:B63-1-118。

让人们戴在胳膊上,在兵荒马乱中,借红卍字会旗号,权避风险。[①] 2003 年,在武汉市新洲区仓埠街(原为仓子埠)发现"世界红卍字会仓子埠分会难民证",该证为长19 厘米、宽 6.5 厘米的白布所制,印有红色"卍"字标志和"世界红卍字会仓子埠分会",以及用毛笔书写的"湖北黄冈县第五区第八保难民×××"。该证是世界红卍字会仓子埠分会于 1938 年日军侵占武汉期间,为拯救难民发放的,[②]也为世界红卍字会的难民救济提供了实物证据。

以上诸例远不能涵盖红卍字会的救护活动,而只能借此了解其一般的救护行动和方式。近代中国水灾、旱灾、蝗灾、瘟疫、兵灾、匪患等重叠并发,给社会带来的破坏尤大。以 1928 年的山东蒙阴为例,多灾接踵而至,民众苦不堪言。该县赈灾会致函济南红卍字会:

> 敝县山多地少,且半属瘠薄,人民生活向日已称困苦,乃昊天不仁,近两年来无灾不备,又无一而非奇绝惨酷。言匪灾,则千万成群,纵横驰聚,致全邑八百余村无一家一户不被劫掠焚杀。言兵灾,则南去北来,甲往乙继,丙寅、丁卯两岁中供给军食、军衣、军住之费,数达五十万元有奇。言旱灾,去年夏秋五个月余,有未见一滴雨之乡。言蝗灾,在秋季天降地生,东西区禾稼杨柳吃尽。言瘟灾,十六年十月一日内瘟死男、妇六千余人,群谓:瘟神之威力仅杀于兵匪一等。兵、匪、旱、蝗、瘟群凶肆虐,突越寻常,而蒙人之末日至矣。蒙民号称十八万人口,前去两年死于上述五灾之中约五六万余,达全数三分之一。所存十二万人,客腊放赈,专救极贫、奄奄将死之乞丐,又得五万四五千人,余六万人当时号为不应赈者,其实上等户亦仅能三日两餐,下等户则咸藉屋草树皮为粮,一个月后亦必化为第二项应赈之乞丐一级以内。哀哉痛矣! 不忍述矣![③]

济南红卍字会闻讯后派裴如诚负责运送粮食至蒙阴放赈,计装赈粮 192(人工推)车,不顾道路泥泞、土匪猖獗等不便,前往赈救。[④]

世界红卍字会自创立起,哪里有灾荒、战乱,即前往赈救,尽管救济的规模和力度不一,但作为民间慈善团体,已尽其所能地减轻了天灾人祸带给民众的苦痛。

---

① 曲言训:《牟平红卍字会恤养院始末》,牟平县政协文史资料委员会编:《牟平县文史资料选编》第 1辑,1985 年,第 43-44 页。

② 李森林:《武汉新洲区发现抗战初期世界红卍字会难民证》,《武汉文史资料》2004 年第 7 期,第 22 页。

③ 《济南分会为复请求从第一批赈粮内拨若干运博山站事与蒙阴赈灾会的来往文件》(1928 年 2 月),山东省档案馆藏:J162-01-12。

④ 《裴如诚为报赴蒙阴放赈情形给济南分会的函》(1928 年 2 月 23 日),山东省档案馆藏:J162-01-12。

三、冬/春赈

冬赈、春赈一般指自每年农历十一月至翌年二三月不等的临时慈善救济活动。[①] 各地红卍字会成立后，多开展冬赈、春赈，救济贫民，施粥、施粮，或施棉衣等。例如：威海红卍字会 1934 年开办冬赈，调查受赈贫户 313 户，1 103 口，放赈粮 54.25 石，施放棉衣 148 件。[②] 牟平红卍字会 1934 年冬赈期间，仅 1935 年 1 月 15 日至 24 日，计施放大棉衣 174 件，大棉裤 191 件，小棉衣 18 件，小棉裤 17 件。[③] 蓬莱红卍字会自 1936 年十一月十五日至翌年二月二日举行冬赈、春赈，开办粥厂，前来食粥人数达 106 139 人。[④] 青岛红卍字会 1930—1945 年在该市举行冬赈、春赈之情形参见表 10 - 3：

表 10 - 3　世界红卍字会青岛分会本市历年放赈数目表

年份	赈别	物品	数　　量
1930	冬赈	棉衣	1 000 套
1931	冬赈	棉衣	3 094 套
	冬赈	面粉	170 袋
1932	冬赈	面粉	2 100 袋
	冬赈	棉衣	1 720 套
1933	冬赈	棉衣	1 227 套
	冬赈	现款	2 242 元
1934	冬赈	面粉	2 025 袋
	冬赈	棉衣	1 000 套
1935	冬赈	大米	35 714 斤
	冬赈	棉衣	100 套
1936	冬赈	大米	30 128 斤
	冬赈	棉衣	800 套

① 红卍字会在统计所办的慈善事业时，或将冬赈、春赈归入永久慈善事业，或将其归入临时慈善事业。因这类救济活动未有固定基址，又非全年开办，故将其归入临时慈善事业。

② 《威海红卍字会庚报》，《胶东卍报》1935 年 1 月 11 日。

③ 《牟平红卍字会庚报》，《胶东卍报》1935 年 1 月 29 日。

④ 《蓬莱红卍字分会道慈月报》(1937 年 2 月)，青岛市档案馆藏：B63 - 1 - 109。

（续表）

年份	赈别	物品	数　量
1937	冬赈	小米	18 360 斤
1938	冬赈	小米	30 135 斤
	冬赈	棉衣	800 套
1939	冬赈	地瓜干	956 包约 15 万斤
	冬赈	小米	62 499 斤
1940	春赈	苞米	151 473 斤
	春赈	小米	8 405.5 斤
	春赈	现款	1 704 元
	冬赈	大麦仁	90 370 斤
	冬赈	挂面	637 箱
	冬赈	现款	3 060 元
1941	春赈	苞米	138 450 斤
	冬赈	地瓜干	149 300 斤
	年赈	小米	20 025 斤
1942	春赈	苞米	156 540 斤
	冬赈	现款	102 732 元
	年赈	地瓜干	10 094 斤
1943	春赈	地瓜干	49 292 斤
	冬赈	棉衣	1 350 套
	冬赈	地瓜干	91 410 斤
	年赈	地瓜干	12 000 斤
1944	春赈	地瓜干	53 060 斤
	冬赈	棉衣	848 套
	冬赈	豌豆	71 025 斤
	冬赈	现款	67 480 元
1945	春赈	地瓜干	50 252 斤
	春赈	现款	40 900 元

资料来源：《世界红卍字会青岛分会历年放赈数目表》，青岛市档案馆藏：B63－1－178。

青岛红卍字会在冬赈、春赈中,发放救济品多种多样,有棉衣、面粉、粮食、现款等,历年支出价值不菲。

冬赈、春赈中,开办粥厂让贫民食粥是十分有效的救济方式。明清以来,每届寒冬与初春,地方慈善人士多设立粥厂,救济无食贫民。延至近代,设立粥厂依然是官方与民间慈善团体广泛使用的方式。红卍字会多在冬、春赈中开办粥厂。

1931 年九一八事变发生后,长春、沈阳两地有大量难民聚集。大连红卍字会派刘英机、郑婴芝前往调查,决定在长春、沈阳开办粥厂。长春红卍字会资金充裕,无须他处红卍字会协助,但沈阳红卍字会开办粥厂需要近 3 万元,经费无着。虽经世界红卍字会中华总会协助 9 000 元,大连红卍字会协助 5 000 元,尚缺 14 000 元。济南红卍字会在第十一届道院公会上提出《沈阳粥厂关系重要请遵训分别辅助案》,提议各地红卍字会予以帮助。[①]

1932 年,高密红卍字会开办粥厂,款项由会员捐助,同时商会亦开办一处。1934 年冬,红卍字会与商会的粥厂合办,场址设于高密红卍字会内。[②]

1933 年冬至 1934 年 2 月底,掖县红卍字会设粥厂,每日二餐,男女各有饭厅。[③]

红卍字会开办粥厂,是地方利民善举,得到多方捐助。1934 年冬,掖县红卍字会开办粥厂,县长刘国斌捐大洋 100 元;朗个乡同济堂捐助洋 50 元。[④] 为昭信于众,开办粥厂事毕后,红卍字会公布详细收支款项。如济南红卍字会于 1935 年的道院公会上公布上年冬赈粥厂收支情形,参见表 10 - 4:

表 10 - 4　1934 年济南红卍字会冬赈粥厂收支报告表

收入项目	收入数额(元)	支出项目	支出数额(元)
甲戌赈洋	5 000	粥厂小米	3 869.16
山东赈务会	5 000	夫役工资	346.6
济南红卍字会募捐费	717.96	柴炭费	167.77
		购置物品	23.56

① 《道院第十一届公会议事录》,第 25 页。
② 《中国地方志集成·民国高密县志》,第 345 页。
③ 民国《四续掖县志》卷三,第 42 页。
④ 《掖县红卍会办冬赈粥厂》,《胶东卍报》1935 年 1 月 8 日。

（续表）

收入项目	收入数额（元）	支出项目	支出数额（元）
		修葺费	17.05
		调查贫户册	18.8
		小米运费	39.6
		杂　费	10.15
		济南城关赈面4 000包	6 220
		文具费	5.27
总计收入（元）	10 717.96	总计支出（元）	10 717.96

资料来源：《民国二十三年母院道慈各项报告》，《道院第十四届公会议事录》，第34页。

表10-4除济南红卍字会募集之款项，尚以山东赈务会拨款和"甲戌赈洋"占多数。1934年，全国各地天灾人祸严重，世界红卍字会中华总会号召各地红卍字会不分畛域，捐款救助，因这一年是农历甲戌年，故定名为"甲戌灾赈"。《胶东卍报》曾报道中华总会的号召：

> 客岁以神州之内，水旱虫匪等灾害，为多年所未有。当据全国赈务会所调查，仅就旱潦两灾而言，在浙赣皖鄂苏湘冀晋甘黔等省之内，其区域之扩大，已达三百六十九县之广，受害农田在一万三千三百余万亩以上。该会当以各地苦胞，均在拯拔之列，故特发起甲戌灾赈，意以凡属本年所发生之灾害，不分畛域，咸由所募该项赈款内救恤之。①

各地红卍字会积极响应：青岛红卍字会1934年汇款6 000元至济南红卍字会，请其代放②；龙口红卍字会捐助赈款2 000元③；牟平红卍字会筹拨赈款洋2 260余元④。济南红卍字会共收到"甲戌赈款"25 000元，除资助该会冬赈粥厂5 000元，青岛冬赈3 000元，全部赈救省内外灾荒。⑤

慈善团体常共事合作，冬赈粥厂也不例外。1928年冬，济南红卍字会和济南红十字会、济南慈悲社计划共同开办粥厂，兼施衣物，分设3处救济贫民，历时四个

---

① 《戊亥赈救总监理部函报成立并征监理》，《胶东卍报》1935年1月16日。
② 《世界红卍字会青岛分会历年各地施放急赈数目表》，青岛市档案馆藏：B63-1-178。
③ 《龙口红卍会捐甲戌灾赈二千元》，《胶东卍报》1935年1月15日。
④ 《牟平红卍字会庚报》，《胶东卍报》1935年1月29日。
⑤ 《民国二十三年母院道慈各项报告》，《道院第十四届公会议事录》。

月。其计划实施情形如表 10 - 5：

表 10 - 5　济南三区粥厂办理施衣施粥计划实施表

粥厂名称	红十字会粥厂、红卍字会粥厂、慈悲社粥厂
地　　址	红十字会粥厂在杆石桥南;红卍字会粥厂在南关南营;慈悲社粥厂在馆驿街
放粥期限	以四个月为准,1928 年农历十一月十日至次年三月十日
开办日期	1928 年农历十一月十日
领粥人数	每厂以 9 000 余人计,共约 2.7 万人
领粥量数	每人每日领饭 1.5 斤约合粮米 8 两
需用粮款	每厂四个月需粮米 54 万余斤,共需 160 万余斤,约合洋 6.48 万元
需用炭数	每厂四个月应需煤炭 120 吨,共需 360 余吨,约合洋 3 240 元
职员津贴	每厂设职员 10 人,每人津贴 20 元,约需洋 2 400 元
夫役工资	每厂用夫役 60 名,每名工资月支 9 元,约需洋 6 480 元
已收粮数	已由东北筹赈会捐助红粮 6 000 包,共 81 万斤,约合洋 3.24 万元
已收粮款	已由上海济生会捐助大洋 7 000 元
不敷粮数	总计不敷红粮 5 800 余包,约合 79 万斤
不敷款数	总计不敷大洋 1 万余元
碾米情形	各厂有由机器碾米者,有制备石碾、牲畜碾米者,约需洋三四千元
领粥次序	每次领粥时更换红绿木牌循序出入
贫民安置	每厂对于无家贫民设置栖流所、庇寒所,俾资住居
贫民教养	每厂对于无家贫民,于每日午前立讲演所讲演字义以教导之,对有疾贫民有养病院以调治之,计用书纸医药等费,共洋 1 000 余元
放衣标准	以调查确系极贫无衣者为标准
放衣手续	先填发赈衣票,由该项贫民径往各厂领取,捺手印于票根,借以证实

资料来源:《济南三区粥厂办理施衣施粥情形计划实施表》(1928 年 12 月),山东省档案馆藏:J162 - 01 - 7。

　　三家慈善组织制备这份实施计划表,极有可能向其他社会团体散发宣传,以便得到接济帮助。如此规模大、时间长、计划周详的冬赈一旦施行,必能很好地辅助政府救济工作,减轻贫民疾苦,稳定社会秩序。

　　还有一种较为特别的方式,即红卍字会代理官方粥厂施粥。如山东临朐红卍字会于 1927 年代理临朐南关粥厂。该粥厂原由县知事(1928 年后改为县长)捐廉开办,省署(1928 年后改为省政府)拨来奉天、吉林、黑龙江等省捐助赈粮 800 包,由各社分上中下三等派募捐款,并由各家丝厂每箱丝助洋 1 元,后因捐款未缴清,不敷洋 3 900 余元,由公款补助,统交临朐红卍字会办理。[①] 尽管地方红卍字会不一定都能代理政府开办的粥厂,但红卍字会诸如设立粥厂之类的善举,多能得到官方与绅商的支持和帮助。临朐红卍字代理官方粥厂,说明红卍字会在地方具有良好的社会信誉和慈善救济能力。

四、其他临时救济

(一)火灾救济

1927 年 9 月 22 日,德县红卍字会成立,次年九月,会内附设火灾救济会。救火器械原为当地在理公所水会所有,之后水会业务久停,在理公所将器械送给德县红卍字会。该会进一步添置修理,成立火灾救济会。[②] 火灾救济会主任为董石滋,固定基金 200 元。该会 1927 年救火 3 次,1928 年救火 4 次,1929 年救火 6 次,1930年救火 7 次,1931 年救火 5 次,共计救火 25 次。[③]

红卍字会还进行火灾之后的救恤活动。1929 年 3 月,济南历城县河圈庄遭遇火灾,"以致全庄被害,房屋、器具、粮米、衣服、牲畜等物均皆灰烬,兼之天气苦寒,老幼俱在露天,冻饿自不必说,哭泣之声时盈于耳"[④],地方因财政困难,无力赈济,请求济南红卍字会给予救济。1931 年,青岛脏土沟发生火灾,青岛红卍字会拨急赈款 395 元。翌年,青岛观城路发生火灾,该会又施放急赈 600.5 元。[⑤] 1934 年,海阳县第五区晶山后村突遭火灾,全村尽成焦土,灾民千余人风餐露宿。海阳红卍字会前往散放急赈,烟台红卍字会捐助赈款 176 元。[⑥]

(二)匪患救济

20 世纪二三十年代,山东土匪异常猖獗,不仅鲁南、鲁东山区是土匪的老巢,鲁西、鲁北平原地区也时有土匪出没;不仅穷山僻壤土匪活动猖獗,城镇闹市乃至

① 《中国地方志集成·民国临朐续志》,第 235 页。
② 《中国地方志集成·民国德县志》,第 389 页。
③ 《德县红卍字会概况报告表》,青岛市档案馆藏:B63-1-246。
④ 《东泉泸庄里长、河圈庄首事为历城县河圈庄火灾请赈济给济南分会的函》(1929 年 3 月),山东省档案馆藏:J162-01-13。
⑤ 《世界红卍字会青岛分会历年各地施放急赈数目表》,青岛市档案馆藏:B63-1-178。
⑥ 《烟台红卍字分会庚报》(1934 年 2 月 27 日至 3 月 6 日),青岛市档案馆藏:B63-1-67。

省城济南土匪也大肆活动。说这几年山东成了土匪世界也并不过分。① 匪患救济也是红卍字会的临时慈善事业之一。

1926 年，单县罗李庄、王小庄等数村遭土匪洗劫，济南红卍字会赈济大洋2 000元。②

1928 年，土匪焚掠临朐王家庄子等数村，村民死亡 400 余人。县长派临朐红卍字会携带粥厂所余红粮，前往急赈。③

1928 年，昌邑县遭兵燹后，又罹严重匪患与天灾。该县赈灾会致函济南红卍字会：

> 敝邑本年人祸天灾纷至沓来。自济案发生以后，县境成为战场，民众损失已属不赀。至阴历五月间，又突来匪军万余名占据县城，威逼供给；同时并以其余众遍布各城乡，每日搜索居民，劫掠财物，稍不如意，动辄焚烧村庄，屠杀良善，以致全境骚然，间阎为墟，繁盛村镇尽成焦土。计该匪军等驻昌前后历时凡五阅月，抢架焚杀殆无虚日，人民死于炮火、死于胁逼、死于饥饿者先后接踵，白骨遍地。兵祸未已，加以天灾，昌境春间亢旱，夏则蝗蝻，遍野二麦未收，秋禾食尽，人民求生不能，救死无术，吞声忍泪，颠沛流离，狼狈情形，闻者伤心，言之酸鼻。现虽秩序暂复，惊魂稍定，而兵燹之后十室九空。④

青岛红卍字会拨发红粮 500 包运往散放。⑤ 济南红卍字会亦拨赈米 200 包运往灾区赈救。⑥ 此次赈济，共放 1 500 余户，大口 3 040 余口，小口 690 余口，粮 34 000余斤。⑦

1928 年 7 月，即墨县西北乡普东町遭百余名土匪劫掠，"计毙死男、女十二名，受伤者十六名，复又放火焚烧房屋共计六百余间，无论粮草、衣饰、器具全行烧毁，

① 王林主编：《山东近代灾荒史》，第 218 页。

② 《中国地方志集成·民国单县志》，第 116 页。

③ 《中国地方志集成·民国临朐续志》，第 235 页。

④ 《昌邑赈灾会为陈述灾情请捐赈款给济南分会的函》(1929 年 1 月 14 日)，山东省档案馆藏：J162 - 01 - 7。

⑤ 《济南分会发昌邑赈灾会函知已由岛会拨放红粮五百包》(1929 年 1 月 15 日)，山东省档案馆藏：J162 - 01 - 7。

⑥ 《济南分会为告知赈粮已至青岛有车即运给昌邑赈灾会的公函》(1929 年 3 月)，山东省档案馆藏：J162 - 01 - 7。

⑦ 《杨圆暾为报告在昌邑发放赈票数目给济南分会的信》(1929 年 4 月 1 日)，山东省档案馆藏：J162 - 01 - 7。

即牲畜、财物亦皆抢掠一空"。① 此时济南红卍字会无存粮可拨,复函该县长向"直鲁灾赈会"请援。

1929 年初,济南历城区遭受匪患,"有西来土匪千余名,各带枪弹,携有肉票四百余人,由傅家庄渡口暗渡黄河,占据傅家庄后即肆行抢掠、烧杀、奸淫,附近村落尽付一炬"。② 地方民团和驻军联合抗击,将土匪击溃,但遭受土匪侵害的民众尚需救济,地方团体转而求救于济南红卍字会。

(三)施茶

人力车是民国城市的重要交通工具。人力车夫于夏季沿街奔走,极易中暑,非多设饮茶所不足以救济。1930 年 7 月,济南红卍字会积极响应市社会局设立饮茶所的号召:"由本府于大门外首先设立人力车夫饮茶所一处以资提倡……随时剀劝地方绅商积极推广,俾劳动人众随时随地便于取饮,以讲人道而重卫生"③,设立多处饮茶所,为来往路人提供方便。

夏季免费施放茶水本属慈善组织的救济活动,但政府也很关注,并起带头作用,这表明慈善活动得到政府与民间的共同参与。济南市社会局率先示范,详细拟定《人力车夫饮茶所办法五条》:

名称:"人力车夫饮茶所",宜用丁字牌,植于明显处。

茶桶式样:茶桶仿照沙淋缸形式,木质或铅铁质亦可。桶高十八英寸,直径十五英寸,上面装水用盖,下面用龙头出水,务配置得宜,以成一律。

茶水:水须用甜水或河水,亦可略用茶叶少许,煮水时必须煮沸过一百度方可下茶入桶。

洗涤茶碗:茶碗至少须备十个,另备粗盆一个,白布一方,内装清水以备不时洗拭茶碗之用。

管理:茶桶设在各局大门外无日光地方,用方桌设置。茶桶下边放水盆,须派夫役一名管理斟茶、洗碗各事,或由各局门岗兼管,亦可搭席盖棚更好。④

① 《济南分会为即墨县普东町须拨粮赈济事与即墨县公署的来往公函》(1928 年 8 月),山东省档案馆藏:J162-01-7。

② 《历城北四区临时自治委员会为陈匪患情形请求赈济给济南分会的函》(1929 年 4 月),山东省档案馆藏:J162-01-13。

③ 《济南市社会局训令第十七号》,山东省档案馆藏:J162-01-14。

④ 《济南市社会局训令第十七号附〈人力车夫饮茶所办法五条〉》,山东省档案馆藏:J162-01-14。

施茶活动表明,民间组织的慈善活动并非独立于政府之外。有相当部分的慈善活动是由政府号召、引导,政府和民间组织共同参与完成的,公共领域和非公共领域实现了很好的配合。

(四)以工代赈:青岛红卍字会的难民农场计划

抗战期间,胶东各县民众大量逃亡青岛。抗战胜利后,虽然政府、慈善团体等历年赈济难民,但均为消极的救济,未能利用难民的技能与劳力从事生产自救。专负救援职责的"联总""行总"先后撤销,救济物资缺乏,难民有增加之势,如不设法救济,势必坐吃山空。为此,青岛红卍字会邀请专家勘测浮山、湛山、天门路、马场等四个地区,计可垦荒地2 000余市亩,容纳难民2 000余人。[1] 青岛红卍字会认为,难民多来自乡村,具有耕种技术或其他特长,如果善于利用,组织得法,发给农具,供给六个月食粮及一季之种子,以后即可自给自足。[2] 青岛红卍字会还仔细考察四处荒地的土质和特点,提出具体种植规划。

浮山荒地在山麓南面,曾被乡民垦种,区划整齐,均成梯形。估计可耕种面积700余市亩,只是土质较差,适宜种植甘薯、落花生或黍稷。山上有清泉,饮水与种蔬菜均可利用。该区可容纳难民500人耕作。天门路多系森林迹地,约1 000亩,土壤尚肥。地势不平,玉米与大豆间作种植,可容难民1 000人。湛山与天门路相连,荒地散布于山坡间,地势倾斜,土壤肥瘠不等,约300市亩,可容难民300人耕作。马场生荒约100市亩,地较平坦、稍洼,为带碱性砂土壤,怕积水,须作高畦开沟排水,适宜种抗碱性蔬菜,可容难民100名耕作。[3]

青岛红卍字会还针对难民管理与技术指导提出建议。管理方面,垦地分四区,共容纳难民2 000人,每区设管理员1人,管理难民的生活并监督其工作。难民每5人一组,划地一区,配以适量农具。每4个小组为一队,配以灶具1套,伙夫1人,共食共宿,如一家庭,日出而作,日落而息,生活安定,不至于发生走险犯法之事。技术指导,除商请农林部华北区推广繁殖站做全面设计与经常义务指导协助,拟聘请技术员4人,每区住1人,负责技术指导与工作考核。如发生病虫害,可随时申请农林部华北区推广繁殖站派员防治,使作物免受损失。[4]

---

[1]　《青岛红卍字会为救济难民办理移垦计划书》,青岛市档案馆藏:B63-1-449。
[2]　《青岛红卍字会为救济难民办理移垦计划书》,青岛市档案馆藏:B63-1-449。
[3]　《青岛红卍字会为救济难民办理移垦计划书》,青岛市档案馆藏:B63-1-449。
[4]　《青岛红卍字会为救济难民办理移垦计划书》,青岛市档案馆藏:B63-1-449。

青岛红卍字会将垦殖计划以农场的形式实施,定名为"青岛市难民集体农场",以"救济流亡青岛难胞,从事垦殖,俾其自力更生"为宗旨。① 为进行有效管理,农场设置管理委员会,类似董事会性质,行使最高权力,负责筹措开办费、经常费及建筑设备等临时费;筹划垦殖荒地;筹办农具、种子、肥料及食宿一切用具等;研讨场务之兴革事宜。管理委员会每月集会一次,必要时召开临时会。农场设场长1人,由管理委员会任免,总揽该场一切业务。设副场长2人,由场长推荐,经管理委员会聘任,协助场长推行一切场务,场长缺席时代理场长职务。设文书1人,负责函件往来一切事宜。庶务1人,负责购置、修缮及一切杂务。会计1人,负责账目、记算及财政保管。保管1人,负责食粮与器具之保管。运输1人,负责搬运食粮、肥料及其他运输事宜。助理员若干人,负责事务与管理事宜。农场每月须举行场务会议一次,必要时召开临时会。②

青岛红卍字会制定了农场工作人员的奖惩条例:工作人员享有供给食宿和分配纯益粮的待遇;为农场工作员组织消费合作社、理发馆、识字班、免费诊疗室、俱乐部等福利设施,必要时设立工作员子弟小学。工作员成绩优良者,由收获中提成奖励。工作懈怠、不听指挥或违犯场规者,由场方惩罚,轻则免除福利,重则斥革。③

青岛红卍字会还制定了《青岛市难民集体农场招收工作员简章》:

> 资格:流亡青岛难民,具有农事常识之男子;
>
> 年龄:十八岁以上至四十五岁;
>
> 体格:身体健壮,无不良嗜好者;
>
> 名额:二千人;
>
> 报名手续:须持有难民所负责人证明或同乡会证明之文件。④

联系实际情况推测,抗战胜利后随之而来的是国共内战,硝烟弥漫,上述组织难民垦殖,进行生产自救的计划缺乏安定的社会环境,可能没有付诸实践。但青岛红卍字会提出的生产自救计划较红卍字会的临时慈善事业多属消极的救济,确实是一大进步,正如该计划书所言:"本会此次办理难民移垦尚属创举。"⑤

---

① 《青岛市难民集体农场组织大纲》,青岛市档案馆藏:B63-1-449。
② 《青岛市难民集体农场组织大纲》,青岛市档案馆藏:B63-1-449。
③ 《青岛市难民集体农场组织大纲》,青岛市档案馆藏:B63-1-449。
④ 《青岛市难民集体农场招收工作员简章》,青岛市档案馆藏:B63-1-449。
⑤ 《青岛红卍字会为救济难民办理移垦计划书》,青岛市档案馆藏:B63-1-449。

五、域外救济

世界红卍字会是有组织、有统系的全国性慈善团体,各地红卍字会的互助合作与相互支援是其救济工作之特点。山东各地红卍字会的慈善活动也跨越省界,惠及其他地区。其域外救济主要是分为省外灾难救济与国际救援。

(一)省外救济

1. 灾荒救济

1931年,江淮流域发生近代史上百年不遇之特大水灾,东南10余省灾情严重。以安徽北部为例,报告称:

> 今年水灾之奇重尤为空前绝后,霪雨兼旬,倾盆势猛,淮、泗、涡、颍沦为一泽。攀树登垣、薪湿断炊以及扶老携幼、餐风宿露、结队流亡之惨状笔难尽述。统就调查所得,人口死伤万余,庐畜冲没无数,以八百里之长淮计算,淹没田禾两千数百万亩,以二十一县灾情轻重计算,灾民达八十余万户。其高原未受水灾之区亦是十日九阴,禾苗垂萎,将来收获不过三成。加以本年麦收之半,亦仅能自给耳。其受灾之处时已秋令,水虽泻而复停,毫无补种希望,仅恃半收之麦尚有被水漂去者,平均多寡约数三个月之口粮,计及冬初则十室十空矣。①

安徽北部尚且如此,其他省区灾情当不难想见。面对严重灾情,青岛、济南红卍字会等纷纷组队赈济。

1931年7月,青岛红卍字会派贺善果、于思静前往安徽放赈,22日路经徐州,见田地现涝象,到南宿州则"到处汪洋一片,平地水深约三尺,仅有高筑之大路可行,乡民多撑棚而居"。至固镇新桥一带,距蚌埠60余里,"水势益深,村舍倒塌,人民徙居他处,铁道两旁满住难民矣。远观小船往来甚多,盖即由村外出者。田禾惟高粱可见穗,余则被水淹没,霉烂殆尽,为状之惨不堪入目",但这并非最重灾区,重灾区为寿州、颍上、淮远、五河、泗县、盱眙等县。② 青岛红卍字会捐助赈款3 000元,经蚌埠红卍字会分配,计划在正阳、颍上、阜阳施放,每处1 000元。后因阜阳不靖,拟改赴寿县办理。7月30日,正阳赈济结束。③ 8月3日,贺善果等乘船到达颍上,

---

① 《报告皖北灾情之概略》,青岛市档案馆藏:B63-1-10-2。
② 《世界红卍字会青岛分会收贺善果、于思静函》(1931年7月25日),青岛市档案馆藏:B63-1-21。
③ 《世界红卍字会青岛分会收贺善果、于思静函》(1931年8月14日),青岛市档案馆藏:B63-1-21。

7日颍上赈济办理完竣,赈救灾民800余户,施放大洋1000元,随即前往寿县。①

同年,青岛红卍字会的于静思等人前往江苏重灾区邵伯、高邮放赈,灾区"庐舍、牲畜率皆随波漂流,人死亦不计其数。生者无家可归,露宿风餐,嗷嗷待哺,为状极惨"。二县"共查灾民二千户左右,实发赈款二千七百余元"。② 随后,于静思等人由镇江转赴汉口。武汉三镇合计难民20余万。考虑到携带赈款4000元难见成效,经共同商议:"决定总会八千元、青岛四千元,外有杭州、芜湖各会汇来三千元,合计一万五千元,购办大米一千五百包,拟按每口五斤发放,可济四万余口。"③

1931年,济南红卍字会接到皖北告灾函电,即垫汇大洋2000元,交皖北红卍字会办事处择要代放急赈。不久,济南红卍字会又派员携带赈洋2000元前往蒙城,放东南第三区顺河乡599户,赈洋824元;西南第五区高皇乡622户,赈洋726元;东北第七区板桥乡301户,赈洋450元。④

是年,世界红卍字会中华总会召开"十六省赈灾会议",商讨赈救各省水灾。济南红卍字会积极筹募赈款,捐助3000元,汇交北平中华总会;又汇往上海东南主会500元托放南京急赈;汇往武汉红卍字会500元托放武汉急赈;汇往江都红卍字会500元托放宝应、高邮等处急赈;汇往安庆红卍字会300元托放安庆急赈;汇往大通红卍字会200元托放急赈。济南红卍字会还代募长山、周村急赈会赈款3000元,指定南京、芜湖、扬州各1000元,按照指定地点分别汇交当地红卍字会散放;募到个人捐助面粉500袋,由济南红卍字会请准免费、免税由济南装车运至南京下关,转运芜湖施放。⑤

1932年春,济南红卍字会派人前往安徽、河南办理贷款救济事宜。在安徽贷出10000元,其中颍上2000元,泗县2000元,五河1400元,凤阳2600元,寿县及正阳关2000元。河南原定3000元,后贷出虞城1500元,商邱、马牧3900余元,溢出之数由当地红卍字会添筹。⑥

山东各地红卍字会除救济省外水灾外,还救恤如地震等突发自然灾害。1933年,四川西北距成都500余里发生地震,阻塞长江正流,"将茂州、后川、灌县等处变

① 《世界红卍字会青岛分会收贺善果、于思静函》(1931年8月21日),青岛市档案馆藏:B63－1－21。
② 《世界红卍字会青岛分会收于思静等由江都来函》(1931年9月24日),青岛市档案馆藏:B63－1－21。
③ 《世界红卍字会青岛分会收于思静等由汉口来函》(1931年10月6日),青岛市档案馆藏:B63－1－21。
④ 《济南卍会庚报:第十九至第二十四庚》(1931年7月1日至9月1日),青岛市档案馆藏:B63－1－16－1。
⑤ 《济南卍会庚报:第十九至第二十四庚》(1931年7月1日至9月1日),青岛市档案馆藏:B63－1－16－1。
⑥ 《济南红卍字会庚报:第四十四、四十五两庚》(1932年3月15日至4月4日),青岛市档案馆藏:B63－1－30－2。

为泽国,幅员之广,灾害之巨,惨不忍言",待赈灾民两万余人。世界红卍字会中华总会派胶东救济队第四队队长苏盛松携款前往救济,因灾民过多,赈款不敷分配。1934年,烟台红卍字会先行垫汇中华总会大洋3 000元。[①]

2. 战事救济

1926年初,直、奉军阀分别在英国、日本的支持下,联合进攻冯玉祥的国民革命军。吴佩孚部自湖北、山东分道进攻河南,奉军、鲁军沿京奉、津浦路进攻天津。其后不久,皖系势力覆灭,国民军退往西北。[②] 战争所及,民众流离。济南红卍字会协同中华总会、天津红卍字会在天津杨柳青施放赈粮10 000余石、棉衣5 000套,救济灾民57 500余名,借给籽种、牛价每户50元,秋收后无息偿还。[③] 济南红卍字会还协同徐州、蚌埠、南京、江宁各红卍字会在津浦路线被兵区域,施放赈款40 000余元,米粮5 000余石,面粉7 000余袋,救济灾民162 500余名,运送出关难民7 000余人。[④]

1926年7月,国民政府兵分三路北伐。东路进攻福建、浙江,由何应钦指挥,打击孙传芳。中路攻江西、安徽、江苏,由蒋中正指挥,矛头也对准孙传芳。西路进攻两湖,由唐生智指挥,攻击吴佩孚。其中尤以8月的汀泗桥、贺胜桥战役最激烈,吴佩孚的主力被打垮。武昌战役中,北伐军围城30多天方攻破,俘虏直系军队1万余人。[⑤] 北伐期间,济南、北京、天津红卍字会共同组设京津济联合救济队,于12月20日南下,由南京至上海转杭州,前往富阳、桐庐、严州、兰溪等地救济。在杭州设立临时医院1处,医疗受伤官兵120余名,在富阳、桐庐等县掩埋尸身100余具,收容所收容妇孺130余人。1927年2月27日带受伤官兵100余名返回南京,办理附近救济事宜。计救回伤兵民夫11 200余人,拯救未能过江兵士30 000余人,施给食粮。设收容所20余处,收容妇孺40 000人,设临时医院1处。[⑥]

1927年3月23日,北伐军攻占南京。逃溃的直鲁联军及地痞流氓,袭击抢劫外国领事馆、外人机关和住宅。3月25日下午3时,停泊在南京下关的英国军舰不明情况,为保护侨民,向城内开炮,打死军人24名、平民19人,重伤26人,轻伤多人,南京城陷入慌乱。世界红卍字会出面调停,促成停火。经国民政府允准,济南、

---

① 《烟台红卍会为赈四川震灾昨汇平总大洋三千元》,《胶东卍报》1934年2月22日。
② 郭廷以:《近代中国史纲》下册,第536页。
③ 《济南红卍字会概况报告表》,青岛市档案馆藏:B63-1-246。
④ 《济南红卍字会概况报告表》,青岛市档案馆藏:B63-1-246。
⑤ 张玉法:《中国近代现代史》,第255页。
⑥ 《济南红卍字会概况报告表》,青岛市档案馆藏:B63-1-246。

南京红卍字会救济队将英侨 18 人、美侨 120 人、法侨 3 人、日侨 74 人,以及其他外国工作人员共 250 余人安全送至军舰。①

　　1933 年 9 月,国民党发动对红军的第五次"围剿"。国民党军队所到之地,立即修筑碉堡,开建公路,层层巩固,节节进逼,紧缩包围,擅长游击战、运动战的红军一时不能占据主动。1934 年 3 月,南丰之战红军伤亡数千人。4 月,两军在广昌激战,红军伤亡 5 500 余人,广昌失守。8 月,又激战于广昌、石城之间,此役为第五次"围剿"之高潮。在数月争战中,国民党出动军队 50 万人,飞机 200 架,参战红军只有 15 余万人,且装备落后,第五次"反围剿"最终失败。② 这场战争异常惨烈,南丰至宁都一带"人烟绝迹,行经一村,房屋甚大,在大路之旁,空无一人,厅内有尸身一具,只见衣服白骨,验之大约有一二年之久,其全家无人可知"。③ 江西灾区共 60 余县,赣东、赣南各县浩劫之余又遭荒旱,广昌、宁都灾情特重,"沿途所见者,多为破碎之村镇,破瓦颓垣,人烟稀少,鸠形鹄面之灾民则到处皆有,有呻吟室内待毙者,有蜷伏郊野膏鹰犬之馋吻者,残缺之尸体上又丛集蝇蚋,臭气四溢,不可临迩。灾民之不饿死者,至此亦不得不病死,其倖存者,则已失却人形,询之,瞠目哑声不能作一语"。④ 尤其是广昌一带,一度成为拉锯战争夺的场所,"该处三失三得,死伤最多,尸骸虽由军队掩埋,惟均是浮土,非重为工作,不能消弭疫疠。其幸而生存者,又皆老弱残废,饥寒交迫,气息奄奄,见之面无人色。灾民多患疟痢与脚气等症,全县之中竟无一壮年男女。此种惨况,非目击者,未能轻信"。⑤

　　世界红卍字会中华总会与东南主会全力组织"赣赈",在民国慈善救济史上影响很大。山东各地红卍字会也积极活动,捐输赈款。青岛红卍字会捐助 1 000 元,青岛妇女红卍字会捐助 500 元分别汇上海主会代放。⑥ 福山、黄县、潍县红卍字会分别汇至胶东各会联合办事处大洋 600 元、560 元、100 元,共计 1 260 元。⑦ 蓬莱、莱阳红卍字会分别汇至胶东各会联合办事处 450 元、200 元,转汇至"赣赈"后方总办事处。⑧ 世界红卍字会在江西的救济活动得到国际舆论的肯定,据报道:

---

① 《济南红卍字会概况报告表》,青岛市档案馆藏:B63-1-246。
② 郭廷以:《近代中国史纲》下册,第 625 页。
③ 《赣赈后方总办事处周重光会长函告烟台卍会赣省灾区惨况》,《胶东卍报》1935 年 1 月 24 日。
④ 《赣省之匪灾极惨》,《胶东卍报》1935 年 1 月 17 日。
⑤ 《赣赈后方总办事处周重光会长函告烟台卍会赣省灾区惨况》,《胶东卍报》1935 年 1 月 24 日。
⑥ 《世界红卍字会青岛分会历年各地施放急赈数目表》,青岛市档案馆藏:B63-1-178。
⑦ 《福黄潍三县红卍会捐江西灾赈一二六零元》,《胶东卍报》1935 年 1 月 13 日。
⑧ 《胶联处收到捐助赣灾赈洋》,《胶东卍报》1935 年 1 月 27 日。

德、法、日、俄、英、美各国记者二十七人联袂前往广昌等处视察,并赴驻在广昌红卍字会赈济队,参观各项工作。该会派赵人俊、贺逢吉医师招待。该团对于红卍字会施诊所之布置、病民之收容、尸骸之掩埋、灾区之赈济、难民之资遣等项极表称赞,认为临时组织而有如此工作成绩颇不易易,尤以实行清洁卫生之运动为最,赞美不绝。①

国共在福建西北部也有战事发生。大规模战争过后,瘟疫伴随而来。据福州红卍字会报告,该省西北各县"惨遭屠杀后,积尸浊气,郁为瘴毒,以致疫疠流行,死亡枕藉"。山东牟平红卍字会及时开布治疫验方数则,并将"救苦丹一百二十付,保阳丹一百付,万化丹五十付,同济丹四十付,宁神清蕉散四十付"②交邮局直寄福州红卍字会,分发灾区。

对山东各地红卍字会的省外救援进行全景式描述,无疑是个极大挑战。兹以青岛红卍字会为例,管见山东红卍字会历年省外施放急赈情形之一斑。1931—1943年(不含1936年、1940年)的11年间,青岛红卍字会用于省外急赈款项达72 875.9元,平均每年支出近7 000元。详情见表10-6:

表 10-6 世界红卍字会青岛分会历年省外施放急赈数目表

年 份	发放地区	赈别	物品	数额(元)	备 注
1931	正阳关	急赈	现款	1 000	水 灾
	颍 上	急赈	现款	1 000	水 灾
	高 邮	急赈	现款	1 230	水 灾
	邵 伯	急赈	现款	1 500	水 灾
	武汉三镇	急赈	现款	4 000	水 灾
1932	上 海	急赈	现款	15 600	汇上海红卍字会代放
	蚌 埠	急赈	现款	1 000	
	豫鄂皖	急赈	现款	1 000	青岛市政府代汇
	哈尔滨、山西、陕西	急赈	现款	2 000	汇中华总会代转

① 《国际新闻团赞扬卍会工作》,《道德月刊》第2卷第2期,1935年2月25日。
② 《牟平红卍字会庚报》,《胶东卍报》1935年1月29日。

（续表）

年　份	发放地区	赈别	物品	数额(元)	备　注
1933	北　平	急赈	现款	10 000	汇中华总会代放,扩大救济
	天　津	急赈	现款	5 000	汇中华总会驻津办事处代放,扩大救济
1934	江　西	急赈	现款	1 000	汇上海红卍字会代放
	江　西	急赈	现款	500	青岛妇女红卍字会汇上海
1935	安徽桐城	急赈	现款	5 096	旱灾
	安徽桐城	急赈	现款	3 553	青岛妇女红卍字会
1937	北　平	急赈	现款	1 058	拨济东南办事处转中华总会赈灾
	北　平	急赈	现款	3 084.9	拨济东南办事处转济南母院救济
1938	上　海	急赈	现款	504	汇上海红卍字会救济
1939	天　津	急赈	现款	1 000	汇天津主院代放水灾
1941	华南、皖西	急赈	现款	6 000	汇济南母院代转
	华　南	急赈	现款	2 750	汇东南主会转放
	新　浦	急赈	现款	1 000	
1942	汲　县	急赈	现款	500	
	开　封	急赈	现款	500	
1943	北　平	急赈	现款	3 000	

资料来源:据《世界红卍字会青岛分会历年各地施放急赈数目表》整理,青岛市档案馆藏:B63-1-178。

（二）国际救援

世界红卍字会之所以冠以"世界"二字,一方面表明道院人士希望该组织能够在世界其他国家设立,成为一个世界性团体;另一方面也表示其慈善救济活动"以全世界之各个社会为对体,首揭其无人、无我、无界、无域、无一切歧视之真实意态"①。世界红卍字会成立后对国内外各种灾难积极赈救。兹以世界红卍字会早期的数次国外赈救活动为例,管见其国际救援。

1923年9月1日,日本关东发生8.2级大地震,灾情严重:"东京首都,及横滨

---

① 《世界红卍字会宣言》(1931年),青岛市档案馆藏:B63-1-16-1。

商埠,半成瓦砾。罹灾之重,死亡之多,匪独晚近所罕见,抑亦从古所未闻。"①这场
地震造成约 14.3 万人死亡,20 万人受伤,50 万人无家可归。② 中国政府及民间慈
善组织也伸出援助之手,如中国红十字会用于救济日本震灾的款项达 1.7 万
余元。③

世界红卍字会闻知日本灾情后,积极募筹钱款、粮米。济南红卍字会于 1923
年 9 月 10 日发布"筹赈日本巨灾募捐启":

> 近闻日本猝遭地震海啸,旷代罕见,水深火热,毁坏要埠多处,波累外国侨
> 居。恻隐在怀,孰不惊悼。延垂危之生命,赖宏济之仁人。泛舟而疗晋饥,散
> 粟以彰周义。奋袂者遍于邻境,待哺者况有国民。夫道重大同,性原一体,有
> 地舆之限,无国界之殊。均是欧亚灾黎,讵宜秦越歧视? 本会以慈业为宗旨,
> 导善举之先声。慨念友邦,力襄巨款。救灾如救火,庶免燎原之虞。济物即济
> 人,共普慈航之渡。尚冀诸大善士协赞援助,俾偕北京总会,迅赈东洋各区。
> 惠爱遐施,功德无量。敬祈公鉴。④

济南红卍字会先后开展三次社会募捐,第一次募捐 1 069 元⑤,第二次募得
274.01 元⑥,第三次募款比较特别,捐款人几乎全是中老年妇女,共募大洋 132.03
元,钱 14 千 960 文。⑦ 天津红卍字会也为赈救日本震灾劝募 4 031.91 元。⑧ 当时世
界红卍字会处于初创阶段,国内分会设立不多,救援力量有限。即使如此,世界红
卍字会中华总会及各地分会尽力输捐,在南京、芜湖采购大米 2 000 石,运交日本政
府赈济;中华总会还派代表冯华和、侯素爽、杨圆诚三人前往日本慰问,并携带万余
元善款救济当地受灾华侨。⑨ 此次赈救日本地震,"乃卍会第一次出国赈灾也"⑩。

1927 年 3 月 7 日,日本关西地震,"有数千伤亡",但灾区"不及影响于大阪、神

① 《中国红十字会救日本震灾纪事本末》,中国红十字会总会编:《中国红十字会历史资料选编(1904—
1949)》,第 417 页。
② 赵咏等编:《世界 100 灾难排行榜》,中国经济出版社,1994 年,第 207 页。
③ 《中国红十字会救日震灾概要》(1924 年),中国红十字会总会编:《中国红十字会历史资料选编
(1904—1949)》,第 444 页。
④ 《济南红卍字会筹赈日本巨灾募捐启》,《哲报》第 2 卷第 25 期,1923 年 9 月 10 日。
⑤ 捐款人名录及数额详见《哲报》第 2 卷第 25 期,1923 年 9 月 10 日。
⑥ 捐款人名录及数额详见《哲报》第 2 卷第 29 期,1923 年 10 月 20 日。
⑦ 捐款人名录及数额详见《哲报》第 2 卷第 30 期,1923 年 10 月 31 日。
⑧ 捐款人名录及数额详见《哲报》第 2 卷第 26 期,1923 年 9 月 20 日。
⑨ 《世界红卍字会道慈研究所讲义》第 2 册《道慈纲要卍慈篇》,第 224 - 225 页。
⑩ 香港红卍字会编:《院会缘起概略》,第 10 页。

户等经济中心之地",灾情较上次为轻。世界红卍字会中华总会募集赈款5 000元交由日本驻京公使芳泽谦吉代汇日本,散放灾区,并致函慰问。①

1933年,日本岩手、宫城、青森等地地震,"灾区甚广,灾民颇众"。当时正值华北各地战事紧张,世界红卍字会中华总会忙于救济,大连红卍字会即先筹办日本震赈。该会先垫付日金票5 000元,交由大连市民政署转汇东京拓务省,由被灾区官署酌量支配赈济。统计岩手县施放4 110元,宫城县施放790元,青森县施放65元,北海道厅施放35元。不久,又以大连救济队名义由沈阳主会监理部另备日金5 000元,派人带往日本灾区散放。其后,中华总会召开救济大会时,经各会代表议决,"由赈济款项中再拨二万元作为东赈之用"。王性真、北村寻宗两会长携带赈款前往日本,交付灾区,计岩手县放洋16 000元,宫城县放洋3 200元,青森县放洋800元。②

1934年,日本大阪、西京、神户等处突遭飓风成灾,世界红卍会筹赈款10 000元,派代表携赴日本使馆慰问,并请转汇灾区施放,复由大连红卍字会迳汇款万元,分配赈施。

1940年,日本静冈市突遭重大火灾,世界红卍字会闻之,当即筹赈款5 000元,派代表送交日本大使馆,"面请转汇赈施,并致慰问之意"。③

世界红卍字会赶赴日本赈灾,也是其在日本设立红卍字会道院的良好契机。1923年赈灾过后,日本神户设立道院。自此,红卍字会道院在日本获得快速发展。九一八事变以前,东北各道院负责人前去日本传道,宣扬和平、大同。抗战期间,世界红卍字会也因这层关系,不受日军阻挠,从事各种慈善救济活动,特别是南京大屠杀之后,世界红卍字会是主要负责掩埋尸体的机构之一,为南京大屠杀提供了铁证。

1928年,中俄边境发生战事,世界红卍字会中华总会函商东北主会联合东北各分会,组队驰往东北边疆救济。苏经麟担任救济队总督队长,封聿端担任总队长;先由苏经麟至沈阳,与东北各会筹议救济办法;继于十月十日由封聿端率领救济队至沈阳,与东北主会协商,加派队长、队员。议定先分两组,出发至哈尔滨,再

① 《世界红卍字会道慈研究所讲义》第2册《道慈纲要卍慈篇》,第228-229页。
② 《世界红卍字会中华总会历年赈济工作第三次报告书》(自民国二十一年七月一日起至二十三年三月底止),1934年,第19页。
③ 以上均见《世界红卍字会中华总会二十年史略》,收入郭大松编:《世界红卍字会与社会救济史料选编》,2011年,未刊稿。

分往绥芬、满洲里等处救济。十月二十五日,两组救济队抵达哈尔滨后,始知绥芬交通阻滞,改由第一组救济队出发满洲里救济,第二组暂留哈尔滨,办理后方临时医院治疗事宜。十一月十三日晚,汪慧沧率第一组救济队抵达满洲里,与当地驻军司令梁忠甲接洽救济手续,并将"卍会救济主旨译成华俄合璧文字,刊发传单散布,以免对外发生误会"。因当时满洲里、札兰诺尔等处相继失陷,救济队被阻满洲里60余日。中华总会函请国民政府外交部转电第三国家,转知俄国政府,"查明卍会救济队踪迹,并请认明红卍字标识,特别保护"。后经德国外交部转知俄国政府,方使红卍字会救济队在"俄军飞机日夜飞翔,纷掷炸弹,并四出搜查"的情况下,尚能得到对方"优遇"。红卍字会救济队"于枪林弹雨之中,队长、员役均能不顾危险,遇有被炸之处,不分中俄军民妇孺,均施以治疗、掩埋"。此次东北边疆救济,"共计掩埋(尸体)一百五十余具,治疗军民五百二十余人"。①

1933年春,美国洛杉矶发生强烈地震,民众"被灾颇重"。世界红卍字会"为垂念世界胞与计,特由总分各会筹商赈济进行办法",经大会决议,先致函美国驻华公使詹森,慰问灾区民众,又筹集赈款10万元,公推熊希龄、马辰鼎两会长携款会见詹森,请转汇灾区代为赈济,同时致电驻美中国公使施肇基转呈美国总统罗斯福慰问。②

六、赈济程序与措施

世界红卍字会开展临时慈善救济活动过程中,不仅采取合理必要的赈救程序,也顾及救济便利和绩效,进行临时组合与调整,合作救济。

(一)赈济程序

据前述山东各地红卍字会的临时慈善事业,可总结其一般赈救程序。

第一,报灾。地方被灾后,该地政府、士绅或民间团体向红卍字会致函、电,陈明灾情,请求救济。

第二,募款。红卍字会除发动本会会员捐助款项,还开展社会募捐或请求其他红卍字会支援。

---

① 《世界红卍字会中华总会赈救工作第二次报告书》(自民国十八年二月十日起至二十一年六月底止),1932年,第1-2页。

② 《世界红卍字会中华总会历年赈济工作第三次报告书》(自民国二十一年七月一日起至二十三年三月底止),1934年,第16页。

第三，查赈。地方向红卍字会请求援救时，除描述地方灾情，还附有地方政府或民间团体的灾情调查表或灾情照片。即使如此，红卍字会仍派查赈员查勘灾情。查赈时发放赈票，作为领取救济品的凭据。红卍字会对查赈十分重视。1928 年，禹城红卍字会代表王慧觉、德县红卍字会代表朱希龄、博山红卍字会代表石葆诚等提出《建议各地卍会应随时调查灾况案》，指出："赈济之道，首贵调查。调查确否，关系会誉甚巨。近来各地灾患频仍，事先不有精确之调查，必致临时办理棘手。甚至关系重要，因时间延促，草草从事者有之。既不足以昭核实，殊有失救济之初心。此后凡已设有卍会各地，遇发生灾患等事，应派妥员随时留意调查灾况，报告卍联处存案。如有赈济等事，便可一目了然，不致稽延时日。"[①]得到与会代表认可。

第四，放赈。筹集救灾款项后，红卍字会派员携往灾区，按照此前发放赈票上的救济标准施赈。施赈结束后，红卍字会须保留好赈票存根，以备向捐资者报账结算，以昭信用。

如果赈灾是应地方政府、士绅或民间团体之请求，救济工作完成后，该地方政府、士绅、团体等需联名向红卍字会汇报施赈情况，借此也印证红卍字会派出的施赈员之汇报。

近代天灾、匪患、战乱等交乘并发，增加了救济难度，施赈人员常冒生命危险前往放赈。兹以 1928 年济南红卍字会赈恤费县的经过为例，了解红卍字会的救济程序与艰难过程。是年，费县遭遇特大旱灾，加以土匪猖獗，损失惨重。梁邱原为费县南乡重镇，"居户千余家，往昔号称富庶"。叠被旱、匪后，"居户日不举火三百余家，强壮外出，老弱待毙者四五十家，榆皮剥尽，野蔬断绝，制钱一千当买子女一名"。[②] 获悉灾情后，济南红卍字会派查放员王绍斋押运赈粮 1 600 包乘车先至滕县，再转运费县灾区调查发放。此时地方局势混乱，一方面，北伐军讨伐奉、鲁联军，军队过境，民心惶惶；另一方面，匪患严重，巨匪刘黑七等为害一方。战乱、匪患给赈济工作带来极大危险和不便。王绍斋向济南红卍字会汇报赴费县放赈情形时，详细描述了从滕县至费县转运赈粮的艰难过程，其间既要躲避土匪的劫掠，又要避开军队的骚扰。起初，由滕县城头至费县白彦，赈粮未遭损失。经过关阳、梁邱，因军队过境，"在途车夫有被其拉去者；有将赈粮置诸道旁，用小车推其军用品

① 《关于 1925 年 2 月至 1943 年 7 月道慈发展的总结》，山东省档案馆藏：J162－01－16。
② 《查放员王绍斋为报经费县放赈情形给济南分会的函》(1928 年 6 月 19 日)，山东省档案馆藏：J162－01－12。

者","赈粮用以喂养马匹,蔴袋用以装运麸料。时势至此,亦无如之何也"。事后查验,"关阳损失赈粮六包,空蔴袋二十五条;梁邱损失赈粮八包,空蔴袋五十九条"。之后,由白彦东运的赈粮50余车一度被土匪堵截,幸赖地方民团抗击,赈粮得以保全。这批赈粮历经曲折,被运往费县的白彦、关阳、梁邱等社,以及平邑、仲村、内外附城并东区、北区灾情特重之地,共查放20社、213村庄;大口15 669名,每名10斤;小口10 049名,每名8斤,共237 082斤,所运之粮全部发放。①

早在济南红卍字会收到王绍斋汇报前,费县教育局、商会等13个团体联名致函济南红卍字会,证明王绍斋在费县的施赈情形:"在白彦、梁邱一带放以十分之七,平邑、仲村一带放以十分之三……在白彦等处,随查随放……后因城区、北区、东区相继要求运至费城四百零四包;东区、北区灾情较重之处亦少沾余惠。计全县放至二十社,大口一万五千六百六十九;小口一万零四十九。大口按照十斤,小口按照八斤,共计二十三万七千零八十二斤。查是项赈粮平邑、仲村四百六十包,城区四百零四包,余均在白彦、关阳、梁邱等处发放。惟党军北上之时,关阳、梁邱两处损失赈粮十四包,空蔴袋八十四条。时局所关,亦无可如何。"②上述两则材料提供的赈救数据完全吻合。费县教育局、商会等的负责人一般由地方素有名望的绅商担任。发生灾情后,这些团体多请求社会各界救援,其负责人关注桑梓灾情及救济工作,由他们提供放赈情况的证明较为可信。

虽然红卍字会拨粮或捐款救灾,但有时并未派员前往,而由地方委托某团体或推举名望素孚的士绅查放。赈济结束后,再由地方团体或士绅将施赈情况向红卍字会汇报。1928年山东博兴县的救济即如此。是年,博兴大旱,济南红卍字会捐助红粮100袋。博兴县公推卢锡铭、王鸿逵领运回县,组织粥厂准备施粥。但四乡社长、首事认为,设粥厂并非最有效,主张改为散放赈票:

> 饥民多在乡曲,近者距城十余里,远者五六十里,冒风寒,犯霜雪,日来啜粥一次,饥固可疗,寒何以堪?且博邑城关庙宇无多,闲房尤少,乞丐流离,栖止无所。似不如分乡调查,择尤赈恤,彼得免奔走之劳、寒冻之苦。且粟既到手,挽糠秕和麦苗亦可多续几日之命。如此变通办法,理实惠较为普及。

---

① 《查放员王绍斋为报经费县放赈情形给济南分会的函》(1928年6月19日),山东省档案馆藏:J162 - 01 - 12。

② 《费县各团体为报费县赈务情形给济南分会的呈》(1928年6月8日),山东省档案馆藏:J162 - 01 - 12。

博兴县财政处认可此法,并函告济南红卍字会:

> 该社长、首事所称确系实情。粥厂设于城内,而饥民多在乡间,枵腹而来,果腹而去,比到家门,饥肠又复辘辘,况饥饿不能出门户者,更欲来不得乎。如果切实调查,择尤赈恤,以前项恩赐红粮合以敝县官绅募集之款,允可全活数千人命。实惠但期普及,名义似不必拘谨。①

不久,博兴县政府又致函济南红卍字会,告知详细的灾民调查统计和散放赈票情况:极贫之户 1 060 余户,红粮 100 袋折合平斗 722 斗,每户散放红粮 1 平斗,共散放 722 户。其余各户,每户散放现洋 1 元。信函还附有《博兴县造送十六年被灾较重各村庄极贫户口数散放赈粮清册》,详载灾情调查与放赈情形。②

如果发生大规模战争或灾荒,红卍字会组派救济队、赈济队前往赈救。

救济队多用于战事救济。由一处红卍字会组织的救济队,名为某地救济队,如世界红卍字会济南分会组设的救济队,名为"世界红卍字会济南分会救济队"。由两会以上联合组织的救济队,名为某某联合救济队,如由济南、青岛、济宁红卍字会组织的救济队,名为"世界红卍字会济岛宁联合救济队"。救济队的任务共有五项:救护伤亡军民,运送难民于安全地带,收容难民妇孺,治疗伤病军民,掩埋死亡军民。救济队的标识均用白底红卍字,有五种以上:旗帜、制服、臂章、识别章、任职证等。③

赈济队,负有调查灾情、施放赈品之专责。赈济队多参与自然灾害救济。赈济队的组织及标识,与救济队大同小异。救济队亦可兼代赈济队实施放赈。④

(二)联合赈济

为了更好地谋求发展壮大,世界红卍字会意识到联合共事的重要性。1931年,上海红卍字会提出《团结各院会人力财力以利道慈进行案》:"院会之人力财力究属有限,若集合多数院会之人力财力,团结一气,则实大而声宏。应请各院会于就近之邻院会互相联络、互相辅助,然后结各院之人力财力以布道,则道务日见发

---

① 《博兴县财政处为告知赈粮百石如何使用给济南分会的公函》(1928 年 1 月),山东省档案馆藏:J162 - 01 - 7。

② 《博兴县公署为报送放赈清册给济南分会的公函》(1928 年 3 月 22 日),山东省档案馆藏:J162 - 01 - 12。

③ 《道慈问答》,第 13 - 14 页,青岛市档案馆藏:B63 - 1 - 247。

④ 《道慈问答》,第 14 - 15 页,青岛市档案馆藏:B63 - 1 - 247。

展;结各会之人力财力以行慈,则慈业必日见扩充。"大会表决:"院会之能否发展视乎能否团结,此应切实注意之事,一致通过。"①在此前后,山东各地红卍字会在慈善救济中已认识到联合赈济的必要性和重要性,采取多样灵活的赈济方式。

首先,省内各红卍字会成立联合组织。20 世纪 20 年代末,山东遭遇极严重天灾人祸,单靠一地红卍字会力量难以收到良好的救恤效果。山东各地红卍字会认为,"连年灾劫频仍,几遍全省,非合群策群力不足救大灾大难"②。1928 年,由济南、历城、泰安等 22 个分会成立以历城红卍字会为中心的"世界红卍字会全鲁各分会联合救济办事处",简称"全鲁卍联处"。③ 1932 年,胶东的烟台、牟平、威海、龙口、莱阳等 13 个分会成立以烟台红卍字会为中心的"世界红卍字会胶东各会联合总办事处"④,共谋道慈发展,简称"胶联处"。其组织、办事简章如下:

第一条,本处以联合胶东各卍会共谋道慈发展为宗旨。

第二条,本处定名为世界红卍字会胶东各会联合总办事处。

第三条,本处设于烟台卍会。

第四条,本处由胶东之烟台、牟平、威海、龙口、石岛、莱阳、蓬莱、栖霞、福山、海阳、文登、黄县、长岛各分会共同组织之。

第五条,本处设总监理一人,总副监理二人,监理、副监理若干人。

第六条,本处之监理、副监理由胶东各会之会长、副会长、会监充任之。

第七条,本处之总监理、总副监理由监理、副监理中公推之。

第八条,本处内部设文书、会计、庶务、交际四股,各股设主任一人,股员若干人。

第九条,本处须于每年八月一日召集胶联大会,研筹一切重要事宜。

第十条,本处每年召开之胶联大会,须有九会以上之代表方得开会。

第十一条,本处之通常事务由总监理主持办理,遇有缺席时得由副监理执行之。

第十二条,本处遇有重要事项,须随时召集监理会议解决之。

---

① 《道院第十一届公会议事录》,第 9 页。

② 《世界红卍字会全鲁各分会联合救济办事处救济水、兵灾总报告》(1938 年 7 月),山东省档案馆藏:J162 - 01 - 18。

③ 《全鲁卍联处成立报告书》,济南市档案馆藏:22 - 1 - 19。

④ 《世界红卍字会胶东各会联合总办事处简章》(1932 年 10 月 8 日),青岛市档案馆藏:B63 - 1 - 31。

第十三条，本处之监理会议非有七会以上之监理或副监理出席不得举行。

第十四条，本处所召集之各项会议均由总监理主席，遇有缺席时得由总副监理依次代理，若总副监理缺席，就出席代表中临时公推之。

第十五条，凡对外关于胶东各卍会全体事宜以及收据文件，均以本处名义行之。

第十六条，凡本处每年收支款项及经办之事件，每届年终须编造报告通布之。

第十七条，本处之简章如有未尽事宜，由胶联大会修改之。①

烟台红卍字会会长澹台盛冲担任"胶联处"总监理、牟平红卍字会会长曹承虔、莱阳红卍字会会长王道揆分别担任副总监理。其各监理、副监理，由胶东各地红卍字会会长、会监等充任，共推定监理 34 人、副监理 74 人。其他如文书主任、会计主任、庶务主任、交际主任等职也均选出 2～3 人担任正副职。②

"世界红卍字会胶东各会联合会议"定期每年召开一次，集中商讨、解决胶东各地红卍字会在慈善救济及自身发展等方面的问题。联合会议以烟台红卍字会为会场，以总监理为大会主席，由胶东各会推选代表参加讨论。③ 如不在开会期间，"有关于胶东卍会全体之事件发生时，势必由胶东卍联办事处临时负责处理之。一俟再开大会时，再提出追认或报告之"。④

"胶联处"自 1932 年正式成立后，内部办公经费暂由烟台红卍字会垫付。1933年，胶东各红卍字会联合会议决定，胶联处的办公经费分为十五成，由胶东各红卍字会共同承担，其中：烟台红卍字会二成，牟平红卍字会一成五，威海、龙口、石岛、莱阳、栖霞、文登、蓬莱、福山、海阳、黄县、掖县红卍字会各一成，长岛红卍字会五厘。⑤ 此后，"胶联处"有了稳定的经费来源。

"胶联处"的成立，一方面使得胶东各地红卍字会分散的慈善救助力量得以凝

---

① 《世界红卍字会胶东各会联合总办事处简章》(1932 年 10 月 8 日)，青岛市档案馆藏，B63－1－31。

② 参见烟台分主院编：《烟台分主院暨烟台分主会十年道慈纪实》，1935 年，第 28－29 页。

③ 《世界红卍字会胶东各会联合会会议规则》，《世界红卍字会胶东各会联合会(壬申、癸酉)第二、三届议事录》，上海市档案馆藏，Q120－4－84。

④ 牟平卍会：《为胶联办事处应正式成立案》，《世界红卍字会胶东各会联合会(壬申、癸酉)第二、三届议事录》，上海市档案馆藏，Q120－4－84。

⑤ 牟平卍会：《为胶联总处经费及对外公费摊认案》，《世界红卍字会胶东各会联合会(壬申、癸酉)第二、三届议事录》，上海市档案馆藏，Q120－4－84。

聚;另一方面密切了胶东各地红卍字会之间的联系。胶东各红卍字会在烟台红卍字会的领导下,精诚合作,亲密无间,"对于道慈赈救诸端,大家均精诚团结,一致进行。各会视主会如泰山之可靠,而主会又事事相维相辅,提携倡导,尽表率之责,是以数年来胶联各会,不惟无丝毫之微隙,而且更交相亲密,如一家人焉。联合之功用大矣哉"[1]。这极大地促进了胶东地区道慈事业蓬勃发展,"胶东气象,为之大振,各院琢磨观感,日就月将,遇有救济,争先组队;遇有赈施,慨解仁囊;精诚团结,努力维系,几如家人手足之亲,数年来,胶东道慈,所以有相当之供(贡)献者,联合之功居多"[2]。这并非虚言妄语,确有事实根据。

1935 年,青岛、潍县、周村等分会成立以青岛红卍字会为中心的"世界红卍字会济东南岛沂潍周联合总办事处","以联洽济东南区域内各院会及岛、沂、潍、周所属县支院会,以集中才(财)力扩展道慈",[3]简称"济东南办事处"。1937 年,山东接连发生水灾、地震,加以日军南侵,各地红卍字会为集合救济力量,青岛、滕县、济宁、烟台、枣庄、菏泽等分会成立"鲁西岱南联合办事处"。[4]

其次,山东省内外红卍字会联合互援,救济区域广、程度深之灾难。红卍字会还为应对突发事件成立临时联合救济队,救济任务结束后即解散。1931 年,德县道院提出《各县分会救济灾患因经费人材两感困难可否各省分区就区内各分会联合组织救济队以资救护案》,认为:"各县分会限于力量薄弱,人材、经费俱感困难,遇有战事及灾患即便勉为组织救济队,于实际工作诸多漏点。"[5]主张效法已成立的平津济联合队、南联队、济东岱南联合队,共同办理慈善救济,得到大会通过。

再次,山东各地红卍字会还与其他慈善组织、社会团体合作救济。1927 年 6 月 14 日,各地灾民聚集济南,粮食极为短缺,济南红卍字会、红十字会、基督教青年会、华洋义赈会等发起成立山东防饥会,"以群策群力,以集体的力量谋救灾民"[6]。1929 年,华北灾赈会捐助济南红卍字会红粮 2 000 包,资助冬季开办粥厂之用;五台山佛教研究会也在济南红卍字会粮匮之际给予帮助。[7] 同年,山东利津、凌汛决

---

① 烟台分主院编:《烟台分主院暨烟台分主会十年道慈纪实》,第 29 - 30 页。

② 烟台分主院编:《烟台分主院暨烟台分主会十年道慈纪实》,第 12 页。

③ 《青岛院会发展史略》,青岛市档案馆藏:B63 - 1 - 247。

④ 赵宝爱:《慈善救济事业与近代山东社会变迁》,第 180 页。

⑤ 《道院第十届公会议事录》,第 70 页。

⑥ 《山东防饥会会议记闻》,济南市档案馆藏:77 - 10 - 17。

⑦ 《济南分会为复收到红粮实数并致谢给华北灾赈会的函》《济南分会为谢施给赈粮给五台山佛教研究会函》(1929 年 3 月 8 日),山东省档案馆藏:J162 - 01 - 13。

口,五台山普济佛教总会前后三次助款计3 300元,交济南红卍字会与山东赈灾会转发。[①]

山东各地红卍字会采取灵活多样、纵横交叉的联合赈济方式,很大程度上整合了分散的社会资源,有助于慈善救济的开展与工作绩效的提高。

世界红卍字会形式多样的慈善救济活动减轻了民众疾苦,缓解了灾害、战争对社会的重创与破坏。据地方政府、士绅、民间团体等致红卍字会的救援函、邀请函、命令函等资料显示,红卍字会已成为被社会广泛认同的慈善组织,拥有良好的社会声誉和影响力。如此,红卍字会设立分会时,也得到地方的支持,不少官员、绅商加入世界红卍字会证明了这一点。世界红卍字会正是通过这种良性循环,逐渐构建起集合全国各地绅商从事大规模慈善救济的网络体系。由于世界红卍字会的人员构成主要以官员、绅商为主体,当政府协商红卍字会从事救济或市政建设时,实际上是政府与绅商就公共事务寻求合作。基于此,世界红卍字会赢得了广阔发展空间,参与了多层面的社会活动。

山东各地红卍字会还突破省区与国界,积极参与省外救灾和国际救援。道院设世界红卍字会专门从事慈善救济活动,固然有传道、推设分支机构之目的,但世界红卍字会的创办及其开展的慈善活动也深受中国传统文化之"救灾恤邻""和平""大同"等因素的浸染,表现出高尚的人道主义精神。

---

① 《北京五台山普济佛教总会历年经办救济概况说明书》,1941年重印,第1页。

永久慈善事业

世界红卍字会的永久慈善事业是指常年开办的具有固定场所的机构,专门救恤贫困、被难的鳏寡孤独、老幼男女。① 既然称为永久慈善事业,凡有红卍字会的地方,一般都举办过,多使用统一名称。

一、卍字学校

世界红卍字会设立慈善学校之目的有二:一是招收贫穷失学孤儿,施以义务教育,教授普通职业、学识,使其养成健全人格与能力。二是为道院暨红卍字会培养人才,"今后之院会,一般先知先觉,相继凋零,若不培植有志之青年,使其再接再励(厉),继续努力,实不足以化渡世界,洊臻大同也"。② 各地红卍字会办起最多的是小学,有财力的红卍字会办过中学、专科职业学校,至于大学则只是计划筹建,未付诸实施。

① 《道慈问答》,第 11－12 页,青岛市档案馆藏:B63－1－247。
② 吕梁建编:《道慈概要》卷下,第 37 页。

（一）小学

世界红卍字会开办小学的设想是："为注意贫民子弟教育，设贫民小学校。所有书籍用具，概不收费。总分各会，类皆有之。大率先办初小（一至四年级），渐次推设高小（五、六年级）。每校学生约在百人内外。"①

1922 年，世界红卍字会中华总会于北平开办了卍字第一小学，招收贫困失学儿童，书籍费、学杂费全免。至 1941 年，先后有高小学生 4 班毕业，共计 84 名；初小学生 10 班，105 名。学校有校长、教职员共 4 人，均为红卍字会会员，属义务职。1944 年底，学校有高小学生 50 名、初小学生 67 名，每月经费开支 120 元，由中华总会按月拨付。② 新中国成立后，这所小学改为北京市第三十六中学。

世界红卍字会成立以前，济南道院于 1921—1922 年开办第一小学校。③ 校址位于南关徐家花园，创办时以刘福缘捐赠山东沾化县境内淤地 17 顷作为基金，1927 年左右，该县连年荒歉，除成本外仅收洋 10 余元，不敷开支；呈请山东省长特别补助 2 000 元，又每年补助洋 1 200 元，按月领支。当年小学校有学生四级，共 120 名；暑期举行第三次毕业考试，毕业生 12 名；是年经费支出 1 001.42 元。④ 该校名为第一小学校，命名原因尚不明确，究竟是因为该校为全国道院开办最早的小学，还是因为济南道院打算接着开办第二小学校不得而知。但济南道院确曾开办了第二小学校，至迟在 1927 年就已存在，地址位于商埠三大马路纬九路益友巷内，有学生两级共 80 余名。⑤

第一小学校原名"济南道院初级小学校"，1928 年济南"五三惨案"后更名为"济南红卍字会第一小学校"，后奉社会局令又改为"济南市私立化育小学"，校址迁往上新街。宋光宇误认为"济南市私立化育小学校"于 1935 年创办。⑥ 1929 年前后，该校因省拨款停止，淤地收租甚少，不敷支出，由济南红卍字会拨补。1929 年又添设高级一班，共开支 2 620 元，有学生六班：高级两班，初级四班，共 182 名，毕业初级学生一班 20 名。⑦ 1930 年，济南红卍字会捐助大洋 6 000 元，作为该校基金，

① 《世界红卍字会道慈研究所讲义》第 2 册《道慈纲要卍慈篇》，第 244 页。
② 《世界红卍字会中华总会简历》(1945 年)，中国第二历史档案馆藏：256 - 216。
③ ［日］吉冈义丰：《中国民间宗教概说》，第 235 页。
④ 《济南道院丁卯年办理各项道务慈务报告》，《道院第七届公会议事录》。
⑤ 《济南道院丁卯年办理各项道务慈务报告》，《道院第七届公会议事录》。
⑥ 宋光宇：《民国初年中国宗教团体的社会慈善事业——以世界红卍字会为例》，(台北)《文史哲学报》1997 年第 46 期。
⑦ 《济南道院十八年道慈各项报告》，《道院第九届公会议事录》；宋光宇：《民国初年中国宗教团体的社会慈善事业——以世界红卍字会为例》，(台北)《文史哲学报》1997 年第 46 期。

以基金生息连前 17 顷淤地租金收入作为常年经费。① 学校有校长 1 人主持全校一切事宜,下分教务、训育、事务三部,每部设主任 1 人,由教员兼任,共计有教职员 7 人。校内设备,主要有以下一些②:

书籍　儿童读物 300 余册

杂志　《教育周报》《卫生杂志》各一份

日报　《大公报》一份、《历下新闻》一份

药品　化学药品一组

标本　自然挂图五十余幅

仪器　物理、化学、实验各一组

运动器具　篮球、铁球、单杠、双杠、跳高架、滑板、秋千、浪板各一架;轩轻板两座,木棒三十根,铃笛四十根,木剑五十把,哑铃六十副

乐器　军乐、雅乐

学校将利用各种活动培养儿童道德作为训导学生的基本原则。教学方法分为训导制与级任制二种。高级班学生用自学辅导式,初级学生用启发式,均注重自主学习以增进学习效率。③

济南女道德社于 1927 年开办女子小学,校址在济南女道德社内(女道德社即在上新街),只有初级生一班 40 名。1928 年添设高级一班。④ 济南市社会局教育科在 1929 年 8 月调查时曾有"红卍字会私立女子小学校"的记录:位于南关上新街,经费 800 元,女职员 5 名,两个教学班计女学生 69 名,未立案。⑤ 这个女子小学校当为济南女道德社创办的女子小学。1930 年,女子小学更名为"养正女子小学",有学生四班,计 98 人。⑥ 同年,又增设高级一班,加上之前的四个班,共有学生 144 人。每年经费支出 600～1 200 元。"五三惨案"后,济南绅商迁徙他处,募捐资金减少以致学费入不敷出,均由济南女道德社垫补,1930—1932 年拨补约 700 元。1932 年起,女子小学并入济南道院开办的化育小学,更名为"化育小学第二部",男

① 《十九年济南道慈各项报告》,《道院第十届公会议事录》。

② 《民国二十年(一月至十月)济南卍会道慈各项报告》,《道院第十一届公会议事录》。

③ 《民国二十年(一月至十月)济南卍会道慈各项报告》,《道院第十一届公会议事录》。

④ 《附济南女道德社报告》,《道院第七届公会议事录》。

⑤ 《济南市私立学校调查总表》(1929 年 8 月),《济南市社会局十八年度工作报告》,《调查统计丙　关于教育者》第 53 页。

⑥ 《济南女道德社社务报告》,《道院第十届公会议事录》,第 85 页。

女仍然分班学习。①

1934 年，化育小学校由上新街迁往徐家花园新购校舍。该校第一院高级、初级共设六班计 260 余名；第二院高级、初级共设四班计 140 余名，共计 400 余名。化育小学第二院即女生部依然留在上新街。1935 年济南道院的总结报告载：第一院为男生部，招收六班，共计 264 人，校址位于徐家花园；第二院为女生部，招收三班，共计 152 人，校址在上新街。全年经费需大洋 4 740 元，以校产基金利息支付，不足之数由济南红卍字会拨付。②

1938 年，化育小学因为战事影响，学生数大幅减少，只剩 157 名；是年还办起收费的补习学校，计有国文三班，英文三班，数学三班，日文二班。上学期有学生 76 名，下学期 62 名，全年经费 2 552.32 元，收补习学费 1 293 元，不敷之数由济南红卍字会补给。1939 年，校名改为"私立济南红卍字会小学"，分男女两部。男生部有高级两班，初级四班，共 275 人。女生部有一、二年级一班，三、四年级一班，共 101 人。男女生共计 376 名。学校有男教职员 10 人、女 6 人，全年开办经费 3 700.37 元。③ 至 1950 年，该校有教职员 10 人，学生 320 名。④ 1953 年 12 月，为济南市文教局接管。⑤

青岛红卍字会于 1934 年 9 月 5 日开办平民小学，"收贫民子弟，年在七岁以上无力求学者，施以普通小学教育，俾长大成一健全国民。"⑥ 1944 年，青岛红卍字会成立慈济院，该校归其负责，更名为"慈济院附属第一小学"（见表 11 - 1）。

该校自 1934 年 9 月创办只拥有初级班，至 1937 年七七事变前，每年入学人数呈递增趋势，办学经费也逐年增加。全面抗战之后，一度停顿。1938 年 10 月复课，学生只有 67 名，开办经费 947.99 元。1939 年学生虽只有 64 名，但开办经费却增加 1 000 多元，可能用于校舍的修葺或教具更新。此后，学生逐渐增加，经费支出也呈递增趋势。1941 年，初级生毕业 12 名。1942 年 9 月，增添高级班，招收学生

① 《济南女道德社成立十一年之总报告》，青岛市档案馆藏：B63 - 1 - 329。

② 《民国二十三年母院道慈各项报告》《道院第十四届公会议事录》；《民国二十四年母院道慈各项报告》《济南道院第十五届公会议事录》。

③ 《民国二十七年母院道慈各项报告》《道院第十八届展春合会议事录》；《民国二十八年母院道慈各项报告》，青岛市档案馆藏：B63 - 1 - 217。

④ 《济南市红卍字会系统单位地址财产人数调查表》(1950 年)，济南市档案馆藏：70 - 1 - 55。

⑤ 《陈市长为报送济南、山东两红卍字会结束工作总结由》(1954 年 4 月 12 日)，济南市档案馆藏：70 - 1 - 55。

⑥ 《世界红卍字会青岛分会附设慈济院三十四年院务报告书》，青岛市档案馆藏：B63 - 1 - 356。

18 名。其后,初级班、高级班招生人数逐年增加,经费支出也逐渐增多。1944 年高级班毕业生 17 名,1945 年高级班毕业 22 名,共计 39 名。从其经费支出看,1943年增幅较大,主要原因是添设高级班,招生人数增加导致经费支出上升。1944 年与 1945 年的高额经费支出,除招生人数增加外,主要原因是通货膨胀。

表 11-1   世界红卍字会青岛分会附设慈济院附属第一小学校概况表

年份	初级（人）	高级（人）	合计	初级毕业（人）	高级毕业（人）	支出（元）	备　注
1934	78		78			857.96	
1935	137		137			1 472.69	
1936	143		143			2 018.88	
1937	205		205			1 216.72	因七七事变停顿
1938	67		67			947.99	日军登陆,学生多有离青岛者,10 月复课
1939	64		64			1 982.94	
1940	137		137			2 727.37	
1941	126		126	12		3 711.13	
1942	161	18	179			4 859.09	9 月成立高级班
1943	212	53	265			8 447.83	
1944	232	77	309		17	39 688.73	
1945	270	94	364		22	327 549.76	至 11 月底止
合计				12	39	395 481.09	

资料来源:《世界红卍字会青岛分会附设慈济院附属第一小学校概况一览表》(1945 年 12 月 6 日),青岛市档案馆藏:B63-1-178。

1941 年 9 月,青岛红卍字会开办"慈济女子小学"。至 1944 年,只招收初级学生,学生数逐年增加,经费支出递增,办学走上正轨。1945 年,初级班毕业生 20名,9 月增设高级班,招收高级班学生 40 名。[①]

1924 年临清红卍字会成立后,于 1929 年在汶河西陶公祠附设初级小学。[②] 博山县红卍字会曾设贫民学校男女各 1 处,入校者免书籍费、杂费。[③] 1933 年,掖县红卍字会成立之初曾附属初级小学:一年级学生 24 名,二年级学生 18 名,三年级

---

① 《世界红卍字会青岛分会附设慈济女子小学校概况一览》(1945 年),青岛市档案馆藏:B63-1-178。
② 《中国地方志集成·民国临清县志》,第 115 页。
③ 民国《续修博山县志》卷八,1937 年,第 51 页。

学生 13 名，四年级学生 5 名，共计 60 名。教职员工共 6 人，分别为校长、教务主任、训育主任、事务主任、教员。是年收到各处救济款 126 元，开支 358.93 元，不敷 232.93 元，由掖县红卍字会拨补。[①] 滋阳红卍字会也开办卍字小学，1940 年有高级学生 1 班，初级学生 2 班，全年经费 960 元。[②]

烟台红卍字会成立后办起"育德小学"两所，专收烟台的学童。宋光宇认为其收取定额学费。[③] 实际上两所学校皆系免费。1937 年的《烟台概览》记载，育德小学位于烟台南山路，1928 年由澹台玉田创办，经费由烟台红卍字会拨付，无学费。[④] 稍晚一些的《烟台大观》也记烟台红卍字会"为救济市内一般贫穷失学儿童起见，特在南沟街及西盛街设有育德小学两处，入校儿童，不收学费，一切制服、书籍、笔墨、杂费概由校内供给。两校共有学生五六百人……现任校长澹台盛冲，校监褚文郁，主任徐佩兰"[⑤]。澹台盛冲（系道名）即烟台红卍字会会长澹台玉田。

1928 年，育德学校正式成立，由澹台盛冲担任校长，宋允明为名誉校长，王盛开、褚文郁、张盛恬为校监。育德学校起初以烟台红卍字会南楼为校址，招收无力求学的贫穷儿童，招生名额为 60 人。育德学校不仅免收学费，还免费提供书籍、纸笔等学习用品。该校所需经费除由各董事承担外，不足之数由烟台红卍字会劝募补充。

由于学生日益增加，校舍不敷使用。1930 年秋，育德学校迁往烟台南山路。随着办学条件的改善，该校又添设高小班。至 1934 年春，初、高级学生已有 260 余人。烟台市西部地区距该校较远，就学多有不便。1934 年秋，育德学校在烟台市西郊开设分校一处，使更多的贫穷儿童接受免费教育。西校区先后接收学生百余名，两个校区共计有学生 370 余名。

1928—1929 年，育德学校有教职工六七人，除个别外聘人员，余均由烟台红卍字会职员兼任。自 1930 年新迁校址后，随着学生数量的增加，教职工亦于当年增加至 8 人。1931 年，在校学生 180 余名，教职工增至 11 人。1932 年，在校学生 240 名，教职工增至 12 人。1933 年，在校学生 238 名，教职工仍有 12 人。1934 年，在校学生

① 《世界红卍字会掖县分会征信录》（1933 年），烟台市档案馆藏：宗教救济类 229 - 3708；民国《四续掖县志》卷三，第 42 页。

② 《为滋阳县公署呈报红卍字分会附小校董资历表的指令》（1940 年 5 月 24 日），山东省档案馆藏：J101 - 16 - 263。

③ 宋光宇：《民国初年中国宗教团体的社会慈善事业——以世界红卍字会为例》，（台北）《文史哲学报》1997 年第 46 期。

④ 刘精一：《烟台概览》，第 111 页。

⑤ 池田薰、刘云楼：《烟台大观》，鲁东日报社内烟台大观编辑所，1941 年，第 127 页。

349 名,教职工增至 14 人。育德学校自 1932 年起,第一届毕业生共计 12 名;1933
年、1934 年各有毕业生 15 名。[①] 这些毕业生除少数成绩优异继续升学深造外,余
经选拔,分配至烟台红卍字会开设的施诊所、平粜局、胶东卍报社等部门工作。

育德学校开办 6 年间共支出18 176.61元,历年经费支出呈递增态势,办学规
模不断扩大,发展较好。在历年支出中,教师的薪津数额均占重要份额,而该校是
全免费的慈善学校,表明学校注重师资引进,提高办学水平(见表 11-2)。《烟台大
观》记载:"数年来已毕业学生亦有数百人,市内各界皆有该校毕业学生供职。"[②]数
百名毕业生在烟台各界工作,说明该校培养出适应社会需要且能自足自立的学生,
基本达到红卍字会设立学校之预期目的。

表 11-2　烟台红卍字会附设育德学校 1929—1934 年经费支出明细表

年份	1929	1930	1931	1932	1933	1934	总计(元)
薪津	120	585	1 100	1 501	2 393.82	2 976	8 675.82
图书	57.1	194.42	196.7	362.62	242.16	277.8	1 330.8
文具	28.55	97.21	113.74	181.3	121.08	195.1	736.98
购置	273.13	275.74	182.53	355.29	110.04	255	1 451.73
芸庶	22.28	41.35	37.96	56.87	81.23	98.21	337.9
制服	227.25	205.1	174.26	242.48	219.94		1 069.03
工资		58.4	128	142	189.1	161	678.5
修葺		537	468.5	765	152		1 922.5
炭烛		69.54	94.41	109.95	154.06	132.08	560.04
分校支费						1 281.48	1 281.48
川资						75.5	75.5
奖金						4.46	4.46
交际						51.87	51.87
合计(元)	728.31	2 063.76	2 496.1	3 716.51	3 663.43	5 508.5	18 176.61

资料来源:《世界红卍字会烟台分主会育德学校开支详表》,烟台分主院编:《烟台分主院暨烟台分主会十
年道慈纪实》。该校所有开支自 1929 年起核算。

① 烟台分主院编:《烟台分主院暨烟台分主会十年道慈纪实》,第 15 页。
② 池田薰、刘云楼:《烟台大观》,第 127 页。

育德小学的日常管理与运营情况，可从地方报道中了解。由烟台红卍字会编辑发行的《胶东卍报》，1935年初报道育德小学举行休业仪式：

> 烟台红卍字会附设之育德小学校及该校分校，业将各生本学期所修课程，考试完毕，当于昨日上午十一时，假该校大礼堂举行休业仪式。届时出席者，计澹台玉田校长及校董、学监、各科教员，并两校全体学生共三百余人。开会如仪后，首由澹台校长致训词，对于学生时代光阴之宝贵、学品之修养均有详切之诰诫。继由该校王训育主任报告本期校务状况，最后将各级名列前矛（茅）之三名学生，均予以奖赏，以资鼓励。①

除育德小学，烟台红卍字会附设的恤养院也有针对孤儿的教学活动，专门成立教务部（又称教养部）。孤儿学习文化以小学六年级为限，孤儿毕业后或升学或就业。后来，恤养院将学习优秀的孤儿集中到一个班，增加初中英语、数学等课程。1940年正式增设中学班。恤养院的文化教育比较实用，小学五年级开始学习英语，其后增设日语，全面抗战爆发后将日语停掉。② 据在恤养院长大的孤儿回忆当时的教学情况：

> 恤养院文化教育的特色是学习扎实，要求严格。这与烟台恤养院全体孤儿集体在院食宿，从而学习时间较为充裕也有关系。恤养院的课时安排，一般是早饭前、晚饭后都有一节自习课；白昼时间较长时，早饭前还有一节语文课。寒假和暑假期间，每天上午和下午也都安排有语文、算术等主课和习字课。

> 聘请教师也要求文化和教学水平较高者。教务长张允中是北平国民大学毕业，日语教师陈统一、朱瑞祥都是日本留学生，萧胜予老师留学回国不久就来院教日语。英语和中学班，英语教师邹涵冲、刘子修都是烟台市有名的英语专业教师。语文教师孙菩尘、陶景尧、李若木都是饱学之士，尤其古文学根底很深。音乐教师萧空生中国乐器吹、拉、弹、打般般皆通；徐喜亭老师西洋乐器，口琴、提琴、钢琴、铜管乐器样样精通……图画教师唐若青是当时"春晓画社"成员，以花卉见长，马海峰老师教算术很出色。1944年以后的教师罗福山、王茂荫、梁逢初、崔湘三等都是师范毕业生。

> 为了激励孤儿学好文化，院方采取勤测验、周考评、月小结、学期总评的办

---

① 《红卍会附设育德学校昨日上午举行休业式》，《胶东卍报》1935年1月19日。
② 栾恤俭主编：《烟台恤养院史志（1929—1954）》，第34页。

法。一般情况下,语文、算术课每周测验二、三次,其他课都必须测验一次,每至周末各班级都要总结出每人本周的平均所得分数和本班级的总平均分数。

1945 年以前,设有每周学习奖励制:每周用一小黑板公布出本周的学习奖品名称、数量,奖品多以时令小食品为主,如:苹果、桃、梨、杏、山楂、海棠、花生、大枣、大虾、琵琶虾等,小黑板标出:"本周奖品:苹果两个"或"本周奖品:花生一碗"。凡考试得到的平均分数达到一定分数线,每人发给一份奖品。

1938 年前,每月还要评出一个总平均分数最高的班级,给这个班级发银元一元;每学期总评一次,学习优秀者还要奖励自来水钢笔、纪念册等文具用品,或记功、记勤、发奖章等。得奖金较多的班级,拿出部分奖金买些瓜子、花生之类,分送其他班级开学期茶话会。通过对学习成绩的奖励,既提高了孤儿们的学习热情,也在一定程度上解决了孤儿较简单的副食品情况,活跃了孤儿的学习生活。[①]

20 世纪 90 年代初,宋光宇前往烟台访问几位曾在烟台恤养院学习、生活的老人,发现其文章、书法都有相当基础,古文诗词也能顺口背出,[②]可见当年恤养院的文化教育比较有成效。

1933 年前后,各地红卍字会开办 61 所小学校,其中河北 12 所、山东 22 所、河南 2 所、江苏 2 所、安徽 8 所、浙江 1 所、山西 1 所、陕西 1 所、辽宁 9 所、吉林 1 所、热河 1 所、绥远 1 所。[③] 1935 年,各地红卍字会设立小学 84 所,共 260 班,8 514 名学生,历年毕业生累计 4 903 名。[④]

(二)中学

1931 年,山东滋阳道院提出《拟请各省主会设立中学以期各会小学升学之议案》:

> 各地院会均设有小学,藉办学校以固会址者有之,而以补救贫寒子弟求学者亦有之。各会设校三五年,其学生之毕业者均苦无升学地点。因各会学校原无基金,以致教育厅立案不准,诸多受限。设长此以往,其何以堪?兴学者款无由支,求学者无升学之望,均不免中止。惟今计,各分会所设之高小毕业

① 栾恤俭主编:《烟台恤养院史志(1929—1954)》,第 35 - 36 页。
② 宋光宇:《民国初年中国宗教团体的社会慈善事业——以世界红卍字会为例》,(台北)《文史哲学报》1997 年第 46 期。
③ 《世界红卍字会中华总分各会概况总表》,青岛市档案馆藏:B63 - 1 - 246。
④ 《世界红卍字会中华总会一览》,1935 年,第 5 页。

后,均宜升学于省主会之中等学校。由中等毕业者自谋生活亦可,或转送专科亦可。果如此,则各分会之学校创办者亦有兴趣,求学者亦不负光阴。

公会讨论由"各地院会就力之所及相机筹办"。[①] 地方红卍字会开办小学三五年后,因未设中学,毕业生无处升学,年龄尚小,不能自谋生计。但道院公会并未做出明确设立中学的决定,也没有制订相关计划,只是让各院会根据各自情况办理。各地院会的慈善救济支出为数不少,很难再办中学。

1933 年,中华总会曾设立卍字中学一所,校址在北平西郊青龙桥,专收各地分会送来的优秀学生。牟平红卍字会会长曹承虔(道名)曾在中华总会协助会务,担任过该中学校长。[②] 1936 年有学生 140 名,分 3 班。1937 年 6 月,"因各地交通阻滞,学生不能按期来校,呈明当局,停办两年"。[③] 其后因全面抗战爆发,时局不靖,一直未恢复。

(三)职业学校:私立青岛慈济商业职业学校(1945—1952)

民国失业现象一度普遍,职业教育即针对彼时失业民众所办。世界红卍字会比较注重职业教育。1935 年,如皋女道德社的李秉真提出《请求通行各地女社设立职业学塾补救失业妇女自谋生活案》,提议在各地女道德社内设立免费女子职业学塾,教授普通文字和职业技能,助其谋生:

> 中国女子向不能自立,盖倚赖于男子者居多,所以无家产之男子偶一失业,家庭即不免窘困。今女社既立,女德可修,不在职业上谋生路,则仍不能自立,社会何以进化,国家何以发展。兹为补偏救弊起见,拟请通行各地女社设立职业学塾,塾内教授普通文字及常识,并机器缝纫等事,年龄约十五岁以上四十岁以下,教师不必外聘,学生不限,社员学期不必规定,学费亦不征收。如此,则人各有能,业自可就,生利者众,素餐者寡。在各个人可以增加生活,在社方亦自有间接之利益。

决议结果"一致赞成,由各社量力举办"。[④] 联系前述女道德社在全面抗战爆发后的曲折发展,此项计划可能难以落实。

在红卍字会创办早期,尚不见其开办职业学校的记录。后期开办的职业学校

---

① 《道院第十届公会议事录》,第 73 页。

② 《世界红卍字会牟平分会调查表》(1950 年 8 月 16 日),烟台市牟平区档案馆藏:23-1-1。

③ 《世界红卍字会中华总会简历》(1945 年),中国第二历史档案馆藏:256-216。

④ 《济南母社十二周纪念大会议事录》,第 8 页。

中,当属青岛红卍字会开办的"私立青岛慈济商业职业学校"最出色。近代青岛中外商旅汇聚,商贸繁盛,加以青岛红卍字会成员多为地方商人,会长丛良弼(道名良悟)是近代知名民族企业家。以上因素促成青岛红卍字会开办以"造就商业人才,服务社会"[1]为宗旨的"私立青岛慈济商业职业学校"(以下简称"慈济商校")。

尽管慈济商校由青岛红卍字会开办,但它并非免费的慈善学校。学校规定:"各级学生应缴之费用,遵照主管教育行政机关规定之标准办理。清寒优秀学生经本校董事会审核,认为合格者免收学费,其他应缴各费照收","凡退学学生所交各费概不退还"。[2] 虽然这与红卍字会开办的免费小学、中学不同,但青岛红卍字会将慈济商校列为历年举办的永久慈善事业之一。[3]

1. 早期发展概略

1945年9月,丛良悟、贺善果等发起设立"私立青岛商科职业学校",集合热心教育人士15人组成校董会,董事长为丛良悟,聘请丛汝珠(丛翼之)任校长。学校借用鱼山路青岛红卍字会二楼开课,设初级部,招收小学毕业生三班,培养普通商业科学生,学制二年。同年12月更名为"私立慈济初级商科职业学校",贺善果任董事长。首次招生时,因录取标准较严,达标学生不多,未完成招生计划,后又通过《青岛公报》等刊登广告,继续招生,"本市红卍字会自世界实现和平以来,为救济失学青年起见,特设商科职业学校,造就商业人才,毕业后负责介绍职业,清寒优秀者可免交学费。据校方负责人称,兹因各方学生要求入学者甚多,由校董会议决特再扩充名额,定于即日起续招新生。试期定于十月九日,似此求学良机,失学学子幸勿交臂失之"。[4]

1946年8月,青岛红卍字会将前一年购买的青岛市太平路57号房屋翻修一新,作为新校址。该校总面积2560平方米,其中房舍面积930平方米,校舍空院230平方米,运动场1400平方米。拥有楼房二幢各三层共51间,平房五幢共73间,礼堂一座共10间,教室8个共34间,教职员宿舍27间。另有办公室、储藏室、商品陈列室、实践室共24间;准备室、阅报室、传达室、接待室、厨房、厕所等共29间。[5] 随着学校规模的扩大,又增设高级部,招收初中毕业生,培养高级普通商业科学生。

① 《私立青岛慈济商业职业学校学则》,青岛市档案馆藏:B63-1-179。

② 《私立青岛慈济商业职业学校学则》,青岛市档案馆藏:B63-1-179。

③ 《世界红卍字会青岛分会慈务概况一览表》,青岛市档案馆藏:B63-1-178;尹致中:《青岛指南》,全国市政协会青岛分会,1947年,第183页。

④ 《世界红卍字会青岛分会致〈青岛公报〉等函》(1945年10月2日),青岛市档案馆藏:B63-1-178。

⑤ 《私立青岛慈济商业职业学校校舍平面图说明书》,青岛市档案馆藏:B63-1-179。

1947 年 7 月,学校更名为"私立青岛慈济商业职业学校"。1949 年秋,初级部二年制改为三年制。至 1950 年,总计毕业学生:初级 7 班,高级 2 班。[①] 1952 年 7 月,该校被人民政府接收,更名为"山东省青岛商业学校"。后来该校几经变化,最终发展为青岛市颇具规模、较有办学影响,且为国内第一所独立设置的酒店管理学院——青岛酒店管理职业技术学院,隶属于山东省教育厅和山东省商业集团有限公司。

2. 组织建制与职责

私立青岛慈济商业职业学校的组织机构主要有:学校董事会,以及由校长等负责人组织成立的管理委员会、学习委员会、经济稽核委员会、学费减免评议委员会等。

学校董事会设董事 13 人,互相推选 1 人为董事长、3 人为常务董事。董事长、常务董事及董事任期 3 年,期满得以连任,均属义务职。董事会事务所设于青岛红卍字会内。董事会主要负责学校的财务和行政。财务方面,主要负责基金经费筹措、预决算审核、财产保管、财务监察、计划审核等。行政方面,董事会选聘校长经主管机关核准后,学校行政完全由校长负责,董事会不干涉学校行政。但因校长失职、辞职或不称职时,董事会将呈请文教局核准后改选。学校各处主任的聘请须经董事会同意,教职员工也须报董事会备查。董事会议分定期、临时两种,定期会议于每学期结束时,由董事长召集;临时会议必要时随时召集。会议由董事长主持,议决事项采取少数服从多数的原则。[②] 董事详情见表 11 - 3。

表 11 - 3　1950 年私立青岛慈济商业职业学校董事履历表

任　职	姓　名	年　龄	籍　贯	学　历	曾任职务	时任职务
董事长	贺善果	55	山东牟平	山东公立商业专门学校肄业	烟台甲种商业学校教员	青岛红卍字会理事长
常务董事	王先鞠	57	山东平度	平度师范传习所毕业	平度县立高等小学教员	青岛红卍字会常务理事
	王先馥	49	浙江奉化	威海安立甘堂英教会学校毕业	威海齐鲁中学董事	慈济院院长
	赵寰峰	64	山东掖县		同德祥总经理	青岛红卍字会理事

---

① 《私立青岛慈济商业职业学校概况表(之一)》(1950 年 12 月),青岛市档案馆藏:B63 - 1 - 386。

② 《私立青岛慈济商业职业学校董事会组织规程》(1950 年 12 月),青岛市档案馆藏:B63 - 1 - 386。

（续表）

任　职	姓　名	年　龄	籍　贯	学　历	曾任职务	时任职务
董事	宫尘思	55	山东莱阳		莱阳县瞿村 私立小学董事	青岛红卍字会 常务理事
	周永澈	48	浙江奉化	宁波四明 中学毕业	慈济院副院长	华昌造纸 厂经理
	王导是	64	山东掖县		福聚和银号经理	
	丛承志	47	山东蓬莱	东京日本大学 经济系毕业		振业火柴公司 总经理
	杜润凡	71	吉林伊通	京都法律 大学毕业	北京国立美术 大学校长	
	丛翼之	64	山东昆嵛	日本早稻田 大学毕业	山东大学 法科教授	慈济商校校长
	阎守龙	57	山东利津	山东商业专门 学校本科毕业	山东商业专门 学校教员	慈济商校 总务主任
	张尘因	60	山东蓬莱		德裕号经理	青岛红卍字会 理事
	刘景秀	42	山东海阳	国立中央 大学毕业	山东省政府会 计处专员	会计师

资料来源：《私立青岛慈济商业职业学校董事履历表》（1950 年 12 月），青岛市档案馆藏：B63－1－386。

　　从受教育程度看，董事会成员多数受过中、高等教育，与经济、商业科联系密切，还有数名成员毕业于著名高等学府，且有出国留学经历。从其职业和社会阶层看，多数是公司经理或中、高等学校教师，属社会中上层。

　　学校一切校务统归校长负责。学校设教导主任、事务主任各1人。教导主任商承校长处理教务、训导、体育、卫生等事宜，设组长或组员以襄助处理事务。事务主任商承校长处理文书、庶务、出纳等事宜，设组长或组员以襄助处理。学校还在初级部和高级部各设级任教员1人，秉承校长意旨，协助教导主任，对本级学生负教导和监督职责。学校各项行政、教务、事务事宜在校务会议、教导会议、事务会议上商讨解决。校务会议讨论全校行政之重大事项，由校长、全体教职员组成，以校长为主席,每学期开会一两次。教导会议讨论教务、训育及体育等事项,由校长及全体教员组成,以校长为主席,校长缺席时以教导主任为主席,每月开会一次。事务会议讨论事务上的一切事项,由校长、各主任及全体职员组成,以校长为主席,校长缺席时以事务主任为主席,每月开会一次。①

学校管理委员会为学校最高权力机关,由校长、副校长、教导主任、总务主任(以上4人为当然委员)、工会代表1人、教职员代表2人、学生会与青年团代表各1人(民主选出)组成。该委员会除当然委员外,其他委员均于每学期改选一次,可以连选、连任。凡学校重大事件或执行上级法令、指示、方针、计划时,均须经管理委员会通过。会期分为定期会议、临时会议。定期会议每月开一次,临时会议必要时随时召集。会议时出席人数达三分之二才能开会;表决时须有出席人数半数以上同意方能通过。②

学习委员会由校长、副校长、教导主任、总务主任(以上为当然委员)及民主选举教职员代表3人组成,主要是为掌握学校教职员学习。委员会设主任委员1人,由校长担任,负责领导教职员学习,并总管一切有关学习的布置、检查、总结事宜。副主任委员2人,由副校长、教导主任分别担任,负责协助主任委员。学习委员会规定全校分为三个小组,每组7～11人,各组民主选出小组长1人,副组长1人,负责掌握本组的学习。③

经济稽核委员会主要为谋求收支平衡,达到精简节约之目的而组设。委员由民主选举教职员代表3人,学生会代表1人,青年团代表1人,工友代表1人,并由各委员推选主席1人组成。委员每学期改选一次,可以连选、连任。委员会的主要职责:对于学校的重要收支,得于事前事后随时个别或共同行使稽核权,并可随时提供意见。会期分定期会议、临时会议。定期会议每月召开一次,稽核上月收支情况,提出批评或建议;临时会议于必要时随时召开。开会时须有总务处负责人员列席报告。会议出席人数过三分之二方能开会,表决时须有出席人数过半数同意才能通过。④

学费减免评议委员会主要为审核贫苦学生,减免学费而设。评议委员会以正

---

① 《私立青岛慈济商业职业学校组织规程》(1950年12月),青岛市档案馆藏:B63-1-179。
② 《私立青岛慈济商业职业学校学校管理委员会组织规程》,青岛市档案馆藏:B63-1-386。
③ 《私立青岛慈济商业职业学校学习委员会组织规程》,青岛市档案馆藏:B63-1-386。
④ 《私立青岛慈济商业职业学校经济稽核委员会组织章程》,青岛市档案馆藏:B63-1-386。

副校长、总务主任、教导主任为当然委员;教职员代表 1 人,工会代表 1 人、学生会代表 1 人,青年团代表 1 人,贫苦学生代表 1 人组成,除当然委员,其余各委员每学期改选一次,可以连选、连任。开会评议学生可否减免学费及数额时,委员须过半数出席,且得出席者过半数以上同意才能决定。各班班主任于评议委员会开会时列席陈述意见。[①]

慈济商校并非免费的慈善学校,遇有贫困学生,需学费减免评议委员会讨论减免学费事宜。学校制定《私立青岛慈济商业职业学校贫苦学生减免学费暂行办法》:贫苦学生申请减免费额以学费为原则分为三种:全免、半免、减少十分之二三。如学生异常贫苦,可例外申请学杂费全免。学校每期征收学杂费前,按照财政状况陈请校董会核定减免学费额的总比例,经校务委员会议决后公布。贫苦学生于学校收费时可以书面申请减免学费,但须备具保证书,如审核不合格仍须照缴。备齐申请书后,学费减免评议委员会进行书面审核,实地调查,分别核定可否,及减免数额。申请人对核定如有异议可申请复查,但不得无理由违不遵办。[②]

3. 师资力量

师资力量是衡量学校发展水平的重要标准。慈济商校既非免费慈善学校,亦非红卍字会开办的小学以及中学可比,主要原因在于该校教职员不是红卍字会会员兼任的义务职,都是支薪聘请而来(见表 11 - 4)。

表 11 - 4　1950 年私立青岛慈济商业职业学校教职员简表

姓　名	性别	年龄	籍贯	经　历	来校时间	所任课程及职务
丛汝珠	男	64	昆嵛	日本早稻田大学商科大学部毕业,曾任山东公立法专教员兼教务主任,山东大学教授兼政治经济系主任	1945.9	校　长
张永耀	男	32	胶县	国立西北大学经济系毕业,青岛市立中学高中部教员	1946.9	副校长
王鸣遥	男	29	诸城	国立西北大学经济系毕业,西北师范学院附中教员	1949.2	教导主任

---

① 《私立青岛慈济商业职业学校学费减免评议委员会组织规程》,青岛市档案馆藏:B63 - 1 - 386。
② 《私立青岛慈济商业职业学校贫苦学生减免学费暂行办法》(1949 年 9 月 23 日),青岛市档案馆藏:B63 -1 -385。

（续表）

姓　　名	性别	年龄	籍贯	经　　历	来校时间	所任课程及职务
阎守龙	男	57	利津	山东公立商专本科毕业，日本大学肄业，山东公立商专教员，青岛交易所科长	1945.9	总务主任
高力田	男	34	河北	国立中央大学毕业，中大附中教务主任	1948.2	数　学
宋曾玉	男	36	诸城	国立西北大学毕业，绥远陕霸奋斗中学教员，法院书记官，审判长推事，青岛市政府秘书	1949.9	地理、历史
贾民卿	男	29	辽宁	国立北京师范大学毕业，西安西北中学教员，青岛义聚化学工厂职员	1950.3	体育、打字
黄鑫	男	27	安徽	国立山东大学外文系肄业，重庆省立旅川中学教员	1950.3	政治、英文
李继禄	男	40	胶县	山东省立济南高级中学毕业，胶县县立中学及黎明中学教员	1947.2	数学、珠算
程德元	男	59	昌乐	山东公立商业专门学校本科毕业，山东省立模范乙种商业学校教务主任	1948.8	会计、货币、簿记、商论、英文
杨文浔	男	49	济阳	山东二民教区辅导员，大学先修班二部教务，青岛市教育局科长，北京中国大学哲学系毕业	1949.9	国　文
张燕方	男	45	寿光	胶济铁路配车股副主任，青岛市临时救济委员会总干事，交通大学毕业	1949.9	国文、英文、合作
张秀峰	男	45	文登	中学校长，伪青岛市社会局局长等职，上海复旦大学毕业	1950.9	化学、数学、英文
李汝霖	男	27	栖东	青岛商业职业学校教员，上海大夏大学经济系毕业	1950.4	统　计
王鸿森	男	46	潍县	青岛红卍字会小学校长，潍县文华高中毕业	1946.8	美　术

（续表）

姓　名	性别	年龄	籍贯	经　历	来校时间	所任课程及职务
郝凯风	男	29	牙前	烟台私立彭城小学教务主任，胶东师范肄业，青岛美术肄业	1950.9	历　史
王心坚	男	58	诸城	省立青州十中、德县十二中、惠民乡师、曲阜师范、青岛市立女中教员，山东公立商业专门学校本科毕业	1945.9	国　文
郭鸿书	男	38	胶县	胶县县立中学教员，山东大学肄业	1948.2	数学、英文
王世维	男	25	牟平	福建省立高级水产职业学校制造科主任，北京辅仁大学肄业，河北水产专科学校毕业	1950.9	动物学
叶瑛桐	男	33	日照	西北大学经济系副教授，河南大学经济系副教授，北平私立商育中学校长，日本京都帝国大学经济学部毕业	1950.9	国文、历史
叶瑶桐	女	23	日照	青岛临时大学教务员，镇华小学教员，青岛市立女中高中部毕业	1950.9	音　乐
赵肖行	女	28	黄县	山东大学肄业	1950.9	政　治
杨奎文	男	42	牟平	西安福安实业公司会计，兴业酒精厂会计员，牟平县立商科职业学校毕业	1946.9	事务员
张宁智	男	28	石岛	石岛红卍字会小学教务，青岛红卍字会医院事务，威海市立中学毕业	1946.5	文印员
高仲楼	男	30	胶县	胶县镇华乡小学教员，胶县县立中学毕业	1949.5	文印员

资料来源：据《私立青岛慈济商业职业学校教职员履历表》（1950 年 12 月）整理，青岛市档案馆藏：B63 - 1 - 386。

根据慈济商校的办学规章,高级部教学科目为:公民、军训、体育、国文、英文、数学、史地、簿记、会计、审计、商法、货币、银行、经济、统计、财政、合作、商学、工商组织及管理、商算、打字、珠算、音乐、实习。初级部教学科目为:公民、童子军、体育、国文、英文、数学、史地、珠算、商业学、簿记、打字、初级会计、经济大意、理化大意、音乐、图画、实习。[①] 从表 11 - 4 中各教师担任课程情况看出,其基本符合学校规定与教学科目设置要求。1950 年,该校教职员计 25 人,领导层 4 人,专任教师 18 人,事务及文印等工作人员 3 人。除事务、文印 3 名工作人员外,其他 22 名教职员均有在高等学校求学或从教经历,师资受教育水平较高。教职员所学专长,经、管、文、法、商等学科均有,能胜任教学工作;特别是商业科和经济科,尤符合办学特色和教学要求。

4. 经费收支

慈济商校的经费来源主要有校产、租金、基金利息、学费,如有不敷,董事会尽数拨给。[②] 据 1950 年 12 月统计,该校经费来源有三:一是 3 处房产,由校董事会保管出租,每月租金收入除缴纳地租房捐,所余尚不足修缮费;二是校董事会补助粮食 2 000 斤;三是学杂费收入,学校有初中生 266 名,高中生 195 名,共 461 名(近 1/3 为免费生),初中生每人每月 14.66 斤(粮食,下同),高中生每人每月 16.66 斤。统合三项收入,全校每学期总收入 36 788 斤。学校的经费支出主要有三项:教职员工的薪金支出 43 400 斤,占总支出的 75%;办公费支出 11 570 斤,占 20%;其他支出 2 890 斤,占 5%。不足 1 072 斤,由校董事会补给。[③] 教职工的薪金支出是日常开办经费的主项,这也是慈济商校不得不收取学杂费的重要原因。

尽管慈济商校不是免费的慈善学校,但既为慈善组织创办,亦照顾贫困学生。1945 年 11 月,校长丛汝珠就学费的收缴数额请学校董事会裁决[④]:

> 本校十一月份学生应缴之学杂费尚未开始征收,缘因本校以慈济为怀,费应从轻,而顾及学校负担,又宜稍重,左右思维,颇难决定,理合函请会长、副会长鸿裁指示……谨将本市各校收费情形附开于后,以作参考。

---

① 《私立青岛慈济商业职业学校学则》,青岛市档案馆藏:B63 - 1 - 179。
② 《私立青岛慈济商业职业学校呈报开办用表之一》,青岛市档案馆藏:B63 - 1 - 179。
③ 《私立青岛慈济商业职业学校概况表(之一)》(1950 年 12 月),青岛市档案馆藏:B63 - 1 - 386。
④ 《世界红卍字会青岛分会附设商科职业学校董事会收商科职业学校函》(1945 年 11 月 29 日),青岛市档案馆藏:B63 - 1 - 179。

崇德中学　初中学生　每月二百五十元　法币

文德中学　初中学生　每月二百五十元　法币

礼贤中学　初中学生　每月二百元　　　法币

圣功中学　初中学生　每月二百五十元　法币

董事会复函："本校缴费生系非清寒者,无体恤之必要。征收学费自应与他校相同(以礼贤之数较为合宜),不宜有轩轾之分。若云从轻,所收寥寥,徒负收费之名;若云稍重,恐招物议之非,适中之道望裁夺办理为荷。"① 考虑到办学负担及学生的经济能力,慈济商校必须靠学生缴纳学费维持运营,但董事会裁定学生应缴学杂费数额时,仍以地方收费最低的学校作为参考标准。据 1950 年 12 月统计,初中部免费生占初中部学生数的 29.4%,高中部免费生占高中部学生数的 26.6%,合计占总人数的 28.2%,经费不敷之数由学校董事会补足。② 免费生占该校学生总数的近 30%,这在收费学校中很少见。

二、平民工厂

世界红卍字会设立平民工厂的用意,一是"救济一般困苦失业之贫民,授以技能,俾得其生活";二是"于社会之秩序、国家之安宁,直接间接,裨益匪浅,可见慈业之创设,无一而非补助政府之不及,以期世界之大同",还进一步强调"除授以技能外,而对于感化教育,尤应特加注意。所谓救其饥寒,安其性灵,有形无形,必须兼筹并顾"。③ 平民工厂主要是针对贫民、失业民众而设,吸收社会闲散劳动力,助其自谋生计,减少社会的不安定因素。

平民工厂也被称为贫民工厂、厚生工厂、贫民工作所等。"收纳当地或被灾区域之贫民,充作工徒,延请技师,教以各项工艺,定期毕业。如北平之厚生工厂、济南之贫民工作所、镇江之贫儿院等是。"④1933 年前后,各地红卍字会开办贫民工厂8 处:河北 1 处、山东 2 处、安徽 2 处、陕西 1 处、湖北 1 处、绥远 1 处。⑤

除针对"无业之壮丁"的平民工厂,有的红卍字会还开办了针对"失业之贫儿"

---

① 《世界红卍字会青岛分会附设商校董事会致商科学校函》(1945 年 12 月 3 日),青岛市档案馆藏:B63 - 1 - 179。

② 《私立青岛慈济商业职业学校概况表(之一)》(1950 年 12 月),青岛市档案馆藏:B63 - 1 - 386。

③ 吕梁建编:《道慈概要》卷下,第 41 - 42 页。

④ 《世界红卍字会道慈研究所讲义》第 2 册《道慈纲要卍慈篇》,第 224 页。

⑤ 《世界红卍字会中华总分各会概况总表》,青岛市档案管藏:B63 - 1 - 246。

的贫儿习艺所。据1935世界红卍字会中华总会报告："本会对于无业之壮丁，特于河北、绥远、山东等省，设立贫民工厂，制造农器与植绒地毯、各种毛织品。人数计有532名。对于失业之贫儿，于陕西、山东、江苏各省，组织贫儿习艺所，教以工艺，使能自立。现有工作人数287名。"但在"贫儿习艺所"项下记载："本会及分会因各地灾荒之后，办理贫儿习艺所共有四处，工徒计有277名。工业以染织、木器、缝纫、革履、农具为主。"①两处工徒人数记载相差10名，不知何故。据1934年世界红卍字会中华总会统计，上述四处贫儿习艺所分别由北平、泰县、西安、包头四地红卍字会开办。其情况如表11－5所示：

表11－5　1934年前后世界红卍字会开办贫儿习艺所情况简表

项别会别	成立年月（农历）	主任	现有人数	工作种类	工作人数
北平分会及其业绩	1925.3	薛芳温	70	线袜、胰皂、毛巾、布鞋	65
	每年出品约1 200打，售洋约350元				
泰县分会及其业绩	1927.10	谈车临	95	毛巾、篾竹、洋袜	70
	毛巾部毕业学徒6名，三年年均出品1 800打；洋袜部毕业学徒8名，三年年均出品1 400打；篾竹部毕业学徒6名，三年年均售出农用品约300元				
西安分会及其业绩	1929.6	成凤志	210	布匹、毛巾、鞋袜、木器	200
	每年出品约600打，售出各种木器约洋400元				
包头分会及其业绩	1929	段书泽	120	绒毯、毛巾	120
	收工徒120余人，至1931年上机工徒四五十人，出品以栽绒毯为最，毛巾亦为社会欢迎				
统计			495		455

资料来源：《世界红卍字会中华总会各地分会慈幼及其他慈业概要》（中华总会，1934年）改编，收入郭大松编：《世界红卍字会与社会救济史料选编》，2011年，未刊稿。

专门收养孤儿的诸如烟台恤养院、牟平恤养院，除教授孤儿普通文字知识外，也延请技师教以手工技艺，使其日后能自谋生计。滕县、沈阳红卍字会开办孤儿院也是其中的代表者。1928年，滕县因战争、匪患，社会流落大量孤儿，滕县红卍字会收容近200名。因孤儿无家可归，该会与各慈善团体协商，在滕县开办一所孤儿

---

① 《世界红卍字会中华总会一览》，1935年，第10－11、8页。

院,"教以识字、做工,以成最大之善举"。① 1934 年,该院主任为张英德,住院孤儿80 人,其中 75 人参加工艺劳动,待孤儿成年后,由孤儿院设法代谋职业。1928 年农历八月,沈阳红卍字会成立孤儿院,"供给衣食,教以谋生能力","年长者教以工艺,年幼者在小学读书"。1934 年,谈道桓任院长,其时住院孤儿 120 人,其中 108人参加工艺劳作。②

　　1944 年,青岛红卍字会附设慈济院,孤儿习艺部是其组成部分之一。该部以"收养十二岁以上、家中贫苦无父或母之男孤儿,授以轻重工艺与技术,并施以相当教育,俾习成出院后足以自立"③为宗旨。孤儿习艺所于 1945 年 3 月设印刷部,各种印刷设备俱全,有 3 名习艺生,聘请技师每日分别训练,半年以来成绩良好。后因通货膨胀,收入仅能维持现状。每日营业情形,均编造印刷部营业状况统计表。④

三、慈善医疗

(一)施诊所

　　红卍字会规定:"施诊所之设置,须分中医西医两部,专为贫民施诊治病。如能对于中西药品,不取分文,以施设之,固属完善也。而各会力有不及者,最低限度,求诊人所用之外科西药,亦不可索取代价。"⑤各地红卍字会成立时,多开办施诊所,内分中、西医两部,为贫民免费诊治、施药。1927 年 4 月,莱芜红卍字会成立施诊所,聘请优良医生,每日按时诊视。该施诊所还于每年春天派人赴乡间为民众施种牛痘,并制备各种丸药施给病者。⑥ 1929 年,临清红卍字会在汶河北浒杜(秉寅)公祠内附设诊疗所。⑦ 1933 年,掖县红卍字会成立时附设施诊所,内设所长 1 员,医士若干员,每日上午诊治妇孺,下午诊治男丁,所需中西药品免费施放。⑧

---

　　① 《济南分会为复滕县分会请求筹款补助孤儿院并募粮事与滕县分会的来往信函》(1928 年 7 月),山东省档案馆藏:J162－01－7。
　　② 《世界红卍字会中华总会各地分会慈幼及其他慈业概要》(中华总会,1934 年),收入郭大松编:《世界红卍字会与社会救济史料选编》,2011 年,未刊稿。
　　③ 《世界红卍字会青岛分会附设慈济院简章》,青岛市档案馆藏:B63－1－353。
　　④ 《世界红卍字会青岛分会附设慈济院三十四年院务报告书》,青岛市档案馆藏:B63－1－356。
　　⑤ 吕梁建编:《道慈概要》卷下,第 39 页。
　　⑥ 《中国地方志集成·民国续修莱芜县志》,第 354 页。
　　⑦ 《中国地方志集成·民国临清县志》,第 115 页。
　　⑧ 民国《四续掖县志》卷三,第 41 页。

宋光宇认为,红卍字会的施诊所以中医为主,在青岛、郑州这些大都市才有西医诊所。[1] 不可否认,红卍字会所开办的施诊所中,中医占很大比重,但绝非只有在青岛、郑州等大都市才有西医诊所。多数红卍字会分会开办的施诊所不仅分为中医、西医部,而且像掖县、潍县、龙口等非大都市的县城也有不少西医诊病的记录。

世界红卍字会掖县分会附设施诊所西医诊病分为内科、外科,1933 年的 11 个月内西医共施诊16 932人次,平均每月前来就诊1 539人次,每天近 50 人次(见表 11-6)。

表 11-6 1933 年世界红卍字会掖县分会附设施诊所西医就诊人次统计表

月份	内科男	外科男	内科女	外科女	合计(人次)	备　注
正月						胶东救济队施诊
二月						胶东救济队施诊
三月	200	393	257	279	1 129	
四月	255	499	310	391	1 455	
五月	126	701	252	547	1 626	
闰五月	147	743	214	612	1 716	
六月	306	580	369	527	1 782	
七月	320	438	363	367	1 488	
八月	342	416	294	271	1 323	
九月	366	502	387	364	1 619	
十月	456	529	385	342	1 712	
十一月	403	523	379	344	1 649	
十二月	370	488	299	276	1 433	

资料来源:《世界红卍字会掖县分会附设施诊所西医就诊人数报告表》,《世界红卍字会掖县分会征信录》(1933 年),烟台市档案馆藏:宗教救济类 229-3708。

再如潍县分会附设施诊所 1933 年上半年的施诊情况,整理如表 11-7。潍县分会附设施诊所分别登记男丁、妇女、儿童、军警四类病人。有军警前来诊病,且由西医诊治,说明该施诊所的西医在地方有一定影响。除中、西医外,还有针医诊病,

---

[1]　宋光宇:《从中国宗教活动的三个功能看 20 世纪中国与世界的宗教互动》,《世界宗教研究》2000 年第 3 期。

但未详细说明究属针灸抑或注射。该所半年诊治病人2 544人次,中西诊病人次占49.6%,西医诊病人次占39.2%。西医在施诊所中仍起重要作用。该施诊所采取初诊和复诊的方法,说明其诊治比较认真负责。该所在1932年10月底至12月底共计诊治833人次(见表11-8)。

表11-7　世界红卍字会潍县分会中西医诊断半年统计表

月份	中医诊病			西医诊病		针医诊病	
	男丁	妇女	小儿	军警	普通	男丁	妇女
一	18	44	7	47	57	15	10
二	45	7	19	48	62	20	15
三	133	95	34	92	89	30	20
四	89	114	48	48	118	25	25
五	113	149	63	99	163	35	40
六	104	131	50	57	117	23	26
共计(人次)	502	540	221	391	606	148	136
总计(人次)	1 263			997		284	

资料来源:《世界红卍字会潍县分会中西医诊断半年总计报告表》(1933年10月10日),青岛市档案馆藏:B63-1-47。

表11-8　潍县红卍字会西医诊断所每周患者统计表

日/月	周次	普通施诊	普通复诊	军警初诊	军警复诊	合计(人次)	总计(人次)
25/10	一	15	30	4	16	65	
1/11	二	11	53	7	31	97	
8/11	三	13	44	3	24	95	
15/11	四	11	46	14	16	87	
22/11	五	3	30	3	8	44	833
29/11	六	6	37	5	16	64	
6/12	七	8	42	5	29	84	
13/12	八	8	50	15	46	119	
26/12	九	5	41	8	74	118	
30/12	十	3	21	6	30	60	

资料来源:《潍县红卍字会西医诊断所每周患者报告表》(1933年1月12日),青岛市档案馆藏:B63-1-47。

龙口红卍字会附设施诊所的相关资料不完整,只找到 1937 年几个不连贯月份的施诊情况,整理如表 11-9。

表 11-9 龙口红卍字会施诊所统计表

时间	内科男	内科女	西医男	西医女	小儿科	牛痘	总计(人次)
3 月 4 日至 4 月 4 日	46	88	208	130	43	492	1 007
4 月 5 日至 4 月 24 日	46	49	120	56	31	4	306
9 月 8 日至 27 日	210	55	468	123	122		988
9 月 28 日至 10 月 27 日	157	101	410	143	119		530

资料来源:《龙口红卍字会庚报》(1937 年),青岛市档案馆藏:B63-1-108。

龙口红卍字会施诊所中也有西医诊病,男女分治,且就诊人次远高于其他科室诊疗人次。该所春天为民众施种牛痘。如施种牛痘人次不计,该所平均每月诊治病民近 600 人次。

1933 年前后,各地红卍字会共开办施诊所 86 处:河北 12 处、山东 25 处、河南 5 处、江苏 11 处、安徽 10 处、浙江 1 处、福建 1 处、山西 1 处、陕西 2 处、辽宁 10 处、吉林 5 处、热河 1 处、察哈尔 1 处、绥远 1 处。[①] 作为道院发起地的济南,也开办 3 处施诊所,分别是济南红卍字会第一施诊所、第二施诊所,以及由全鲁卍联处开设的全鲁卍联处施诊总所。济南红卍字会第一施诊所于 1923 年 12 月立案,地址在麟祥南街,设内外两科及会计、调剂、挂号等处,每月施诊病人约 2 000 名,开支 200 余元,由济南红卍字会拨付。第二施诊所位于城内皇亭门口,1929 年 11 月成立,每月施诊 2 500 余名,开支 200 余元,由济南红卍字会拨付。[②] 据历届道院公会议事录记载,两处施诊所在 20 世纪 30 年代的运营情况如表 11-10。

尽管有的年份施诊人次和开支数目不详,但每处施诊所历年诊治病人在万余人次左右,支出经费千余元。此外,1938 年两处施诊所施药费用 1 410.73 元,1939 年施药、施茶、施面,共计 590.35 元。

---

① 《世界红卍字会中华总分各会概况总表》,青岛市档案馆藏:B63-1-246。
② 《济南分会、山东各分会情况》,山东省档案馆藏:J162-01-14。

表 11 - 10　济南红卍字会施诊所历年施诊情况表

施诊所	年份	全年施诊人次	开支数额（元）	施诊所	年份	全年施诊人次	开支数额（元）
第一施诊所	1933	12 036	1 276.53	第二施诊所	1933	14 885	1 100.26
	1934	10 650	1 180.51		1934	13 365	1 105.69
	1935	9 028	1 057.03		1935	12 896	1 066.19
	1936	9 165	1 475.97		1936	12 659	1 629.31
	1937	12 141	1 770.73		1937	11 888	1 689.11
	1938	不详	1 638.61		1938	不详	1 709.84
	1939	16 546	不详		1939	16 312	不详

　　全鲁卍联处施诊总所由 1928 年成立的"全鲁卍联处"开办，地址设于魏家庄民康里。[①] 是年，"五三惨案"对济南打击沉重。事变前，"济埠当南北要衢，素称人民繁盛之区"；事变后，"百业俱废，一般贫民糊口艰难，又兼疠气所结，时疫流行，生活已不能保，更何余力治病"。[②] 该施诊所极大满足社会所需。所内医务人员既可是道院暨红卍字会成员，也可是热心慈善医务且须由职修方两人以上介绍担保，"本所医员以卍联处及模范所职修方之精通医理者，或未求修而热心慈济者，经职修方二人以上之介绍，亦得充本所医员"。[③] 施诊时间"自上午十一时至下午二时，不得迟到早退，致令病者徒劳往返，不克就诊"。诊病时须认真、慎重，"须四诊合参，勿执切脉一端。如有疑难大症，务与他医员参研以昭慎重"。该所还备有可供借阅的医报杂志，"医员、习医士均有借阅之权，但每人以一册为限，五日即须送还"。[④] 该所成立之初，只有中医部；1930 年增设西医部，主要诊治外科疾病，所有西医部药品一概赠送，不收取费用。后因就诊者众多，为方便济南市东部民众就诊，又在城内双忠祠添设全鲁卍联第一施诊所。[⑤]

---

①　罗腾霄：《济南大观》，济南大观出版社，1934 年，第 169 - 170 页。
②　张灵泳：《建议组设全鲁卍联施诊总所案》，《关于 1925 年 2 月至 1943 年 7 月道慈发展的总结》，山东省档案馆藏：J162 - 01 - 16。
③　《全鲁卍联施诊总所试办简章》，《关于 1925 年 2 月至 1943 年 7 月道慈发展的总结》，山东省档案馆藏：J162 - 01 - 16。
④　《全鲁卍联施诊总所施诊细则》，《关于 1925 年 2 月至 1943 年 7 月道慈发展的总结》，山东省档案馆藏：J162 - 01 - 16。
⑤　《关于 1925 年 2 月至 1943 年 7 月道慈发展的总结》，山东省档案馆藏：J162 - 01 - 16。

1953 年底,济南红卍字会第一、二施诊所,全鲁卍联处施诊总所均由济南市卫生局接收。第一施诊所改名为济南市第一卫生所门诊部,第二施诊所改名为济南市立第二卫生所门诊部,全鲁卍联处施诊总所改名为济南市立第五卫生所门诊部。[①]

1930 年,青岛红卍字会也设立施诊所,分内科、外科,分别由中、西医担任。1944 年青岛红卍字会附设慈济院成立后,施诊所移交慈济院管理,并改称慈济院平民治疗部。[②] 其工作简章如下:

> 本所每日午前九时起施诊,至十二时停止,惟星期日停止工作不在此限;
>
> 本所分内外两科,由中西医士分别担任治疗;
>
> 外科所用药品概由本所置备;
>
> 内科病号就诊后,持药单向本所指定之(胶济药房、延春堂、保和药房)等药店选择购药(药费病者自备),概收半价以示优待。
>
> 本治疗所开创伊始,尚无手术室之设,凡剧难大症以及花柳恶病均不治疗,尚希原谅。[③]

尽管该所分内、外两科,但仍偏重中医施诊。该施诊所(平民治疗部)自开办至抗战胜利,历年诊病及开支情形整理如表 11-11。

表 11-11 青岛红卍字会慈济院治疗部历年施诊情况表

年份	治疗男病人次	治疗女病人次	经费支出数目(元)
1930	3 512	2 764	1 177.88
1931	3 228	1 771	1 164.09
1932	4 951	2 383	1 188.42
1933	3 828	1 996	998.47
1934	5 081	2 150	1 334.48
1935	8 384	4 637	1 686.97
1936	11 801	5 293	2 293.08

① 《卫生局为报告接受红卍字会施诊所的情况请备查由》(1954 年 3 月),济南市档案馆藏:70-1-55。
② 《世界红卍字会青岛分会附设慈济院三十四年院务报告书》,青岛市档案馆藏:B63-1-356。
③ 《青岛红卍字分会平民治疗所施诊简章》,青岛市档案馆藏:B63-1-5。

（续表）

年份	治疗男病人次	治疗女病人次	经费支出数目(元)
1937	8 037	3 110	1 463.24
1938	10 649	4 070	1 623.55
1939	19 064	5 016	2 154.63
1940	21 643	7 098	2 567.21
1941	17 377	7 555	3 091.27
1942	19 553	8 894	5 110.37
1943	9 909	9 129	6 755.66
1944	5 865	3 365	17 190.95
1945	2 198	2 200	155 993.50
合计	155 080	71 431	205 793.78

资料来源：《世界红卍字会青岛分会附设慈济院治疗部历年治疗人数及经费支出数目表》，青岛市档案馆藏：B63-1-178。

施诊所（治疗部）1930—1945 年，年均治疗近万人次，年均开办经费近 2 000 元（通货膨胀除外）。

有的红卍字会还开设施药所。施诊所与施药所不同，前者诊病兼施药；后者因缺少医员，不能诊病，只能免费向贫民赠药，可说是施诊所的初级阶段。红卍字会号召各地分会开办施药所：

> 初设之会，如一时间不能聘用中西医士，而设立施诊所者，可就院会中有效之成方，配制多种丸散膏丹，先设施药所。对于一般贫民之有病者，免费施舍，但须详问病状，细审方单，以免有药不对症之误。此事虽轻而易举，而病者受益非浅，勿因善小而不为。此亦发扬卍誉初步慈业之一也。[①]

同为施药所性质，各地名称也有差异。1927 年山东莱芜颜庄红卍字支会成立之初设有"施送救济药科"，历年购置救急药品，施送贫民以救急症，最能普及实惠

[①] 吕梁建编：《道慈概要》卷下，第 39 页。

者"十滴水"一项,居民感颂不止。① 据统计,像这样的施药所,各地红卍字会共开设 118 处。②

施诊(药)所之施药情形,如南京红卍字会:

> 夏令施药,自制卍宝丹二万服,计洋六百四十元有零。救济水九千六百瓶,计洋六百七十二元。购办卍灵丹五百盒,计洋六十元。长春丹三千服,截疟丸二千服、保阳丹二百服,天中茶五百服,各二十元。又虐疾散二千瓶,痢疾丸、福星散、万金油、藿香精,以及上海办事处各善团善士拨助各种时令药品,施送救济,共值洋三千元。③

1934 年,牟平红卍字会为救济福建西北各县瘟疫,寄往福州红卍字会救苦丹、保阳丹、万化丹、同济丹、宁神清蕉散等 350 付。④ 同年 7 月 30 日至 8 月 28 日,文登红卍字会施发卍灵丹 18 付、宁神清焦散 3 付、"十滴水"41 付、膏药 36 贴。⑤ 1937 年,全鲁卍联处救济济南市区、历城西北区、历城东北区、黄河下游区以及鲁西灾区等水灾,发放"十滴水"等药品7 800余瓶,救济丹1 200余包。⑥

道院方坛还时常出示有关药方的乩文,或依方配制药丸,或供患者照方抓药。宋光宇指出:卍宝丹、卍灵丹"是由济公在扶乩的时候写下的药方,依方配成丸药,散放给一般大众使用。只可惜现在我们已经不知道这些成药的成分和配方究竟如何"。⑦ 笔者找到两份药方。一份是南京红卍字会寄给青岛红卍字会,专治水灾过后病症的"卍利救疫药方":

> 此丸专治水灾后腹腫、胸满、头昏、心闷、寒热往来、欲吐不得、欲泻不出、痰滞、食积、疟痢及一切感受湿气等症。每次开水和服一丸,老幼减半,孕妇不忌。兹将该方附录如后:赤、白苓各四两,川郁金二两,苍、白术各二两,汉防己

---

① 《中国地方志集成·民国续修莱芜县志》,第 355 页。
② 宋光宇:《从中国宗教活动的三个主要功能看 20 世纪中国与世界的宗教互动》,《世界宗教研究》2000 年第 3 期。
③ 宋光宇:《从中国宗教活动的三个主要功能看 20 世纪中国与世界的宗教互动》,《世界宗教研究》2000 年第 3 期。
④ 《牟平红卍字会庚报》,《胶东卍报》1935 年 1 月 29 日。
⑤ 《文登红卍字分会庚报》(1934 年),青岛市档案馆藏:B63－1－67。
⑥ 《世界红卍字会全鲁各分会联合救济办事处救济水、兵灾总报告》(1938 年 7 月),山东省档案馆藏:J162－01－18。
⑦ 宋光宇:《从中国宗教活动的三个主要功能看 20 世纪中国与世界的宗教互动》,《世界宗教研究》2000 年第 3 期。

二两,威灵仙二两,苦杏仁三两,浙大贝二两,炙香附一两,泽泻四两,鸡肫皮二两,广陈皮二两,砂仁二两,茵陈二两,炒枳壳三两,焦山楂四两,苦酒麦糊为丸,每重约一钱。①

另一份是上海红卐字会寄给青岛红卐字会,用于预防疫疠的"活人败毒散",该药方为济佛临坛所出:

> 济佛祖训……羌活、前胡、柴胡、独活、川芎、白茯苓、枳壳、薏米、党参各一两,白术、甘草各五钱,此为一剂。每剂分作二十包,无论何种病症,皆可照服,以姜汤送下,三包为度,老人、小孩略减,此名活人败毒散。②

红卐字会施放的丸散膏丹多用中药配制。药方为道院之方坛通过扶乩出示。加入道院的多是地方绅商、文人,他们擅长书画、中医,于方坛扶乩出示中药方并非难事。王尔敏认为,传统社会的儒生、知识分子"就志趣选择言,所有知书儒生,首先重在入仕任官,以建功立业为要。设如不能入仕,退而求其生业有着,不至沦为贫窭,则所优为者以绘画书艺为先。其次精研岐黄,以为活人济世之医生。所以以此二者为趣好,在于保优崇节操,存清流之令誉"③。这种情况在民国时期依然存在。

1928年,沧县道院慈院掌籍张慧至提出《防疫坛方请各院从速抄寄案》:"道院之设,本为救世济人。近来天时不正,瘟疫流行,虫蝗为虐,水旱频仍,道能化劫,神必有应,故各院时有防避之方。及至颁布来院,已逾防患之期。拟请嗣后各院如奉有防疫救灾方法,务恳速抄原训,克日寄发,以便遵照办理,藉可普济群生,诚于道慈两务有莫大之关系。"公会决议照办。④ 1931年10月,德县红卐字会提出《凡有方坛及诊疗所之治愈奇疾异病、疑难大症之方案汇集成书以资考镜案》:"近来医学不甚进步,凡有方坛及诊疗所之院会,历年治愈奇疾异病、疑难大症之方案,似可编印成书,出版发售,以资借镜。"得到大会通过。⑤ 20世纪前期,医学不甚发达,水旱

---

① 《世界红卐字会青岛分会收南京红卐字会函(卐利救疫药方一纸)》(1931年9月12日),青岛市档案馆藏:B63-1-12。

② 《世界红卐字会青岛分会收上海市红卐字会办事处函附预防疫疠之方一份》(1931年9月27日),青岛市档案馆藏:B63-1-12。

③ 王尔敏:《明清时代庶民文化生活》,岳麓书社,2002年,第2页。

④ 《道院第七届公会议事录》,第47页。

⑤ 《道院第十一届公会议事录》,第25页。

灾劫频仍,兵燹匪患交乘,众多贫病民众无力就医等社会现实,客观上造成扶乩出示药方的流行与必要。通过扶乩出示药方的方式早已有之,并非道院的专利。晚清大凡设有鸾堂的慈善组织,药方多出自乩坛。1900 年,广州城瘟疫流行,吕祖降方制炼麻痘水、霍乱丸。民间善书刊印流通时,主事者常在书后附印民间药方,或诸如"吕祖仙方""吕祖良方"等治病之方。①

(二)医院

1931 年,北京总会、济南、上海、邹县四地成立卍字医院,其他各会多设施诊所,"作医院之准备"。红卍字会开设医院纯系施诊、施药性质,内分中、西医两部。② 1933 年前后,各地红卍字会共设医院 12 处:河北 1 处、山东 8 处、河南 1 处、辽宁 1 处、热河 1 处。③ 比照两处记载,前者提到的上海卍字医院未在后者中出现。同样是 1933 年的统计,《世界红卍字会中华总会一览》记载共有医院 16 处。④ 以上几则材料记载略有出入,可能是统计标准不一。有的红卍字会施诊所后来发展为医院,或改名为医院。

医院的开办与运营,经费支出较大,并非每处红卍字会都能开办。设立冠以"医院"或名副其实的医院的红卍字会并不多。

北京的卍字医院于 1929 年底开办。在这之前,中华总会曾于 1922 年 10 月开设施诊所,最初设中医施诊所。1923 年 1 月,又设西医诊疗所。均对贫民免费,对普通民众酌收费用。1929 年 12 月,两处施诊所改组为"卍字医院",在卫生局立案。1944—1945 年,每月诊治内、外科病人最多 4 000 人次,最少 2 000 人次,月支出经费分为一般行政费 230 元、医药费 400 元,由世界红卍字会中华总会拨付。⑤

山东境内,博山红卍字会曾附设"普济医院",免费施诊,赠送药品。⑥ 1929 年,牟平红卍字会开设施诊所,为贫苦民众免费治疗。1933 年,因病号日多,添聘医师,扩充医药及诊具,改为"仁济医院",仍免费施诊,并施种牛痘,注射防疫针。后

① 游子安:《善与人同——明清以来的慈善与教化》,第 261 页。
② 《世界红卍字会道慈研究所讲义》第 2 册《道慈纲要卍慈篇》,第 244 页。
③ 《世界红卍字会中华总分各会概况总表》,青岛市档案馆藏:B63-1-246。
④ 《世界红卍字会中华总会一览》,1935 年,第 9 页。
⑤ 《世界红卍字会中华总会简历》(1945 年),中国第二历史档案馆藏:257-216。
⑥ 民国《续修博山县志》卷八,第 51 页。

因全面抗战爆发,交通阻碍,药品购买困难,于1942年停办。① 该医院也分内、外两科,据1934年12月26日至1935年1月24日、1935年7月24日至8月22日的统计,共诊治5 400余人次。②

烟台因商而兴,商业发达,商旅聚集;且胶东素有经商风习,不少胶东人客居旅顺、大连等地经商。烟台的慈善组织特别是红卍字会具有较雄厚的经济实力。1930年农历四月,烟台红卍字会于该会址南楼下开设"普济医院"。杜德芬担任院长,王善化为管理员,季盛弥、王盛鉴、闫承岭、林承恕为纠察员,宁盛融为医务主任兼药品保管员。以上职员均为烟台红卍字会之会员。此外,还有外聘医士2人,医助4人,司事2人。

每届年终,普济医院将全年工作成绩造具表册,送交烟台红卍字会存查,并附注上年治疗总数,以资比较,而备研进。该院1930年施诊11 300人次,1931年32 500人次,1932年43 370人次,1933年49 830人次,1934年52 980人次,五年合计施诊189 980人次,共支出12 670余元。③ 又据《胶东卍报》记载,普济医院1933年施诊49 730人次。1934年,施诊内科男9 867人次,女11 252人次;外科男18 623人次,女11 846人次;种痘846人次,共计52 434人次。比上年增加2 704人次。④ 此处施诊数目与前略有出入,但差距不大。历年就诊人数不断增长,表明该院越来越受贫穷病人欢迎,其重要性不断提高,知名度逐渐扩大。

1929—1934年,普济医院共支出19 734.79元(见表11 – 12)。至1937年,普济医院创立10余年间共施诊18.9万余号。至1940年,该医院共施诊约20万人次。⑤ 可以看出,普济医院在救治贫穷民众疾病,并为其提供基本的疫病防疫方面发挥了积极作用。

---

① 《牟平卍字会及附设恤养院成立经过及沿革简报》(1951年4月18日),烟台市牟平区档案馆藏:23 – 1 – 1;《中国地方志集成·民国牟平县志》,第226页;曲言训:《牟平红卍字会恤养院始末》,牟平县政协文史资料委员会编:《牟平县文史资料选编》第1辑,第43页。

② 《牟平红卍字会庚报》,《胶东卍报》1935年1月19日、29日,9月5日。

③ 烟台分主院编:《烟台分主院暨烟台分主会十年道慈纪实》,第22页。

④ 《卍会普济医院上年施诊成绩报告总数》,《胶东卍报》1935年1月6日。

⑤ 刘精一:《烟台概览》,第81页;池田薰、刘云楼:《烟台大观》,第127页。

表 11 - 12　1929—1934 年普济医院开支统计表

年份	1929	1930	1931	1932	1933	1934	总计（元）
薪津		755	1 409	1 564.1	2 052.1	2 465.44	8 245.64
文具		6.66	5.1	3.97	13	5.55	34.28
药品	415	1 142.37	2 794.9	3 189.25	1 283.03	942	9 766.55
薪炭				37.2	80	83.08	200.28
电灯						26.5	26.5
芸庶		33.15	22.72	50.18	100.22	75.6	281.87
器具	154	59.29		51.04	10	14.2	288.53
修葺		70		353			423
印刷		110	86.45	38	220.27	13.42	468.14
合计	569	2 176.47	4 318.17	5 286.74	3 758.62	3 625.79	19 734.79

　　资料来源：《世界红卍字会烟台分主会普济医院开支详表》，烟台分主院编：《烟台分主院暨烟台分主会十年道慈纪实》。该院虽于 1930 年正式成立，但在 1929 年已有筹备之开支。

　　普济医院施放自己制备的丸散膏丹等中成药，有时也接受外界捐赠。1937 年《胶东卍报》载：

　　　　名医张永涛君，中西医学，俱有相当研究，系北洋医科大学医学士，卒业后，曾任各地公私立医院医师，而在青岛悬壶时尤著声望……张君对于慈善事业尤为关怀，鉴于烟台红卍字会普济医院系专为贫民施医，因特将平时存储之药品大宗捐赠该会。兹将其捐赠药品列下：

　　　　扑劳热星五瓶，安的亚平二瓶，甘汞丸二百粒，洒扑淋四瓶，略血乃苏五盒，制血瘤二盒，倍利他命四盒，美固拿儿五盒，派乃克儿二瓶，胡劳多星二瓶，皮肤药膏一打。[①]

　　前述济南道院于 1931 年成立卍字医院。但济南道院历年编印的道院公会议事录却未有济南卍字医院的情况，只提到第一、二施诊所。济南是否有卍字医院？1930 年前后，济南地区的红卍字会确实未开办医院，只是开办三处施诊所。但在 20 世纪 40 年代，济南确曾开办"世界红卍字会山东省分会附设医院"。有关资料

---

　　①　《张永涛医师热心慈善　大宗药品捐卍会》，《胶东卍报》1937 年 6 月 5 日。

显示该院成立于 1928 年 11 月。① 之所以将其历史追溯至 1928 年,还得从历城红卍字会以及全鲁卍联处说起。世界红卍字会组织体系中曾规定"总会→主会→省会→分会(即各县会)→支会"的组织结构,②中华总会、各地主会、各省分会、支会在 20 世纪二三十年代均已成立,唯独省会迟迟未设置。1931 年,德县道院提出《各省城分会改为省会以重统系而利进行案》:

> 卍会除总会在北平,各处不分省、县,俱称为分会及支会。对于整理会务及对外交涉之事,与总会距离稍近者固属稍易,若远省不免困难。况各省情形不同,尽恃函电亦难洞彻。兹拟各省城之分会曰某省会,各县称之曰分会。各分会如遇对内、对外发生障碍,由省会维持进行。遇有救济灾患、大规模之慈业,由省会统系,以期互相维持,庶几众擎易举,不致慈业中辍。

但大会讨论表决:"各省城所设之分会当然为省会,不必另改名称,至关重大事件可向各地所设之办事处接洽办理。"③当时未决定另改名称,也未采取其他应行措施,只是心知肚明而已。这既有世界红卍字会自身的事权分配问题,又有时局动荡不安等诸多因素的综合影响。

大致在 1940 年,世界红卍字会道院的预定组织结构体系才初步完备,最主要的表现是各省会所设分会、分院均正式更名为省会、省院。以山东为例,济南道院是世界道慈母院,自然不能作为山东省道院,于是历城道院改为山东省院。1944 年 6 月,历城红卍字会扩为世界红卍字会山东省分会,同时成立山东省道院。④ 明确了世界红卍字会山东省分会的来历,也就不难知晓 1928 年成立的全鲁卍联处施诊总所即"世界红卍字会山东省分会附设医院"之前身。全鲁卍联处施诊总所成立后,不断扩展,于 1942 年改设为"世界红卍字会山东省分会附设医院"。⑤ 抗战胜利后,该院向国民政府申请分配"美国援华物资",以资扩建院址,添置医疗仪器设备,增加医务人员。尽管这次申请成功与否不得而知,但通过这份申请材料所载统计情况,可进一步了解该院的发展情形。关于其申请医疗设备情况,整理如表 11-13。

---

① 《美国援华物资配给收支申请表》,山东省档案馆藏:J162-01-15-8。
② 吕梁建编:《道慈概要》卷上,第 50 页。
③ 《道院第十届公会议事录》,第 50 页。
④ 《世界红卍字会山东分会公函》(1948 年 11 月),济南市档案馆藏:70-1-55。
⑤ 《济南市"世界红卍字会系统"情况概述》,济南市档案馆藏:70-1-55。

表 11-13　世界红卍字会山东省分会附设医院医疗器械价值评估表

医疗器械	数量	单价(元)	总计(元)	
万能手术台	1 座		50 000 000	
检查床	2 张	16 000 000	32 000 000	
手术器械橱	2 座	24 000 000	48 000 000	
玻璃面小桌	2 座	4 000 000	8 000 000	
四瓶架	2 座	16 000 000	32 000 000	
病人铁床	20 张	4 000 000	80 000 000	
高压蒸汽消毒器	1 具		30 000 000	
蒸馏器	1 具		40 000 000	
截肢外科手术器械	1 盒		50 000 000	
耳鼻咽喉手术器械	1 盒		50 000 000	
烧灼器	1 具		40 000 000	
眼科手术器械	1 盒		20 000 000	
产　钳	1 具		4 000 000	
穿颅器	1 具		10 000 000	
止血钳子	20 把	2 000 000	40 000 000	附注:表内开列之显微
舌钳子	1 把		1 600 000	镜、X 光、太阳灯因济南市
开口器	1 把		800 000	无厂出售,故无法估计
麻醉瓶	2 个	300 000	600 000	价值
□　盘	2 组	500 000	1 000 000	
穿刺注射器	1 具		1 000 000	
牙钳子	10 把	1 500 000	15 000 000	
盂　坛	4 个	2 000 000	8 000 000	
血压计	1 具		15 000 000	
血球计算器	1 具		10 000 000	
显微镜	1 具			
X　光	1 具			
太阳灯	1 具			
比重计	1 具		1 000 000	
离心沉淀器	1 具		5 000 000	
血色素计	1 具		6 000 000	
蒸馏水过滤器	1 具		50 000 000	
水　箱	1 个		20 000 000	
共　计		309 000 000		

资料来源:《美国援华物资配给收支申请表》,山东省档案馆藏:J162-01-15-8。

从以上医疗器械看,该院已广泛采用西医的医疗器械,远非普通施诊所可比;拥有 20 张病人铁床的规模也已超过普通施诊所。1947 年,该院施诊情况统计如表 11-14。

表 11-14 世界红卍字会山东省分会附设医院 1947 年施诊人数统计表

月份	内科	外科	皮肤科	产科	儿科	眼科	耳鼻喉科	牛痘	霍乱注射	总计（人次）
一	31	158	21	8	9	21	7			255
二	82	194	48	4	19	26	12			385
三	153	461	77	1	37	12	33	593		1 367
四	214	486	120	9	29	27	90	233		1 208
五	133	462	88	1	27	42	89			852
六	162	377	65		20	51	27			702
七	140	386	75		61	54	47		328	1 091
八	118	408	44		75	42	20		13	720
九	159	372	32		44	35	25			667
十	103	250	38		40	42	23			496
十一	68	215	34		20	25	10			372
十二	94	217	20		12	22	29			391
总计	1 454	3 986	662	23	393	409	412	826	341	8 506

资料来源:《美国援华物资配给收支申请表》,山东省档案馆藏:J162-01-15-8。

该院施诊分科详细,除内科、外科外,还有皮肤科、儿科、产科、眼科、耳鼻喉科,这显然是西医的分类方法。该院诊治霍乱时,不再施放传统的丸散膏丹等中药,而采用西医注射治疗。分科细致、方法先进,这也是其与普通施诊所之不同。该院职员情况整理如表 11-15。

表 11-15 世界红卍字会山东省分会附设医院职员表

职　务	姓　名	籍　贯	年龄	学历及经历
院长兼内科医师	杨祖菜	山东潍县	34	山东省立医学专科毕业,曾任山东民众慈善医院院长
外科、皮肤、花柳、眼科、小儿科医师	耿洁忱	山东禹城	40	济南齐鲁医院见习,曾任临清心清医院院长

（续表）

职　务	姓　名	籍　贯	年龄	学历及经历
产妇科助产士	马介导	山东寿光	32	济南平民助产学校毕业
耳鼻咽喉科助理医师	牛芳圊	山东禹城	29	山东临清心清医院见习
护　士	黑明莘	山东临清	25	临清县中学毕业
助理护士	刘明岐	山东寿光	20	济南官扎营小学毕业
会计员	王义真	河北临榆	58	直隶滦县师范学校毕业
挂号员	张法道	山东肥城	58	济南育英中学毕业

资料来源：《美国援华物资配给收支申请表》，山东省档案馆藏：J162－01－15－8。

主治医生均毕业于医学专业，各有所长，均有从医临床经验，且属中青年，能胜任日常诊治。不足之处是人数不多。为此，该院开列所要职员数目，如表 11－16 所示。

表 11－16　世界红卍字会山东省分会附设医院所需人员一览表

科　别	原有人数	需要人数
内科医师	1	
外科、耳鼻咽喉科、皮肤、花柳科、眼科医师	1	
产妇科医师、助产士	1	1
助理医师兼住院医师		1
药局调剂员		1
护士长		1
护　士	1	3
小儿科医师		1
助理护士	2	
化验室技术员		1
X 光室技术员		1
会计员	1	
事务员	1	
挂号员	1	
合　计	9	10

资料来源：《美国援华物资配给收支申请表》，山东省档案馆藏：J162－01－15－8。

该院原有 9 人,尚需 10 人。药局调剂员、化验室技术员、X 光室技术员属新设项目,需要 3 人;其余如助产士、会计员、事务员、挂号员均系固有设置,需求 7 人,主要是添加帮手,这也说明该院的经营状况尚属良好。

1950 年,该院根据设备情况,改为施诊所,分中、西医两部,有 8 名工作人员,诊病者每天 30～50 人(免费数占 1/5)。是年,因经费不足,由济南市民政局补助小米10 000斤,纠正以往不分贫富对象一律免费诊病的慈善观点,规定贫民免费就诊,须经区公所证明介绍之手续。[①] 1953 年年底,施诊所由济南市卫生局接收,更名为济南市立第五卫生所门诊部。

慈善医院的创办与运营成本较高,且不以营利为目的,经办难度较大。世界红卍字会也认识到:"卍会设立医院,不收医费,为众生解除痛苦,固应贫富不计,一视同仁。但设立要旨,本为无力就医之贫民,施诊施药以救济之也。乃行之日久,弊端丛生。一般有力者,均与民争此些微之便宜,在个人省费有限,而卍会方面,积少成多,损失不资,往往为此所累,以致中途停辍者,何止一处。"为此,红卍字会计划改变原来一律免费的办法,对富人酌收费用,补贴贫民诊病支出,"应扩大范围,改善办法,方能期其持久也。何则? 医院规模,如能宏大,一切设备,若能完全,则各界之有力者,必甘愿缴纳医金。治于斯,养于斯,均无不可。于是以有力者所收之医金,补助贫民之费用。每年经费,既无庸另外筹募,而贫民复克常受实惠,一举两得。"[②]此办法体现出红卍字会较为先进的慈善理念,但在当时条件下,很难扩大医院规模,更新医疗设备。

四、施棺所

生、死历来为中国社会重视的头等大事。古语云:亡者以入土为安。古人认为,就死者而言,死后不能入土为安是大不幸,也使亲属身心不安;就生者而言,为贫死者提供棺木或帮助安葬,或为死者在找到墓地之前,先将其收敛于棺木中,这都是莫大的善举。世界红卍字会认为:"施棺所,本为体恤贫民死亡,无力置棺而设。一则使生者安心,死者瞑目;一则免其暴露尸骨,于道德卫生,两有裨益。"[③]其施放程序为:由死亡者家属或街坊邻居向红卍字会提出申请,由所属保长、坊长具

---

① 《济南市"世界红卍字会系统"情况概述》,济南市档案馆藏:70 - 1 - 55。
② 吕梁建编:《道慈概要》卷下,第 38 页。
③ 吕梁建编:《道慈概要》卷下,第 44 页。

结担保,经红卍字会审查合格后,施给棺木。

山东省档案馆藏有一宗 1944 年济南红卍字会允准施给棺木的批文,兹将其整理如表 11 - 17,从中可了解世界红卍字会施放棺木的对象与程序。

表 11 - 17　1944 年济南红卍字会施放棺木统计表

病故人	年龄	基本情况	住　址	担保人
赵德富之妻		因病身故	南上山庄,门牌 47 号	第五坊第九保保长王宪武
张魏氏	50	身得急病身故	杆石桥南街,门牌 133 号	甲保长苏隆唐、徐如明
赵王氏	85	寡居无嗣,家贫如洗,年老多病,侍奉无状	泮壁街 17 号	保长彭士卿
高鸿义	25	贫户,患痨病身亡	佛山院街 42 号	保长吴玉荣
冉凤和	48	沧州县人,病故,遗有妻 46 岁,子 11 岁	杆石桥街,门牌 61 号	甲长王子彬
曹允恒	60	家境赤贫,无力埋葬	林祥南街 112 号	保长滕焕文
庐书元	41	痨病身亡,家境贫寒	南关券门巷 3 号	保长左福辰
关清海		消防警士,患虚肿症身亡,老幼数口,家境困难		山东省会警察署消防队
李王氏	31	患病二年身故,全家衣食无着	北大槐树全盛里,门牌 315 号	保甲长张云德
董陈氏	35	因病身故,遗有两幼子	离明街 23 号	离明街长,天聚成经理董孝元
杨连旺	68	患喘疾病故,素贫苦	南街 19 号	保长王心礼
李李氏	45	乞讨为生	南回窑窝街 24 号	坊长刘子亭,保长王书声
薛奎生	21	患吐血症身亡	历城人,王家庄 62 号	保长苗少泉
张秀兰之父		聊城人,来济南谋生,因病身亡,女儿 15 岁,无力掩埋	南圩门里广胜街 28 号	坊长赵立明,保长刘文治
王贵祥	66	卖菜小贩为生,染病身亡,赤贫无资	北坛庄,门牌 280	保长李延龄

（续表）

病故人	年龄	基本情况	住　　址	担保人
郭刘氏	39	因产症身亡,家贫如洗	商东区永庆街,门牌 13 号	保长顾长富,甲长陈盛发
王王氏	77	年迈病故,其女 42 岁,卖破烂为生,无力掩埋	外西区山水沟街82 号	保长孟宪俊

资料来源:《济南分会对要求施给棺木的批文》(1944 年),山东省档案馆:J162 - 01 - 3。

红卍字会除自觉、自发施给死亡贫民棺木,还响应政府号召,帮助掩埋无主或无力下葬的灵柩,[①]维护市政卫生。

五、惜字处

敬惜字纸是指写有字迹的纸张不能亵渎、乱扔,要恭恭敬敬地拾捡起来,送至专门焚烧炉烧掉。这是中国传统社会的风习之一,在大江南北广泛流行。

19 世纪中叶,英国圣公会在华传教士哥伯播义(Robert Henry Cobbold)观察浙江地区敬惜字纸习俗后,指出:"中国人非常尊重知识,他们甚至会敬重那些印过或写过字的废纸片。在我们随意地把废纸用于各种用途时,中国人非常勤勉地防止人们滥用废纸,这一现象无疑最好地展现出了这个民族的独特性。"中国人并非将废旧纸张奉为崇拜对象,而是"高度崇敬上天赐予的书面语言,以至于无法忍受任何一个字受到亵渎"。他还详细描绘了敬惜字纸的方式和过程:"每个读书人都会在书房放置一个废纸篓……它通常是挂在墙上使用的,用来收集胡乱涂写过的纸张,甚至是仅有半个字的碎纸片。"当有专人背着大筐在街衢高喊"敬惜字纸"时,"读书人会亲自或让仆人去门口,把纸篓里的所有纸张倒到那个又轻又大的柳条筐里。一般来讲,收字纸的人是一群读书人一起雇佣的。"考虑到厨房的炉灶焚烧字纸会亵渎文字,收来的纸张须放在特定的火炉里焚烧,"这个专用的火炉通常建在寺院的侧面天井内"。焚烧并非敬惜字纸的最终环节。一些严格的读书人为了防止纸张燃烧后的灰烬被风吹散,"将纸灰倒入流淌的小溪,让溪水带走它们"。宁波距海较近,哥伯播义听说读书人会将纸灰交给可信的仆人,"他会带着纸灰顺流而

---

① 《山东省会警察局掩埋无主／力灵柩座谈会决议案》(1947 年 7 月 26 日),山东省档案馆藏:J162 -01 -10。

下，直至河口，然后将它投入退潮的海水中。灰烬与大海融为一体，也就有效地确保文字不会遭受任何形式的亵渎"。①

敬惜字纸也是红卍字会的慈善活动之一：

> 敬惜字纸，于尊重古人造字之义外，所以预防古圣先贤之名讳与事迹，因疏忽不敬，而有所沾污也。此举人人尽知其为善举，而卍会尤不可忽而不为，致失修范。斯应附设惜字处，购置惜字箱，置于通衢，以便惜字之人投纸于其间，或雇人沿街逐户，专任收取，并于炉内焚化，必将纸灰投诸河海之清流而后已。②

民国时期，红卍字会的敬惜字纸之举与上述清后期的情形并无二致。1933 年左右，各地红卍字会共设惜字处 6 个：山东 3 个、江苏 1 个、辽宁 1 个、热河 1 个。③烟台红卍字会雇有专人在市内各街巷捡拾字纸，送至焚烧炉焚化。④

六、因利局

因利局并非民国的新生事物，早在清咸丰、同治年间，就已是江南社会常见的救助机构。清人余治在《得一录》中有"借资作本说"："营生无本，则束手坐困，借给些些，便堪养活。"出借金额"少则数百，多不过三千，每借钱一百，缴利半文，惟需每日将本钱或存货呈缴取信，不论异乡土著，但有保人，即准借给"。⑤ 民国时期，地方政府或士绅时常筹办因利局。1914 年 3 月，山东济宁士绅杨毓泗、李秀庚、高为汉、吕庆圻等数人发起筹设因利局，基金有京钱18 440千，外加牛油栈公益捐 500 串、梭洋布店公益捐银 120 两、公房租三项收入。1927 年，每年出借京钱23 300千。借款人必须找铺保，对保之后方能借款。"小本营业应准借贷铜元二千或三千，小本工业应准借贷铜元十千"，"如不立借贷书，或无切实铺保者，无论何人，概不支付"。⑥ 1919 年，山东掖县知事提取当地普济堂本银 240.48 余两，折合京钱 900 吊，作为因利局基金，交财政管理处办理。1926 年，县知事张蔚南将 1922 年 7 月至

---

① ［英］哥伯播义：《市井图景里的中国人》，刘犇、邢锋萍译，学林出版社，2017 年，第 51 - 53 页。
② 吕梁建编：《道慈概要》卷下，第 44 页。
③ 《世界红卍字会中华总分各会概况总表》，青岛市档案馆藏：B63 - 1 - 246。
④ 池田薰、刘云楼：《烟台大观》，第 127 页；刘精一：《烟台概览》，第 81 页。
⑤ 宋光宇：《民国初年中国宗教团体的社会慈善事业——以世界红卍字会为例》，（台北）《文史哲学报》1997 年第 46 期。
⑥ 《中国地方志集成·民国济宁县志》，第 127 页。

1925 年 11 月济贫的余款京钱 3 000 吊,充作因利局基金,交由士绅王同方等人掌管。①

面对农村破产、商业萧条、小本经营者资金匮乏的现状,各地红卍字会亦设因利局,"接济贫民,以做小本生意,维持其生活"。由于"所贷之款,分期归还,意在使一般贫民,因贷款而获利,故名因利局"。② 其具体做法是"借给银元数元以内,或铜元若干千,一月后分期无利归还"③。红卍字会开办的因利局与其他因利局的最大不同在于一概不收取利息,只要求借款人到期归还本金。1933 年前后,各地红卍字会共设因利局 49 处:河北 1 处、山东 24 处、河南 2 处、江苏 7 处、安徽 13 处、福建 1 处、湖北 1 处。④

1921 年 10 月,济南道院开办因利局,借给贫民钱款以作小本经营,按期归还,不取利息,其后经费由济南红卍字会补助。⑤ 全鲁卍联处于 1928 年底也开办因利局。⑥ 山东临清县城早在 1921 年就由县长杨凤玉创设一处因利局;后来该县绅商又在商会附设一处;1924 年,临清红卍字会成立之初也附设因利局。这三处于1934 年停办。⑦ 青岛红卍字会因利局向贫户贷款,每户以 3 元为限,不取利息,但每三日须还本一次,限一个月内还清。⑧ 同一地的因利局在不同时期的出借数额也不同。1927 年 12 月 8 日,青岛道院在青岛曲阜路十四号设立因利局,章程规定:"专放贷款与贫民为小本经营,不取利息,分期摊还。俾无告灾黎,免趋死地,而受异乡颠沛流离之苦。每人借本不得超过五元,随收随放,辗转流通"。⑨ 1937 年左右,烟台红卍字会因利局向贫户贷款,每户以 10 元为限。统计 10 余年间,共贷放2 500 余户。至 1940 年前后,已贷出 3 000 余房,约 3 万元。⑩

因利局的开办不需大额资金,筹足一定数额本金后即可出借,贷户须分期按时偿还本金,随贷随收,循环往复。牟平红卍字会因利局自 1934 年 12 月 26 日至

---

① 民国《四续掖县志》卷三,第 35－36 页。

② 吕梁建编:《道慈概要》卷下,第 39 页。

③ 《世界红卍字会道慈研究所讲义》第 2 册《道慈纲要卍慈篇》,第 245 页。

④ 《世界红卍字会中华总分各会概况总表》,青岛市档案馆藏:B63－1－246。

⑤ 《济南分会、山东各分会情况》,山东省档案馆:J162－01－14。

⑥ 《全鲁卍联因利局章程》、《关于 1925 年 2 月至 1943 年 7 月道慈发展的总结》,山东省档案馆藏:J162－01－16;罗腾霄:《济南大观》,第 169 页。

⑦ 《中国地方志集成·民国临清县志》,第 116 页。

⑧ 中国方志丛书·华北地方(62):《胶澳志》(一),第 437 页。

⑨ 《晨报》1927 年 12 月 9 日。

⑩ 刘精一:《烟台概览》,第 81 页;池田薰、刘云楼:《烟台大观》,第 127 页。

1935年1月4日,新增借户8名,借出大洋57元。除交齐6名,收进贷款大洋44元,共计借户56名,借出大洋289.17元。1935年1月15日至1月24日,新增借户9名,借出大洋76元,除交齐3户,收进借款大洋45元,连前共计借户64名,借出大洋334.27元。[①] 其他红卍字会开办因利局的情形大致亦如此。

关于红卍字会开办因利局之规章,如莒县红卍字会因利局章程内容:

一目、本局为便利一般贫民谋生起见,借出之款不索分毫利息,但借款者亦须确遵本局章程办理。

二目、凡借款者须先一日将姓名、年龄、住址、职业及请借银数、营业目的并铺保字号或保人姓名开单来局挂号,由本局对保明确,经审查后方准发给折据,凭折领款。

三目、折据如有损坏或遗失,借款人应立即来局声明,另行自备新折送局盖戳发还。

四目、凡借款以能敷小本经营为限,少则银币一元,多亦不得过五元。

五目、借款期限不得过五十日,无论借款多寡,均须分十期摊还,倘有拖欠,应由保人承还,下次不得再借。

六目、凡每次还款时须将折据送局填注盖戳。

七目、凡来局挂号及领款还款时间以每日十钟至十二钟为限。[②]

红卍字会因利局除不收取利息,开办方式与官方或其他团体开办的因利局并无大的差别,贷款前必须找到可靠的保证人;贷款以50天为期,分10次偿还。其他红卍字会因利局的规章也大同小异。

红卍字会因利局还根据社会发展情势的变化做出调整。1946年前后,通货膨胀严重,物价飞涨,民众生活日益艰难,青岛红卍字会因利局原定借贷款数难以辅助贫民小本经营,自谋生计,遂修改章程。[③] 改后的因利局章程如下:

第一条,本院因利局本因民之所利而利之之意,专办放借资本,扶助贫民小本经营自谋生计为宗旨。

① 《牟平红卍字会庚报》,《胶东卍报》1935年1月19、29日。
② 《世界红卍字会莒县分会因利局章程》,青岛市档案馆藏:B63-1-90。
③ 《世界红卍字会青岛分会附设慈济院造送扩展因利局计划书》(1946年),青岛市档案馆藏:B63-1-189。

第二条,本院因利局设主任一人,管理局内一切事务,并推监察二人分别助理及监察一切。

第三条,本院因利局贷出与收还款项,概以青岛市通用国币为本位。

第四条,凡借款人须先一日将姓名、年龄、籍贯、现住地址、职业及请借币数、营业目的并铺保字号开单来局挂号,由本局派人调查确实,对保无讹,方准签字领款。

第五条,本院因利局借出之款概不收取利息。

第六条,请借之数以能敷小本营业为限,至多不得超过国币三万元。

第七条,借款人无论借款多寡,每五天须还本一次,每次须还十分之一,十次还清。

第八条,借款人倘遇有特别事故,届期未能还本者,准其来局声明,本局认为理由充足,尚可酌量展期,至多不得过十天,若欲提前偿还者听。

第九条,借款人所借之款如不归还或有短欠,统由保人承还,下次不再借予。倘保人推诿,即由本局函请警局代为传追。

第十条,凡染有嗜好及无保者一概不借。①

青岛红卍字会因利局章程较莒县红卍字会因利局章程,除借款数额因时局形势不同,并无根本变化。

红卍字会因利局也有出借款项无法收回之情形。济南红卍字会因利局1936年、1937年均损失京钱22千文;1938年,济南红卍字会补助因利局洋30元。②

有的红卍字会在灾荒歉收之地,或连年荒旱之区,开办类似因利局性质的贷济所,以"接济贫寒农民,俾其不至辍耕,维持全家生活"③为宗旨,贷放给农民粮种或钱款。

七、平粜局

平粜局是为平抑粮价而设置的机构,一般是在粮食歉收、粮价上涨的情况下,由官府倡导,交由地方士绅协助办理。民国山东掖县政府与士绅共同组设平粜局:

---

① 《世界红卍字会青岛分会附设慈济院缮送因利局简章》(1946年),青岛市档案馆藏:B63-1-189。
② 《民国二十五年母院道慈各项报告》,《道院第十六届公会议事录》;《民国二十六年母院道慈各项报告》,《道院第十七届公会议事录》;《民国二十七年母院道慈各项报告》,《道院第十八届展春合会议事录》。
③ 吕梁建编:《道慈概要》卷下,第43页。

1912 年，因上岁秋收平平，粮价昂贵，莱州府知府杨苘札、知县边度春设平粜局。计购运海粮八十四石，并由富绅集粮七十三石四斗二升，均减价出粜以平市价。

1925 年，因山东省荒旱减收，粮价高昂，奉天上将军张作霖、山东督办张宗昌委全省平粜处处长姜寰，购运奉粮来东平粜，掖县设平粜局八处。①

平粜局是红卍字会的永久慈业之一。红卍字会平粜局与其他平粜局不同，后者"因地方上临时发生非常变故，以致粮价飞腾，贫民无力购粮，故设立平粜，平均市价，维持民生。或于谷贱害民之时，提高价值，收买储存，以备荒年"，而前者"除有力者照原价购买外，其在平时，对于贫民，分为二等或三等，就境遇之极贫或次贫者，依次递减其粮价。若当荒春或冬令之际，有赈济之必要时，其极贫者，尤须完全免价，以代春冬两赈之施放"。② 普通平粜局的开设只是应对青黄不接的临时性救济措施；而红卍字会开办的平粜局不仅应对粮荒，平抑市价，而且平时救济贫民，助其维持生计，是一项永久慈善活动。

宋光宇认为只有烟台红卍字会试办平粜工作，③未介绍相关情况。其实，烟台以外的红卍字会亦曾开办平粜局。1927 年，莱芜红卍字会成立平粜社，由会员捐款，购粮 160 余石，每年春季平粜，接济贫民。莱芜颜庄红卍字支会也设立平粜局，1929 年前后，粮食异常昂贵缺乏，民众买粮艰难，该会派人数次前往博山、青岛购回粮食若干袋，减低市粮价十之三四，济民食，平市价。④

各地红卍字会开办的平粜局中，以烟台红卍字会平粜局影响最大，成效最显著。由于开展的诸多慈善救助活动富有成效，烟台红卍字会逐渐在世界红卍字会系统内引起关注。1931 年 8 月，济南道院暨红卍字会指出："行善行慈，为吾道第一要义，周急济困，为渡世不二法门，吾道以慈为旨"，"年来鲁东一带，其慈业之最盛者，首推烟院，而其永久临时各项慈务，成绩卓著，已昭昭在人耳目，不待赘述；至其冬春二赈，办理有年，此方之苦与，赖以苟活者，每岁不下万家"，因考虑到"人情恶劳好逸，此举（冬春赈）创办已久，而振（赈）施方法，设不略为变更，恐其间不无藉

① 民国《四续掖县志》卷三，第 34 - 35 页。
② 吕梁建编：《道慈概要》卷下，第 42 页。
③ 宋光宇：《民国初年中国宗教团体的社会慈善事业——以世界红卍字会为例》，（台北）《文史哲学报》1997 年第 46 期。
④ 《中国地方志集成·民国续修莱芜县志》，第 354、355 页。

此养成其依赖之习",遂决定"移赈施而为平粜"。① 此为烟台红卍字会平粜局设立的起因。

烟台红卍字会平粜局以"周急济困,分等平价施卖粮粉及杂粮,维持民生"为宗旨,定名为"卍会平粜局"②。卍会平粜局实行董事制,组织董事会作为最高权力机构。董事会由 19 人组成,均属义务职,由董事互选董事长 1 人,任期两年,可以连任。董事会每月开例会一次,如遇特别事故,由董事长及董事 3 人以上临时召集。董事会公推其中 1 名董事为策运主任,负责采购粮食。董事会每届年终须将局内收支及工作情形分别造册,报告烟台红卍字会。③ 按照计划,在烟台设总局一处,分局五六处。总局地址宜设在烟台红卍字会西南方,各分局可按平时施赈之区域设置。卍会平粜局的基金暂以45 000银元为率,除将之前募集的赈救基金拨充外,不敷之数由烟台红卍字会筹集垫补。④

烟台红卍字会会长澹台盛冲担任平粜局董事长,王道揆等 19 人任董事,王承宴兼任筹运主任。卍会平粜局有总局和分局之别。总局内设总主任 1 人,总副主任 1 人,会计仓廪 1～2 人,司事若干人。分局各设主任 1 人兼司账,司事 1～2 人。卍会平粜局由主任负经营之全责。⑤

卍会平粜局共设五处分局,主要办理施卖事宜,一切事务均由总局负责。总、分各局所有津贴、薪金、日用费等由总局直接支付。各分局施卖粮粉均由总局发给,其施卖数目,每日填表报告总局查核。总局每届月终将收支施卖各情形造表,报告董事会核查。各分局每日收入之款于当日送交总局,总局于五日汇交烟台红卍字会一次。⑥

烟台红卍字会先是将平粜局所需基金45 000银元如数筹齐,又购置烟台市二马路中兴街北段路东房舍 40 余间,面积近 2 亩,经过修葺和改建,作为卍会平粜总局的基址。此外,将第一分局设天官里,王承界为主任。第二分局设基督教街,张盛龖为主任。第三分局设西南河。第四分局设西沙旺,王盛彬为主任。第五分局设西盛街,姜承潭为主任。一切均筹设完善后,卍会平粜局于 1932 年 5 月正式营

① 烟台分主院编:《烟台分主院暨烟台分主会十年道慈纪实》,第 23 页。
② 《世界红卍字会烟台分会附设平粜局简章》,烟台市档案馆藏:宗教救济类 224－3703。
③ 《世界红卍字会烟台分会附设平粜局简章》,烟台市档案馆藏:宗教救济类 224－3703。
④ 烟台分主院编:《烟台分主院暨烟台分主会十年道慈纪实》,第 23－24 页。
⑤ 烟台分主院编:《烟台分主院暨烟台分主会十年道慈纪实》,第 24 页。
⑥ 《世界红卍字会烟台分会附设平粜局简章》,烟台市档案馆藏:宗教救济类 224－3703。

业。烟台红卍字会历年举办的冬、春赈也拨归卍会平粜局办理。[①] 1940 年前后,烟台时人介绍卍会平粜局情况:"总局设二马路中兴街,市内分设五分局,粜粮赈济贫民。领户分四等:甲,完全免费;乙,收半价;丙,收成本四分之三;丁,按市价折收一成或二成。"[②]时人所记与前述卍会平粜局的情形一致。

民众的粜粮资格由卍会平粜局派人调查后确定。总、分各局各自调查所在区域贫户,按甲、乙、丙、丁四个等级施卖,甲等免费,乙等半价,丙等按成本收四分之三,丁等按市价折收一二成。甲等标准为赤贫或鳏寡孤独者,次者为乙,再次为丙、丁。确定乙、丙二等级时,由调查员商请各总、副主任及分局主任,按调查对象的境况及年龄公平核定。丁等为普通平粜,不需调查。以上标准并非固定不变,总局对各领户每 10 天复查一次,以确定升降或免除。总局施卖粮粉对于领户均用二联单以杜流弊。卍会平粜局每年分两期施卖粮粉,第一期自十二月一日至次年三月底;第二期自四月一日至十一月底。第一期施卖时,按照原定四个等级;第二期施卖时,等级有所调整,改甲为乙,改乙为丙,改丙为丁,并视年景丰歉随时集议变更。[③]所粜粮食以玉蜀黍为主,需磨制成粉,按斤计口粜出。[④]

现将卍会平粜局自开办至 1934 年施放各贫民等级、户口、斤两、总数等整理如表 11 - 18。

表 11 - 18　卍会平粜局 1932—1934 年施赈情况统计表

年　份		1932	1933				1934			合　计
类　别		冬赈	春赈	长赈	冬赈	春赈	长赈	冬赈		
甲等	户　数	11 200	10 080		12 040	12 030		18 320		63 670
	口　数	20 960	16 960		23 760	23 750		38 420		123 850
	玉蜀面(斤)	10 480	8 480		11 880	11 875		19 210		61 925
乙等	户　数	16 940	16 900	10 400	25 280	25 290	24 000	44 080		162 890
	口　数	53 500	53 420	28 880	83 908	83 952	64 350	143 060		511 070
	玉蜀面(斤)	13 375	13 355	7 220	20 977	20 988	16 087	35 765		127 767

① 烟台分主院编:《烟台分主院暨烟台分主会十年道慈纪实》,第 24 - 25 页。
② 池田薰、刘云楼:《烟台大观》,第 127 页;刘精一:《烟台概览》,第 81 页。
③ 《世界红卍字会烟台分会附设平粜局简章》,烟台市档案馆藏:宗教救济类 224 - 3703。
④ 烟台分主院编:《烟台分主院暨烟台分主会十年道慈纪实》,第 23 页。

（续表）

年　份		1932	1933			1934			合　计
类　别		冬赈	春赈	长赈	冬赈	春赈	长赈	冬赈	
丙等	户　数	32 350	31 730	3 300	15 680	15 660	27 300	5 800	131 820
	口　数	111 720	111 000	12 980	62 240	62 200	12 070	22 380	394 590
	玉蜀面(斤)	13 965	13 875	1 622.5	7 780	7 775	1 509	2 797.5	49 324
总计	户　数	60 490	125 410	172 480	358 380				
	口　数	186 180	393 148	450 182	1 029 510				
	斤　数	37 820	85 189.5	116 006.5	239 016				

资料来源:烟台分主院编:《烟台分主院暨烟台分主会十年道慈纪实》,第25-26页。除冬、春二赈外,对于生活异常困苦者,烟台红卍字会还施以"长赈",只是将之前的赈济标准稍微下调,甲等改为乙等,乙等改为丙等。

　　卍会平粜局自1932年冬至1934年底,赈济各等贫民358 380户(资料中的总数为333 810户,疑误),1 029 510口,施放玉蜀面239 016斤。

　　卍会平粜局自1931年至1934年各项开支数额整理如表11-19。

表 11-19　卍会平粜局 1931—1934 年支出统计表

年份	1931	1932	1933	1934	总计(元)
薪津		5 173	6 469.62	6 361.93	18 004.55
文具				29.44	29.44
薪炭				123.33	123.33
灯烛				84.24	84.24
房租	116	676.81	429.36	408.19	1 630.36
芸庶	57.07	965.79	1 042.61	555.31	2 620.78
奖功				503.05	503.05
房产	14 878.16			208.9	15 087.06
机器		6 424.92	289.6	611.02	7 325.54
器具	52.5	2 603.16	24.27	121.19	2 801.12
合计	15 103.73	15 843.68	8 255.46	9 006.6	48 209.47

资料来源:《世界红卍字会烟台分主会平粜局开支详表》,烟台分主院编:《烟台分主院暨烟台分主会十年道慈纪实》。

卍会平粜局四年间维持正常运营共支出48 209.47元。

关于卍会平粜局的日常工作情况,只能根据零散资料略作描述。1934年,卍会平粜局承办烟台红卍字会的第一期冬赈,自农历十月二十五日起至十一月二十四日止。统计放甲等7 790户,计16 280口;乙等17 950户,计58 200口;丙等2 820户,计10 930口,共计28 560户,85 410口,比较上年第一期,增加15 000余口。① 卍会平粜局代办烟台红卍字会冬赈,在一个月时间内救济贫民85 410口,说明该局在烟台红卍字会开展的各项慈善事业中发挥了较为重要的作用。1935年7月25日至8月4日,卍会平粜局统计领赈乙等1 450户,3 800口;丙等110户,430口,施卖玉米面112 505斤,杂粮13.7斗。② 10天之内施卖如此多的食粮,既表明卍会平粜局工作效率较高,又说明该局在帮助贫民度过青黄不接及短暂粮荒方面的作用十分重要。

抗战胜利前夕,烟台市粮食奇缺,卍会平粜局已无粮可粜,1945年1月兑给烟台恤养院,作为其粮食加工部门,除加工院内每日所需千余斤粮,有余粮时也向市民出售,仍沿用"平粜局"的名称。1951年更名为"烟台恤养院制粉厂",由于粮源充裕,仍能生产小麦粉、玉米粉、高粱粉、白面供应市民,并承担政府指派的平抑粮价的任务。1954年随烟台恤养院移交,为烟台市粮食局接管。③

八、育婴堂

育婴堂是中国传统慈善事业之一,政府、民间均多开办。红卍字会开办育婴堂,以"尊重人道,救护遗弃或失养之男女婴儿,教养成人"为宗旨,将其视作第一慈业,"育婴堂多收一婴,即多救一命,此卍会慈业中之首要部份"。④ 红卍字会育婴堂"专为收养无力抚育之婴儿,雇乳母看护,或用人乳,或用牛乳,或用代乳粉。稍长入幼稚园,或小学校。长成后,有愿领回者听"⑤。1935年,各地红卍字会共设育婴堂18处,收养孤儿1 663名。⑥

---

① 《红卍会冬赈第一期工作详情业由平粜总局造册报告》,《胶东卍报》1935年1月8日。资料误记为85 470口,此处订正。

② 《烟台红卍字会道慈庚报》(1935年7月25日至8月4日),青岛市档案馆藏:B63-1-88。

③ 栾恤俭主编:《烟台恤养院史志(1929—1954)》,第60页。

④ 吕梁建编:《道慈概要》卷下,第41页。

⑤ 《世界红卍字会道慈研究所讲义》第2册《道慈纲要卍慈篇》,第245页。

⑥ 《世界红卍字会中华总会一览》,第10页。

　　山东省开办育婴事业的主要有济南、烟台、牟平红卍字会,其中济南道院暨红
卍字会开设育婴堂,烟台、牟平两会开办恤养院,内有育婴部门。现主要介绍济南
道院暨红卍字会之育婴堂。

　　济南红卍字会成立前,济南道院就开办了"济南道院第一育婴堂"。育婴堂实
行董事制,设董事长1人,董事15人,名誉董事若干人。另设堂长1人,副堂长2
人,庶务、会计各1人,男女管理各1人,男女监察各4人,中西医生各1人,乳妇无
定额,接婴人2名,门役1名,堂役2名。堂长监督全堂一切事务,副堂长协助堂
长,遇有重大事宜由董事会议决。①

　　育婴堂在堂内设接婴处,为方便接收婴儿,还在城关设若干接婴屉,日夜派人
看守。送婴人可将婴儿放入接婴屉中,无须与育婴堂人员交授。看守人发现婴儿
后,不论早晚,均送至育婴堂。送婴家属可将婴儿姓名、住址、籍贯、出生年月时日
或婴儿父母名氏写好,放入接婴屉内,没有出生时日的即以送至育婴堂的时间为
准。婴儿无论有无姓名,均用育婴堂排名,不能称呼原名,但将原名详细记载收婴
册内。排名以"育婴"二字之一为首字,以道院历次排名字为下一字。②

　　育婴堂雇佣慈祥且有育婴经验的乳妇,1名乳妇哺育4名婴儿,乳妇不能与婴
儿同睡。乳妇因事外出,应由女管理员给予许可证,但不能携抱婴儿出堂。乳妇亲
友来看望时,只允许在堂外接见,不能进入育婴堂。育婴堂用牛乳喂养婴儿,满1
岁后将牛乳递减,代以食物。婴儿满一年无疾病即施种牛痘,两年后再施种一两
次。育婴堂设有养病室一处,婴儿遇有疾病,由乳妇报知女管理员延医诊治,如病
情严重或易传染,隔离送入病室。男、女婴儿满6岁时,不能同院居住。婴儿4岁
时送入育婴堂附设的幼稚园,6岁时送入附设的小学校。小学毕业后视其资质,授
以相当教育或职业,待其有独立能力时自谋生活。女婴满18岁由育婴堂安排择
配。婴儿有愿意领回为子女或养媳的,必须有可靠担保,开明姓名、住址、职业,由
堂长调查属实方能领出。每半年须到育婴堂报告生活状况,育婴堂也随时调查有
无虐待、贩卖或操贱业等情事;住址迁移时须报育婴堂注册登记。③

　　1927年,该育婴堂收男婴15名,女婴30名,开支大洋3 554.71元,结存

---

　　① 《济南道院第一育婴堂章程》,第1－2页。

　　② 《济南道院第一育婴堂章程》,第4页。

　　③ 《济南道院第一育婴堂章程》,第5－8页。

36 489.36 元。① 1934 年 5 月,山东省赈务会因济南红卍字会育婴堂等"办理有年,颇有成绩",拟请每月补助其 200 元,补助孤嫠救济会 200 元,以维持其运转,后省赈务会同意每月分别补助 150 元、100 元。② 至 1936 年,育婴堂收养男婴 4 名,女婴 35 名;被领养的男婴 3 名,女婴 25 名。该年收入银元 4 707 元,开支 3 586 元,结存连同基金共 10 563.85 元。③ 1937 年底,育婴堂收男婴 10 名,女婴 28 名,被领养男婴 10 名,女婴 19 名。④ 1938 年,收养男女婴儿各 6 名,其中 3 男 9 女为人领养。是年,收入银元 2 220.6 元,支出 3 010.98 元,不足之数由上年余款中拨补。⑤ 1939 年,又收养 6 名男婴,14 名女婴,其中 3 男 6 女为人领养。该年收入 1 783.07 元,支出 3 473.89 元,不敷之数由上年结存中拨付。⑥ 1937 年以后,育婴堂收入逐年减少,开支却历年增加,逐渐入不敷出,经营衰落。

至 1950 年,位于麟祥门外永庆街的育婴堂有职员 13 人,婴儿 11 人,房屋 99 间。1953 年,育婴堂有婴儿、孤儿 5 名,工作人员 8 名。1954 年 3 月,为济南市民政局接收。⑦

中国传统社会重男轻女,且有溺婴习俗,育婴堂收养的多是女婴。延至近代特别是民国,随着娼妓业的发展,私生婴儿越来越多,"当今之世,男女自由,淫风日炽,私生子女,比比皆是"。⑧ 私生婴儿在育婴堂中占很大比重。因娼妓的私生婴儿多染有先天疾病,初期的育婴堂因医疗条件、哺育方法等落后,婴儿死亡率较高。烟台红卍字会附设恤养院婴儿部在初期也存在这种情况。但育婴堂收养社会上遗弃或失养的婴儿,仍具有可以肯定的人道主义精神。

---

① 《济南道院丁卯年办理各项道务慈务报告》,《道院第七届公会议事录》。
② 《山东省政府行政报告》,1934 年 7 月,第 3 页;《山东省政府公报》第 287 期,1934 年 6 月 10 日,第 30 页。
③ 《民国二十五年母院道慈各项报告》,《道院第十六届公会议事录》。
④ 《民国二十六年母院道慈各项报告》,《道院第十七届公会议事录》。
⑤ 《民国二十七年母院道慈各项报告》,《道院第十八届展春合会议事录》。
⑥ 《民国二十八年母院道慈各项报告》,青岛市档案馆藏:B63 - 1 - 217。
⑦ 《济南市卍字会系统单位地址财产人数调查表》(1950 年),济南市档案馆藏:70 - 1 - 55;《民政局为报送关于处理世界红卍字会山东分会及济南分会的初步意见由》(1953 年 5 月 28 日),济南市档案馆藏:70 - 1 - 55;《陈市长为报送济南、山东两红卍字会结束工作总结由》(1954 年 4 月 12 日),济南市档案馆藏:70 - 1 - 55。
⑧ 吕梁建编:《道慈概要》卷下,第 41 页。

九、残废院

民国时期,兵荒马乱、战事纷扰,造成大量伤残兵民。为救助贫困残疾人,残废院的设置十分必要,"人而贫苦,已属不幸,贫而残废,尤堪怜悯,故必设院收养,以救济其生命。饥则食之,寒则衣之,且施以教育,引其生趣,教以工作,免其无聊"。红卍字会开办残废院的宗旨即"收养贫苦之残废男女,并分别授以相当之补助教育,及轻便工作"。① 北平、济南、天津、济宁等红卍字会设立残废院,1935 年共收养1 169 人。②

1919 年,济南道院率先开办残废院,院址位于千佛山麓 19 号,1922 年定名为济南红卍字会第一残废院。③ 1927 年,该院存有基金51 000元,收养残疾人 100 名,院内附设盲哑学校,有学生 10 名,开支洋6 433.95元;各种捐助及基金利息收入6 973.95元,结存51 394.04元。④ 1929 年,院内有男残疾人 121 名,女残疾人 16名,共 137 名。有劳动能力者从事糊火柴盒,纺织绒线、麻绳等工作。⑤ 1936 年底,有残疾人 149 名。全年收息捐、房租10 608.54元,支出地租、房捐、修理1 271.95元,支出津贴、膳食、被服、医药、杂费、器具等8 868.84元。年终结存基金39 514.12元,以及纬三路市房一所,华庆面粉厂1 000元股票 1 张。1937 年底,共收养残疾人130 名,年底结存39 526.93元,以及华庆面粉厂股票 4 张,计1 000元。⑥ 1938 年底,结存39 307.92元,华庆面粉厂股票 4 张,计1 300元。⑦ 1939 年,收养残疾人 89 名,收息金、房租13 350.98元,支出10 270.06元,年底结存基金40 988.84元,另有华庆面粉公司股票 4 张,计1 300元。⑧

上述历年情况表明,残废院已基本自给自足,与前述济南道院育婴堂每况愈下的情形不同。1950 年,残废院改名为残废教养所,有职员 9 人,残疾人 77 人,房屋114 间。1953 年,收容孤儿、残疾老人 97 人,有职员 3 人,由政府每月补助生活费

① 吕梁建编:《道慈概要》卷下,第 41 页。
② 《世界红卍字会中华总会一览》,第 9 页。
③ 《济南市"世界红卍字会系统"情况概述》,济南市档案馆藏:70－1－55。
④ 《济南道院丁卯年办理各项道务慈务报告》,《道院第七届公会议事录》。
⑤ 《济南道院十八年道慈各项报告》,《道院第九届公会议事录》。
⑥ 《民国二十五年母院道慈各项报告》,《道院第十六届公会议事录》;《民国二十六年母院道慈各项报告》,《道院第十七届公会议事录》。
⑦ 《民国二十七年母院道慈各项报告》,《道院第十八届展春合会议事录》,济南道院,1939 年。
⑧ 《民国二十八年母院道慈各项报告》,青岛市档案馆藏:B63－1－217。

3 725 000元。1954 年 1 月 5 日,残废教养所由济南市民政局接管。[①]

十、恤嫠恤产局

"少妇丧夫,最惨事也。"[②]恤嫠局是为救济丧夫而不再改嫁的女子而设置的机构。恤嫠也是中国传统社会的慈善活动之一。据统计,1773—1911 年间,除兼济寡妇的综合性善会,全国先后成立专门救济青年寡妇的善会达 216 个。[③] 红卍字会开展恤嫠活动,延续传统恤嫠观念,有一定的保守性和局限性,"恤嫠之举,所以补助嫠妇之生计,保全名节,维持纲常风化",但在当时条件下,救济贫困节妇亦有积极意义,"贫妇守节,既形影之相吊,复飧之不继,更或有衰老翁姑,奉养无资,伶仃儿女,抚育维艰,含苦茹辛,亦大可哀已。环境如斯,而又欲其之死靡他,不亦难乎?故恤嫠之设,不独生者藉以完名全节,即死者亦得瞑目九原"。[④]

救济临产妇女中国传统社会早已有之。北宋苏轼任黄州知州时为生育的妇女提供育儿资金。南宋福建部分地区为妊娠 5 个月的妇女预先登记,在生育之时给予米一石二三斗。明人周孔教在《荒政议》"禁溺女"项中提议以三个月为限,为真正贫而不能生育者提供每日米一升。[⑤] 这些活动多属官方行为,民间力行者不多。红卍字会开办恤产局"乃补助贫民产妇之生计,使其安心养息。简言之,直接保产,间接保赤之谓也"[⑥]。1933 年前后,红卍字会开办恤嫠局 3 处:河北 1 处、山东 1 处、辽宁 1 处。恤产局也有 3 处:山东 2 处、吉林 1 处。[⑦]

烟台红卍字会认为:"人类之可哀哉,莫如茕独,而其间尤以嫠妇为尤苦。盖神州古化,女子以夫为天,所天既殒,依托伊谁? 若复家无长物,饔飧不给,则其含冰茹蘖,泣血椎心,益可哀已。或有衰老翁姑,相依为命,伶仃弱息,教养为艰,不有周恤,欲其之死靡他。"[⑧]因此,其将救恤嫠妇作为永久慈善事业的重要内容。

---

① 《济南市卍字会系统单位地址财产人数调查表》(1950 年),济南市档案馆藏:70 - 1 - 55;《民政局为报送关于处理世界红卍字会山东分会及济南分会的初步意见由》(1953 年 5 月 28 日),济南市档案馆藏:70 - 1 - 55;《陈市长为报送济南、山东两红卍字会结束工作总结由》(1954 年 4 月 12 日),济南市档案馆藏:70 - 1 - 55。

② 吴云:《得一录》卷三之二《恤嫠会条规》,第 1 页,同治八年得见斋刻本。

③ 梁其姿:《施善与教化——明清的慈善组织》,河北教育出版社,2001 年,第 203 - 204 页。

④ 吕梁建编:《道慈概要》卷下,第 40 页。

⑤ [日]夫马进:《中国善会善堂史研究》,第 279 页。

⑥ 吕梁建编:《道慈概要》卷下,第 39 - 40 页。

⑦ 《世界红卍字会中华总分会各会概况总表》,青岛市档案馆藏:B63 - 1 - 246。

⑧ 烟台分主院编:《烟台分主院暨烟台分主会十年道慈纪实》,第 19 - 20 页。

　　烟台红卍字会附设恤养院恤嫠部以"辅助嫠妇之生计,维持纲常风化"[①]为目的,接收异常贫苦,未满 40 岁丧夫守节妇女。凡向恤养院报名之嫠妇,经院方调查符合规章即实施救恤,按月发放救恤金。其方法为由恤养院发给凭据一张,嫠妇凭此每月领款二、三、四元不等:无翁姑、子女者每月二元;无翁姑而有子女,或有翁姑而无子女者每月三元;既有翁姑又有子女者每月四元。如有嫠妇愿回籍,酌量给予川资。嫠妇生活状况每个季度由调查员复查一次,倘若嫠妇病故,或因子女成年而生计宽裕者即停止救恤(见表 11 - 20)。

表 11 - 20　1930—1936 年烟台恤养院住院嫠妇统计表

年份	新增	病故	回籍	尚存
1930	28			
1931	17			45
1932	14		1	58
1933	13	1	2	68
1934	12	1		79
1935	13			92
1936	9	3		98
总计	106	5	3	

　　资料来源:世界红卍字会烟台分会编:《世界红卍字会烟台分会恤养院三周纪念册》,《历年恤嫠人数比较图表》。

　　民国时期,守节被视为亟应破除的封建陋习。南京国民政府在拟定社会事业发展规划时,也认为传统恤嫠所和清节堂"与时代精神不合",应予以取缔。[②] 烟台恤养院救恤嫠妇并不讳言有维持纲常风化之目的,但联系当时社会经济状况,不难发现救济嫠妇和其他社会救济一样具有积极意义。20 世纪 30 年代,有学者估算中国 4 亿人口中,生活于贫穷线上的占 18.7%,饥饿线上的占 62.5%,挣扎于死亡线上的占 12.5%,近 94% 的人无法维持最低生活。[③] 同时期,中国城市工人"至少

　　① 世界红卍字会烟台分会编:《世界红卍字会烟台分会恤养院三周纪念册》,1936 年,《世界红卍字会烟台分会附设恤养院简章》第 5 页。
　　② 赵宝爱:《慈善救济事业与近代山东社会变迁》,第 186 页。
　　③ 朱其华:《中国农村经济的透视》,上海中国研究书店,1936 年,第 3 - 4 页。

有半数以上,没有充分的收入来度贫穷线以上的生活"①。城市工人尚且如此,乡村境况可想而知。40 岁以下之寡妇虽然具备再婚的年龄条件,但这一年龄段的女性一般上有翁姑需要赡养,下有年幼儿女亟须抚育,生活尤其艰难。彼时一般单身男子尚且不能解决温饱,遑论再婚照顾如此一大家庭。救恤嫠妇固然受传统观念影响,但当时的经济状况没有为寡妇再嫁提供足够的社会空间;政府亦不积极救助,因此救恤嫠妇成为民间慈善组织的职责。

早在烟台恤养院正式成立之前,烟台红卍字会即将救恤产妇纳入慈善救助的范围。在诸多救济活动与救济对象中,烟台红卍字会已认识到:"遇有怀孕生产贫妇,尤须特别注意。盖产者险事也,彼以饥寒之躯,猝然坐蓐,则愁肠百结,枵腹难支,一呼吸间,命若朝露;倘弗调理,曷以得全? 此实险而又险者也。"起初,烟台红卍字会从冬赈基金中提出十分之六作为恤产基金,再加上烟台红卍字会诸多会员慷慨解囊,很快便成立恤产局。每位贫妇生产,救恤 20 天,以 10 天为一期,每期施洋 3 元、生化汤 2 副、婴儿打口药 1 副。产妇如生病,随时对症下药,对药品数量不做规定。至 1930 年 5 月底,恤产局共救恤产妇 287 名。同年 6 月,烟台恤养院成立后,恤产局拨归恤养院管理。②

烟台恤养院恤产部以"救护贫苦产妇,慰其生计"为目的。凡符合下列条件之产妇即可被救助:"贫妇怀孕将产者;贫妇已产未满二十日者;贫妇无论已产、未产身染疾病者。"③这均是妇女生产前后身体最虚弱,最需调理、照料之时。恤养院对产妇的救济分为三种形式:一是施钱,已产者每期施银元三块,以 10 天为一期,最多施放二期。将产者施银元一块。二是施衣,无论将产或已产,若无棉衣者,每人施放棉衣一套。三是施药,遇胎前产后染病之产妇,施以相应药品。④

烟台恤养院在产妇最需接济时给予救助,使其有能力调养身体而保全母子两命,并可减轻一家困厄,充分体现其慈善救助的人道主义精神。

烟台恤养院历年救济产妇之人数:1930 年救恤产妇 151 名,1931 年救恤 242 名,1932 年救恤 160 名,连前共 558 名。1933 年增加救恤之产妇 157 名,计 714

① 柯象峰编:《中国贫穷问题》,正中书局,1947 年,第 79 页。

② 烟台分主院编:《烟台分主院暨烟台分主会十年道慈纪实》,第 20-21 页。

③ 世界红卍字会烟台分会编:《世界红卍字会烟台分会恤养院三周纪念册》,《世界红卍字会烟台分会附设恤养院简章》第 6 页。

④ 世界红卍字会烟台分会编:《世界红卍字会烟台分会恤养院三周纪念册》,《世界红卍字会烟台分会附设恤养院简章》第 7 页。

名。1934 年救恤产妇 157 名，连前计 871 名。1935 年救恤产妇 206 名，连前计
1 077名。至 1936 年 6 月底，救恤产妇 141 名，连前计 1 218 人，[1]平均每年不少于
174 人得到恤养院救助。

以上领取救济金的嫠妇和产妇并不住院。1939 年以后，日军占领烟台，由于
恤养院收养数量众多的孤儿、婴儿、残废和老羸，加以资金劝募日形见绌，对嫠妇和
产妇的救济逐渐减少，后来停止。

青岛妇女红卍字会开办的恤嫠局、恤产局较为出色。1930 年，青岛妇女红卍
字会开办"青岛妇女红卍字会赤贫嫠产救济所"，指出：

> 我们人类中最可哀痛的莫如茕独，而茕独之中尤以嫠妇与产妇为最苦。
> 盖产者乃一极危险的事，以饥寒之躯而坐蓐，则愁肠枵腹，呼吸之间命若朝露。
> 而嫠妇尤为可悲，伶仃弱息，依托无人，且家无长物，饔飧不继，则含冰泣血，益
> 为可怜。是以恤嫠恤产乃慈业当务之急，而于吾女界同胞尤为关切。爰于本
> 会附设赤贫嫠产救济所，施放衣药钱米，以资救济而维风化。[2]

救济所人员全由青岛妇女红卍字会会员担任，设董事长 1 人，董事 4～6 人，会
计 1 人，调查员若干人，均为义务职，不支付薪金。救恤标准分五类：赤贫嫠妇决心
不再嫁者，贫妇怀孕将产者，贫妇已产未满一月者，嫠妇及产妇（无论已未产）身染
疾病者，嫠妇、产妇有其他特别困难情形者。[3]自开办至 1932 年 10 月，"每月一日
及十五日两次施放面粉，每人每次发给二十斤；以每次每人发给二十斤计算，每月
需面三十袋，每年需面三百六十袋，约用洋一千元"。[4]

红卍字会筹划设置恤产所时，已考虑到社会上贫穷产妇百无一助，对其开展救
恤十分必要：

> 良以产为险事。彼席丰履厚者之于胎前产后，既有饮食以养之，复有药饵
> 以补之，自可化险为夷。独一般无告之贫妇，饥寒交迫，庚癸频呼，以饥寒之
> 躯，猝然坐蓐，难免气若游丝，命若朝露。即幸而分娩，则产后之饮食与调养，

---

① 世界红卍字会烟台分会编：《世界红卍字会烟台分会恤养院三周纪念册》，《历年恤嫠人数比较图表》
《历年恤产人数比较图表》。

② 《青岛妇女红卍字会附设赤贫嫠产救济所之成立》，青岛市档案馆藏：B63-1-1-1。

③ 《世界妇女红卍字会青岛分会附设恤嫠恤产章程》（1930 年 7 月），青岛市档案馆藏：B63-1-247。

④ 《世界妇女红卍字会青岛分会办理慈业成绩概况及统计表》（1932 年 10 月 11 日），青岛市档案馆藏：
B63-1-333。

又兴仰屋之嗟。试观各地贫妇，因产自裁，或溺毙其婴者，何止一人。由此以衡，则恤产之举，所费寥寥，而被恤者，受惠实大也。[①]

较红卍字会开办恤嫠局尚有保守的一面，恤产局的开办更具积极意义。

十一、恤养院

恤养院是世界红卍字会开办的具有固定基址、规模较大、业务范围较全面的慈善机构，凡收养孤儿、婴儿，救济产妇、嫠妇、残废、老羸，附设学校，开办工厂等无所不包，没有充裕资金难成其事。至1938年，全国仅有烟台、牟平两处红卍字会开办恤养院。[②] 其后沈阳红卍字会开办的慈善机构也改称恤养院。[③] 1940年，全鲁卍联处成立恤养院。1944年，青岛红卍字会开设包括育婴局、孤儿教养部、孤儿习艺所、平民小学、平民治疗所、因利局、恤嫠局、恤产局在内的大规模慈善机构——慈济院，其中有些部门尚未运营。[④]

全鲁卍联处附设恤养院由冯念鲁、马清岭、杨霭微等人于1940年12月1日发起成立。起因是救济1937年山东水灾。是年夏，大雨，山东运河、黄河泛滥，加以日军侵占华北，济南涌现大批难民。全鲁卍联处积极收容、遣送，最后一批残老、孤儿137名无家可归，全鲁卍联处董事提议设立恤养院，1940年借山东育幼院的空房作为院舍，1943年迁至官扎营街265号。1951年，该院有残老9人：男7人、女2人；孤儿38人：男33人，女5人。[⑤] 有织布机22台，工人59人（含孤儿15人）。附设免费小学校一处，有学生82人，教员3人。院内开支依靠织布收入，由于工人技术较差，每月入不敷出。1954年1月，该院移交济南市民政局。[⑥]

1933年，在烟台恤养院的支持下，牟平恤养院成立，目的之一为分担烟台恤养院的救恤压力。其初期规模，如《牟平县志》卷五在"世界红卍字会牟平分会"项下所记：

---

① 吕梁建编：《道慈概要》卷下，第40页。
② 吕梁建编：《道慈概要》卷下，第38页。有关烟台恤养院的历史，参见李光伟：《老安少怀：烟台恤养院研究》，人民出版社，2016年。
③ 栾恤俭主编：《烟台恤养院史志(1929—1954)》，第81-82页。
④ 《世界红卍字会青岛分会附设慈济院三十四年院务报告书》，青岛市档案馆藏：B63-1-356。
⑤ 《卍字会附设之恤养院情况初步调查》(1951年)，济南市档案馆藏：70-1-55。
⑥ 《民政局对世界红卍字会山东分会、济南分会处理和意见（草案）》(1951年)，济南市档案馆藏：70-1-55；《陈市长为报送济南、山东两红卍字会结束工作总结由》(1954年4月12日)，济南市档案馆藏：70-1-55。

规模尤大施济尤宽者,莫如恤养院,院址在城东里许,建筑费与基金预定为五十万元,建筑拟分三期,第一期建筑,于二十二年冬告成……院中慈业:分育婴、孤儿、恤嫠、恤产、残废、老羸六部,因利局亦附焉;盖将原设恤产恤嫠育婴三局扩大范围,而欲使人人各得其所也;现已举办育婴孤儿恤嫠恤产四部,至残废老羸两部,尚待第二期建筑完成也。[①]

《牟平县志》卷二《地理志》中还有关于牟平恤养院建筑格局与状貌更为详细的描述,内容如下:

恤养院在城东里许,为红卍字会所建筑。基址十八亩半,建筑设计,分三期完成。第一期自民国二十二年春兴工,至冬初落成,计楼房百二十间、平房二十五间,大门为平房九间,前院之中,拓为椭圆形之广场,丛植花木,场之中间,留作将来为大慈善家铸造铜像之地,广场后东西有亭二,一为镌刻捐助基金姓名纪念碑,一为钟亭,稍后建方楼一座,共三十六间,上为礼堂,可容五百余人,下分客厅、故去董事祀室、及董事院长与各科办公室,檐前有额,题"老安少怀"四字,屋顶露台前檐,高树旗帜,后置钟亭,此为全院之主房。院之东南,为平房三间,作浴室,其北接建楼厢十二间,为儿童图书室,又接建平房五间,为厨房,再北楼厢十间,暂作教室,院之西南,平房一处,为仓库与车房,其北接建楼厢十二间,上为学校成绩展览室,下为工厂出品陈列室,又北平房五间暂作职员室,再北楼房十间,另设界墙,内为育婴部,墙外设云板一面,男女职员至此为界,遇有传达时,击云板为号,院内除供育婴分配外,又附设养病室。上述前院之房,乃东西相对,左右整齐,其后则东西射直,共建楼房四十间,中分为二:东部上下二十间,分设男孤寝室、餐室、盥室,西部上下二十间,亦属育婴部之内。此现在配置之大概也。

院中慈业,凡分六部:一育婴、二孤儿、三恤嫠、四恤产、五残废、六老羸、因利局亦附焉。其救济区域,以鲁东为范围,故建设宏深,以广容纳之量。现已举办者,为育婴孤儿恤嫠恤产四部,至残废老羸两部,尚待第二期建筑完成。[②]

以上内容细致呈现了牟平恤养院建筑第一期落成后的规模和布局。牟平红卍字会规划恤养院时规定:"基金五十万元,基地一十八亩,建屋三百六十间也。不过

---

① 《中国地方志集成·民国牟平县志》,第225-226页。

② 《中国地方志集成·民国牟平县志》,第108页。

基金非一时所能筹足,而筹备进行不能不有相当之程序,以便主其事者依次办理。其全部计划定为三期,每期由卍会筹集基金一十七万,建屋一百二十间。"①第一期建筑于1933年冬完成已无疑问。后两期是否也按原计划完成,还需进一步考证。

1951年,该院有楼房248间,平房47间。② 以此为参考,比照牟平恤养院原建筑计划推测:预设的三期建筑计划已完成第一、二期,第三期未付诸实施。1951年"楼房248间",与三期建筑计划共"建屋一百二十间"对照,推断基本完成第二期建筑,而第三期建筑极有可能因资金或时局关系未实施。据牟平恤养院1948年左右的《儿童福利调查提纲》记载:"本院院址二十一亩五分,因建筑需款甚巨,并且此款赖于捐募,一时不能凑齐,乃分二期建筑。第一期于民国二十二年开始建筑,第二期于民国二十四年建筑,共计楼房二百四十八间,平房四十七间。"③至此,牟平恤养院的建筑问题基本厘清:该院建筑并非完全按照预定之三期兴建,而分为两期。第一期于1933年春动工,1933年冬完成,并举行隆重的开幕典礼,各地院会派代表前来参加。第二期于1935年完成。两期共建筑楼房248间,平房47间。牟平恤养院未能完成预定第三期建筑,主要原因是资金难筹,1937年全面抗战爆发后,"交通阻碍,商业萧条,即不易劝募"④,能维持自身运转已属不易,第三期建筑无从着落。

为筹募资金,牟平恤养院规定:输助基金2 000元以上者聘为特别董事,1 000元以上者为名誉董事,500元以上者为赞助董事,"有发宏愿输助基金全数三分之一者(即十七万元),除特铸铜像一尊建于大礼堂前之广场外,并世世为本院当然董事长,故后奉于董事祀室祀之,以崇丰功而志不朽",⑤但尚未发现有关铸造铜像的资料,极有可能无人捐助17万元。

牟平恤养院历届负责人,以及院内收恤情况等整理如表11-21、表11-22。

表11-22内孤儿、婴儿除1937年前的数字为收养总数外,其他时段的数字均

---

① 世界红卍字会牟平分会编:《世界红卍字会牟平分会附设恤养院创立特刊》,第1页,烟台市档案馆藏:宗教救济类231-3710。

② 《牟平卍字会及附设恤养院成立经过及沿革简报》(1951年4月18日),烟台市牟平区档案馆藏:23-1-1。

③ 牟平恤养院:《儿童福利调查提纲》(1948年油印本),烟台市牟平区档案馆藏:23-1-1。

④ 《牟平红卍字分会暨附设恤养院概况说明书》(1951年8月16日),烟台市牟平区档案馆藏:23-1-1。

⑤ 世界红卍字会牟平分会编:《世界红卍字会牟平分会附设恤养院创立特刊》,第2-3页,烟台市档案馆藏:宗教救济类231-3710。

为续收人数,而非该时段内收养总数。1949 年以前,牟平恤养院约计收养男孤儿220 名,女孤儿 47 名,男婴 82 名,女婴 63 名,恤嫠 137 名,恤嬴 18 名,恤残 4 名,恤产 27 名。

表 11 - 21　牟平恤养院历届主要负责人简表

任职时间	姓名(道名)	职　务	备　　注
1933—1938	贺寰虔	院　长	因在外捐募基金不经常住院,由副院长李镜极、孙惠舟代行职责
	李镜极	副院长	1938 年病故
	孙惠舟	副院长	1936 年出院
1939—1948	王镜铭	院　长	1948 年病故
	任惟登	代院长	1940 年出院,病故原籍
	王澜大	代院长	1940 年任职,1944 年出院
1949—1951			职员杨盛奕、孙澜性、解镜铿、孔澜秦等共同维持

资料来源:《牟平红卍字分会暨附设恤养院概况说明书》(1951 年 8 月 16 日),烟台市牟平区档案馆藏:23 - 1 - 1。

表 11 - 22　牟平恤养院收养救恤情况简表

时　　间	男孤	女孤	男婴	女婴	恤嫠	恤嬴	恤残	恤产	备　　注
1937 年前	141	31	64	42	67	7	1	12	1937 年前的总数
1949 年前	79	16	18	21	70	11	3	15	孤婴数为 1949 年前续收数
1949—1950 年	24	2	11	27	30	9		4	孤婴数为该两年续收数
1951 年	1	1	1		26	6	2		孤婴数为该年续收数

资料来源:《牟平卍字会及附设恤养院成立经过及沿革简报》(1951 年 4 月 18 日),烟台市牟平区档案馆藏:23 - 1 - 1。

新中国成立前后,牟平恤养院面临的经济形势严峻。据不完全统计,除 1949 年,1950 年、1951 年均入不敷出,详情如下:

1949 年:工业收入 25 000 斤,卖物资收入约 10 000 斤,外汇收入约 10 000 斤,农业收入 10 000 斤,以上共收入 55 000 斤,共支出 50 000 斤。

1950 年:工业收入 20 000 斤,卖物资收入 10 000 斤,青岛汇来 10 000 斤,农业收入 10 000 斤,共计收入 50 000 斤;共支出 65 000 斤。

　　1951 年预算：工业收入 36 000 斤，农业收入 10 000 斤，油业收入 15 000 斤，卖物资收入 3 000 斤，北京外汇 10 000 斤，共计收入 74 000 斤；共支出 80 000 斤。[①]

　　1951 年 10 月 27 日，牟平恤养院为县人民政府正式接管，更名为牟平县（生产）教养院。1956 年，牟平县生产教养院结束业务，院内十余名孤儿、残废、婴儿转到烟台生产教养院。[②]

　　世界红卍字会的永久慈善事业在形式和内容上并未与传统慈善活动截然分野，不少方面是对其继承和发展。这并非说明世界红卍字会慈善活动落伍，而恰是中国社会在民国前期处于转型之际的真实写照。这种新旧交融现象表明慈善事业具有超越时空的普遍性，是社会发展进步的保障和助力。

---

　　① 《牟平县人民政府关于牟平卍字会及其附设之恤养院情况综合报告》（1951 年 10 月 6 日），烟台市牟平区档案馆藏：23-1-1。
　　② 曲言训：《牟平红卍字会恤养院始末》，牟平县政协文史资料委员会编：《牟平县文史资料选编》第 1 辑，第 55-56 页；栾恤俭主编：《烟台恤养院史志（1929—1954）》，第 81 页。

余　　论

一、衰微原因

世界红卍字会道院自 20 世纪 20 年代前后创办,迅即发展遍布大半个中国,并东渡朝鲜、日本,南至新加坡等地,速度和规模罕有可匹敌者。但它仅仅存在 30 余年就在中国内地消亡,其兴也骤,其衰也速。新中国成立后,由于人民政府对民间慈善团体的既定处理方针,世界红卍字会自行宣布解散当是必然命运。但在新中国成立前,世界红卍字会道院即已存在诸多导致自身衰微的内外原因,大致有以下几个方面。

(一)立基未稳

世界红卍字会道院创办之初,推展迅速,但存在致命弱点。多数院会成立之初没有自己的基址,而采用“先租后建”的方式开展活动。又因各地院会成立后资金多用于慈善救济活动,院址、会址、建筑等问题迟迟得不到彻底解决。尽管从表面看,红卍字会道院在各地推设较快,但从长远看,基础十分脆弱。这是各地院会普遍存在的现象。

1922 年农历七月十五日,青岛道院成立,暂住平度路周姓宅院,1923 年迁于曲阜路刘姓楼房内,1927 年因人事变迁几乎停顿。1928 年 7 月迁于新泰路 13 号自置院址内。1930 年以后,道慈渐臻发达,院基日益巩固。[①] 青岛道院在长达 8 年的时间里没有自己的固定院址,其间屡次搬迁,居无定所。

---

① 《青岛院会发展史略》,青岛市档案馆藏:B63-1-247。

莱阳红卍字会自 1923 年成立后一直没有固定会址,前后租赁借居 10 余年,直至 1935 年前后才购得庆升平街房 40 余间。①

1923 年,益都红卍字会成立后,会址暂借位于中所营街的何素璞宅院。②

莱芜红卍字会于 1923 年 11 月 9 日成立,1928 年农历九月二十四日被县党部占据会址,直至 1931 年农历八月十九日相定县城西关路北亓姓宅院,作为会址,暂为推行慈业。③ 前后三年无固定办公场所。

莱芜颜庄红卍字支会于 1927 年成立之初,"租赁颜镇街路西吕姓宅为会址办公,嗣屡变迁",后来"购定颜镇街路东谭家胡同内路北宅基一位,作永远会址"。④

1924 年,德县道院成立,起初赁居民房,后因城内步云街东岳庙地址适宜,呈请划拨,集资修建,成为院址。1927 年,德县红卍字会成立时与道院在一处,赁民房为会址。后将东岳庙的西邻龙神庙作为红卍字会的基址。⑤

1924 年 1 月,临清红卍字会成立,会址暂借位于丁字街的车果行(道名)之宅院。⑥

1924 年 4 月 15 日,汶上红卍字会成立,会址暂借副会长曹道澂(道名)之住宅前院。⑦

1926 年 4 月 26 日,曲阜红卍字会成立,地址位于东门大街 55 号,房舍借自会长蒋宗和。⑧

1927 年 6 月 3 日,滕县柴胡店红卍字会成立,会址借自张灵泳之客屋院。⑨

1927 年 12 月,广饶红卍字会成立,会址不确定,自 1930 年始借贾慈宏宅院。⑩

1928 年 4 月,滨县红卍字会成立,会址赁自位于县城南街的谢海宅院。⑪

1928 年 6 月,茌平红卍字会成立,次年冬中辍,1931 年春复兴,借用当地三清

① 《中国地方志集成·民国莱阳县志》,第 264 页。

② 《益都红卍字会概况报告表》,青岛市档案馆藏:B63-1-246。

③ 《莱芜红卍字会概况报告表》,青岛市档案馆藏:B63-1-246。

④ 《中国地方志集成·民国续修莱芜县志》,第 355 页。

⑤ 《中国地方志集成·民国德县志》,第 389 页;《德县红卍字会概况报告表》,青岛市档案馆藏:B63-1-246。

⑥ 《临清红卍字会概况报告表》,青岛市档案馆藏:B63-1-246。

⑦ 《汶上红卍字会概况报告表》,青岛市档案馆藏:B63-1-246。

⑧ 《曲阜红卍字会概况报告表》,青岛市档案馆藏:B63-1-246。

⑨ 《滕县柴胡店红卍字会概况报告表》,青岛市档案馆藏:B63-1-246。

⑩ 《广饶红卍字会概况报告表》,青岛市档案馆藏:B63-1-246。

⑪ 《滨县红卍字会概况报告表》,青岛市档案馆藏:B63-1-246。

观旧址,与道院同处一地。①

1928 年 12 月 12 日,福山红卍字会成立,会址位于县城内西街,系借自李道程之房舍。②

1929 年 6 月 16 日,威海红卍字会成立,会址租借刘敬业瓦房 32 间。③

1929 年 10 月 12 日,文登红卍字会成立,会址位于县城内,有房屋 25 间,系借自副会长昌成的房舍。④

1930 年 3 月,朝城红卍字会成立,会址借自当地理教公所。⑤

1931 年 5 月 17 日,胶县红卍字会成立,会址借自该县北关马王庙。⑥

1933 年,东平道院成立,"以城内山西会馆为地址,晋商热心道务,慨许永借"。⑦ 尽管晋商答应永借,但毕竟不是完全属于自己的会址。

即使世界道慈母院——济南道院自 1921 年创建,直到 30 年代中期才着手兴建大规模建筑,之前也系租赁民房。"当时院会草创,因陋就简,院会同在上新街租居民房数十间办公,即是旧道院之地址。"⑧

山东省内红卍字会道院的情况如斯,外地之情形亦复如是。1922 年 7 月 22 日,河北通县红卍字会成立,会址位于该县新城南街 6 号,房舍借自米锦堂之住房,以借用 10 年为期满。⑨

1925 年 11 月 1 日,河北宛平红卍字会成立,会址房舍 24 间借自会长马辰鼎。⑩

1925 年 11 月 14 日,河北涿县红卍字会成立,1928 年受时局影响停顿,1930 年年底复兴,与当地商会商妥借用位于县城北门的真武庙作为会址。⑪

1926 年 5 月 3 日,河北宁河红卍字会成立,会址位于县城芦台北街,系借用副

① 《茌平红卍字会概况报告表》,青岛市档案馆藏:B63-1-246。
② 《福山红卍字会概况报告表》,青岛市档案馆藏:B63-1-246。
③ 《威海红卍字会概况报告表》,青岛市档案馆藏:B63-1-246。
④ 《文登红卍字会概况报告表》,青岛市档案馆藏:B63-1-246。
⑤ 《朝城红卍字会概况报告表》,青岛市档案馆藏:B63-1-246。
⑥ 《胶县红卍字会概况报告表》,青岛市档案馆藏:B63-1-246。
⑦ 《中国地方志集成·民国东平县志》,第 54 页。
⑧ 《济南母院新殿告成之经过报告》,山东省档案馆藏:J162-01-15。
⑨ 《通县红卍字会概况报告表》,青岛市档案馆藏:B63-1-246。
⑩ 《宛平红卍字会概况报告表》,青岛市档案馆藏:B63-1-246。
⑪ 《涿县红卍字会概况报告表》,青岛市档案馆藏:B63-1-246。

会长陈道济宅院。①

　　1926 年 6 月，河北开唐红卍字会成立，会址位于唐山欧阳胡同，有房屋 26 间，系借自会长邓辰会。②

　　1926 年 6 月 15 日，河北沧县红卍字会成立，会址位于县城内仁义坑西于宅，借自副会长于裕光宅。③

　　1927 年 5 月 15 日，河北南宫红卍字会成立，会址位于县城内木厂街，有房屋 15 间，借自会长许德辉。④

　　1928 年 10 月 15 日，河北徐水红卍字会成立，会址位于徐水北门内路东，房舍借自会长张琳成宅院。⑤

　　1932 年 4 月 5 日，河北南皮泊镇红卍字会成立，房舍借自高明诚。⑥

　　1932 年 5 月 30 日，河南夏邑红卍字会成立，有房舍 4 间，借自该县教育局，旧系关帝庙。⑦

　　1924 年 9 月，江苏常州红卍字会成立，会址位于城内麻巷 47 号，房舍借自会长刘度来宅院。⑧

　　1931 年 10 月，河北滦县红卍字会提出《各会筹建永久会址请准酌量补助案》，认为：“推展道慈，最重基础。欲基础巩固，惟以院会址为先务。查各县分会，非系税居即属借住，不但屋宇简陋，地址多不相宜，间或有相当地点，苦无建筑资财，即筹有建筑资财，又无常年经费，种种困难莫可言状。到处如是，非止一会为然。”“今院会如此，无乃太简乎？”⑨因此，经济上的瓶颈是世界红卍字会道院衰微的根本原因。

（二）中遭波折

　　道院创办后快速发展未久，因受悟善社牵连，被南京国民政府查封。受此重创，道院几乎陷于瘫痪状态。此后，各地道院为躲避政府“禁止道院之命令”而“以

———————

　　① 《宁河红卍字会概况报告表》，青岛市档案馆藏：B63－1－246。
　　② 《开唐红卍字会概况报告表》，青岛市档案馆藏：B63－1－246。
　　③ 《沧县红卍字会概况报告表》，青岛市档案馆藏：B63－1－246。
　　④ 《南宫红卍字会概况报告表》，青岛市档案馆藏：B63－1－246。
　　⑤ 《徐水红卍字会概况报告表》，青岛市档案馆藏：B63－1－246。
　　⑥ 《南皮泊镇红卍字会概况报告表》，青岛市档案馆藏：B63－1－246。
　　⑦ 《夏邑红卍字会概况报告表》，青岛市档案馆藏：B63－1－246。
　　⑧ 《常州红卍字会概况报告表》，青岛市档案馆藏：B63－1－246。
　　⑨ 《道院第十一届公会议事录》，第 18 页。

卍会名义为藏头露尾之计"。① 1928 年农历九月一日,聊城道院的一切神牌、经典、器具,红卍字会的木器、旗帜、袖章、徽章,及其所办的平民小学、医院,被县党部与教育局全部没收;善款 2 700 元亦收归教育经费,多次交涉无果。② 同年九月二十四日,莱芜红卍字会所办平粜社、救济队、因利局、育德学校的所有粮食、慈款、器具,均被莱芜县党部没收,会址亦被占据,直至 1933 年尚未要回,只得于 1931 年暂以西关路北卞姓宅房为会址。③ 类似聊城、莱芜红卍字会道院之情形,其他院会不在少数。山东各地分会"时有被地方官厅及党部没收……查以上所称情事,各县分会似此者不少,若不速行设法,何以维慈业而固会基"④。各地红卍字会道院本就立基未稳,查封与政治干预无疑使其元气大伤。

(三)战争破坏

民国战事频仍,政局不稳,给民间慈善组织带来较大危害。1937 年全面抗战爆发前,国内军阀混战、土匪横行,各地红卍字会道院时有中辍。兹将全面抗战前各地院会因战乱影响而中辍、停顿之情形整理如下表。

表 12 - 1　1937 年前因战乱各地院会停顿情形简表

院会名称	省份	创办时间	停顿时间与原因
黄县道院暨红卍字会	山东	1925.4	1928 年因军事影响停顿
掖县道院暨红卍字会	山东	1925.6	1928 年 4 月被兵占据,文件、器具俱失
广饶道院暨红卍字会	山东	1927.12	1929—1930 年匪患四起,乱兵频入县城,职员外逃
朝城道院暨红卍字会	山东	1930.3	1930 年 4 月有匪、军盘踞城内,烧杀抢掠,会务终止
涿县道院暨红卍字会	河北	1925.11	1928 年因时局影响停顿
江阴道院暨红卍字会	江苏	1926.8	1927 年 12 月 24 日因时局影响停办
东台道院暨红卍字会	江苏	1927	1928 年因时局影响停顿

① 纪耀荣:《济南道院暨红卍字会之调查》;《道院第十一届公会议事录》,第 12 页。
② 《中华总会为查复山东省各县分会被收没房产基金情形给济南分会的公函》(1930 年 2 月 12 日),山东省档案馆藏:J162-01-8。
③ 《莱芜红卍字会概况报告表》,青岛市档案馆藏:B63-1-246。
④ 《济南分会为查复房产基金等被侵占情形给本省各分会的公函》(1930 年 2 月 20 日),山东省档案馆藏:J162-01-8。

（续表）

院会名称	省份	创办时间	停顿时间与原因
当涂道院暨红卍字会	安徽	1925.8	1928 年军兴后会务停顿
西安道院暨红卍字会	陕西	1924.4	1929 年 1 月 1 日因时局关系停顿
武汉道院暨红卍字会	湖北	1923.3	1927 年 4 月因时局影响停顿
宣化道院暨红卍字会	河北	1923.2	1928 年 9 月 1 日因时局影响中辍
如皋道院暨红卍字会	江苏	1926.4	1928 年因时局影响停顿

资料来源：据《全国各地红卍字会概况》整理，青岛市档案馆藏：B63-1-246。

受时局影响，各地院会时有停辍。朝城、江阴、东台红卍字会道院成立一年就告停顿。这些停辍的院会后来有的继续开办。

1937 年全面抗战爆发后，中国境内的中外官民团体、机构都遭受不同程度破坏。如中华基督教青年会在抗日战争中遭受的损失表现在四个方面：会所损失，干事流失，会员减少，活动受限，尤以会所损失最严重。战前，中华基督教青年会全国协会有 39 个市会和 112 个校会，到 1939 年，市会仅有 25 个，校会在沦陷区只有 28个尚在活动，其他资产、会所损失更严重。[1] 世界红卍字会道院也不例外。1951年，牟平红卍字会总结战争特别是抗日战争给世界红卍字会发展带来的破坏：1930年前后，世界红卍字会有 400 余处分会。九一八事变发生后，日军侵占东北，组织伪满洲国，致使东北各分会与中华总会及各地分会断绝关系（当时除东北，关内尚有 200 多处分会）。1937 年七七事变后，华北相继沦陷，各地分会又停顿二分之一以上。[2] 世界红卍字会积极开展慈善救济活动的同时，也冒着很大风险，不时停顿或中辍却不能得到官方扶持，这也是当时民间团体共同的命运。

（四）能力有限

靠会员捐款和社会劝募的世界红卍字会各地分会，成立之初即多面临经费紧张的局面。1929 年，掖县红卍字会接到济南红卍字会的募捐册后复函："本会初告成立，对于本会经费尚无从着手募集，而贵会募款一节实难办到。故特将原捐簿贰

---

① 左芙蓉：《社会福音・社会服务与社会改造——北京基督教青年会历史研究（1906—1949）》，第312-313 页。

② 《牟平红卍字分会暨附设恤养院概况说明书》（1951 年 8 月 16 日），烟台市牟平区档案馆藏：23-1-1。

份随函寄上,祈多原谅。"①热河红卍字会于 1923 年创办,初期即因经费问题一度停顿。② 抗战爆发后,时局动荡,交通阻隔,劝募不便,地方绅商为躲避战乱纷纷外逃,导致世界红卍字会各地分会经费日益紧绌。山东省内经济实力雄厚的烟台、牟平红卍字会在抗战爆发后即面临如此境遇,其他财力一般的院会更加艰难。至 20世纪 40 年代,各地红卍字会受时局影响,慈善救济能力大为减弱,很多时候已力不从心。济南红卍字会就遭遇因财力不足而无力救济的尴尬局面。

1940 年,山东峄县大水,灾情严重,"入夏大雨连绵,秋禾多未播种;及至秋禾又被淹没,颗粒未收,灾象遂以酿成,尤以韩庄至台庄间沿运两岸更属惨重。地区辽阔,灾民遍野,饥寒交迫,嗷嗷待哺……倘不速于救济,不仅民命危殆,即地方治安亦难维持"。峄县公署致函济南红卍字会请求救济,济南红卍字会答复:"赈济一项,本当竭尽棉薄,仰副公令。无如近年本省灾区太广,敝会资力有限,难以普及,加以筹办冬赈,救济本市贫民,款项更属支绌。贵处灾赈,救济实有力不从心之憾"。③

1941 年,济南北乡区发生旱灾。该区"地处僻壤,民贫地瘠,向称不毛。年景丰收尚能自给,如遇灾荒即成灾区"。乡区坊长致函济南红卍字会请求赈济,济南红卍字会复函称"运到之关外苞米早经分赈被灾各处",加以办理春赈,"业已施放无存……敝会现在实属有心无力,碍难办理。俟日后遇有机缘再为办理"。④

1943 年,邱县水、旱、蝗数灾并至,民生维艰:"入夏以来,旱魃为虐,滴雨未闻,小麦枯槁,秋禾未播。立秋之后,普降甘霖,晚禾始得播种,无如昊天不吊,祸不单行,水雹相侵,蝗虫为灾,一般田苗蚕食净尽。民众无可奈何,食树皮草根,苟延残喘,夫妻分离者不可胜计,售卖子女者比比皆是。受饿而死者十之三四,尸横街巷无人掩埋。待死幼童无人救护,适值天气严寒,赤身穴居更属可怜,嗷嗷待哺,何处将呼?若不设法救济,邱县民众不难逃亡净尽。"⑤济南红卍字会收到类似求援信函均予以回复,但未见此函下文。推断彼时济南红卍字会尚能勉强维持,已无力对

---

① 《掖县分会为募捐难以办到捐册等寄回给济南分会的信》(1929 年 1 月 21 日),山东省档案馆藏:J162-01-7。

② 《热河红卍字会概况报告表》,青岛市档案馆藏:B63-1-246。

③ 《济南分会为复赈济灾荒事无力顾及与峄县县公署的来往公函》(1941 年 1 月),山东省档案馆藏:J162-01-14。

④ 《济南分会为复无力赈济与济南北乡区尹景周的来往函》(1941 年 6 月 8 日),山东省档案馆藏:J162-01-14。

⑤ 《邱县县政府为报告灾情请求急赈给济南分会的函》(1944 年 1 月 17 日),山东省档案馆藏:J162-01-6。

外援救。

(五)组织松散

世界红卍字会各地分会多由地方绅商组成,商人占比较大。他们或是本地商人,或系外地客居商人。尽管众多商人的参与便于红卍字会劝募资金,但也使其组织结构极不稳固。

一方面,商人需到处行走经商,流动性强;各地红卍字会成立之初尚有不少会员,时间一久,随商贸迁移,奔走四方,会员联系不多,正常例行会务亦无法开展。1951年,牟平红卍字会总结指出:

> 虽章则内定为每年春季召开会议一次,报告上年会务情形,而会员多散居各地经商做事,召集不便,从未能按期集会。遇有临时灾情发生,须要募捐者,除由会长在外劝募外,其在城厢经商之会员则挨户劝募之。惟于1933年举行恤养院落成典礼时,各地分会多派代表参加,本会会员同时亦多前来参加,此后至现在未曾召开全体会议。[①]

另一方面,商业发展须有稳定的社会环境,但民国时局不靖,一旦事变发生,商人外逃避难,导致世界红卍字会不仅经费劝募无着,会务亦陷入停顿。前述1928年济南"五三惨案"发生后,济南红卍字会即遭遇这种情况,卍字小学经费无源。吉林省滨江红卍字会1922年成立后,因修方相继迁往他处,道慈两务一度中辍。[②] 位尊如北京总院者亦有如此情形。1930年,北京总院于道院公会上提出《介引求修宜慎重案》,称该院"自创院至今,求修人名宣院册籍与坐院、经院册籍三种核对,求修后交庚表者不过三分之二,领经者不过三分之一。至于领经后能常坐而偶来院叩幕与同人研道讲慈者,则不及三十分之一。可见真坚、真诚者实不易得"[③]。卫止容在同年道院公会上提出《新入修各方应常来院尽力道慈案》,指出:"新入修各方领经排名后,多不来院,固由不明道旨所致,亦半由新、旧职修各方不甚接洽。"[④]其他院会情形不一而足。

1931年,北京总院又提出《各地道院应详筹整进办法案》,肯定院会发展迅速

---

① 《牟平红卍字分会暨附设恤养院概况说明书》(1951年8月16日),烟台市牟平区档案馆藏:23-1-1。
② 《滨江红卍字会概况报告表》,青岛市档案馆藏:B63-1-246。
③ 《道院第九届公会议事录》,第11页。
④ 《道院第九届公会议事录》,第12页。

的同时也指出人事管理之不善:"各地道院日见扩展者固多,而无形停顿者及似存而有停顿之趋向者亦属不少。推原其故,虽受时局之影响,然由于每一院会能切实负责者实居少数,或因人为转移,或遇事而畏难,以至委(萎)靡不振,坐视停顿。"①同年,滋阳道院提出《拟请母总两会编纂月刊或统系表册以记事绩而彰道慈案》,更明确分析地方院会停顿的人事组织之原因:

> 现修方进修后,或因职业关系,或因个人怠忽,多不时常到会及院……院会先后进修于道慈之兴革,盲从者有之,洞悉者有之。当建院会时,烈热者客籍人居多,土著者少。事成客走,本籍应维其后,乃多附骥盲从。兼之地瘠民贫,复加战事连年,因而中止者有之,复兴者有之,新建者亦有之。先各院会尚有流通之纂,俾得振奋,自南北统一以后多不相顾,致客籍肩道者亦觉淡然,故属抱道不坚,然无各院工作周知,均觉我院如是,彼院亦如是。对于道慈,希望进展者固属同情,意存观望者亦有之,各地院会废弛,此一原因。②

以上几方面原因多交织叠合,增加了世界红卍字会道院的运营难度,导致其不断衰微。

二、历史评鉴

第一,客观评判世界红卍字会道院特别是前者 30 余年出色的慈善救济活动。世界红卍字会作为一个民间慈善团体,自筹资金开展各种慈善救济活动,尤其是其多次战地救济,赢得广泛社会赞誉。中国红十字会、华洋义赈会在近代中国慈善史上占有重要地位,但前者专注于战地救济且带有半官方色彩;后者虽属民间组织,但非由中国本土人士组织、发起、负责,并且华洋义赈会规定:"本会赈济只限于天灾,如天旱洪水是也",如果由于"内战或土匪充斥之处地方骚扰所致"之灾患,"绝对不与以施济。盖捐金者之出资原欲救助因天灾而来之灾害,今若救济前者,是足以助长内乱而已"。③国际红十字会等组织也有类似规定。20 世纪 20 年代,山东境内战争、匪患频仍。灾情经各大报刊媒体披露后,北京华洋义赈会向日内瓦国际万国红十字会和巴黎红十字会联合请助赈款 100 万元,后者经严密考虑后,"俱决

---

①　《道院第十届公会议事录》,第 46 页。
②　《道院第十届公会议事录》,第 42 页。
③　《北京国际统一救灾总会报告书》,转引自李文海、程歗、刘仰东、夏明方:《中国近代十大灾荒》,第166 页。

定不拨。其理由以中国北方灾荒,实非天灾,全由战争及政治所致,故红十字会不宜预闻"①。

世界红卍字会与红十字会、华洋义赈会均不同。虽然在资金筹募上,世界红卍字会不若这两个团体有国际渠道,但其救济面远比后者宽泛,对"平时与非平时发生之天灾人祸及其意外者,皆负救济安全之责"②,近乎达到有灾必救、有难必帮的程度。此外,世界红卍字会对鳏寡孤独、老幼废疾等弱势群体也给予救恤与教养。

世界红卍字会凭借中国传统文化、道德教化的力量在社会转型之际,构建起遍布全国甚至远及海外的慈善救济网络。从其规模和性质看,世界红卍字会应是近代中国本土第一个规模最大的慈善救济组织,其在中国慈善史上应得到肯定和重视。

第二,重新评价道院在20世纪前期(1916—1936)的思想文化观念。道院的思想文化观念固然有维护传统道德伦理纲常的消极因素,但在社会急剧转型、各种救国思潮横陈杂处的民国前期,道院重新发掘中国传统文化特别是儒学的固有价值,依然为重塑国人道德、弥补信仰缺失提供了思想基质。道院试图融合"儒、释、道、耶、回"五教,"统一学说,贯通教化",以"内修外慈""救己度人"为宗旨,意在"唤起人类互爱互助",进而"联合世界,拯救世界",实现世界"大同"理想,也在一定程度上契合"一战"后国内外思想文化的变动趋向。道院发起者反思战争,重新挖掘中国传统文化中"和谐""和平""大同"等因子,进而探求新的救世、救心之道,稳固社会秩序;探索的目的也不仅限于挽救本民族的危亡,而是凸显拯救世界、拯救全人类的远大旨归,具有深刻的社会史和思想史意义。基督教青年会第一任中国籍总干事、世界红卍字会中华总会会长王正廷回忆其在芝加哥学习时所说的一段话,发人深省:

> 也许是在与美国人接触的过程中,我逐渐改变了对中国文明的态度。许多美国人都认为美国文明是最好的,他们不需要从其他文明中学习任何东西。我不喜欢这种狭隘的观点,因而开始了对自身的反省和自觉。我希望不像他们那样褊狭,能明智地面对事实……我相信,每种宗教,无论是佛教、基督教、儒教或其他任何,都只是某种文化的产物。不同的地方有不同的文化,因此宗教也是不同的。没有理由认定一种宗教高于其他的宗教,通过共鸣和谐的交

---

① 王林主编:《山东近代灾荒史》,第226页。
② 《世界红卍字会宣言》(1931年),青岛市档案馆藏:B63-1-16-1。

流，每种宗教都能有所贡献。①

在当时，像王正廷这样的想法很普遍，以往的研究多忽视了这一点。

第三，批判、检讨道院在抗战时期（1937—1945）的思想文化观念。随着 20 世纪 30 年代中后期国内外局势的发展演变，道院人士固守其宗旨理论，缺乏灵活变通。突出表现即 1937 年全面抗战爆发后，中华民族到了生死存亡的关头，日本帝国主义与中华民族的矛盾上升为社会主要矛盾，国共合作、全民抗战是历史所趋，而此时道院仍然奉行超阶级、超民族、超国家的主张，回避民族主义的现实承担；其"世界大同"的观念一定程度上被日本帝国主义的"大东亚共荣""王道政治"等侵略理论利用，最终违背历史潮流。

第四，应进一步思考世界红卐字会道院"中西互鉴""新旧共融"的文化观念与实践逻辑。"传统"与"现代"均非简单、静止或有同构型指涉的概念。"传统"是不断演化的存在，包含复杂万端、互相冲突的质素。"现代"亦如是。被笼统划归传统的思想或事物，很可能包含现代的质素；"现代"也可能包含并不符合现代精神的元素。② 中国的现代化进程是一个新中有旧、旧中有新的交错局面。

世界红卐字会道院在社会转型之际萌生，先天具有新旧兼备、中西融汇的特征。道院之所以有"旧"特征，且为新派人士所指摘，主要是有扶乩、静坐、诵经等活动，并倡导中国传统道德教化以及某些纲常伦理。但道院并非一味守旧、落后，而是如其道慈理论主旨，注重中西互鉴，取长补短，融入时代发展潮流并保留本土特色。

道院虽然固守某些传统纲常伦理，但绝非等级森严、男尊女卑的旧观念，而是试图维护家庭和谐，进而稳定社会秩序。道院的这种观念与学者对民国初年思想文化特别是伦理道德方面的省思惊人相似。王元化谈到道德及其现代价值时指出：

> 五四时期对于中国传统伦理道德的批判是在急于求成的心态下，在你死我活的思维模式下，在"新的就是好的"这样庸俗进化观的价值取向下，把批判简单化了。比如在五四文化激励下的年轻人热中（衷）于走出家庭这样的反叛行为，对于中国传统家庭中讲究父慈子孝、双向调节的人伦关系，是一种粗糙

---

①　［美］邢军：《革命之火的洗礼——美国社会福音和中国基督教青年会（1919—1937）》，赵晓阳译，上海古籍出版社，2006 年，第 68 页。

②　李孝悌：《恋恋红尘——中国的城市、欲望和生活》，上海人民出版社，2007 年，第 275 页。

的破坏。传统家庭伦理中当然有压抑性的关系,但是我们不能不看到,中国家庭伦理的主要精神是主张和谐、互为对方着想。而这种建立在和谐意识上的人伦关系,这种旧道德中的合理因素,其实应该是可以作为可贵的资源,并将其向现代化方向转化的……近年来,越来越多的人认识到,伦理道德是人文精神中的重要部分,也是社会良性发展必不可少的保证之一。[①]

美国学者史华慈的绝笔《中国与当今千禧年主义——太阳底下的一桩新鲜事》,对包括中国在内的世界重要文明做了深刻研讨,强调在物质文明特别丰裕的千禧之交所面临的严重问题;强调社会的人文关怀和家庭伦理道德建设的意义;认为人类文明所思考的问题,不是科技和经济发展能包办取代的,东西方社会普遍面临这样的严峻事实。[②]

道院还倡导妇女走向社会,积极从事慈善活动,不落于男子之后。1935年,女道德社以社内至高神"莲台圣"的名义出示训文:"女社成立已届十余年已,幸各院修子知道社关重要,相继成立。这是女界扩展道慈的良好机会了。但各地女方多有不出闺门的状况,遂致眼光过小,心志窄狭,实于推展道慈有莫大的障碍。"[③]

再以道院的大规模建筑为例,多数建筑采用中西合璧的建筑风格,在民国时期率先将西方的钢筋混凝土建筑质料与中国传统建筑造型相结合:

> 道院建筑,采取宫殿式者。因当此时纪,各国工程,多建楼房,备极精巧,中国工匠,纵殚精竭虑,尽力摩(模)仿,亦恐有瞠乎其后之议。而中国宫殿营造,经数千年之沿革,虽物粹文化,亦为各国所称许,然工匠技师,以非时俗所尚,工艺多不传习,研轮老手,行将渐灭殆尽。济南地接北京,遗则成规,征求尚易,因之公议,道院采用宫殿式,俾数千年之矩矱,永存于圣贤之邦。又以栋梁木料,购办维艰,因采用洋灰铁筋之新法,以期坚固,可垂永久。[④]

这是中国建筑史上的一个创新。青岛道院采用古式殿宇建筑,青岛红卍字会则采

---

① 王元化:《道德及其现代价值》,《清园近作集》,文汇出版社,2004年,第70、73页。

② 朱政惠:《美国中国学史研究——海外中国学探索的理论与实践》,上海古籍出版社,2004年,第230页。史华慈的遗文原载 *Philosophy East and West*,vol.51,no.2(April 2001),pp.193-196;后由林毓生、刘唐芬译为中文,连同林毓生的导读一并刊于《上海科学报》2003年1月9日,后又收入王元化《清园近作集》,第142-158页。

③ 《济南女道德社十二周报告》,《坛训》第1页。

④ 《济南母院新殿告成之经过报告》,山东省档案馆藏:J162-01-15。

用新式楼房,均系钢筋混凝土结构。[①]

世界红卍字会附设的教育机构,其教学内容、理念也较先进。前述烟台恤养院的教学课程安排科学合理,不少师资有留学经历。青岛红卍字会还创办专门的商科职业学校,培养商业人才,师资力量与课程设置均不落后。

在中国走向现代化的历程中,传统与现代并非二元对立的状态,而是一个交融共处、动态变化的新陈代谢过程。不仅先进人士起到积极推动作用,一些看上去"守旧"的人士亦发挥不小的正面影响。世界红卍字会道院的发展变迁历程反映出中国社会逐渐由传统步入近代的样态。诚如严复所言:"非新无以为进,非旧无以为守;且守且进,此其国之所以骏发而又治安也……旧者曰:非循故无以存我。新者曰:非从今无以及人。虽所执有是非明暗之不同,要之其心皆于国有深爱。惟新旧各无得以相强,则自由精义之所存也。"[②]

三、跳出中国慈善事业兴衰律

慈善事业在中国由来已久,按慈善主体划分,主要有政府主导的慈善事业、民间或社会力量开办的慈善事业,而后者在明清之际突变崛起,并在清代、民国历经重要兴衰发展演变。其总体趋向是由早期的个别"行善"的慈善活动,转向清末到现代社会的"公益"事业。[③]

夏明方回顾并总结明清以来中国救灾事业发展演变过程中国家与社会之间的关系时指出,在君主专制或中央集权力量强大的时期,如明代前中期、清康乾盛世时期、国民政府10年黄金统治时期,以及中华人民共和国的大部分时期,在救灾领

---

① 主要施工原则和标准如下:工事基础挖妥后用乱石积厚五十生,以20人拉绳之木椿打坚,上敷碎石滓取平,然后用三生厚的木板两边架设整齐,扑墨线取以准确,请工事监督验好施行。工事基础打洋灰,以石子砂、洋灰等交合,须以洁净,不准搀杂乱草、灰土等物,水用自来水。自施工日算,两星期内不准拆卸架设木板。应用铁筋、洋灰照一二四交合适宜,打得坚固为准。木板拆卸须在三星期以外,经工事监督认可施行。使用的石料以青岛崂山产上等料颜色合格。石灰概用博山上等块灰,用水粉碎。使用砖以平常砖及机器砖两种。积立方法以洋灰一成,石灰一成,砂五成调合,积立坚固为合格。洋灰选用中国唐山洋灰。木料概用美国红松,大殿格扇及内部构造用柳安木上等材。铁筋俱用方钢铁。屋顶瓦分为两种:一系由北平订买之黄琉璃瓦;一种系本地产洋大红瓦,作法以不漏雨水、雅观为合格。详见《青岛红卍字分会新建院会房舍及其他各项工事说明概要》,青岛市档案馆藏:B63-1-247。

② 严复:《主客平议》,王栻主编:《严复集》第1册,第119页。该文刊于1902年6月26至28日《大公报》,于1904年4月4至9日重登该报。编者说:"本报当出版之始,登有《主客平议》一篇。嗣以海内外索此稿者甚众,但余版存已无多,不能应命,今特再将该篇揭登报端,并以供未见此篇者之览阅焉。"

③ 游子安:《善与人同——明清以来的慈善与教化》,第4页;[日]小浜正子:《近代上海的公共性与国家》,第117页。

域,民间力量要么依附于国家体制内,要么起到辅助性作用,甚至完全不存在;而一旦面临大规模、长时间的天灾人祸,国家统治衰微或有意识地收缩、退却时,民间救灾力量就极为活跃,甚至在晚清至北京政府时期一度成为救灾的核心与主导。[①]中国慈善事业发展史,尤其是明清以来民间慈善事业之兴衰,也昭示:民间慈善事业多兴起、发展、壮大于天灾人祸频仍的衰世、末世("乱世"),此时政府力量式微,社会职能弱化,催生出民间力量承担各种本属政府的社会职能,尤其是慈善救济活动;而当和平、盛世局面("治世")到来,政府力量逐渐恢复、发展、壮大后,民间慈善事业趋于衰微,甚至走向消解。

据此,中国民间慈善事业似乎陷入"兴于乱世,衰于治世"的兴衰背反律,长期缺乏正常的生存发展空间与完善的体制机制保障。这里所谓民间慈善事业"兴于乱世"也只是相对而言。灾荒与战乱固然是民间慈善团体兴起和发展的动力之一,但动乱时局也对其发展不利。抗日战争爆发后,慈善团体或因地区沦陷,或因人事变化,组织与活动大受打击,1939 年各省呈报慈善团体 350 个,仅是战前的一半。[②]诚然,在救灾与慈善领域,国家与社会并非相互对立或对抗,而是彼此合作或互补。[③] 但既往中国慈善事业发展史表明,政府与民间力量的此消彼长、孰重孰轻,最终取决于国家治乱兴衰。如何使民间慈善事业跳出"兴于乱世,衰于治世"的兴衰背反律,在和平时期健康成长;政府如何培育和支持民间慈善事业,用"善治"更好地"治善",是新时期学术研究与加快现代化社会治理体系建设的重要议题。

慈善与救灾之内容,既有交叉,又有区别。慈善侧重于正常社会环境下的"平时",有永久性;而救灾侧重于非正常社会环境下的"灾时",属临时性。世界红卍字会在创立伊始就十分典型地将慈善与救灾广泛地融合在一起,将自身业务分为永久和临时慈善事业,承担起"平时"的慈善活动与"灾时"的救济事务。新中国成立后,旧有的慈善团体被逐步裁并,由人民政府的社会福利事业取而代之。尽管这种包办式的做法有失偏颇,但从历史上看,"还从来没有一个政权能和建国以来中国政府在应付重大自然灾害方面所取得的成就相比,也没有一个政权能和她在大众

① 夏明方:《在民主与专制之间——明清以来中国救灾事业嬗变过程中的国家与社会》,见夏明方主编:《新史学(第 6 卷):历史的生态学解释:世界与中国》,中华书局,2012 年,第 242 页。

② 蔡勤禹:《国家、社会与弱势群体——民国时期的社会救济(1927—1949)》,天津人民出版社,2003 年,第 202 - 203 页。

③ 夏明方:《在民主与专制之间——明清以来中国救灾事业嬗变过程中的国家与社会》,见夏明方主编:《新史学(第 6 卷):历史的生态学解释:世界与中国》,第 244 页。

教育、公共医疗卫生以及其他公共产品供给方面所取得的成就相比"[①]。

与此同时,在现代化建设与全面建成小康社会的进程中,各类社会风险与矛盾逐渐显现,自然灾害也不会绝迹于人们的生活,且随着现代化程度的提高可能产生更加严重的破坏。在这种状况下,仅靠政府的力量难以建立起覆盖社会各层面、各方位的安全保障与危急救援体系,必须发挥社会或民间的力量共同参与。"更大地发挥社会的自发性以建设一个具有自律性的社会,无论是对于发展国家的生产力,还是对于人们是否能够过上更加人本主义的生活都是必要的。"[②]政府也认识到慈善事业是社会生活不可或缺的组成部分,是缓解社会矛盾、凝聚社会共识、促进社会和谐的重要推动力。党的十八大报告将"完善社会救助体系,健全社会福利制度,支持发展慈善事业"作为加强社会建设的目标之一。《中共中央关于全面深化改革若干重大问题的决定》也强调正确处理政府和社会关系,"适合由社会组织提供的公共服务和解决的事项,交由社会组织承担",重点培育和发展公益慈善类组织。

2006 年,中国除每年有6 000万以上的灾民需要救济、2 200多万城市低收入人口享受低保,还有7 500万农村绝对贫困人口、6 000万残疾人和1.4 亿 60 岁以上的老年人需要各种形式的救助和帮助。当时中国慈善事业的发展遭遇五大瓶颈:慈善组织和机构数量少;慈善机构募捐能力较弱,动员社会资源的能力较差;税收政策的积极作用尚未得到充分发挥;专项慈善法律法规尚不健全;慈善组织缺乏公信力。[③] 上述庞大的待救助群体单靠政府力量远远不够,必须充分调动、整合社会资源,完善慈善立法和慈善机制,提倡、鼓励民间慈善事业的发展。经过 10 余年发展,中国慈善事业取得明显进步,涌现出一些新特点:一是慈善捐赠主体多元化,由企业逐步转向个人;二是慈善捐赠标的日趋多样性,已扩大到股权、有价证券、知识产权等;三是慈善方式层出不穷,如网络捐赠、慈善众筹、社区动员、慈善信托等;四是社会对慈善组织的公信力透明度的要求越来越高。

大体说来,慈善事业的兴起和发展须同时具备四个方面的支撑:慈善观念、慈善资金、社会需求、制度保障。这四个方面构成慈善事业发展之"四维"。如果从"内外相维"角度看,慈善观念与慈善资金属于慈善事业的"内维",社会需求与制度

① 夏明方:《在民主与专制之间——明清以来中国救灾事业嬗变过程中的国家与社会》,见夏明方主编:《新史学(第 6 卷):历史的生态学解释:世界与中国》,第 253 页。

② 〔日〕小浜正子:《近代上海的公共性与国家》,第 290 页。

③ 《人民日报》2006 年 1 月 25 日。

保障是慈善事业的"外维"。作为慈善事业"内维"的慈善观念、慈善资金主要是指人力、财力,是慈善事业发展的内在主要动力。从世界红卍字会的早期发展历史看,该组织十分看重人力、财力,而且认识到同时具备这两个要素的难度:"欲设一卍会,必先具备两种要素,一曰人力,一曰财力,缺一不可。现在人心,重利轻义,欲其牺牲金钱,耗费心血,而为济人利物之举,不自吝惜,诚非易易。"①时至今日,中国慈善事业的捐赠主体、捐赠标的和捐赠方式虽有新变化、新发展,但新时期慈善观念的涵育与弘扬,慈善资金的多方汇聚与科学使用等问题仍需着力解决。前述在全面建成小康社会,实现中华民族伟大复兴的征程中,各类社会风险与矛盾、自然灾害等相生相伴,慈善事业发展的"社会需求"依然存在。完善中国慈善事业发展的制度保障也随之提上日程。

2016年3月16日,第十二届全国人民代表大会第四次会议通过《中华人民共和国慈善法》。这是中国历史上的首部慈善法,也是中国慈善事业建设的第一部基础性和综合性法律,具有里程碑意义。它为"发展慈善事业,弘扬慈善文化,规范慈善活动,保护慈善组织、捐赠人、志愿者、受益人等慈善活动参与者的合法权益,促进社会进步,共享发展成果"②提供了坚实的法律依据与制度保障。社会公益活动是慈善组织最擅长的领域,在传统社会管控向现代社会治理转变的过程中,慈善组织在政府提供公共服务之外,将有效提供基础公共服务不能或者尚未覆盖的部分,增进社会福祉;也将有力培育民众参与公共事务和承担公共责任的精神和意识。《中华人民共和国慈善法》的出台,意味着政府与民间将在社会公益、社会服务和社会治理等方面协同努力,开启了政府与民间共同为社会筑底的时代。③ 中国慈善事业在和平时代迎来了健康成长的制度与法律保障,有利于自身在发展中规范,在规范中发展。

百余年前的1912年,朱友渔在提交给哥伦比亚大学的博士论文的最后,指出中国慈善事业将具有广泛的国民基础:"一方面,社会慈善精神在全社会发扬,各地人民团结起来共襄善举。另一方面,随着中央集权的加强,政府权责的明确划分,中国政府将会更积极地推进慈善事业。我们已经看到,在中国,一方有难,八方支援,其支援的积极程度为十年、二十年前所鲜见。我们也看到,中国政府正在推进

---

① 香港红卍字会编:《院会缘起概略》,第11页。
② 《中华人民共和国慈善法》,《光明日报》2016年3月20日。
③ 金锦萍:《慈善法开启民间与政府共同为社会筑底的时代》,《人民日报》2016年3月21日。

教育改革和其他领域的改革。因中国人开始认识到政府和人民利益的一致性,中国政府和人民不再相互疏离,而是积极合作。""中国政府已将自己视为国民福祉的推进者,不会愚蠢地阻碍民众的慈善活动,而会和人民携手推动慈善事业发展。"他满怀希望与信心地回顾与展望:"公元前2 000年,世界见证了古代中国的崛起。公元后2 000年的今天,在新的历史时代下,中国新国民精神正在萌芽生长,一个崭新的中国正在崛起。"①慈善事业有法可依,未来发展可期。我们由衷期望《中华人民共和国慈善法》实施后,相关配套制度与措施及时制定、落实,使中国慈善事业跳出过往的兴衰背反律,在新时期弘扬中华民族慈善美德,实现健康发展,稳步推进,为中国与世界的美好做出新贡献。

---

①　朱友渔:《中国慈善事业的精神———一项关于互助的研究》,中山大学中国公益慈善研究院翻译组译,商务印书馆,2016 年,第 103 - 104 页。

参考文献

一、档案

(一)未刊档案

中国第二历史档案馆藏:世界红卍字会中华总会档案,全宗号:257。

上海市档案馆藏:世界红卍字会各办事处、分会档案,全宗号:Q120。

山东省档案馆藏:济南道院暨红卍字会档案,全宗号:J162。

济南市档案馆藏:济南市民政局福利类档案,档案号:70-1-55;关于难民请求救济及社会团体等材料,档案号:22-1-19。

青岛市档案馆藏:世界红卍字会青岛分会档案,全宗号:B63。

烟台市档案馆藏:宗教救济类档案,档案号:229-3708、235-3714、231-3710、224-3703。

烟台市牟平区档案馆藏:世界红卍字会牟平分会及恤养院档案,档案号:D7-1、23-1-1。

(二)刊布档案

张礼恒:《民国时期上海的慈善团体统计(1930年前后)》,《民国档案》1996年第3期。

庄志龄整理:《世界红卍字会关于南京大屠杀后掩埋救济工作报告》,《档案与史学》1997年第4期。

中国第二历史档案馆编:《中华民国史档案资料汇编·第三辑:政治》(一、二)),江苏古籍出版社,1991年。

中国第二历史档案馆编:《中华民国史档案资料汇编·第五辑第一编:文化》(一、二),江苏古籍出版社,1994年。

中国第二历史档案馆编:《中华民国史档案资料汇编·第五辑第三编:文化》,江苏古籍出版社,1994年。

济南市档案馆编:《毋忘国耻——济南"五三"惨案档案文献选辑》,济南出版社,2003年。

二、世界红卍字会(道院)出版物

《济南母院呈请立案简章》,1935年。

《济南道院立案文件汇录》。

《道院各项附则、母坛专则合刊》。

《道院第七届公会议事录》,济南道院,1928年。

《道院第九届公会议事录》,济南道院,1930年。

《道院第十届公会议事录》,济南道院,1931年。

《道院第十一届公会议事录》,济南道院,1931年。

《道院十二年立道大会议事录》,济南道院,1932年。

《道院第十二届公会议事录》,济南道院,1933年。

《癸酉展庆研坐会议事录》,济南道院,1933年。

《道院第十三届公会议事录》,济南道院,1934年。

《道院第十四届公会议事录》,济南道院,1935年。

《道院第十五届公会议事录》,济南道院,1936年。

《道院第十六届公会议事录》,济南道院,1937年。

《道院第十七届公会议事录》,济南道院,1938年。

《道院第十八届展春合会议事录》,济南道院,1939年。

《癸酉第八次坐会议事录》,济南道院,1933年。

《济南母社十二周纪念大会议事录》(又名《女道德社第一届公会议事录》),济南女道德社,1935年。

《济南女道德社十二周报告》,济南女道德社,1935年。

《女道德社社纲、办事细则》,济南女道德社,1935年。

《栖霞道院坛训》,栖霞道院,1929年。

《邹平道院训文》,邹平道院,1933年。

《蓬莱道院坛训》,蓬莱道院,1935年。

《德县道院坛训》,德县文华书局,1936年。

《万院道训汇编》,万县道院,1937年。

《宿迁新安镇道院坛训录》,济南慈济印刷所,1943年。

《掖县女道德社坛训》,掖县重华印刷所,1935 年。

《四平女道德社坛训》,四平女道德社,1936 年。

《滕县女道德社开幕科文》,滕县女道德社,1937 年。

《滕县女道德社复兴科训》,济南慈济印刷所,1940 年。

《历城道院购址收支报告书》,历城道院,1934 年。

《世界红卍字会中华总会一览》,1935 年。

《道院地址一览》。

《济南道院第一育婴堂章程》。

侯素爽编:《道院览要》,1932 年。

张灵泳编:《救济须知》,济南慈济印刷所,1933 年。

《世界红卍字会中华总会赈救工作第二次报告书》(自民国十八年二月十日起至二十一年六月底止),1932 年。

《世界红卍字会中华总会历年赈济工作第三次报告书》(二十一年七月一日起至二十三年三月底止),1934 年。

烟台分主院编:《烟台分主院暨烟台分主会十年道慈纪实》,1935 年。

世界红卍字会烟台分会编:《世界红卍字会烟台分会恤养院三周纪念册》,1936 年。

吕梁建编:《道慈概要》,龙口道院,1938 年。

《哲报》第一、二卷。

《道德月刊》第一、二、三卷。

《道院特刊》(创刊号),京兆慈济印刷所,1923 年 6 月 20 日。

《鲁联卍字旬刊》(世界红卍字会全鲁各分会联合救济办事处编印发行),1939 年第 4－7 号。

谢冠能编:《道德精华录》,南京道院,1927 年。

谢冠能编:《道德精华录续编》,南京道院,1933 年。

《世界红卍字会道慈研究所讲义》第 1 册《道慈纲要大道篇》。

《世界红卍字会道慈研究所讲义》第 2 册《道慈纲要卍慈篇》。

《世界道慈宗职录》,天津行宗坛,1933 年。

《素璞何统掌荣哀录》。

《胶东卍报》,1933—1937 年。

香港红卍字会编:《院会缘起概略》,德昌印刷公司,1960 年。

三、地方史志

郑千里:《烟台要览》,烟台要览编纂局,1923 年。

周传铭:《济南快览》,济南世界书局,1927 年。

魏镜:《青岛指南》,胶东书社,1933 年。

罗腾霄:《济南大观》,济南大观出版社,1934 年。

倪锡英:《济南》,中华书局,1936 年。

刘精一:《烟台概览》,1937 年,烟台市图书馆藏。

青岛特别市公署编:《青岛指南》,青岛特别市公署,1938 年。

池田薰、刘云楼:《烟台大观》,鲁东日报社烟台大观编辑所,1941 年。

尹致中:《青岛指南》,全国市政协会青岛分会,1947 年。

纪耀荣:《济南道院暨红卍字会之调查》(手抄稿本,原文无页码,1934 年,与董德昭手抄《孔孟及宋儒的上帝观》合订为一册),原属齐鲁大学神学院,现藏山东师范大学图书馆特藏部。

张玉法主编:《民国山东通志》,(台北)山东文献杂志社,2002 年。

《中国地方志集成·民国高密县志》,凤凰出版社等联合于 2004 年影印出版的中国地方志集成之山东府、州、县各辑,下同。

《中国地方志集成·民国续修广饶县志》。

《中国地方志集成·民国寿光县志》。

《中国地方志集成·民国牟平县志》。

《中国地方志集成·民国德县志》。

《中国地方志集成·民国续修曲阜县志》。

《中国地方志集成·民国临清县志》。

《中国地方志集成·民国莱阳县志》。

《中国地方志集成·民国续修临沂县志》。

《中国地方志集成·民国单县志》。

《中国地方志集成·民国临朐续志》。

《中国地方志集成·民国续修莱芜县志》。

《中国地方志集成·民国续东平县志》。

《中国地方志集成·民国重修泰安县志》。

《中国地方志集成·民国冠县志》。

《中国地方志集成·民国济宁县志》。

刘国斌修、刘锦堂编纂:《四续掖县志》,1935 年。

王荫桂修、张新曾编纂:《续修博山县志》,1937 年。

中国方志丛书·华北地方(62):《胶澳志》,(台北)成文出版社,1968 年。

吴延燮等纂:《北京市志稿·民政志》,北京燕山出版社,1998 年。

山东省地方史志编纂委员会编:《山东省志·民政志》,山东人民出版社,1992 年。

山东省地方史志编纂委员会编:《山东省志·水利志》,山东人民出版社,1994 年。

《昌邑县志》,山东省昌邑县志编纂委员会,1987 年。

《历城县志》,济南出版社,1990 年。

《福山区志》,齐鲁书社,1990 年。

《高密县志》,山东人民出版社,1990 年。

《博山县志》,齐鲁书社,1990 年。

《栖霞县志》,山东人民出版社,1990 年。

《牟平县志》,科学普及出版社,1991 年。

《莱芜市志》,山东人民出版社,1991 年。

《滨州市志》,齐鲁书社,1993 年。

《烟台文史资料》第 9 辑,1988 年。

《烟台文史资料》第 17 辑,1992 年。

《兖州文史资料》第 5 辑,1991 年。

《淄博文史资料选辑》第 2 辑,1984 年。

《潍坊文史资料选辑》第 5 辑,1989 年。

《济南文史资料选辑》第 4 辑,1984 年。

《济南文史资料选辑》第 6 辑,1985 年。

《牟平县文史资料选编》第 1 辑,1985 年。

《章丘文史资料集粹》第 16 辑,2002 年。

《通辽市文史》第 1 辑,1986 年。

《甘肃文史资料选辑》第 13 辑,1982 年。

《滑县文史资料》第 6 辑,1989 年。

《合肥文史资料》第 1 辑,1984 年。

《连云港市文史资料》第 1 辑,1983 年。

《武汉文史资料》2004 年第 7 期。

《济南市志资料》第 2 辑,济南市志编纂委员会,1981 年。

山东省政协文史资料研究委员会编:《文史资料选辑》第 19 辑,山东人民出版社,1986 年。

济宁市市中区文史资料研究委员会编:《文史资料》第 1 辑,1985 年。

山东省政协文史资料委员会编:《山东工商经济史料集萃》第二辑,山东人民出版社,1989 年。

长春市政协文史资料委员会编:《长春文史资料·满洲宗教》,1988 年第 4 辑。

长春市政协文史资料委员会编:《长春文史资料》,1988 年第 5 辑。

长春市政协文史资料委员会编:《长春文史资料·宗教人士谈往录》,1990 年第 3 辑。

长春市政协文史资料委员会编:《长春文史资料》,1990 年第 4 辑。

山东省政协文史资料委员会编:《山东文史集粹·民族宗教卷》,山东人民出版社,1993 年。

栾恤俭主编:《烟台恤养院史志(1929—1954)》,济南华夏印刷所,1998 年。

全国政协文史资料委员会编:《旧中国的社会民情》,安徽人民出版社,2000 年。

济南市政协文史资料委员会编:《20 世纪济南文史资料文库》(社会卷、文化卷、教育卷),黄河出版社,2004 年。

四、其他史料

姚莹:《中复堂全集·康輶纪行》,道光年间刻本。

徐继畬:《瀛寰志略》,道光庚戌年红杏山房刻本。

《济南市社会局十八年度工作报告》。

江希张:《息战》,万国道德会,1918 年重刊。

江希张:《道德经白话解说》,1920 年。

唐焕章:《息战书后》,1921 年。

《万国道德会志》,第 1 卷第 1 号,1922 年 2 月 2 日。

朱其华:《中国农村经济的透视》,上海中国研究书店,1936 年。

忏庵编:《赈灾辑要》,上海广益书局,1936 年。

《中华民国法规大全》，商务印书馆，1936年。

《北京五台山普济佛教总会历年经办救济概况说明书》，1941年重印。

万国道德会编：《会员须知》，1942年再版。

柯象峰编：《中国贫穷问题》，正中书局，1947年。

包天笑：《钏影楼回忆录》，(香港)大华出版社，1971年。

汤志钧编：《康有为政论集》，中华书局，1981年。

夏东元编：《郑观应集》上册，上海人民出版社，1982年。

徐珂编撰：《清稗类钞》，中华书局，1984年。

黄远庸：《远生遗著》，商务印书馆，1984年。

陈崧编：《五四前后东西文化问题论战文选》，中国社会科学出版社，1985年。

王栻主编：《严复集》，中华书局，1986年。

陈翰笙、薛暮桥、冯和法编：《解放前的中国农村》第二辑，中国展望出版社，1987年。

陈其元：《庸闲斋笔记》，中华书局，1989年。

李文海、林敦奎、周源、宫明：《近代中国灾荒纪年》，湖南教育出版社，1990年。

李文海、林敦奎、程歗、宫明：《近代中国灾荒纪年续编》，湖南教育出版社，1993年。

洪建林编：《仙学解秘——道家养生秘库》，大连出版社，1991年。

中国红十字会总会编：《中国红十字会历史资料选编(1904—1949)》，南京大学出版社，1993年。

黄夏年编：《太虚集》，中国社会科学出版社，1995年。

于凌波：《中国近现代佛教人物志》，宗教文化出版社，1995年。

《辜鸿铭文集》，黄兴涛等译，海南出版社，1996年。

周秋光编：《熊希龄集》，湖南出版社，1996年。

蔡鸿源主编：《民国法规集成》，黄山书社，1999年。

上海市档案馆编：《上海解放续编》，上海三联书店，1999年。

王见川、林万传主编：《明清民间宗教经卷文献》，(台北)新文丰出版公司，1999年。

路遥主编：《山东大学义和团调查资料汇编》，山东大学出版社，2000年。

李文海、夏明方主编：《民国时期社会调查丛编·宗教民俗卷》，福建教育出版社，2004年。

郭大松、田海林主编:《山东宗教历史与现状调研资料选》,(韩国)新星出版社,2004年。

《太虚大师全书》,宗教文化出版社,2005年。

[英]李提摩太:《亲历晚清四十五年——李提摩太在华回忆录》,李宪堂、侯林莉译,天津人民出版社,2005年。

郭大松译编:《中西文化交流的先驱和桥梁——近代山东早期来华基督新教传教士及其差会工作》,人民日报出版社,2007年。

中华续行委办会调查特委会编:《1901—1920年中国基督教调查资料》,蔡咏春等译,中国社会科学出版社,2007年。

郭大松编:《世界红卍字会与社会救济史料选编》,2011年,未刊稿。

[英]哥伯播义:《市井图景里的中国人》,刘犇、邢锋萍译,学林出版社,2017年。

五、研究著作

邓云特:《中国救荒史》,生活·读书·新知三联书店,1961年。

李世瑜:《现代华北秘密宗教》,上海文艺出版社,1990年影印。

张玉法:《中国近代现代史》,(台北)东华书局,1978年。

张玉法:《中国现代化的区域研究——山东省》,(台北)中央研究院近代史研究所,1981年。

[日]吉冈义丰:《中国民间宗教概说》,余万居译,(台北)华宇出版社,1985年。

陈撄宁:《道教与养生》,华文出版社,1989年。

陈秀萍编著:《沉浮录——中国青运与基督教男女青年会》,同济大学出版社,1989年。

[美]郭颖颐:《中国现代思想中的唯科学主义》,雷颐译,江苏人民出版社,1990年。

南怀瑾:《静坐修道与长生不老》,三环出版社,1990年。

卿希泰主编:《道教与中国传统文化》,福建人民出版社,1990年。

[日]可儿弘明:《猪花——被贩卖海外的妇女》,孙国群、赵宗颇译,河南人民出版社,1990年。

[美]艾恺:《世界范围内的反现代化思潮——论文化守成主义》,贵州人民出版社,1991年。

李文海、周源:《灾荒与饥馑(1840—1919)》,高等教育出版社,1991年。

周秋光:《熊希龄与慈善教育事业》,湖南教育出版社,1991年。

张仲礼:《中国绅士——关于其在19世纪中国社会中作用的研究》,李荣昌译,上海社会科学院出版社,1991年。

[美]罗纳德·L·约翰斯通:《社会中的宗教——一种宗教社会学》,尹今黎、张蕾译,四川人民出版社,1991年。

陈旭麓:《近代中国社会的新陈代谢》,上海人民出版社,1992年。

龚天民:《中国民间宗教信仰与基佛问题》,(台北)校园书房出版社,1992年。

[美]欧大年:《中国民间宗教教派研究》,刘心勇等译,上海古籍出版社,1993年。

李文海、程歗、刘仰东、夏明方:《中国近代十大灾荒》,上海人民出版社,1994年。

邓子美:《传统佛教与中国近代化》,华东师范大学出版社,1994年。

熊月之:《西学东渐与晚清社会》,上海人民出版社,1994年。

牟钟鉴、张践:《中国民国宗教史》,人民出版社,1994年。

陶飞亚、刘天路:《基督教会与近代山东社会》,山东大学出版社,1994年。

李刚:《劝善成仙——道教生命伦理》,四川人民出版社,1994年。

赵咏等编:《世界100灾难排行榜》,中国经济出版社,1994年。

李文海:《世纪之交的晚清社会》,中国人民大学出版社,1995年。

马敏:《官商之间——社会剧变中的近代绅商》,天津人民出版社,1995年。

吕伟俊主编:《民国山东史》,山东人民出版社,1995年。

王治心:《中国宗教思想史大纲》,东方出版社,1996年。

辜鸿铭:《中国人的精神》,黄兴涛、宋小庆译,海南出版社,1996年。

顾卫民:《基督教与近代中国社会》,上海人民出版社,1996年。

吕伟俊:《韩复榘传》,山东人民出版社,1997年。

邵雍:《中国会道门》,上海人民出版社,1997年。

王先明:《近代绅士——一个封建阶层的历史命运》,天津人民出版社,1997年。

吴雁南等主编:《中国近代社会思潮(1840—1949)》,湖南教育出版社,1998年。

蔡少卿主编:《中国秘密社会概观》,江苏人民出版社,1998年。

许地山:《扶箕迷信的研究》,商务印书馆,1999年。

郭廷以:《近代中国史纲》,中国社会科学出版社,1999年。

秦晖:《政府与企业以外的现代化——中西公益事业史比较研究》,浙江人民出版社,1999年。

游子安:《劝化金箴——清代善书研究》,天津人民出版社,1999年。

夏明方:《民国时期自然灾害与乡村社会》,中华书局,2000年。

章开沅、马敏、朱英主编:《中国近代史上的官绅商学》,湖北人民出版社,2000年。

牟钟鉴、张践:《中国宗教通史》,社会科学文献出版社,2000年。

朱英:《近代中国商人与社会》,湖北教育出版社,2001年。

梁其姿:《施善与教化——明清的慈善组织》,河北教育出版社,2001年。

严薇青:《济南掌故》,济南出版社,2001年。

王守中、郭大松:《近代山东城市变迁史》,山东教育出版社,2001年。

王尔敏:《近代文化生态及其变迁》,百花洲文艺出版社,2002年。

刘平:《文化与叛乱——以清代秘密社会为视角》,商务印书馆,2002年。

陆仲伟:《中国秘密社会·民国会道门》,福建人民出版社,2002年。

[日]三谷孝:《秘密结社与中国革命》,李恩民监译,中国社会科学出版社,2002年。

王尔敏:《明清时代庶民文化生活》,岳麓书社,2002年。

陈剑锽:《圆通证道——印光的净土启化》,(台北)东大图书公司,2002年。

王玉德:《神秘主义与近代中国社会》,中国社会科学出版社,2003年。

卫金桂:《欧战与中国社会文化思潮变动研究》,香港拓文出版社,2003年。

[日]小浜正子:《近代上海的公共性与国家》,葛涛译,上海古籍出版社,2003年。

[美]杜赞奇:《文化、权力与国家:1900—1942年的华北农村》,王福明译,江苏人民出版社,2003年。

蔡勤禹:《国家、社会与弱势群体——民国时期的社会救济(1927—1949)》,天津人民出版社,2003年。

蔡勤禹:《民间组织与灾荒救治——民国华洋义赈会研究》,商务印书馆,2004年。

顾长声:《传教士与近代中国》,上海人民出版社,2004年。

顾长声:《从马礼逊到司徒雷登——来华新教传教士评传》,上海人民出版社,2004年。

[美]彼得·布劳、马歇尔·梅耶:《现代社会中的科层制》,马戎等译,学林出版社,2004年。

王元化:《清园近作集》,文汇出版社,2004年。

王林主编:《山东近代灾荒史》,齐鲁书社,2004年。

[美]柯文:《在中国发现历史——中国中心观在美国的兴起》(增订本),林同奇译,中华书局,2005年。

[日]夫马进:《中国善会善堂史研究》,伍跃、杨文信、张学锋译,商务印书馆,2005年。

赵宝爱:《慈善救济事业与近代山东社会变迁》,济南出版社,2005年。

游子安:《善与人同——明清以来的慈善与教化》,中华书局,2005年。

吴亚魁:《生命的追求——陈撄宁与近现代中国道教》,上海辞书出版社,2005年。

郭重威、孔新芳:《道教文化丛谈》,黑龙江人民出版社,2005年。

左芙蓉:《社会福音·社会服务与社会改造——北京基督教青年会历史研究(1906—1949)》,宗教文化出版社,2005年。

朱浒:《地方性流动及其超越——晚清义赈与近代中国的新陈代谢》,中国人民大学出版社,2006年。

周秋光:《熊希龄传》,百花文艺出版社,2006年。

周秋光、曾桂林:《中国慈善简史》,人民出版社,2006年。

[美]邢军:《革命之火的洗礼——美国社会福音和中国基督教青年会(1919—1937)》,赵晓阳译,上海古籍出版社,2006年。

[美]杨庆堃:《中国社会中的宗教——宗教的现代社会功能与其历史因素之研究》,范丽珠等译,上海人民出版社,2007年。

李孝悌:《恋恋红尘——中国的城市、欲望和生活》,上海人民出版社,2007年。

张建俅:《中国红十字会初期发展之研究》,中华书局,2007年。

孙建国:《信用的嬗变:上海中国征信所研究》,中国社会科学出版社,2007年。

朱友渔:《中国慈善事业的精神——一项关于互助的研究》,中山大学中国公益慈善研究院翻译组译,商务印书馆,2016年。

李光伟:《老安少怀:烟台恤养院研究》,人民出版社,2016年。

六、论文与论文集

(一)期刊论文

汪熙:《研究中国近代史的新取向———外因、内因或内外因结合》,《历史研究》1993 年第 5 期。

濮文起:《民国时期民间秘密宗教简论》,《天津社会科学》1994 年第 2 期。

郭大松、曹立前:《源起齐鲁的道院组织及其时代特征》,《山东师大学报(社会科学版)》1994 年第 3 期。

罗志田:《传教士与近代中西文化竞争》,《历史研究》1996 年第 6 期。

郑师渠:《欧战后中国社会文化思潮的变动》,《近代史研究》1997 年第 3 期。

马敏:《有关中国近代社会转型的几点思考》,《天津社会科学》1997 年第 4 期。

宋光宇:《游弥坚与世界红卍字会台湾省分会》,《台北文献》第 122 期,1997 年 12 月。

宋光宇:《民国初年中国宗教团体的社会慈善事业———以世界红卍字会为例》,(台北)《文史哲学报》1997 年第 46 期。

宋光宇:《士绅、商人与慈善———民国初年一个慈善性宗教团体"世界红卍字会"》,《辅仁历史学报》1998 年第 9 卷。

罗志田:《西方的分裂:国际风云与五四前后中国思想的演变》,《中国社会科学》1999 年第 3 期。

王见川:《张宗载、宁达蕴与民国时期的"佛化新青年会"》,《圆光佛学学报》1999 年第 3 期。

范纯武:《近现代中国佛教与扶乩》,《圆光佛学学报》1999 年第 3 期。

王见川:《透视故事的背后:略论"佛教慈济功德会"的早期情况(1966—1971)》,《圆光佛学学报》1999 年第 4 期。

王见川:《道院、红卍字会在台湾(1930—1950)》,《台湾宗教研究通讯》2000 年第 2 期。

宋光宇:《从中国宗教活动的三个主要功能看 20 世纪中国与世界的宗教互动》,《世界宗教研究》2000 年第 3 期。

张根福:《抗战初期世界红卍字会在浙江的难民救济活动述略》,《浙江师范大学学报》2000 年第 5 期。

李世瑜：《民间宗教研究之方法论再议——兼评路遥〈山东民间秘密教门〉》，《世界宗教研究》2001 年第 3 期。

李英武：《东北沦陷时期的民间宗教与秘密结社》，《东北亚论坛》2002 年第 1 期。

曾桂林：《20 世纪国内外中国慈善事业史研究综述》，《中国史研究动态》2003 年第 3 期。

李文海、朱浒：《义和团运动时期江南绅商对战争难民的社会救助》，《清史研究》2004 年第 2 期。

张济顺：《上海里弄：基层政治动员与国家社会一体化走向（1950—1955）》，《中国社会科学》2004 年第 2 期。

马敏：《21 世纪中国近现代史研究的若干趋势》，《史学月刊》2004 年第 6 期。

孙江：《近代中国的"亚洲主义"话语》，《上海师范大学学报（哲学社会科学版）》2004 年第 3 期。

郑大华：《一战与战后（1918—1927）中国文化思潮的变动》，《淮阴师范学院学报（哲学社会科学版）》2004 年第 4 期。

陈坚：《从榜样到边缘——"佛教范式"在中国宗教中的地位变迁》，《世界宗教研究》2005 年第 1 期。

朱浒：《江南人在华北——从晚清义赈的兴起看地方史路径的空间局限》，《近代史研究》2005 年第 5 期。

赵宝爱：《山东女道德社的慈善活动简论》，《中华女子学院山东分院学报》2005 年第 1 期。

方竞、蔡传斌：《民国时期的世界红卍字会及其赈济活动》，《中国社会经济史研究》2005 年第 2 期。

郭大松：《〈济南道院暨红卍字会之调查〉辩证》，《青岛大学师范学院学报》2005 年第 3 期。

赵宝爱：《道院组织在华北地区的慈善活动述论》，《社会科学家》2007 年第 2 期。

贾英哲：《哈尔滨红卍字会的历史价值考证》，《黑龙江社会科学》2007 年第 2 期。

侯亚伟：《救人、救己与救世：天津红卍字会慈善事业探析》，《世界宗教文化》2012 年第 3 期。

孙江:《救赎宗教的困境——伪满统治下的红卍字会》,《学术月刊》2013 年第 8 期。

孙江:《战场上的尸体——"一·二八事变"中红卍字会的掩埋尸体活动》,《江海学刊》2015 年第 2 期。

(二)学位论文

范纯武:《清末民间慈善事业与鸾堂运动》,(台湾)中正大学硕士学位论文,1996 年。

曹礼龙:《修行与慈善——上海的世界红卍字会研究(1927—1949)》,上海师范大学硕士学位论文,2005 年。

孙勇:《近代山东社会救济研究》,山东师范大学硕士学位论文,2005 年。

韩华:《民初孔教会与国教运动》,四川大学博士学位论文,2003 年。

李国林:《民国时期上海慈善组织研究(1912—1937)》,华东师范大学博士学位论文,2003 年。

沈洁:《现代中国的反迷信运动:1900—1949》,中国人民大学博士学位论文,2006 年。

陈明华:《民国新宗教的制度化成长——以世界红卍字会道院为重心的考察(1921—1937)》,复旦大学博士学位论文,2010 年。

(三)论文集

蔡少卿主编:《再现过去:社会史的理论视野》,浙江人民出版社,1988 年。

刘志琴编:《文化危机与展望——台港学者论中国文化》,中国青年出版社,1989 年。

汤一介主编:《国故新知——中国传统文化的再诠释》,北京大学出版社,1993 年。

王见川主编:《民间宗教》第 1 辑,(台北)南天书局有限公司,1995 年。

王见川、柯若朴主编:《民间宗教》第 2 辑,(台北)南天书局有限公司,1996 年。

王见川、范纯武、柯若朴主编:《民间宗教》第 3 辑,(台北)南天书局有限公司,1997 年。

葛兆光:《葛兆光自选集》,广西师范大学出版社,1997 年。

周积明、宋德金主编:《中国社会史论》,湖北教育出版社,2000 年。

叶显恩、卞恩才主编:《中国传统社会经济与现代化》,广东人民出版社,

2001 年。

宋光宇:《宋光宇宗教文化论文集》,(台湾宜兰)佛光人文社会学院,2002 年。

杨念群、黄兴涛、毛丹主编:《新史学——多学科对话的图景》,中国人民大学出版社,2003 年。

黄宗智主编:《中国研究的范式问题讨论》,社会科学文献出版社,2003 年。

林富士主编:《礼俗与宗教》,中国大百科全书出版社,2005 年。

刘家峰编:《离异与融会——中国基督徒与本色教会的兴起》,上海人民出版社,2005 年。

[美]韦思谛编:《中国大众宗教》,陈仲丹译,江苏人民出版社,2006 年。

中国社会科学院近代史研究所民国史研究室等编:《一九二〇年代的中国》,社会科学文献出版社,2005 年。

吴景平、徐思彦主编:《1950 年代的中国》,复旦大学出版社,2006 年。

李长莉、左玉河主编:《近代中国的城市与乡村》,社会科学文献出版社,2006 年。

姜进主编:《都市文化中的现代中国》,华东师范大学出版社,2007 年。

夏明方主编:《新史学(第 6 卷):历史的生态学解释:世界与中国》,中华书局,2012 年。

七、外文资料

Shantung,The Sacred Province of China in Some of Its Aspect,Compiled and Edited by Robert Conventry Forsyth,Shanghai Christian Literature Society,1912.

The China Mission Year book,Editor-in-chief:Rev. Frank Rawlison,D. D. , Christion Literature Society,Shanghai,1924.

Social Glimpses of Tsinan,Prepared by the Department of Sociology under the Direction of A. G. Park,Shantung Christian University,Tsinan,1924.

David D. Buck,*Urban Change in China:Politics and Development in Tsinan,Shantung,1890—1949*,The University of Wisconsin Press,1978.

[日]末光高义:《支那の秘密結社と慈善結社》,(大连)满洲评论社,昭和十五年(1940)第四版。

[日]酒井忠夫:《中国善书の研究》,(东京)国书刊行会,1960 年。

后　　记

本书初稿完成于 2008 年,那年我 24 岁。感谢业师郭大松教授对我的悉心指点与栽培,郭老师不仅将多年收集的资料倾囊相授,而且在生活上给予我无微不至的关怀。无论是当年求学时,还是工作后,每当我遇到困难,郭老师总施以援手,开导鼓励有加。

感谢万金凤老师和王林教授,承蒙这对贤伉俪的关照,我得以在初窥学术门径时获得诸多历练。本书涉及中国传统文化和近代思想文化的内容与思路,受惠于田海林教授的提示和点拨。无论是课堂讲授还是散步闲谈,我总能从田老师那里获益良多。

2008 年,我考入中国人民大学清史研究所,师从李文海教授。在确定博士论文选题期间,李老师肯定了继续深入研究世界红卍字会道院的学术空间和价值,但更建议我利用宝贵的博士阶段,结合清史研究所的特色和长处,进一步拓宽学术视野和研究领域。本着自愿与双向选择的原则,我加入了夏明方教授领衔的国家清史纂修工程"清史·灾赈志"课题组,在参与项目研究过程中确定了博士论文题目。博士五载是一段艰苦、充实而又愉悦的难忘光阴。在李老师、夏老师的严格督导下,在课题组朱浒教授、赵晓华教授的指点下,我转向清代社会经济史、灾荒史的研习,也领略到学术研究别有洞天。

尽管研究方向有所转换,但我没有放弃对世界红卍字会道院的探研。本书初稿的个别篇章经过修改,发表于《安徽史学》《民国档案》《贵州大学学报》《亚洲研究》(韩国)等学术期刊。由于机缘巧合,我又陆续搜集了为数甚夥的世界红卍字会道院资料,限于时间和精力,这部分资料未能用于既成初稿,只能留待另成专书时再研读利用了。此次成书较初稿删削近 10 万字,对"导言""余论"适当改写,其他基本保持原貌。虽然弹指一挥近 10 年,本书也保留了当年研究稚嫩青涩的痕迹,但我依然对其学术价值有信心。

恩格斯 24 岁时写成《英国工人阶级状况》,他 70 多岁时在该书德文第二版序言中说:"这本书无论在优点方面或缺点方面都带有作者青年时代的痕迹","但是当我重读这本青年时期的著作时，发现它毫无使我羞愧的地方。因此，本书中的这种青年时期的痕迹我一点也不打算抹去"，"我只是把若干不十分清楚的地方表述得更明确些，并在某些地方加了新的简短的脚注"（《马克思恩格斯文集》第1卷，人民出版社，2009年，第365页）。恩格斯的学术勇气和自信值得天下青年学者追慕。

厦门大学人文与艺术学部主任、国学研究院院长陈支平教授奖掖后进，将本书列为厦门大学国学研究院资助出版丛书之一。安徽大学新闻传播学院王天根教授热情为我联系出版事宜。复旦大学历史学系刘平教授、山东大学历史文化学院胡卫清教授、我的博士后合作导师北京大学历史学系郭卫东教授为本书提出宝贵修改建议。合肥工业大学出版社副社长朱移山先生将本书列入出版计划，责任编辑张慧女士为本书的编校付出诸多辛劳。国家清史编纂委员会典志组郑林先生为本书题签增色。衷心感谢为我提供各种帮助的师长友朋。虽然这里不再罗列名单，但恩情铭记我心。

在查阅资料过程中，山东省档案馆、上海市档案馆、天津市档案馆、济南市档案馆、青岛市档案馆、烟台市档案馆、烟台市牟平区档案馆以及国家图书馆、山东省图书馆、上海市图书馆、天津市图书馆、南京市图书馆、济南市图书馆、青岛市图书馆、烟台市图书馆、山东师范大学图书馆、中国人民大学图书馆、北京大学图书馆等单位的工作人员热情服务，为我尽力提供方便。谨对以上单位及其工作人员表示感谢。

不忘初心，砥砺前行。谨以此书纪念自己求学的青葱岁月！

李光伟

记于2017年5月4日

图书在版编目(CIP)数据

世界红卍字会及其慈善事业研究/李光伟著.—合肥:合肥工业大学出版社,
2017.7

ISBN 978 - 7 - 5650 - 3466 - 4

Ⅰ.①世…　Ⅱ.①李…　Ⅲ.①道教—社会救济—组织—机构—研究—
中国—现代　Ⅳ.①B959.2②D693.66

中国版本图书馆 CIP 数据核字(2017)第 165968 号

世界红卍字会及其慈善事业研究

李光伟　著　　　　　　　责任编辑　张　慧

出　版	合肥工业大学出版社	版　次	2017 年 7 月第 1 版
地　址	合肥市屯溪路 193 号	印　次	2017 年 8 月第 1 次印刷
邮　编	230009	开　本	710 毫米×1010 毫米　1/16
电　话	总　编　室:0551 - 62903038	印　张	21.25
	市场营销部:0551 - 62903198	字　数	350 千字
网　址	www.hfutpress.com.cn	印　刷	安徽联众印刷有限公司
E-mail	hfutpress@163.com	发　行	全国新华书店

ISBN 978 - 7 - 5650 - 3466 - 4　　　　　　定价：56.00 元
如果有影响阅读的印装质量问题,请与出版社市场营销部联系调换。